Die Sorgeerklärungen
gemäß § 1626a I Nr. 1 BGB

Europäische Hochschulschriften
Publications Universitaires Européennes
European University Studies

Reihe II
Rechtswissenschaft

Série II Series II
Droit
Law

Bd./Vol. 4159

PETER LANG
Frankfurt am Main · Berlin · Bern · Bruxelles · New York · Oxford · Wien

Friderike Weiß

Die Sorgeerklärungen gemäß § 1626a I Nr. 1 BGB

Unter besonderer Berücksichtigung ihrer Rechtsnatur

PETER LANG
Europäischer Verlag der Wissenschaften

Bibliografische Information Der Deutschen Bibliothek
Die Deutsche Bibliothek verzeichnet diese Publikation in der Deutschen Nationalbibliografie; detaillierte bibliografische Daten sind im Internet über <http://dnb.ddb.de> abrufbar.

Zugl.: Kiel, Univ., Diss., 2004

Gedruckt mit Unterstützung der
Dr.-Carl-Böse-Stiftung, Lübeck.

D 8
ISSN 0531-7312
ISBN 3-631-53765-4

www.peterlang.de

Vorwort

Die vorliegende Arbeit wurde im Sommersemester 2004 von der Rechtswissenschaftlichen Fakultät der Christian-Albrechts-Universität zu Kiel als Promotion angenommen. Literatur und Rechtsprechung wurden bis Januar 2004 berücksichtigt.

Herrn Prof. Dr. Jörn Eckert und Herrn Prof. Dr. Rudolf Meyer-Pritzl, die die Arbeit als Erst- und Zweitgutachter betreut haben, danke ich für ihre Unterstützung und insbesondere für die zügige Erstellung der Gutachten. Gleiches gilt für Frau Dr. Muhl, die sich die Zeit für eine grammatikalische Überprüfung der Arbeit nahm.

Besonderer Dank gebührt Dr. Sebastian Idel: Er stand mir stets als fachlich versierter und kritischer Gesprächspartner zur Seite. Seiner konstruktiven Kritik verdanke ich viele wertvolle Hinweise und Anregungen.

Hervorheben möchte ich auch Guido Pannier, der mir den Rücken stärkte und meinen Blick auf das Wesentliche lenkte. Hierfür bin ich ihm sehr dankbar.

Schließlich danke ich der Dr.-Carl-Böse-Stiftung, die mir mit einem Stipendium die finanzielle Last der Veröffentlichung nahm.

Ich widme diese Arbeit meinen Eltern.

Inhaltsverzeichnis

Abkürzungsverzeichnis 17
Einleitung 21

1. Kapitel: Impulse und Gründe für die Wahl der Sorgeerklärungen 27

A. Geschichtliche Entwicklung der elterlichen Sorge bei nichtehelichen Kindern 27
I. Das Bürgerliche Gesetzbuch vom 18. August 1896 27
II. Die Gesetzeslage nach 1945 28
1. Rechtslage in der Bundesrepublik Deutschland 28
a. Familienrechtsänderungsgesetz vom 11. August 1961 29
b. Nichtehelichengesetz vom 19. August 1969 29
c. Gesetz zur Neuregelung des Rechts der elterlichen Sorge vom 18. Juli 1979 30
2. Rechtslage in der DDR 31
a. Familiengesetzbuch vom 20. Dezember 1965 31
b. Erstes Familienrechtsänderungsgesetz vom 20. Juli 1990 32
III. Rechtslage in der Bundesrepublik Deutschland nach dem Beitritt 32

B. Rechtstatsächliche Ausgangsdaten als Ausdruck des gesellschaftlichen Wandels 33

C. Ausländisches Recht 35

D. Verfassungsrechtliche und supranationale Aspekte 36
I. Bedeutung des Art. 6 I GG und von Art. 8 I EMRK für ein gemeinsames Sorgerecht nicht miteinander verheirateter Eltern 36
1. Schutz der Familie 36
a. Die nichteheliche Eltern-Kind-Beziehung als Familie im Sinne des Art. 6 I GG 37
b. Bedeutung von Art. 8 I EMRK 38
c. Folgerungen in Bezug auf Sorgerechtsregelungen 39
2. Schutz der Ehe 40
II. Aussagen des Art. 6 II und V GG i.V.m. Art. 18 I KRK im Hinblick auf ein gemeinsames Sorgerecht nichtehelicher Eltern 41
1. Rechtsstellung nichtehelicher Eltern 41
a. Entscheidung des BVerfG vom 24. März 1981 41
b. Entscheidung des BVerfG vom 3. November 1982 42
c. Entscheidung des BVerfG vom 7. Mai 1991 43
d. Art. 18 I UN – Kinderrechtskonvention 45
e. Entscheidung des BVerfG vom 7. März 1995 46

2. Grenzen des gesetzgeberischen Gestaltungsspielraums aus Art. 6 V GG 47
III. Zusammenfassung 48

E. Reformdiskussion 49
I. Ansätze zur Erteilung der gemeinsamen Sorge an nicht miteinander verheiratete Eltern 49
1. Orientierung des BVerfG an der Ehelicherklärung 49
2. Lösungsansätze der Literatur 50
a. Gemeinsame Adoption des Kindes durch beide nichtehelichen Eltern 50
b. Grundsätzlich gemeinsame Sorge nichtehelicher Eltern mit der Geburt des Kindes 51
c. Erklärte Bereitschaft der Eltern zur Übernahme der gemeinsamen Sorge 53
aa. Schriftliche Vereinbarung der Eltern 53
bb. Staatliche Beteiligung an der Begründung der gemeinsamen Sorge 54
II. Gesetzgebungsverfahren 55
1. Vorbereitung der Reform 55
2. Entwicklungen der 13. Legislaturperiode 55

F. Zusammenfassung 56

2. Kapitel: Analyse der elterlichen Sorge als angestrebte Rechtsfolge 59

A. Begriff der elterlichen Sorge 59
B. Rechtscharakter der elterlichen Sorge 60
I. Verfassungsrechtliches Normengefüge 60
1. Das Elternrecht, Art. 6 II GG 60
a. Beginn der Elternstellung 60
aa. Beginn der Elternstellung mit funktionaler Übernahme der Elternverantwortung 61
bb. Beginn der Elternstellung durch zivilrechtliche Regelungen 62
cc. Ermittlung des maßgeblichen Zeitpunktes durch Auslegung des Art. 6 II GG 63
b. Inhalt und Struktur des Elternrechts 67
2. Rechte des Kindes 68
3. Lösung der „Grundrechtskollision“ 69
4. Zusammenfassung 69
II. Einfachgesetzliche Ausgestaltung des Elternrechts 70

1. Grundzüge der elterlichen Sorge ... 70
2. Rechtsnatur der elterlichen Sorge ... 72
a. Subjektives Recht mit Pflichtbindung ... 72
b. Absolutes Recht ... 73
c. Höchstpersönliches Recht ... 73
3. Rechtsfolgen der elterlichen Sorge ... 74
a. Haftung der Eltern gegenüber ihrem Kind und gegenüber Dritten ... 74
b. Verhältnis der gemeinsam sorgeberechtigten Eltern zueinander ... 74
III. Verhältnis von Elternrecht und elterlicher Sorge ... 77
1. Strukturelle Vergleichbarkeit ... 77
2. Inhaltlicher Vergleich ... 78
a. Adressatenkreis ... 78
b. Reichweite ... 78
aa. Sachlich-gegenständliche Reichweite ... 78
(1) Identität zwischen Elternrecht und elterlicher Sorge? ... 78
(2) Überschießender Regelungsbereich des Elternrechts oder der elterlichen Sorge ... 81
(a) Vermögenssorge nur Teil der elterlichen Sorge, nicht aber des Elternrechts ... 82
(b) Schutzbereich des Art. 6 II GG weiter als Anwendungsbereicht der elterlichen Sorge ... 85
bb. Personelle Reichweite ... 86
c. Wirkung ... 87
d. Elterliche Sorge auch als Ausdruck anderer Verfassungsnormen ... 88

C. Zusammenfassung ... 89

3. Kapitel: Analyse der privatautonomen Gestaltungsfreiheit der Eltern im Bereicht der Ausübung der elterlichen Sorge ... 91

A. Erscheinungsformen der Elterneinigungen ... 92
B. Inhalt und Konsequenzen der einvernehmlichen Ausübung der elterlichen Sorge ... 95
I. Nicht dauernd getrennt lebende Eltern, § 1627 BGB ... 95
1. Entstehungsgeschichte und Leitbildfunktion des § 1627 BGB ... 95
2. Ausübung in eigener Verantwortung ... 96
3. Ausübung in gegenseitigem Einvernehmen ... 97

a. Differenzierte Anforderungen an die gemeinschaftliche Willensbildung ... 97
b. Aufgaben- und Funktionsteilung ... 99
c. Zusammenfassung ... 101
d. Rechtsnatur des gegenseitigen Einvernehmens ... 102
aa. Privatautonomie im Rahmen des Familienrechts ... 102
bb. Das Rechtsgeschäft als Mittel der Privatautonomie ... 103
cc. Der Begriff des Einvernehmens im Gesetz und die Frage nach der Übertragung der jeweiligen systematischen Einordnung ... 104
(1) Vergleichbarkeit mit § 1356 I 1 BGB ... 105
(2) Vergleichbarkeit mit § 1626 II 2 BGB ... 106
(3) Vergleichbarkeit mit § 1687 BGB und der freien Einigung nach § 1 RKEG ... 107
dd. Meinungsstand in der Literatur zur dogmatischen Einordnung ... 108
(1) Rechtsgeschäft ... 108
(2) Geschäftsähnliche Handlung ... 109
(3) Kein rechtsgeschäftlicher Charakter ... 109
(4) Trennung zwischen Vertretung des Kindes und tatsächlichen Maßnahmen ... 110
(5) Einzelfallprüfung ... 111
ee. Stellungnahme ... 112
(1) Abgrenzung zwischen Rechtsgeschäft und Geschäft im rein familiären Bereich ... 112
(2) Möglichkeit des elterlichen Einvernehmens als rechtsgeschäftsähnliche Handlung ... 116
(3) Zusammenfassung ... 118
d. Anwendbarkeit der Regeln über Rechtsgeschäfte ... 119
aa. Form, Bedingungen und Befristungen, Geschäftsfähigkeit und Vertretung ... 119
bb. Bindungswirkung ... 119
4. Elternstreit, § 1628 BGB ... 123
II. Dauernd getrennt lebende Eltern, § 1687 BGB ... 124
1. Alleinentscheidungsbefugnis ... 125
a. Angelegenheiten des täglichen Lebens (§ 1687 I 2 BGB) ... 125
b. Angelegenheiten der tatsächlichen Betreuung (§ 1687 I 4 BGB) ... 127
2. Einvernehmen bei Angelegenheiten von erheblicher Bedeutung (§ 1687 I 1 BGB) ... 127
3. Eingriffsbefugnis des Familiengerichts ... 128
4. Gestaltungsfreiheit der Eltern ... 129

a. Bedeutung und rechtliche Qualifizierung von Trennungsvereinbarungen 129
b. Grenzen der Vereinbarung 130
aa. Kindeswohl und Eigenverantwortung 130
bb. Rechtssicherheit 132
(1) Keine privatautonome Änderung der Vertretungsmacht 132
(2) Privatautonome Änderung des in § 1687 BGB geregelten Kompetenzmodells? 133

C. Zusammenfassung 137

4. Kapitel: Analyse der Sorgeerklärungen gemäß § 1626a I Nr. 1 BGB 139

A. Normzweck und Systematik 139
B. Formale Voraussetzungen der Sorgeerklärungen 140
I. Erklärungsberechtigung 140
1. Eltern 140
2. Nicht miteinander verheiratet 141
3. Alleinsorge der Mutter, § 1626a II BGB 141
a. Zulässigkeit der primären Zuordnung an die Mutter 142
b. Erforderlichkeit der originären Alleinsorge der Mutter und Auswirkungen einer gerichtlichen Entscheidung nach § 1666 ff. BGB 143
aa. Erörterung der Substanztheorie 144
bb. Ungleichbehandlung gegenüber einer Sorgerechtsbegründung durch nachfolgende Ehe gemäß § 1626a I Nr. 2 BGB? 146
II. Erforderlichkeit bestimmter Rahmenbedingungen? 147
1. Zusammenleben der Eltern 147
2. Beteiligung des Kindes 149
3. Beteiligung des Familiengerichts 150
4. Sorgeplan 151
III. Wirksamkeitsanforderungen der Sorgeerklärungen 151
1. Bedingungen und Befristungen, § 1626b BGB 151
a. Norminhalt und Funktionsweise 151
b. Bedingungs- und Befristungsverbot, § 1626b I BGB 152
c. Pränatale Sorgeerklärungen, § 1626b II BGB 154
aa. Abstammung 154
bb. Bestimmtheit der Erklärung 155
d. Keine Sorgeerklärungen nach gerichtlicher Entscheidung, § 1626b III BGB 155

aa. Sinn und Zweck der Regelung anhand der möglichen Fallgruppen ... 155
(1) Erneute Wiederherstellung der nach § 1671 II BGB geänderten gemeinsamen Sorge gemäß §1696 I BGB ... 156
(2) Änderung der nach § 1672 I BGB von der Mutter auf den Vater übertragenen Alleinsorge in ein gemeinsames Sorgerecht gemäß § 1672 II 1 BGB ... 158
(3) Änderung der Rückübertragung der Alleinsorge von dem Vater auf die Mutter in ein gemeinsames Sorgerecht gemäß § 1672 II 1 BGB ... 161
bb. Kritik an § 1626b III BGB ... 162
cc. Stellungnahme ... 162
2. Höchstpersönlichkeit und beschränkte Geschäftsfähigkeit, § 1626c BGB ... 164
a. Höchstpersönlichkeit der Sorgeerklärungen, § 1626c I BGB ... 164
b. Sorgeerklärung eines beschränkt geschäftsfähigen Elternteils, § 1626c II BGB ... 164
aa. Erforderlichkeit einer wirksamen Zustimmung ... 164
bb. Ersetzung der Zustimmung ... 165
cc. Ausübung der mit Zustimmung begründeten gemeinsamen Sorge ... 166
3. Formbedürftigkeit der Sorgeerklärungen, § 1626d BGB ... 167
a. Sinn und Zweck der Beurkundung ... 167
aa. Belehrungs- und Beratungsfunktion ... 167
bb. Beweisfunktion ... 169
b. Zuständigkeit ... 170
4. Abgabe der Sorgeerklärungen ... 171
IV. Mitteilung an das zuständige Jugendamt, § 1626d II BGB ... 172
1. Inhalt der Mitteilung ... 172
2. Verwaltung der Mitteilungen in Sorgeregistern ... 173
3. Notwendigkeit der Mitteilung wegen des Auskunftsanspruchs der Mutter nach § 58a SGB VIII ... 174
a. Kritik an §§ 1626d II BGB, 58a SGB VIII ... 175
b. Stellungnahme ... 175
V. Zwischenergebnis ... 177

C. Formalrechtlicher Inhalt der Sorgeerklärungen ... 178
I. Parallele Bekundung des Willens zur gemeinsamen Sorge ... 178
1. Partielle Sorgeerklärungen ... 182
2. Begleitende Vereinbarungen ... 185
a. Vereinbarungen über die Abgabe oder Nichtabgabe von

Sorgeerklärungen 185
b. Vereinbarungen über Änderungsanträge 186
c. Vereinbarungen über die Ausgestaltung des gemeinsamen Sorgerechts 187
3. Zwischenergebnis 190
II. Keine gemeinsame Sorge gegen den Willen eines Elternteils 191
1. Grundproblem: starke Stellung der nichtehelichen Mutter 191
2. Begründung des Gesetzgebers und Verwerfung anderer Alternativen 192
3. Kritik 193
a. Nach Ansicht der Literatur Verstoß gegen Verfassungs- und Völkerrecht 194
b. Richtervorlagen vor dem BVerfG 195
4. Entscheidungen des BVerfG 196
a. Entscheidung vom 29. Januar 2003 196
b. Entscheidung vom 23. April 2003 199
5. Stellungnahme 199
6. Einführung einer Übergangsregelung für die sogenannten „Altfälle" 203
a. Voraussetzungen der Ersetzung, Art. 224 § 2 III EGBGB 204
aa. Vergangenheitsbezogene, objektive Merkmale 205
(1) Zusammenleben von Eltern und Kind in häuslicher Gemeinschaft 205
(2) Gemeinsames Tragen der Verantwortung für das Kind 205
(3) Trennung der Eltern vor dem 1. Juli 1998 206
bb. Gerichtliche Prognose hinsichtlich der Kindeswohldienlichkeit der gemeinsamen elterlichen Sorge 206
b. Mitteilung an das Jugendamt, Art. 224 V EGBGB 207
c. Stellungnahme 207

D. Rechtsnatur der Sorgeerklärungen 208
I. Berücksichtigung der Ergebnisse aus den Untersuchungen der formellen und materiellen Voraussetzungen 209
II. Vergleich mit anderen personenstandsbezogenen Erklärungen 209
1. Vergleich der Sorgeerklärungen mit der Vaterschaftsanerkennung, §§ 1594 ff. BGB 210
a. Vergleich der formellen Voraussetzungen 210
b. Vergleich der Rechtstechnik zur Formulierung zweier gleichgerichteter Willen 211

c. Rückschlüsse in Bezug auf die Rechtsnatur der Sorgeerklärungen 212
2. Vergleich der Sorgeerklärungen mit der Adoption, §§ 1741 ff. BGB 213
a. Vergleich der formellen Voraussetzungen 213
b. Rückschlüsse in Bezug auf die Rechtsnatur der Sorgeerklärungen 214
3. Vergleich der Sorgeerklärungen mit dem einvernehmlichen Sorgerechtsantrag nach § 1671 II Nr. 1 BGB 215
4. Vergleich der Sorgeerklärungen mit den einvernehmlichen Sorgerechtsanträgen nach § 1672 I, II BGB 217
5. Vergleich der Sorgeerklärungen mit der Ehelicherklärung nach §§ 1723 ff. BGB a.F. 218
6. Zwischenergebnis 219
III. Meinungsstand zur dogmatischen Einordnung der Sorgeerklärungen 219
1. Willenserklärungen 220
2. Einseitige (rechtsgestaltende) Willenserklärungen 220
3. Beschluss 221
4. Rechtsgeschäftsähnliche Willenserklärungen 221
5. Rechtsform sui generis 222
IV. Stellungnahme 224
1. Das gemeinsame Sorgerecht nach § 1626a I Nr. 1 BGB als Ausdruck des Spannungsverhältnisses zwischen Zivil- und Verfassungsrecht 226
a. Keine „statuskonkretisierende" Bedeutung 226
b. Auseinandersetzung mit der Qualifizierung der Sorgeerklärungen als „statusaktivierend" beziehungsweise „statusfestigend" 228
c. Sorgeerklärungen als personenstandsausgestaltende Erklärungen 229
2. Rechtsnatur der einzelnen Sorgeerklärungen 229
a. Willenserklärungen 229
b. Konsequenzen der unterschiedlichen zivilrechtlichen Ausgangslage von Mutter und Vater 232
aa. Konstitutive Wirkung der Sorgeerklärungen hinsichtlich der Begründung des väterlichen Sorgerechts 233
bb. Unter der Rechtsbedingung einer einvernehmlich gewollten Teilung der Sorgerechtsausübung 233
cc. Dreifache Rechtsnatur der Sorgeerklärungen 234
3. Sorgeerklärungen als Teile eines mehrseitigen Rechtsgeschäfts? 237
a. Jeweils einseitige (rechtsgestaltende) Rechtsgeschäfte? 238
aa. Ähnlichkeit der Erklärungen mit dem Gesamtakt 238

bb. Systematische Einordnung des Gesamtaktes 239
b. Kein Vertrag 240
c. Beschluss 240
4. Ergebnis zur Rechtsnatur der Sorgeerklärungen 241

E. Anwendbarkeit der Regeln über Rechtsgeschäfte 242
I. Unwirksamkeit der Sorgeerklärungen, § 1626e BGB 242
1. Ausschluss allgemeiner Unwirksamkeitsgründe 243
2. Sonderstellung der §§ 1666 ff. BGB 245
3. Fehlende Regelung der Sorgeerklärung eines geschäftsunfähigen Elternteils 246
a. Unterschiedliche Folgerungen in der Literatur 246
b. Stellungnahme 248
4. Fehlende Regelung der Sorgeerklärung eines betreuten Elternteils 253
II. Bindungswirkung der Sorgeerklärungen 253
1. Widerruf der abgegebenen Sorgeerklärung 253
2. Gerichtliche Änderungsmöglichkeit bei Trennung der Eltern, § 1671 BGB 255

F. Zusammenfassung 257

Gesamtergebnis 263

Literaturverzeichnis 269

Abkürzungsverzeichnis

a.a.O.	am oben angegebenen Ort
Abs.	Absatz
AcP	Archiv für die civilistische Praxis
AdoptG	Adoptionsgesetz vom 2. Juli 1976
a.E.	am Ende
a.F.	alte Fassung
AFG	Arbeitsförderungsgesetz
AG	Amtsgericht
Alt.	Alternative
Anm.	Anmerkung
AöR	Archiv des öffentlichen Rechts
Art.	Artikel
Aufl.	Auflage
BAG	Bundesarbeitsgericht
Bd.	Band
BGB	Bürgerliches Gesetzbuch
BGBl.	Bundesgesetzblatt
BJFG	Bundesministerium für Jugend, Familie und Gesundheit
BRAK	Bundesrechtsanwaltskammer
BSHG	Bundessozialhilfegesetz
BT Drucks.	Drucksachen des Deutschen Bundestages
BRD	Bundesrepublik Deutschland
BVerfG	Bundesverfassungsgericht
BVerfGE	Entscheidungen des Bundesverfassungsgerichts (amtliche Sammlung)
BVerfGG	Gesetz über das Bundesverfassungsgericht
Bzw.	beziehungsweise
DAV	Deutscher Anwaltsverein e.V.
DAVorm	Der Amtsvormund
DDR	Deutsche Demokratische Republik
Ders.	derselbe
DEuFamRZ	Deutsches und Europäisches Familienrecht
d.h.	dass heißt
diesbzgl.	diesbezüglich
DIV	Deutsches Institut für Vormundschaftswesen

DIJuF	Deutsches Institut für Jugendhilfe und Familienrecht
Diss.	Dissertation
DJT	Deutscher Juristentag
DNotZ	Deutsche Notar-Zeitschrift
DÖV	Die Öffentliche Verwaltung
DRB	Deutscher Richterbund
Dt.	deutsch
DTFG	Deutscher Familiengerichtstag e.V.
EGBGB	Einführungsgesetz zum Bürgerlichen Gesetzbuch
EheG	Ehegesetz vom 6. Juli 1938
Einl.	Einleitung
EMRK	Europäische Menschenrechtskonvention
EuGHMR	Europäischer Gerichtshof für Menschenrechte
f., ff.	folgende Seite, fort folgende Seiten
FÄG	Erstes Familienrechtsänderungsgesetz
FamPra.ch	Die Praxis des Familienrechts
FamR.	Familienrecht
FGB	Familiengesetzbuch
FGG	Gesetz über die Angelegenheiten der freiwilligen Gerichtsbarkeit vom 17. Mai 1898
Fn.	Fußnote
FS	Festschrift
FuR	Familie und Recht
GG	Grundgesetz
GleichberG	Gesetz über die Gleichberechtigung von Mann und Frau auf dem Gebiet des bürgerlichen Rechts
HdbVerfR	Handbuch des Verfassungsrechts
Hrsg.	Herausgeber
i.V.m.	in Verbindung mit
i.E.	im Ergebnis
JAmt	Zeitschrift für Jugendhilfe und Familienrecht
Jg.	Jahrgang
JR	Juristische Rundschau
JuS	Juristische Schulung – Zeitschrift für Studium und Ausbildung
JZ	Juristenzeitung

KindRG	Kindschaftsrechtsreformgesetz vom 1. April 1998
KindRVerbG	Kinderrechtsverbesserungsgesetz vom 9. April 2002
KRK	UN – Konvention über die Rechte des Kindes
LG	Landgericht
LPartG	Gesetz über die eingetragene Lebenspartnerschaft vom 16. Februar 2001
MDR	Monatszeitschrift für deutsches Recht
MKSchG	Gesetz über den Mutter – und Kinderschutz und die Rechte der Frau
MittBayNot	Mitteilungen des Bayerischen Notarvereins
m.w.N.	mit weiteren Nachweisen
NDV	Nachrichtendienst des Deutschen Vereins für öffentliche und private Fürsorge
NZ	Neue Justiz
OLG	Oberlandesgericht
PStG	Personenstandsgesetz vom 8. August 1957
RdJG	Recht der Jugend und des Bildungswesens
RKEG	Gesetz über die religiöse Kindererziehung vom 15. Juli 1921
Rn.	Randnummer
Rpfleger	Der Deutsche Rechtspfleger
S.	Seite / Satz
SGB	Sozialgesetzbuch
SorgeRG	Gesetz zur Neuregelung des Rechts der elterlichen Sorge
StAZ	Das Standesamt (früher: Zeitschrift für Standesamt, Ehe- und Kindschaftsrecht, Staatsangehörigkeitsrecht)
StGB	Strafgesetzbuch
Tab.	Tabelle
u.a.	unter anderem
usw.	und so weiter
vgl.	vergleiche
Vorbem.	Vorbemerkung / en
VVDStRL	Veröffentlichungen der Vereinigung der Deutschen Staatrechtslehrer

WRV .... Weimarer Reichsverfassung
z.B. .... zum Beispiel
ZfJ .... Zentralblatt für Jugendrecht
ZIP .... Zeitschrift für Wirtschaftsrecht

Einleitung

Seit Inkrafttreten des Kindschaftsrechtsreformgesetzes am 1. Juli 1998 haben auch nicht miteinander verheiratete Eltern die Möglichkeit, das gemeinsame Sorgerecht für ihr Kind zu begründen. Hierzu müssen sie jeweils eine Sorgeerklärung abgeben.

Die Sorgeerklärungen sind als neues Rechtsinstitut nicht nur dem Laien, sondern auch Juristen, vor allem denjenigen, die sich nicht schwerpunktmäßig dem Familienrecht widmen, in der Regel nicht geläufig. Diejenigen, die sich dies zur Aufgabe machen, sehen die Sorgeerklärungen meist nur unter dem Aspekt der starken mütterlichen Stellung. Hat die Mutter kein Interesse daran, den Vater an der elterlichen Sorge zu beteiligen, kann sie sowohl das gemeinsame Sorgerecht als auch jede andere Sorgerechtsbeteiligung des Vaters verhindern. Vielfach wird daher die Ansicht vertreten, das Regelungskonzept der §§ 1626a ff. BGB sei verfassungswidrig, weil es vor allem dem Elternrecht des nichtehelichen Vaters aus Art. 6 II 1 GG nicht ausreichend Rechnung trage.[1] Bereits zwei Jahre nach Inkrafttreten der §§ 1626a ff. BGB kam es deswegen zur Anrufung des BVerfG.

Kritisiert wird aber auch, dass die Eltern mittels Sorgeerklärungen weder das gemeinsame Sorgerecht auf Teile beschränken noch gerichtliche Entscheidungen über die elterliche Sorge privatautonom in ein gemeinsames Sorgerecht abändern können. Hier wird vielfach die Forderung nach einer Reform der §§ 1626a ff. BGB laut. Nur so könne die Elternautonomie ausreichend berücksichtigt und die Attraktivität des gemeinsamen Sorgerechts gerade bei noch unsicheren Eltern, vor allem Müttern, gesteigert werden.[2]

Haben sich die Eltern trotz dieser Einschränkungen für ein gemeinsames Sorgerecht entschieden, beruht ihr Entschluss oftmals auf einer Vereinbarung, die die Modalitäten der Sorgerechtsausübung regelt. Es liegt auf der Hand, dass diese sogenannten Ausübungsvereinbarungen, die schon bei verheirateten Eltern die praktische Umsetzung des gemeinsamen Sorgerechts garantieren, insbesondere bei nicht miteinander verheirateten Eltern immer wichtiger werden, weil sie die Bereitschaft für ein gemeinsames Sorgerecht überhaupt erst schaffen können. Mit steigender Bedeutung elterlicher Vereinbarungen wird daher die Frage nach deren Möglichkeiten und Grenzen eine immer größere Bedeutung gewinnen. Klärungsbedarf besteht hier vor allem im Rahmen der Regelung des § 1687 BGB,[3] die für getrennt lebende Eltern ein System abgestufter Kompetenzen vorsieht.

---

[1] Stellvertretend für viele *Finger* in FamRZ 00, 1204 (1206f.).

[2] *DFGT* in FamRZ 97, 337 (338 f.); *Coester* in DEuFamRZ 99, 3 (8, 13).

[3] Staudinger – *Salgo* § 1687 Rn. 12: „Das relativ offen gestaltete Regelungsmodell des § 1687

Diese Schlaglichter zeigen, dass die Diskussion um die gesetzliche Ausgestaltung des gemeinsamen Sorgerechts nichtehelicher Eltern rechtspolitisch noch längst nicht zu einem befriedigenden Ergebnis gekommen ist.

Fernab vom Rampenlicht der breiten Öffentlichkeit findet eine weitere Diskussion statt, deren Thema die Rechtsnatur der Sorgeerklärungen ist. Ins Rollen kam diese im Zusammenhang mit der bislang ungelösten Frage nach der Wirksamkeit der Sorgeerklärung eines geschäftsunfähigen Elternteils. Hier wird die Ansicht vertreten, Sorgeerklärungen seien lediglich Bereitschaftserklärungen, die kein Recht schafften, sondern das Elternrecht nur in seiner Ausübung und Wahrnehmung modifizierten. Es handele sich deshalb um Willenserklärungen eigener Art, was im Hinblick auf den Geschäftsunfähigen die Einführung einer speziellen Sorgerechtsfähigkeit rechtfertige.[4]

Diese rechtliche Einordnung der Sorgeerklärungen erregte Aufsehen, fand teils Zustimmung, teils Ablehnung und animierte zu anderen Lösungsvorschlägen.

Die Qualifizierung der Sorgeerklärungen bereitet aber insofern Probleme, als einerseits die gewünschte Rechtsfolge erst dann eintritt, wenn und sobald beide Erklärungen vorliegen, die Sorgeerklärungen aber andererseits vollkommen parallel, d.h. wortgleich und ohne irgendeinen Bezug aufeinander laufen. Ungeklärt ist auch, welche Bedeutung Art. 6 II GG bei der Entstehung des gemeinsamen Sorgerechts zukommt und ob sich das Familienrecht möglicherweise gänzlich einer rechtsgeschäftlichen Begründung entzieht. Gemein ist zudem allen Ansichten, dass sie die Sorgeerklärungen von Mutter und Vater jeweils gleich qualifizieren. Da die Mutter aber nach § 1626a II BGB entweder bereits Inhaberin des Alleinsorgerechts ist oder ihr diese Sorgerechtsstellung vor der Geburt zumindest sicher zusteht, der Vater hingegen über keine vergleichbare Position verfügt, löst diese übereinstimmende Qualifizierung Erstaunen aus. Möglicherweise spricht jedoch die Tatsache, dass beide Eltern eine wortgleiche Erklärung abgeben, für eine übereinstimmende Qualifizierung. Unter Umständen ist der Wortlaut aber gar nicht entscheidend für die Rechtsnatur der Sorgeerklärungen. Stellungnahmen zu diesen Fragen fehlen.

Diese konkrete Problemstellung bietet den Anlass für die vorliegende Arbeit. Das Ziel ist eine differenzierte Auseinandersetzung mit der Rechtsnatur der Sorgeerklärungen, die sowohl den verfassungsrechtlichen Hintergrund als auch die unterschiedliche Ausgangslage von Mutter und Vater mit einbezieht. Dies setzt voraus, dass der Rechtsvorgang der Entstehung des gemeinsamen Sorgerechts

---

BGB wirft aber Fragen nach den Möglichkeiten und Grenzen autonomer Gestaltung im Bereich der elterlichen Sorge auf wie keine andere deutsche Regelung zuvor."

[4] *Lipp* in FamRZ 98, 65 (69 f. und v.a. 71).

aufgeschlüsselt wird, wobei insbesondere zu klären ist, in welchem Verhältnis das gemeinsame Sorgerecht bei seiner Entstehung zum Elternrecht steht. Unerlässlich ist ferner die Berücksichtigung des Rechtsverhältnisses der (später) gemeinsam sorgeberechtigten Eltern zueinander – ein Umstand, der ebenfalls in der bislang geführten Diskussion keine Beachtung fand.
Weiterhin soll die rechtliche Qualifizierung der Sorgeerklärungen insbesondere anhand der Problematik der Geschäftsunfähigkeit eines Elternteils auf ihre praktischen Auswirkungen untersucht werden. Dies nicht zuletzt deshalb, weil diese Thematik die Diskussion um die Rechtsnatur der Sorgeerklärungen überhaupt erst ausgelöst hat.

Im Übrigen kann die Frage der Rechtsnatur nicht ohne eine Analyse der formellen und materiellen Voraussetzungen des gemeinsamen Sorgerechts behandelt werden. In diesem Zusammenhang ist ein Ziel der Arbeit, die aufgeworfenen rechtspolitischen Fragen anhand des Sinn und Zwecks der gemeinsamen Sorge auf ihre Stimmigkeit zu überprüfen. Dabei soll nicht nur die oftmals vernachlässigte Ansicht des Gesetzgebers in die Diskussion mit einbezogen werden, sondern es soll auch gezeigt werden, welchen tatsächlichen Anforderungen ein unverheiratetes Elternpaar entsprechen muss, wenn es erklärt, das Sorgerecht gemeinsam ausüben zu wollen.

Die Darstellung des verfassungsrechtlichen Hintergrundes sowie der formellen und materiellen Voraussetzungen dient aber nicht nur dazu, ein genaues Bild der Rechtsfragen im Zusammenhang mit den Sorgeerklärungen zu zeichnen, sondern auch dazu, in der Diskussion über die Rechtsnatur die vorgetragenen Argumente korrekt einordnen und würdigen zu können.

Ausgehend von den Möglichkeiten elterlicher Vereinbarungen sollen schließlich deren Rechtsnatur und Verbindlichkeit sowie deren rechtliche Grenzen gerade im Hinblick auf § 1687 I BGB erläutert werden, um die tatsächliche Umsetzung des gemeinsamen Sorgerechts nach § 1626a I Nr. 1 BGB darzustellen.

Die Arbeit beginnt mit der Entstehungsgeschichte der Sorgeerklärungen. Einleitend wird neben einem kurzen geschichtlichen Überblick über die Sorgerechtslage nichtehelicher Kinder, die rechtstatsächliche Ausgangslage vor dem Kindschaftsrechtsreformgesetz wiedergegeben. Eine knappe Analyse der ausländischen Rechtslage wird aufzeigen, wie nichteheliche Eltern andernorts das gemeinsame Sorgerecht für ihr Kind erlangen und welche Regelungsmöglichkeiten sich dem deutschen Reformgesetzgeber hiermit anboten. Ausführlich wird dann der verfassungsrechtliche Hintergrund erörtert, der, geprägt durch die Entwicklung der Verfassungsrechtsprechung, die Reform notwendig gemacht und wesentliche Vorgaben für ein gemeinsames Sorgerecht nichtehelicher Eltern gegeben hat. Abgerundet wird das erste Kapitel mit der Darstellung der Reformdiskussion, der die Sorgeerklärungen ihre formalrechtliche Gestalt verdanken.

Im zweiten Kapitel wird die elterliche Sorge als Rechtsfolge der Sorgeerklärungen untersucht. Nach einer begrifflichen Erläuterung der elterlichen Sorge folgt eine Untersuchung des Elternrechts, das deren Inhalt, Struktur und Rechtscharakter wesentlich prägt. Besondere Bedeutung im Hinblick auf die Rechtsnatur der Sorgeerklärungen hat die Frage nach dem Verhältnis zwischen Elternrecht und elterlicher Sorge. Hierzu werden beide Rechtsinstitute insbesondere auf ihre strukturelle und inhaltliche Vergleichbarkeit überprüft. Darüber hinaus wird analysiert, in welchem Verhältnis die Eltern zueinander stehen, wenn sie ihr Ziel, das gemeinsame Sorgerecht, verwirklicht haben. Dieser Aspekt bildet ebenfalls eine wesentliche Grundlage für die rechtliche Qualifizierung der Sorgeerklärungen.

Nach den rechtlichen Folgen werden im dritten Kapitel die tatsächlichen Folgen der Sorgeerklärungen untersucht. Um zu verdeutlichen, welchen Anforderungen nichteheliche Eltern bei der gemeinsamen Sorgerechtsausübung gewachsen sein müssen, wird zunächst die Vielzahl und Vielfältigkeit elterlicher Einigungen dargestellt. Es folgt eine Erörterung des Inhalts und der Konsequenzen einer einvernehmlichen Sorgerechtsausübung bei zusammenlebenden und bei getrennt lebenden Eltern. Hierbei liegt der Schwerpunkt zum einen auf der rechtlichen Qualifizierung der Ausübungsvereinbarungen. Diese Vereinbarungen sind im Verhältnis zu den Sorgeerklärungen die allgemeineren Erklärungen, da sie nicht das „Ob“, sondern das „Wie“ der elterlichen Sorge betreffen. Sie bieten sich daher an, die Grundlagen privatautonomer Gestaltungsmöglichkeiten und deren Vereinbarkeit mit dem Familienrecht zu erläutern. Schwerpunktmäßig wird zum anderen die Frage nach der Verbindlichkeit und den Grenzen elterlicher Einigungen erörtert. Hinzu kommt bei getrennt lebenden Eltern die Untersuchung, inwieweit die Eltern Gestaltungsformen wählen können, die von dem Regelungskonzept des § 1687 I BGB abweichen.

Das vierte Kapitel bildet mit der Analyse der Sorgeerklärungen den Hauptteil der Arbeit. Einleitend wird untersucht, welchen konkreten Zweck der Gesetzgeber mit den Sorgeerklärungen über die Begründung des gemeinsamen Sorgerechts hinaus verfolgte und wie sich die Sorgeerklärungen in die Systematik des Familienrechts einreihen. Es folgt eine Beschreibung der formalrechtlichen Voraussetzungen der Sorgeerklärungen. Hierzu werden die Erklärungsberechtigung der Eltern, die Erforderlichkeit bestimmter Rahmenbedingungen, die Anforderung an eine wirksame Abgabe der Sorgeerklärungen sowie der Inhalt und die Bedeutung der Mitteilung nach § 1626d II BGB erörtert. Sodann wird der formalrechtliche Inhalt der Sorgeerklärungen, d.h. das, was die Eltern vor der beurkundenden Stelle erklären müssen und können, einer genauen Analyse unterzogen. Dies beinhaltet sowohl die Problematik der partiellen Sorgeerklärungen und der sogenannten begleitenden Vereinbarungen als auch eine Auseinandersetzung mit der starken Rechtsstellung der nichtehelichen Mutter. Im Anschluss kann die rechtliche Qualifizierung der Sorgeerklärungen vorgenommen werden. Hierzu wird zunächst untersucht, inwieweit andere personenstandsbezogene Erklärungen mit den Sorgeerklärungen vergleichbar sind und ob sich gegebenenfalls Rückschlüsse auf die Rechtsnatur der Sorgeerklärungen ableiten lassen. Die unterschiedlichen dogmatischen Qualifizierungen der Sorgeerklärungen in der Literatur werden dargelegt und im Rahmen einer Stellungnahme auf ihre Stimmigkeit überprüft. Den Abschluss der Stellungnahme bildet eine eigenständige Qualifizierung sowohl der einzelnen Sorgeerklärungen als auch der Verbindungen beider Erklärungen. Abgeschlossen wird die Untersuchung der Rechtsnatur mit der Frage, inwieweit die Regeln über Rechtsgeschäfte auf die Sorgeerklärungen übertragen werden können. Im Zuge dessen wird ebenfalls zur fehlenden Regelung der Sorgeerklärung eines geschäftsunfähigen Elternteils Stellung genommen. Schließlich wird die Verbindlichkeit der Sorgeerklärungen untersucht.

1. Kapitel: Impulse und Gründe für die Wahl der Sorgeerklärungen

Das erste Kapitel dieser Arbeit widmet sich der Frage, was den Gesetzgeber veranlasst hat, die Sorgeerklärungen als Mittel zur Begründung der gemeinsamen elterlichen Sorge für nicht miteinander verheiratete Eltern[5] zu wählen. Als eine der vielen Neuerungen des Kindschaftsrechtsreformgesetzes vom 16. Dezember 1997[6] können die Sorgeerklärungen nicht losgelöst von den für diese Reform maßgeblichen Gründen erörtert werden.

A. Geschichtliche Entwicklung der elterlichen Sorge bei nichtehelichen Kindern

Um die maßgebliche Ausgangslage vor dem KindRG zu bestimmen, soll deshalb kurz die geschichtliche Entwicklung der elterlichen Sorge bei nichtehelichen Kindern dargestellt werden.

I. Das Bürgerliche Gesetzbuch vom 18. August 1896

Dem Entwurf von *Gottlieb Planck* folgend, ging das BGB, das am 1. Januar 1900 in Kraft trat, von dem Prinzip aus, dass nur die Ehe familienrechtliche und insbesondere erbrechtliche Beziehungen begründen könne.[7] Allein die Tatsache der Erzeugung konnte daher keine verwandtschaftliche Verbindung zwischen dem unehelichen Kind und seinem Vater herstellen (§ 1589 II BGB a.F.). Anerkannt wurde jedoch ein natürliches Verhältnis, welches, abgesehen von der sittlichen Pflicht des Vaters, sein Kind zu ernähren,[8] lediglich einen Unterhaltsanspruch des Kindes gegen seinen Vater begründete (§ 1708 BGB a.F.).

Als Ausnahme von dem genannten Prinzip wurde das Kind hingegen seiner Mutter und seinen mütterlichen Verwandten zugeordnet.[9] Es bestanden grundsätzlich die gleichen Rechte und Pflichten wie bei einem ehelichen Kind (§§ 1705 ff. BGB a.F.). Gleichwohl erfolgte keine vollständige Gleichstellung, denn im Gegensatz zu der verwitweten Mutter (§ 1684 BGB a.F.) stand der Mutter eines unehelichen Kindes die elterliche Gewalt, einschließlich der Vertretung und Vermögensverwaltung sowie der Nutznießung am Vermögen des Kindes

---

[5] Im folgenden: nichteheliche Eltern.

[6] In Kraft seit dem 1. Juli 1998. Im folgenden: KindRG.

[7] Mugdan, 4. Bd., S. 451 ff.; *Planck* in Die Vorlagen der Redaktoren für die erste Kommission zur Ausarbeitung des Entwurfs eines Bürgerlichen Gesetzbuches, S. 611.

[8] *Planck*, vgl. Fn. 2, S. 615.

[9] *Planck*, vgl. Fn. 2, S. 616.

nicht zu (§ 1707 BGB a.F.). Das minderjährige Kind stand von Gesetzes wegen unter Vormundschaft, wobei der Mutter die Personensorge verblieb, die ein selbständiges Erziehungsrecht umfasste (§ 1707 i.V.m. § 1631 BGB a.F.).

II. Die Gesetzeslage nach 1945

1. Rechtslage in der Bundesrepublik Deutschland

Sowohl in der Weimarer Republik[10] als auch unter dem Nationalsozialismus[11] und in der Bundesrepublik[12] wurde eine Verbesserung der familienrechtlichen Stellung des unehelichen Kindes angestrebt. Inhaltlich und fast wörtlich übereinstimmend knüpft das Grundgesetz von 1949 an Art. 121 WRV an, indem Art. 6 V GG den Gesetzgebungsauftrag proklamiert, „den unehelichen Kindern die gleichen Bedingungen für ihre leibliche und seelische Entwicklung und ihre Stellung in der Gesellschaft zu schaffen, wie den ehelichen".

Der neuen Verfassungsordnung folgend, die den Menschen, seine Würde und seine elementaren Freiheits- und Gleichheitsgrundrechte in den Mittelpunkt des Verfassungssystems stellt, trat am 1. Juli 1958 das Gesetz über die Gleichberechtigung von Mann und Frau in Kraft.[13] Zwar wurde hierdurch unter anderem das Recht der elterlichen Sorge neu gestaltet; von der Möglichkeit, auch das Unehelichenrecht neu zu regeln, machte der Gesetzgeber allerdings keinen Gebrauch. Eine Lösung der komplexen Probleme des Unehelichenrechts wurde

---

[10] Nach den unterschiedlichen Gesetzentwürfen von 1922 und 1925 wurde 1929 dahingehend ein Kompromiss geschlossen, dass dem Vater die elterliche Sorge – auch neben der Mutter – erteilt werden konnte, soweit die Vaterschaft festgestellt oder anerkannt wurde. Beiden Eltern konnte die elterliche Gewalt eingeräumt werden, allerdings nicht gemeinsam. Zur Verabschiedung des Gesetzentwurfes kam es nicht mehr. Im Juli 1930 wurde der Reichstag aufgelöst, und nach den Reichstagswahlen im September 1930 scheiterte eine Neueinbringung des Entwurfs, (vgl. Schubert, 1986, S. 76, 122 ff., 153 ff. und 367 ff.).

[11] Um die soziale Stellung des unehelichen Kindes zu verbessern, wurde es als „natürliches Kind" bezeichnet und war mit beiden Elternteilen verwandt. Der Mutter sollte die Personensorge und dem Vormund die Vermögenssorge und Vertretung des Kindes zustehen. Zwar sah der Entwurf von einer gemeinsamen elterlichen Gewalt ab, soweit es dem Kindeswohl aber dienlich war, konnte sowohl der Mutter als auch dem Vater die elterliche Gewalt verliehen werden, wobei der Vater das Kind in seinen Hausstand aufgenommen oder es innerhalb seiner Sippengemeinschaft unterhalten haben sollte. Nach wie vor wurde zwischen der feststehenden und der ungewissen Vaterschaft differenziert, zudem aber auch zwischen Kindern, die rassisch rein und daher vorzugswürdig waren, und solchen, die dies nicht waren. Dieser Gesetzentwurf von 1940 wurde verabschiedet, aber von Hitler nie vollzogen, (vgl. Schubert, 1993, S. 509, 524, 527 ff.).

[12] Vgl. *Krüger* in DÖV 57, 356 ff.; *Lange, Heinrich* in JuS 64, 253 (254); *Becker* in StAZ 64, 17 (19).

[13] Vgl. *Rupp v.Brünneck* in StAZ 70, 226 (226 f.).

angesichts des von der Verfassung zur Beseitigung des gegen Art. 3 II GG verstoßenden Rechts gestellten Stichtages, dem 1. April 1953 (Art. 117 I GG), nicht für möglich erachtet.[14]

a. Familienrechtsänderungsgesetz vom 11. August 1961

Nach langjähriger Untätigkeit[15] behandelte der Gesetzgeber dann mit dem Familienrechtsänderungsgesetz einige Fragen der Reform des Unehelichenrechts vorweg, die sich unabhängig von einer Gesamtreform regeln ließen.[16] Neben der zeitlichen Verlängerung der Unterhaltspflicht des Vaters von dem 16. auf das 18. Lebensjahr des Kindes (§ 1708 BGB a.F.), bestand für die Mutter erstmals die Möglichkeit, neben der Sorge für die Person des Kindes auch die elterliche Gewalt zu erlangen (§ 1707 II BGB a.F.).

Das Streben nach einer grundlegenden Verbesserung der familienrechtlichen Stellung des unehelichen Kindes hielt aber unverändert an. So befasste sich der *44. Deutsche Juristentag* erneut mit einer Reform des Unehelichenrechts.[17] Ziel war es, die persönliche Verbindung zwischen dem unehelichen Kind und seinem Vater zu vertiefen. Zu diesem Zweck sollte nicht nur § 1589 II BGB a.F. aufgehoben, sondern vor allem die Möglichkeit geschaffen werden, dem Vater die elterliche Gewalt oder Personensorge auf seinen Antrag hin zu übertragen, sofern die Mutter zustimmt oder sonst hierfür ausfällt.

Die Beschlüsse wurden allerdings in der Literatur als zu weitgehend abgelehnt.[18]

b. Nichtehelichengesetz vom 19. August 1969

Nachdem das *BVerfG* nachdrücklich die Umsetzung des Gesetzgebungsauftrages aus Art. 6 V GG gefordert hatte,[19] kam der Gesetzgeber diesem Auftrag durch das am 1. Juli 1970 in Kraft getretene Gesetz über die rechtliche Stellung der nichtehelichen Kinder nach.[20] Dieses erhob den bisherigen zweiten Untertitel des 4. Titels zum 5. Titel und gab ihm die Überschrift „Elterliche Gewalt ü-

---

[14] Maßfeller, S. 39.
[15] Trotz diverser Anregungen, vgl. *Hedemann* in FamRZ 55, 226 ff. m.w.N.
[16] Vgl. *Becker* in StAZ 64, 17 (18).
[17] *Beschlüsse des 44. Deutschen Juristentages* in FamRZ 62, 401 f.; vgl. auch *Mittelstein* in MDR 62, 872 (873 f.). Zur Bedeutung von Art. 6 V GG schon *Bosch* in FamRZ 58, 451 (454).
[18] *Göppinger* in FamRZ 62, 449 (450); *Schlosser* in FamRZ 63, 14 ff; *Lange, Heinrich* in JuS 64, 253 (257 f.).
[19] BVerfGE 25, 167 ff.
[20] BGBl. Jg. 1969 I S. 1243.

ber eheliche Kinder". Diese systematische Korrektur wurde flankiert durch eine sprachliche: Die bisherige Bezeichnung „unehelich" wurde durchgängig durch „nichtehelich" ersetzt.

Die entscheidende Neuregelung bestand darin, dass die Mutter des nichtehelichen Kindes grundsätzlich die volle elterliche Gewalt für ihr Kind erhielt (§ 1705 II BGB a.F.). Dem Jugendamt oblag aber wie bislang die Funktion eines Pflegers und damit die Vertretung des Kindes für die Feststellung der Vaterschaft, die Geltendmachung von Unterhalts-, Erb- und Pflichtteilsansprüchen sowie für Angelegenheiten der Ehelicherklärung und der Namensänderung (§§ 1706 ff. BGB a.F.).

Da § 1589 II BGB a.F. entfiel, war das nichteheliche Kind nunmehr nicht nur biologisch, sondern auch rechtlich mit seinem Vater verwandt. Rechtlich blieb das Verwandtschaftsverhältnis aber nach wie vor schwach ausgestaltet. So wurde eine Beteiligung des Vaters am Sorgerecht weiterhin ausgeschlossen, und zudem lag die Ausgestaltung des Umgangsrechts grundsätzlich in der Hand der Mutter (§ 1711 ff. BGB a.F.). Symptomatisch war hierfür das Bild des nichtehelichen Vaters: Von den verhältnismäßig wenigen Vätern, die den Kontakt mit ihrem Kind wünschten, fühle sich nur ein Teil verantwortlich für das Kind und werde von Zuneigung zu diesem geleitet. Der anderer Teil wolle sich auf diesem Wege lediglich der Mutter – nicht selten ohne die Absicht einer Eheschließung – wieder nähern, ihr Schwierigkeiten bereiten und hierdurch den Ehe- und Familienfrieden stören.[21]

c. Gesetz zur Neuregelung des Rechtes der elterlichen Sorge vom 18. Juli 1979

Das Gesetz zur Neuregelung des Rechtes der elterlichen Sorge (SorgeRG) sollte nach dem Willen des Gesetzgebers „dem Wandel im Selbstverständnis der Eltern-Kind-Beziehung, der zu einem Auseinanderfallen von Wirklichkeit und Gesetz geführt hat", Rechnung tragen.[22] Abgesehen von einigen begrifflichen Anpassungen wurden im Bereich des „Nichtehelichen"-Rechts jedoch nur Randkorrekturen[23] durchgeführt; die „elterliche Sorge" für nichteheliche Kinder blieb unangetastet.[24]

---

[21] Vgl. Jansen / Knöpfel, S. 284 ff.
[22] BT-Drs. 7 / 2060, S. 13.
[23] So insbesondere um im Bereich des Umgangsrechts des nichtehelichen Vaters (§ 1711 BGB a.F.) Bedenken, die bis zur Vorlage beim BVerfG führten, auszuräumen; vgl. hierzu *LG Köln* in FamRZ 77, 205 ff; *Lange, Hermann* in NJW 70, 297 (303); *Diederichsen* in FamRZ 78, 461 (474).
[24] *Schwenzer* in FamRZ 85, 1202 (1202).

2. Rechtslage in der DDR

Nach dem Ende des Zweiten Weltkrieges galt das BGB in der sowjetisch besetzten Zone zunächst weiterhin unverändert. Dies traf auch auf die im Februar 1946 entstandene Neufassung des Ehegesetzes durch das Kontrollratsgesetz Nr. 16 zu. Alle Besatzungszonen hatten somit den gleichen rechtlichen Ausgangspunkt im Bereich der elterlichen Sorge.

Mit der Gründung der „Deutschen Demokratischen Republik“ und dem Erlass der Verfassung im Oktober 1949 wurde jedoch eine Umgestaltung des Familienrechts und gleichzeitig eine Abspaltung vom gesamten Rechtssystem der Bundesrepublik eingeleitet.[25] Die Verfassung von 1949 forderte nicht nur die Gleichberechtigung von Mann und Frau und die Beseitigung der rechtlichen Benachteiligung von Kind und Eltern wegen der Geburt außerhalb der Ehe, sondern sie setzte – anders als das Grundgesetz (Art. 3 II, 117 I GG) – mit sofortiger Wirkung alle Regelungen, die diesen Verfassungsgrundsätzen widersprachen, außer Kraft.[26] Einige wesentliche Forderungen aus der Verfassung wurden durch das Gesetz über den Mutter- und Kinderschutz und die Rechte der Frau vom 27. September 1950 umgesetzt.[27] Im Übrigen eröffnete sich aber ein weites Feld für eine schöpferische Rechtsprechung.[28]

a. Familiengesetzbuch vom 20. Dezember 1965

Mit dem Familiengesetzbuch (FGB) wurde dann 1965 eine in sich geschlossene familienrechtliche Gesetzgebung geschaffen, die sich systematisch und sprachlich vom BGB abzulösen suchte.[29] Das bislang geltende „Sorgerecht“ wurde durch das „Erziehungsrecht“ ersetzt und stand gemäß § 46 I FGB der nichtehelichen Mutter alleine zu. Die einzige Möglichkeit des nichtehelichen Vaters, Inhaber des Erziehungsrechts zu werden, bestand in einer diesbezüglichen Anwartschaft für den Fall, dass die Erziehungsberechtigte starb oder ihr Erziehungsrecht verlor. Entscheidungsberechtigt war insofern das Organ der Jugendhilfe (§ 46 II FGB).

---

[25] Hagemeyer, S. 7.
[26] Art. 7, 30 - 33, 144 der Verfassung der DDR vom 7. 10. 1949; vgl. Grandke, S. 174.
[27] § 16 MKSchG: die „elterliche Sorge“ steht beiden Eltern zu; § 17 I MKSchG: der Mutter des nichtehelichen Kindes wurden durch Abschaffung der Amtsvormundschaft die vollen elterlichen Rechte zuerkannt.
[28] Grandke, S. 175; Hagemeyer, S. 7; *Benjamin* in NZ 65, 225 (226).
[29] Grandke, S. 195.

b. Erstes Familienrechtsänderungsgesetz vom 20. Juli 1990

Mit dem 1. Familienrechtsänderungsgesetz[30] wurde der Prozess der Umgestaltung des FGB in Richtung auf ein einheitliches deutsches Familienrecht eingeleitet.[31] Als Reaktion auf die geänderten sozialen Verhältnisse konnte das Familiengericht gemäß § 46 IV FGB erstmals auf übereinstimmenden Antrag beider Eltern „entscheiden, dass beide Eltern das Erziehungsrecht gemeinsam ausüben, wenn das dem Wohl des Kindes entspricht". Das gleiche galt für die Möglichkeit der einvernehmlichen Übertragung des Erziehungsrechts allein auf den unverheirateten Vater.[32] Neu war auch, dass der Nichterziehungsberechtigte und das Kind selbst gemäß § 48 II FGB einen Antrag auf Änderung der Erziehungsrechtsentscheidung stellen konnten, während diese Entscheidung vorher allein bei den Mitarbeitern der Jugendhilfe lag.[33]

III. Rechtslage in der Bundesrepublik Deutschland nach dem Beitritt

Seit dem 3. Oktober 1990 gilt das Vierte Buch des BGB in den neuen Bundesländern und im beigetretenen Teil des Landes Berlin grundsätzlich für alle familienrechtlichen Verhältnisse, die am Tage des Wirksamwerdens des Beitritts bestanden. Hiervon ausgenommen waren unter anderem die Vorschriften über die Amtspflegschaft (§§ 1706 bis 1710 BGB a.F.), welche dem bislang geltenden Recht der DDR unbekannt waren, so dass in den neuen und den alten Bundesländern unterschiedliche Regelungen weiter bestehen blieben.[34] Art. 234 § 11 EGBGB respektierte zudem das nach § 46 FGB übertragene Erziehungsrecht und verwandelte es, soweit es den Eltern übertragen wurde, in elterliche Sorge, während das dem nichtehelichen Vater übertragene Erziehungsrecht zur Vormundschaft wurde.[35] In der *Amtlichen Begründung* des Einigungsvertrages ist aus diesen Gründen die Notwendigkeit einer Reform des Nichtehelichenrechts in Deutschland festgelegt worden.[36]

Abgesehen von einer Neuregelung des Unterhaltsanspruchs der Mutter eines nichtehelichen Kindes durch Art. 6 des Schwangeren- und Familienhilfeände-

---

[30] Das FÄG trat am 1. Oktober 1990 in Kraft und galt bis zum Inkrafttreten des BGB am 3. Oktober 1990.
[31] *Eberhardt* in FamRZ 90, 917 (918). Die letzte Volkskammer und die letzte Regierung der DDR seien davon ausgegangen, dass das Familienrecht des FGB über die Vereinigung hinaus für seinen bisherigen Geltungsbereich in Kraft bleiben könne und solle, (vgl. Grandke, S. 206).
[32] *Eberhardt* in NZ 90, 401 (403).
[33] *Eberhardt* in NZ 90, 401 (403 f.).
[34] Vgl. BT-Drs. 11 / 7817, S. 36 f., 45.
[35] Staudinger – *Peschel-Gutzeit*, Vorbem. zu §§ 1626 ff., Rn. 87.
[36] Vgl. BT- Drs. 11 / 7817, S. 36.

rungsgesetzes vom 21. August 1995 wurden bis zum Inkrafttreten des KindRG am 1. Juli 1998 keine Veränderungen des Nichtehelichenrechts mehr vorgenommen.

B. Rechtstatsächliche Ausgangsdaten als Ausdruck des gesellschaftlichen Wandels

Parallel zur Rechtslage wandelte sich die gesellschaftliche Wirklichkeit.[37] Eine entscheidende Veränderung des bislang bestehenden Frauenbildes wurde einerseits durch die medizinische Entwicklung vorgenommen, die eine steuerbare Familienplanung ermöglichte, andererseits nahm die berufliche und damit auch finanzielle Selbständigkeit der Frauen zu.[38] Diese Selbständigkeit spiegelte sich in einer im Vorfeld des KindRG erhobenen repräsentativen Befragung nichtehelicher, alleinerziehender Eltern wider: Hier äußerte zwar die Mehrzahl der Frauen den Wunsch, ihr Kind im Rahmen einer Partnerschaft mit dem Vater erziehen zu wollen, sofern dies aber misslang, was überwiegend der Fall war, waren sie bereit und fühlten sich in der Lage, allein für ihr Kind zu sorgen.[39] Das Ergebnis der Befragung bestand weiterhin darin, dass alleinerziehende Mütter jedwede Einmischung von außen, sei es in Form der Amtspflegschaft, sei in Form einer ungefragten Sorgerechtsbeteiligung des Vaters, ablehnten.[40]

Die Gruppe der nichtehelichen Väter gab dagegen kein vergleichbar einheitliches Bild ab. So traf das Bild des desinteressierten und verantwortungslosen „Zahlvaters“ noch immer auf diejenigen Väter zu, deren Vaterschaft erst im Rahmen eines Gerichtsverfahrens festgestellt werden konnte.[41] Dies war besonders häufig dann der Fall, wenn der Vater eine neue Partnerschaft einging oder eine neue (eheliche) Familie gründete.[42] Die Zahl der freiwilligen Vaterschafts-

---

[37] *Limbach*, Das nichteheliche Kind und seine Eltern, S. 31; *Nave-Herz* in Das nichteheliche Kind und seine Eltern, S. 6 ff.

[38] *Nave-Herz / Matthias-Bleck / Sander* in FuR 96, 1 (2); *Diederichsen* in NJW 98, 957 (957); Vaskovics, S. 190.

[39] Im Jahre 1994 waren etwa 84, 2 % der ledigen Alleinerziehenden Frauen. Wenn das Kind bis zu seinem 6. Lebensjahr legitimiert wurde, gilt, dass nur in gut 16 % der Fälle die Partnerschaft der Eltern weiter aufrechterhalten wurde, (vgl. Vaskovics, S. 190 ff.; Henrich, FamR., S. 245; vgl. Statist. BAmt, Fachserie 1, Reihe 3, 2000, S. 3).

[40] Vaskovics, S. 201, 205. Zur Ablehnung der Amtspflegschaft: *Oberloskamp* in ZfJ 89, 118 (119 ff.); *Deutscher Juristinnenbund* in FamRZ 92, 912 (912); *Peschel-Gutzeit / Jenckel* in FuR 96, 129 (130 f.); *Henrich* in Entwicklungslinien des europäischen Kindschaftsrechts, 185 (195); *Schwenzer* in Verhandlungen des 59. DJT Band I, A 72f.

[41] Die Quote der gerichtlichen Vaterschaftsstellungen lag in den neuen Bundesländern mit 8 % etwas niedriger als in den alten Bundesländern mit 14 %, (vgl. Vaskovics, S. 199).

[42] 44 % der nichtehelichen Kinder hatten dann keinen Kontakt mehr zu ihrem Vater, (vgl. Vaskovics, S. 203, 198).

feststellungen erhöhte sich im Zeitraum von 1969 bis 1993 aber ständig,[43] und immer mehr nichteheliche Väter waren bereit, in gerichtlichen Verfahren für die Anerkennung und Durchsetzung ihrer Rechte zu kämpfen.[44] Dies rechtfertigte ein zunehmend positiveres Bild vom nichtehelichen Vater.

Wie viele der nichtehelichen Kinder aus nichtehelichen Lebensgemeinschaften hervorgingen und tatsächlich zusammen mit ihrem Vater aufwuchsen, konnte, weil sich nichteheliche Lebensgemeinschaften der statistischen Erhebung entzogen, nur geschätzt werden. Rückschlüsse ließen sich aber zum einen aus der Rate der nichtehelichen Geburten, die allein im Zeitraum von 1986 bis 1994 um knapp 3 % auf insgesamt 12, 4 % stieg, und zum andern aus den Schätzungen zur Zahl der nichtehelichen Lebensgemeinschaften gewinnen. Diesbezüglich verzeichnete das *Statistische Bundesamt* von 1972 bis 1994 einen Anstieg von 137.000 auf 1.282.000, also um das 9,4-fache.[45] Die Frage, aus wie vielen dieser Lebensgemeinschaften gemeinsame Kinder hervorgegangen sind, wurde vom *Statistischen Bundesamt* daher für das Jahr 1994 mit 313.000 für das frühere Bundesgebiet und mit 272.000 für die neuen Länder beantwortet.[46]

Angesichts der explosionsartigen Verbreitung nichtehelicher Lebensgemeinschaften drängte sich die Frage auf, ob die Ehe an Bedeutung verloren hatte. Hierfür sprach nicht nur, dass sich Paare, vor allem nachdem der Makel der Sittenwidrigkeit beseitigt worden war,[47] bewusst und freiwillig für eine nichteheliche Lebensgemeinschaft entschieden,[48] sondern auch die zunehmende Flucht aus der Ehe durch Scheidung und sinkende Eheschließungszahlen.[49] Allerdings griffen noch immer viele Paare auf die Ehe zurück, wenn sie planten – über ihre Partnerschaft hinaus – eine Familie zu gründen,[50] so dass die Berechtigung der Ehe als gesellschaftlilche Lebensform nicht in Frage stand.

---

[43] 45, 8 % im Jahr 1969, 62, 6 % im Jahr 1975, 82,7 % im Jahr 1988; 1993 bekannten sich in den alten Bundesländern dann schon 84, % und in den neuen Bundesländern sogar 98 % der nichtehelichen Väter zu ihrer Vaterschaft, (vgl. Vaskovics, S. 160, 199).

[44] Vaskovics, S. 179 f., 204; *Schwenzer* in FamRZ 85, 1202 (1204); *Limbach*, Das nichteheliche Kind und seine Eltern, S. 38.

[45] BT-Drs. 13 / 4899, S. 37 f.

[46] BT-Drs. 13 / 4899, S. 38; *Peschel-Gutzeit / Jenckel* in FuR 96, 129 (130).

[47] BGHZ 53, 369 (375 ff.); 77, 55 (59); *BVerfG* in FamRZ 81, 429 (433).

[48] Peuckert, S. 49; *Limbach*, Wandel und Kontinuität in der Familie, S. 27. Im Gegensatz dazu lebten Paare früherer Generationen ohne Trauschein zusammen, weil sie entweder wegen fehlender ökonomischer, rechtlicher oder standesgemäßer Voraussetzungen nicht heiraten konnten, oder weil sie wegen finanzieller Nachteile (z.B. wegen des Verlustes von Versorgungsansprüchen wie im Falle der „Onkelehen" in der Nachkriegszeit) nicht heiraten wollten, (vgl. *Nave-Herz* in Das nichteheliche Kind und seine Eltern, S. 6).

[49] Vgl. BT-Drs. 13 / 4899, S. 35 ff. m.w.N.

[50] BJFG, (1985) S. 37 ff., 169 ff.; *Nave-Herz* in Das nichteheliche Kind und seine Eltern, S. 6; *Nave-Herz / Matthias-Bleck / Sander* in FuR 96, 1 (1 f.); *Limbach* in RdJB 88, 170 (170 f.); Vaskovics, S. 190 f.; Lempp, Familie im Umbruch, S. 167 ff.; a.A.: *Stintzing* in Schriften zum Internationalem Recht Bd. 61, S. 78 f.

C. Ausländisches Recht

Die sich weltweit ändernden rechtstatsächlichen Verhältnisse führten andernorts schon vor Eintritt des KindRG zu einem deutlichen Meinungswandel. Mit Ausnahme der Schweiz sahen nämlich alle übrigen Rechtsordnungen, wenn auch in sehr unterschiedlichem Umfang, bereits ein gemeinsames Sorgerecht vor.[51] Impulse für die Reform des insoweit rückständigen deutschen Rechts gewann der Gesetzgeber folglich auch aus den ausländischen Rechtsordnungen.[52]

Im Rahmen des Rechtsvergleichs nahmen die ehemalige Tschechoslowakei, Ungarn und Belgien eine Sonderstellung ein, indem sie die gemeinsame Sorge für alle Kinder vorsahen, unabhängig davon, ob sie in oder außerhalb einer Ehe geboren wurden.[53]

In gleicher Weise stand auch in Polen und Spanien den Eltern eines nichtehelichen Kindes grundsätzlich die elterliche Sorge gemeinsam zu. Ausgenommen waren in Polen allerdings diejenigen Väter, deren Vaterschaft erst gerichtlich festzustellen war. Der Erwerb des Rechts auf Ausübung der elterlichen Sorge bedurfte hier einer ausdrücklichen Entscheidung des Gerichts.[54] Zu einem ähnlichen Ergebnis führte in Spanien die gerichtliche Feststellung der Abstammung gegen den Widerspruch des Vaters.[55]

Soweit bestimmte Tatbestandsvoraussetzungen vorlagen, trat auch in Italien und Frankreich die gemeinsame Sorge kraft Gesetzes ein. Dies war in Italien der Fall, wenn das Kind durch beide Eltern anerkannt wurde und diese auch zusammenlebten.[56] Darüber hinaus verlangte der französische Gesetzgeber, dass die Eltern ihr Kind innerhalb eines Jahres anerkannten und dass das Zusammenleben durch eine gesetzliche Bescheinigung festgestellt wurde.[57] Aber auch ohne Zusammenleben konnte – entweder durch eine gemeinsame Erklärung vor dem Familienrichter oder durch eine richterliche Ermessensentscheidung – ein gemeinsames Sorgerecht eintreten.[58]

Dass das gemeinsame Sorgerecht für nichteheliche Kinder bei entsprechender Willenserklärung beider Eltern automatisch durch bloße Registrierung zustande kam und hilfsweise durch amtliche Ermessensentscheidung auf Antrag eines Elternteils, registrierte der Gesetzgeber in Norwegen, Schweden und England.[59]

---

[51] Dopffel, S. 598, zur Schweiz S. 53.
[52] BT-Drs. 13 / 4899, S. 42 ff.
[53] Dopffel, S. 539 ff., 560 f.; BT-Drs. 13 / 4899, S. 43 f.
[54] Dopffel, S. 516.
[55] Dopffel, S. 311 f.
[56] BT-Drs. 13 / 4899, S. 44; Dopffel, S. 236 ff.
[57] *Prinz v. Sachsen Gessaphe* in FamRZ 99, 1107 (1113).
[58] BT-Drs. 13 / 4899, S. 44; Dopffel, S. 147, 248 f.; *Prinz v. Sachsen Gessaphe* in FamRZ 99, 1107 (1113).
[59] Dopffel, S. 599, 84 f. (nordische Länder); 423 ff. (England).

Die Begründung des Sorgerechts allein durch staatliche Ermessensentscheidung (meistens durch Urteil) sahen mehrere Länder in unterschiedlichen Varianten vor: So sahen die Gesetze der Vereinigten Staaten die Anordnung der gemeinsamen Sorge auch auf einseitigen Antrag und bei Getrenntleben der Eltern vor. Allerdings stellte eine entsprechende Anordnung bei Uneinigkeit der Eltern die Ausnahme dar.[60] In Dänemark, den Niederlanden und Österreich war für das gemeinsame Sorgerecht eine entsprechende Einigung der Eltern erforderlich.[61] Die in Dänemark erforderliche amtliche Genehmigung der elterlichen Vereinbarung war aber kaum mehr als eine Formsache, bei der die Information der Eltern im Vordergrund stand. Auch nach den niederländischen Reformentwürfen von 1986 und 1993 war geplant, die gemeinsame Sorge durch bloße Registrierung auf gemeinschaftlichen Antrag der Eltern hin eintreten zu lassen. In Österreich wurde das gemeinsame Sorgerecht durch das Pflegschaftsgericht übertragen. Erforderlich war neben der Einigung der Eltern deren häusliche Gemeinschaft, die nach dem Willen des Gesetzgebers bereits längere Zeit bestehen und ihrem Ziel nach auf Dauer ausgerichtet sein musste.

D. Verfassungsrechtliche und supranationale Aspekte

Weitere Impulse für den Gesetzgeber waren verfassungsrechtliche Verpflichtungen und supranationale Aspekte.

I. Bedeutung des Art. 6 I GG und von Art. 8 I EMRK für ein gemeinsames Sorgerecht nicht miteinander verheirateter Eltern

Fraglich ist, welche Folgerungen sich aus Art. 6 I GG und Art. 8 I EMRK hinsichtlich des gemeinsamen Sorgerechts für nicht miteinander verheiratete Eltern ableiten ließen.

1. Schutz der Familie

Die durch Art. 6 I GG anerkannte besondere Schutzbedürftigkeit der Familie beruht auf der Überlegung, dass die Gemeinschaft von Eltern und Kindern dem einzelnen die notwendige Basis für die Entwicklung und Entfaltung seiner Individualität sowie die notwendige Hilfe zum Leben und zur Eingliederung in die Gemeinschaft verleiht. Die Familie dient damit in gesteigertem Maße dem Allgemeinwohl.[62] In seiner Funktion als Institutsgarantie folgt aus Art. 6 I GG die

[60] Dopffel, S. 599 f., 480, 467 ff.
[61] Dopffel, S. 86 (Dänemark); S. 342 ff. (Niederlande); S. 18 f. (Österreich).
[62] BVerfGE 10, 59 (66 f.); BK – *Pirson* Art. 6 I, Rn. 34.

Gewährleistung gewisser Strukturprinzipien, mit denen das Familienrecht vereinbar sein muss.[63] Darüber hinaus trifft Art. 6 I GG eine verbindliche Wertentscheidung für den gesamten Bereich des privaten und öffentlichen Rechts. Danach ist es dem Staat zum einen untersagt, die Familie zu schädigen oder sonst zu beeinträchtigen. Zum anderen folgt hieraus das Gebot, die Familie vor Beeinträchtigungen durch andere Kräfte zu bewahren und durch geeignete Maßnahmen zu fördern.[64]

Nach Ansicht einiger Autoren, die nicht nur das gemeinsame Sorgerecht als Ausdruck des Schutzes der Familie begriffen, sondern auch die nichteheliche Eltern-Kind-Beziehung als Familie im Sinne des Art. 6 I GG ansahen, bestand die verfassungsrechtliche Notwendigkeit, auch den nichtehelichen Eltern das gemeinsame Sorgerecht zukommen zu lassen.[65]

a. Die nichteheliche Eltern-Kind-Beziehung als Familie im Sinne des Art. 6 I GG?

Die Frage, ob nichteheliche Eltern mit ihren gemeinsamen Kindern eine Familie bilden, wurde im Vorfeld der Reform aber unterschiedlich bewertet.

Eine Ansicht gelangte wegen des Familiencharakters sowohl der Mutter-Kind-[66] als auch der Vater-Kind-Beziehung[67] zu dem „seltsamen Ergebnis, dass in diesem Fall zwei Familien vorhanden wären“[68], zwischen denen das gemeinsame Kind gewissermaßen als Scharnier fungiere.[69]

Andere würdigten hingegen die soziale Einheit der nichtehelichen Familie im alltäglichen Leben und vertraten deshalb die Ansicht, dass solche faktischen Familien im Interesse der Kinder terminologisch als eine Familie anzuerkennen und zu fördern seien. Da die Gemeinschaft zwischen nichtehelichem Kind und Mutter bzw. Vater aber bereits in Erfüllung des Art. 6 V GG geschützt werde, bleibe ein Schutz der nichtehelichen Eltern-Kind-Gemeinschaft insgesamt durch Art. 6 I GG außer Betracht. Dies gelte vor allem deswegen, weil der nichteheliche Vater nicht generell wie ein ehelicher Vater behandelt werden könne und ihm im Übrigen auch kein Elternrecht zustehe.[70]

---

[63] Vgl. Schwab, FamR, Rn. 12. m.w.N.
[64] BVerfGE 6, 55 (76); 24, 119 (135).
[65] So *Steiger* in VVDStRL 45, 55 (80); *Moritz* in Schriften zum Bürgerlichen Recht Bd. 115, S. 109 ff.
[66] BVerfGE 18, 97 (105 f.).
[67] BVerfGE 45, 104 (123).
[68] Maunz / Dürig – *Maunz* (1980) Art. 6, Rn. 16a.
[69] Maunz / Dürig – *Maunz* (1980) Art. 6, Rn. 16a; *Zeidler* in HdbVerfR (1983), 555 (584); *Pechstein* in Studien und Materialien zur Verfassungsgerichtsbarkeit Bd. 59, S.108 ff.
[70] *v. Campenhausen* in VVDStRL 45, 8 (23). Noch weiter geht *Lecheler* in DVBl 86, 905 (907), der ausführt, der verfassungsrechtliche Familienbegriff beruhe nur auf der Ehe, so dass

Das *BVerfG* ließ die Frage vor der Reform unbeantwortet, seine einschränkungslose Formulierung, „Die Familie im Sinne von Art. 6 I GG ist die Gemeinschaft von Eltern und Kindern“[71] war aber tendenziell offen für die Einbeziehung der nichtehelichen Lebensgemeinschaft mit eigenen Kindern in den verfassungsrechtlichen Familienbegriff.[72] Hierauf stützte sich auch ein großer Teil des Schrifttums und befürwortete die Einbeziehung in den Schutzbereich des Art. 6 I GG.[73] Als Argument diente die Überlegung, dass der Schutz zweier Teilfamilien bei gleichbleibenden Mitgliedern zum Schutze der Vollfamilie führen müsse. Hierfür spreche auch, dass faktische Familien die wesentlichen sozialen Funktionen der Familie ebenso erfüllten wie die auf einer Ehe beruhenden Familien und dass sie in zunehmendem Maße sozialethisch akzeptiert würden. Schließlich diene die Einbeziehung vor allem dem Zweck des Art. 6 V GG, indem nichteheliche den ehelichen Kindern gleichgestellt würden.

b. Bedeutung von Art. 8 I EMRK

Die Befürworter einer Einbeziehung der nichtehelichen Eltern-Kind-Gemeinschaft in den verfassungsrechtlichen Familienbegriff beriefen sich auch auf die Auslegung des in Art. 8 I EMRK enthaltenen Familienbegriffs.[74]

Die EMRK, die am 3. September 1953 in Kraft trat, hat als Bundesrecht im Sinne des Art. 59 II GG zwar weder Verfassungsrang noch eine sonst über dem Gesetz stehende Bedeutung; nach ständiger Rechtsprechung des *BVerfG* ist bei der Auslegung des Grundgesetzes aber auch Inhalt und Entwicklungsstand der EMRK samt der Rechtsprechung des *EuGHMR* zu berücksichtigen.[75]

Art. 8 I EMRK enthält das Recht auf Achtung des Privat- und Familienlebens. Unter „Familie“ sind nach Ansicht des *EuGHMR*[76] nicht nur die auf Eheschließung beruhenden Bande zu verstehen, sondern auch faktische Familien-

---

weder die Gemeinschaft der Eltern noch einzelne Elternteile mit ihrem nichtehelichen Kind eine Familie bilden könnten.

[71] BVerfGE 80, 81 (90).

[72] Nach der Reform bejahte es die Einbeziehung ausdrücklich: *BVerfG* in FamRZ 03, 151 (151).

[73] v. Münch / Kunig (4. Aufl.) – *E.M. v .Münch* Art. 6, Rn. 8; v. Münch, S. 142; *Gernhuber* in FamRZ 81, 721 (727, Fn. 58); Gernhuber / Coester-Waltjen § 5 I, S. 38; *Kropholler* in AcP (1985) 185, 244 (252 Fn. 35); *Steiger* in VVDStRL 45, 55 (80); *Zippelius* in DÖV 86, 805 (810); *Friauf* in NJW 86, 2595 (2602); Fleisch, S. 95 f.; Schwenzer, Vom Status zur Realbeziehung, S. 265; *Wegner* in FamRZ 96, 587 (588); einschränkend Schumann, S. 173 ff., die die Anwendung des Art. 6 I GG auf die gesamte nichteheliche Familie ausschließt, wenn ein Elternteil (noch) verheiratet ist.

[74] Statt vieler *Brötel* in ZfJ 92, 241 (242 f.); Schumann, S. 154.

[75] Vgl. nur BVerfGE 74, 358 (370). Dennoch fand die EMRK bei den Überlegungen des deutschen Gesetzesgebers zum KindRG keine Berücksichtigung.

[76] Grundlegend: „Marcks- Entscheidung“ des *EuGHMR* in FamRZ 79, 903 f.

bande ohne Eheschließung. Ein Kind, das einer solchen Verbindung entstammt, ist folglich ipso iure Teil dieser Familie vom Moment der Geburt an und allein deswegen. Dies gilt auch dann, wenn die Eltern zum Zeitpunkt der Geburt nicht mehr zusammenleben oder sie ihre Beziehung bereits beendet haben. Nach den Feststellungen des *EuGHMR* im „Keegan-Urteil“[77] vom 26. Mai 1994 sei die unter dem Schutz des Art. 8 I EMRK stehende nichteheliche Familie nicht nur vor staatlichen Eingriffen zu schützen, sondern Art. 8 I EMRK begründe sogar eine positive Verpflichtung des Staates zur effektiven „Achtung“ des Familienlebens. Der *EuGHMR* beließ den Staaten aber bei der Umsetzung dieser Neubeurteilung einen erheblichen Beurteilungsspielraum: So erachtete es der *EuGHMR* ausdrücklich für zulässig, wenn der nationale Gesetzgeber für nichteheliche Familien andere Regelungen vorsehe als für eheliche, sofern diese nur deren besonderer Lage Rechnung trügen.[78]

c. Folgerungen in Bezug auf Sorgerechtsregelungen

Fraglich ist, welche Folgerungen aus dem unterschiedlichen Familienverständnis in Bezug auf die im Raum stehende Sorgerechtsregelung für nichteheliche Eltern zu ziehen waren.

Unter Zugrundelegung der „Zwei-Familien-Theorie“ wäre ein gemeinsames Sorgerecht zumindest widersinnig gewesen, da das gemeinsame Sorgerecht die Gemeinschaft der in zwei Familien aufgeteilten Eltern betont hätte.

Bei der Einbeziehung der nichtehelichen Familie in den Schutzbereich des Art. 6 I GG, hätte ein gemeinsames Sorgerecht teleologisch nahe gelegen,[79] weil die Bestimmungen zum Familien- und zum Elternschutz in einem Sinnzusammenhang stehen.[80] Allerdings folgt aus dem engen Sinnzusammenhang noch nicht die zwingende rechtliche Notwendigkeit des gemeinsamen Sorgerechts.[81] Art. 6 I GG enthält nämlich allein den allgemeinen Schutz der Familie, der als solcher auch den Schutz der Familienaufgabe „Kindererziehung“ erfasst. Demgegenüber normiert Art. 6 II GG ausschließlich diesen speziellen Bereich der Familie. Für Fragen des Sorgerechts ist Art. 6 II GG im Verhältnis zu Art. 6 I GG also die speziellere Norm.[82]

---

[77] *EuGHMR* in FamRZ 95, 110 f.

[78] Vgl. nur Fahrenhorst, S. 407 m.w.N; *Prinz v. Sachsen Gessaphe* in FamRZ 99, 1107 (1109).

[79] Vgl. *Strätz* in FamRZ 80, 434 (437); *Zippelius* in DÖV 86, 805 (810) m.w.N.

[80] BK – *Pirson* Art. 6 II und III, Rn. 257.

[81] So nur *Steiger* in VVDStRL 45, 55 (80); *Moritz* in Schriften zum Bürgerlichen Recht Bd. 115, S. 109 ff.

[82] BVerfGE 24, 119 (135 f., 138 f.); 31, 194 (204); Ossenbühl, S. 43; v. Münch / Kunig – *Coester-Waltjen* Art. 6, Rn. 57; Sachs – *Schmitt-Kammler* Art. 6, Rn. 47; Fleisch, S. 106; Schumann S. 203.

Selbst wenn die nichteheliche Familie also in den Schutzbereich des Art. 6 I GG einbezogen worden wäre, hätte dies keine positive Verpflichtung zur Ableitung eines gemeinsamen Sorgerechts bedeutet.

2. Schutz der Ehe

Von grundlegender Bedeutung für die Anerkennung des gemeinsamen Sorgerechts war das Spannungsverhältnis zwischen Ehe und nichtehelicher Lebensgemeinschaft.

Eine Ehe ist jedes auf Dauer angelegte und zuvor staatlich beurkundete Zusammenleben von Mann und Frau in einer umfassenden, grundsätzlich unauflöslichen Lebensgemeinschaft.[83] Da nichteheliche Lebensgemeinschaften nicht die öffentliche Anerkennung der Ehe suchen, scheiden sie aus dem Schutzbereich der Ehe aus.[84] Der Gehalt von Art. 6 I GG erschöpft sich jedoch nicht in der Einräumung einer „Freiheit", sondern wird durch die Einräumung eines „besonderen Schutzes" geprägt. Fraglich war daher, inwieweit Art. 6 I GG in seiner Funktion als Institutsgarantie und als Grundsatznorm einer Regelung im Bereich der nichtehelichen Lebensgemeinschaften entgegenstand.

Nachdem eine Schlechterstellung der Ehe allein aufgrund der Existenz nichtehelicher Lebensgemeinschaften nicht zu befürchten war und sich auch aus dem Gebot, die Ehe gegenüber anderen Lebensformen zu privilegieren, kein Gebot herleiten ließ, andere Lebensformen gegenüber der Ehe zu benachteiligen oder generell zu verbieten,[85] bestand die Grenze gesetzgeberischen Handelns in einer vollständigen Gleichstellung und erst recht in einer Begünstigung nichtehelicher Lebensgemeinschaften gegenüber der Ehe.[86]

Die Frage, ob speziell die Einführung eines gemeinsamen Sorgerechts für nichteheliche Eltern einen entsprechenden Verstoß begründen würde, konnte allein aus dem verfassungsrechtlichen Schutzgut der Ehe nicht beantwortet werden. Denn ebenso wie dem Familienschutz des Art. 6 I GG wegen des Speziali-

[83] BVerfGE 10, 59 (66); v. Münch / Kunig – *Coester-Waltjen* Art. 6, Rn. 5 f.

[84] Sachs - *Schmitt-Kammler* Art. 6 Rn. 9. Die nichteheliche Lebensgemeinschaft ist auch kein Schutzobjekt der negativen Ehefreiheit, weil andernfalls der „besondere Schutz" nichts Besonderes mehr wäre, wenn auch ein besonderer Schutz bestünde, ihn nicht anzunehmen, (vgl. *Kingreen* in Münsterische Beiträge zur Rechtswissenschaft Bd. 97, S. 68, 70 f.). Auch die Möglichkeit einer Einbeziehung aufgrund eines Verfassungswandels scheidet nach ganz h.M. aus, (vgl. v.Münch, S. 141, *Zuleeg* in NVwZ 86, 800 (803); *Heyde* in Familie ohne Ehe, S. 29 f.; *Zippelius* in DÖV 86, 805 (806 ff.); Maunz / Dürig – *Badura*, Art. 6, Rn. 38 ff., 55).

[85] *Kingreen* in Münsterische Beiträge zur Rechtswissenschaft Bd. 97, S. 71; BVerfGE 9, 20 (34 f.); v. Münch, S. 148; *Schlüter* in Schriftenreihe der Juristischen Gesellschaft e.V. Heft 68, S. 15; *Zippelius* in DÖV 86, 805 (808 f.).

[86] BVerfGE 9, 20 (34 f.); *Zippelius* in DÖV 86, 805 (808 f.); v. Mangoldt / Klein / Starck – *Robbers* Art. 6, Rn. 50; *Schlüter* in Schriftenreihe der Juristischen Gesellschaft e.V. Heft 68, S. 15 f.; v. Münch, S. 150.

tätsverhältnisses zu Art. 6 II GG keine positive Aussage zur elterlichen Sorge nichtehelicher Eltern entnommen werden konnte, konnte auch der Eheschutz nicht losgelöst von Art. 6 II GG eine diesbezüglich negative Aussage treffen.

II. Aussagen des Art. 6 II und V GG und Art. 18 I KRK im Hinblick auf ein gemeinsames Sorgerecht nichtehelicher Eltern

Während der Gesetzgeber aus dem Schutzbereich des Art. 6 I GG also wenig Konkretes für die Ausgestaltung der Rechtsbeziehungen der Familienmitglieder untereinander ableiten konnte, wurde sein Handeln maßgeblich von Art. 6 II und V GG bestimmt.[87]

1. Rechtsstellung nichtehelicher Eltern

„Eltern" im Sinne des Grundgesetzes waren nach Ansicht des *BVerfG* schon immer die Eltern ehelich geborener Kinder. Von Anfang an bezog es aber auch die Mutter eines nichtehelichen Kindes in den Schutzbereich mit ein.[88] Dem nichtehelichen Vater wurde das Elternrecht dagegen erst schrittweise zugebilligt: Das Gericht erkannte ihm das Elternrecht anfänglich gar nicht, später nur begrenzt zu, bevor es schließlich ein generelles Elternrecht bejahte. Dabei berief es sich nicht auf die Entstehungsgeschichte, sondern auf die sozialen Gegebenheiten.[89] Parallel hierzu änderte das Gericht auch seine Auffassung zur Vereinbarkeit des gemeinsamen Sorgerechtes nichtehelicher Eltern mit dem aus Art. 6 I GG folgenden Eheschutz.

a. Entscheidung des BVerfG vom 24. März 1981

In der Entscheidung vom 24. März 1981 beschäftigte sich das *BVerfG* erstmals mit dem gemeinsamen Sorgerecht nichtehelicher Eltern. Anlass waren die Verfassungsbeschwerden dreier Väter, denen jeweils die Beteiligung an der elterlichen Sorge mit dem Hinweis auf § 1705 BGB a.F. versagt wurde.

In der Urteilsbegründung wurde zunächst auf den Regelfall des Art. 6 II GG verwiesen, wonach die elterliche Sorge den durch die Ehe verbundenen Eltern, die in einer Familiengemeinschaft mit dem Kind zusammenleben, zustehe. Das Gericht räumte allerdings ein, dass dies aus verschiedenen Gründen nicht immer möglich sei, Art. 6 II GG in diesen Fällen aber gleichwohl gelten müs-

[87] BVerfGE 84, 168 (184 f.).
[88] BVerfGE 24, 119 (135).
[89] Vgl. *Seibert* in FamRZ 95, 1457 (1459).

se.[90] Die Verbindung zwischen Art. 6 II GG und Art. 6 I GG löste das Gericht jedoch nur scheinbar, denn es führte aus, dass jedenfalls das Zusammenleben des nichtehelichen Vaters mit dem Kind als eine von Art. 6 I GG geschützte Gemeinschaft anzusehen sei. Da das Bild des nichtehelichen Vaters, der die Kindesmutter nicht heiratet, seine Vaterschaft bestreitet und kein Interesse an der Entwicklung des Kindes zeigt, den sozialen Gegebenheiten nicht mehr voll gerecht werde, könne zumindest dem mit Mutter und Kind zusammenlebenden nichtehelichen Vater das Recht aus Art. 6 II GG nicht abgesprochen werden.[91]

Das Elternrecht gestand das Gericht dem nichtehelichen Vater jedoch nicht in voller Tragweite zu. Es sei ausreichend, dass er von der Rechtsordnung nicht daran gehindert werde, das Kind tatsächlich gemeinsam mit der Mutter zu erziehen. Das wegen fehlender rechtlicher Befugnisse verbleibende Defizit sei verfassungskonform und § 1705 BGB somit nicht zu beanstanden, weil es nur Folge der elterlichen Entscheidung sei, eine rechtsverbindliche Ausgestaltung ihrer Beziehung durch Eingehung der Ehe abzulehnen.[92]

Angesichts der rechtlichen Folgenlosigkeit einer Trennung nichtehelicher Eltern entspreche es dem Wohl des Kindes, dieses aus Streitigkeiten herauszuhalten, die gemeinsam sorgeberechtigte Eltern im Fall ihrer Trennung führen müssten. Die eindeutige Zuordnung des Sorgerechts zu einem Elternteil entspreche daher am ehesten dem Wohl des Kindes.[93]

Befürworter der Entscheidung lobten, das *BVerfG* habe mit seiner Entscheidung insbesondere dem Eheschutz Rechnung getragen, da das Zugeständnis eines gemeinsamen Sorgerechts nach ihrer Auffassung die nichteheliche Lebensgemeinschaft auf- und die Ehe abgewertet hätte.[94]

b. Entscheidung des BVerfG vom 3. November 1982

Im darauffolgenden Jahr traf das *BVerfG* eine weitere für die elterliche Sorge relevante Entscheidung.[95] Es erklärte § 1671 IV 1 BGB a.F. wegen eines Verstoßes gegen Art. 6 II 1 GG für verfassungswidrig und ermöglichte damit die Ausübung eines gemeinsamen Sorgerechts der Eltern nach der Scheidung. Nach Ansicht des Gerichts bedürfe es keiner staatlichen Schlichtung widerstreitender Elterninteressen, wenn beide Eltern gewillt seien, die gemeinsame Verantwortung für ihr Kind auch nach der Ehescheidung zu tragen. Soweit weder die Er-

---

[90] BVerfGE 56, 363 (382).
[91] BVerfGE 56, 363 (383 f.).
[92] BVerfGE 56, 363 (385).
[93] BVerfGE 56, 363 (386 f.)
[94] Horstmann, S. 87 ff.; *Holzhauer* in FamRZ 82, 109 (114); Soergel (11. Aufl.) – *Roth-Stielow* § 1705 Rn. 4; *Knöpfel* in FamRZ 83, 317 (324, 327 f.).
[95] BVerfGE 61, 358.

ziehungsfähigkeit der Eltern noch das Kindeswohl in Frage stünden, sei der Staat auch nicht in Ausübung seines Wächteramtes berufen, einen Elternteil zwangsläufig von der Pflege und Erziehung des Kindes auszuschließen.[96]

Eine vergleichbare Situation läge aber nicht bei unverheirateten Paaren vor. Das Gericht bekräftigte insoweit seine vorhergehende Entscheidung, indem es betonte, dass der Staat wegen der bewussten Ablehnung der Ehe durch die nichtehelichen Eltern innerhalb der Grenzen der ihm obliegenden Gestaltungsbefugnis geblieben sei, wenn er dem nichtehelichen Vater eine rechtliche Beteiligung am Sorgerecht versagt. Der Gesetzgeber sei jedenfalls nicht von Verfassung wegen gehalten, eine Regelung zu schaffen, welche die Möglichkeit eines gemeinsamen Sorgerechts für nichteheliche Eltern eröffnet.[97]

Die Tatsache, dass das Gericht den Eheschutz in seinen Entscheidungen von 1981 und 1982 sowohl über den Elternschutz als auch über das Kindeswohl stellte, wurde nicht kritiklos hingenommen.[98] Auf Unverständnis stießen die Entscheidungen vor allem auch deshalb, weil das Gericht seine Entscheidung von 1982 mit der Möglichkeit gleich starker emotionaler Bindungen des von der Scheidung betroffenen Kindes zu Vater und Mutter begründete.[99] Warum dies, so die Kritiker, bei harmonisch zusammenlebenden nichtehelichen Eltern im Gegensatz zu einer durch Getrenntleben und offenkundige Entfremdung gekennzeichneten geschiedenen Ehe nicht der Fall sein solle, beantworte das Gericht nicht.[100]

c. Entscheidung des BVerfG vom 7. Mai 1991

In seiner Entscheidung vom 7. Mai 1991 ließ das *BVerfG* dann aber ein gemeinsames Sorgerecht nichtehelicher Eltern zu.[101] Gegenstand des Verfahrens war die Verfassungsmäßigkeit des § 1738 I BGB a.F., nach dem die Mutter eines nichtehelichen Kindes das Sorgerecht verlor, wenn das Kind für ehelich erklärt wurde. Das *BVerfG* hielt diese Bestimmung wegen Verstoßes gegen Art. 6 II, V GG insoweit für verfassungswidrig, als die gemeinsame elterliche Sorge beider Eltern nach Ehelicherklärung selbst für den Fall ausgeschlossen werde, dass die

---

[96] BVerfGE 61, 358 (374).

[97] BVerfGE 61, 358 (375).

[98] v. Münch / Kunig (4. Aufl.) – *v. Münch, E.M.*, Art. 6, Rn. 32.

[99] BVerfGE 61, 358 (375 ff.).

[100] Zu diesem Widerspruch: *Kropholler* in AcP (1985) 185, 245 (271); *Lempp* in ZfJ 84, 305 (308 f.); v. Münch / Kunig (4. Aufl.) – *v. Münch , E.M.*, Art. 6 Rn. 55; *Pawlowski / Deichfuß* in FuR 91, 205 (205).

[101] BVerfGE 84, 168. Da Ansicht des *EuGHMR* das gemeinsame Sorgerecht nicht von Art. 8 I EMRK gefordert werde, bleibt diese Rechtsprechung folglich hinter dem in der Bundesrepublik vom *BVerfG* gesetzten Rechtsstandart zurück, vgl. Fahrenhorst, S. 411.

Eltern mit dem Kind zusammenlebten, beide bereit und in der Lage seien, die elterliche Verantwortung gemeinsam zu übernehmen und dies dem Kindeswohl entspreche. Während die zwingende Übertragung des Sorgerechts an einen Elternteil das Wohl des Kindes erheblich beeinträchtigen könne, entspreche das gemeinsame Sorgerecht bei nichtehelichen Eltern dem Kindeswohl.[102]

In ausdrücklicher Abweichung von seiner bisherigen Rechtsprechung betonte das Gericht, dass sich der Ausschluss des gemeinsamen Sorgerechts auch nicht mit der Erwägung rechtfertigen lasse, die nichteheliche Lebensgemeinschaft könne scheitern und das Kind solle nach der Trennung nicht in den Mittelpunkt eines Streits seiner Eltern geraten. Gerade in diesem Fall komme der rechtlichen Absicherung der gemeinsamen elterlichen Sorge besondere Bedeutung zu.[103]

Art. 6 I GG verpflichte zwar den Staat, Ehe und Familie vor Beeinträchtigungen zu schützen und durch geeignete Mittel zu fördern, eine Verpflichtung, dem durch Art. 6 II 1 GG geschützten Elternrecht des Vaters oder der Mutter eines nichtehelichen Kindes die rechtliche Anerkennung zu versagen, ergebe sich aus dieser Verfassungsnorm jedoch nicht. Darüber hinaus werde die verfassungsrechtliche Bedeutung des Elternrechtes als treuhänderisches Recht verkannt, wenn den Eltern die für die Wahrnehmung ihrer Elternverantwortung erforderlichen Rechte versagt blieben, nur weil sie sich gegen die Eheschließung entschieden hätten. Diese persönliche Entscheidung der Eltern dürfe sich nicht zu Lasten des Kindes auswirken.[104]

Als Konsequenz der Verfassungswidrigkeit des § 1738 I BGB a.F. und unter Würdigung der Gestaltungsfreiheit des Gesetzgebers erklärte das *BVerfG* die Norm nicht für nichtig, sondern gab dem Gesetzgeber auf, die Verfassungswidrigkeit unverzüglich zu beheben. Die Gerichte wurden angewiesen, derartige Verfahren bis zu einer gesetzlichen Neureglung auszusetzen.[105]

In der Literatur wurde die Entscheidung des *BVerfG* für ein gemeinsames Sorgerecht nichtehelicher Eltern ganz überwiegend positiv aufgenommen. Dies zeigte sich beispielsweise auf dem *59. Deutschen Juristentag* 1992,[106] auf dem von der Gutachterin und den drei Co-Referenten übereinstimmend entsprechende Gesetzesänderungen gefordert wurden. Es bestand Einigkeit darüber, dass sich jede Reform am Primat des Kindeswohls werde messen lassen müssen. Insoweit wurde die Beurteilung der Kindeswohlbelange durch das *BVerfG* geteilt. Den Kritikern, die auch nach dieser Entscheidung ein gemeinsames Sorgerecht mit

---

[102] BVerfGE 84, 168, (181 f.).
[103] BVerfGE 84, 168 (182).
[104] BVerfGE 84, 168 (184).
[105] BVerfGE 84, 168 (187).
[106] Verhandlungen des 59. DJT: *Schwenzer*, A 67 ff.; Band II: *Zens*, M 9 ff. „breiter politischer Konsens"; *Willutzki*, M 45 ff.; *Diederichsen*, M 79 ff.

dem Argument ablehnten, die Ehe habe den erheblichen Vorzug der erschwerten Trennung und sei somit im Sinne des Familienschutzes ein Garant erhöhter Stabilität,[107] wurde entgegnet, dass sie den statistischen Nachweis für diese Behauptung schuldig blieben.[108] Im Übrigen sei der Hinweis, nichteheliche Eltern könnten sich jederzeit trennen, angesichts der hohen Scheidungsquote und der Tatsache, dass praktisch kein Scheidungsbegehren mehr abgewiesen werde, für verheiratete Eltern ebenso zutreffend.[109] Schließlich werde die Bedeutung der Kinderschutzvorschrift des § 1568 BGB übersteigert. Für die Situation des Kindes sei nämlich allein die faktische Trennung entscheidend, welche aber gerade nicht durch die Ausgestaltung des Scheidungsrechts verhindert werden könne.[110]

d. Art. 18 I UN- Kinderrechtskonvention

Nachdem der Gesetzgeber 1991 vom *BVerfG* zur Reform des Kindschaftsrechts verpflichtet wurde, trat knapp ein Jahr später, am 5. April 1992, die UN-Konvention über die Rechte des Kindes in der Bundesrepublik in Kraft.[111]

Da die Konvention das einzige umfassende internationale Vertragswerk war und ist, das ausschließlich Rechts- und Schutzansprüche von Kindern behandelt, die Vertragsstaaten dabei verpflichtet, alle geeigneten Gesetzgebungs-, Verwaltungs- und sonstigen Maßnahmen zur Verwirklichung der in diesem Übereinkommen anerkannten Rechte zu treffen (Art. 4 KRK) und deren Einhaltung durch ein abgestuftes Verfahren von Öffentlichkeit und Kontrolle gewährleistet wird,[112] ist fraglich, inwieweit die Konvention Einfluss auf das gesetzgeberische Handeln hatte.

Relevant für das gemeinsame Sorgerecht nichtehelicher Eltern war insbesondere Art. 18 I 1, 3 KRK. Danach bemühen sich die Vertragsstaaten „nach besten Kräften, die Anerkennung des Grundsatzes sicherzustellen, dass beide Elternteile gemeinsam für die Erziehung und Entwicklung des Kindes verantwortlich sind. ... Dabei ist das Wohl des Kindes ihr Grundanliegen."

Im Rahmen des Ratifizierungsverfahrens formulierte die Bundesrepublik jedoch einen Interpretationsvorbehalt im Sinne des Art. 51 KRK und erklärte, dass das Übereinkommen zwar zum Anlass einer innerstaatlichen Reform genommen werde, innerstaatlich aber keine unmittelbare Anwendung fände.[113] Im

---

[107] *Bosch* in FamRZ 91, 1121 (1122, 1127) m.w.N. In diesem Sinne auch schon vor der Entscheidung: *Hahne* in FamRZ 90, 928 (929).

[108] *Finger* in ZfJ 87, 317 (321); Schwenzer, Vom Status zur Realbeziehung, S. 266.

[109] Vgl. Schwenzer, Vom Status zur Realbeziehung, S. 266 i.V.m. S. 58 f.

[110] *Finger* in ZfJ 87, 317 (321); Schwenzer, Vom Status zur Realbeziehung, S. 267.

[111] BGBl. 1992 II, S. 990; Text der KRK in ZfJ 95, 220 ff.

[112] *Gerstein* in ZfJ 1995, 527 (528).

[113] BGBl. 1992 II, S. 990. In der Gesetzesbegründung des KindRG wurde betont, dass der KRK große Bedeutung beigemessen werde und dass sie als Impuls für die innerstaatlichen

Hinblick auf das nach Art. 3 des Übereinkommens vorrangig zu wahrende Kindeswohl könne aus Art. 18 KRK nicht abgeleitet werden, dass die elterliche Sorge nichtehelichen Eltern automatisch zustehe. Das Übereinkommen berühre daher die Vorschriften des innerstaatlichen Rechts über die familienrechtlichen Vorschriften nichtehelicher Kinder nicht.[114]

e. Entscheidung des BVerfG vom 7. März 1995

Am 7. März 1995 gab das *BVerfG* schließlich den Verfassungsbeschwerden dreier Väter statt, die sich mit einer Verletzung ihrer Rechte aus Art. 6 II 1 GG gegen § 1747 II BGB a.F. wandten. Nach dieser Vorschrift war zur Annahme eines nichtehelichen Kindes die Einwilligung des Vaters nicht erforderlich. Er konnte die Annahme durch die Mutter gar nicht und die Annahme durch Dritte nur dann verhindern, wenn er selbst die Ehelicherklärung oder die Adoption des Kindes erfolgreich beantragte.[115] Zur Begründung des väterlichen Elternrechts verwies das *BVerfG* auf den allgemeinen Sprachgebrauch, wonach mit „Eltern" regelmäßig die leiblichen Eltern eines nichtehelichen Kindes gemeint seien, sowie auf seine bisherige Rechtsprechung, die als „Eltern" im Sinne des Art. 6 II 1 GG auch unverheiratete Personen anerkannte.[116]

Differenzierte das Gericht bislang nach den tatsächlichen Begebenheiten der zwischenmenschlichen Beziehungen, so lehnt es derartige Abstufungen nunmehr mit dem Hinweis auf die mangelnde Bestimmbarkeit und die Veränderbarkeit der väterlichen Beziehungen zu Mutter und Kind ab. Das Fehlen oder Bestehen sozialer Beziehungen könne dagegen für die Ausgestaltung elterlicher Befugnisse im einzelnen bedeutsam sein.[117] Eine gesetzliche Ausgestaltung, die zwischen der Position des nichtehelichen Vaters und derjenigen der nichteheli-

---

Reformen gewertet worden sei, (BT-Drs. 13 / 4899, S. 29). Kritisch zum deutschen Vorbehalt: *Brötel* in ZfJ 98, 447 (451).

[114] BGBl. 1992 II, S. 990.

[115] BVerfGE 92, 158, in Übereinstimmung mit der vorherrschenden Ansicht der Literatur: statt vieler vgl. *Salgo* in NJW 95, 2129 (2130 ff.); *Coester* in FamRZ 95, 1245 (1246).

[116] BVerfGE 92, 158 (177).

[117] BVerfGE 92, 158 (178 f.). Zwar hatte der *EuGHMR* im *Keegan-Urteil* die Konventionswidrigkeit des irischen Nichtehelichenrechts festgestellt, dass dem nichtehelichen Vater keine Chance ließ, Drittadoptionen zu verhindern und die Sorge für das Kind selbst zu übernehmen, da Schutzgut des Art. 8 EMRK aber nicht die Elternrechte als solche sind, sondern das Familienleben, sah sich der *EuGHMR* auch im Fall *Keegan* gezwungen, über die leibliche und rechtliche Elternstellung des Vaters hinaus „Familienleben" feststellen zu müssen; ausreichend aber auch erforderlich war demnach, dass die Eltern ein Jahr vor der Geburt zusammengelebt haben und die Zeugung des Kindes einem gemeinsamen Lebensplan entsprach. Mithin ist die Rechtsposition des Vaters nach innerdeutschem Verfassungsrecht, das derartige Einschränkungen nunmehr ablehnt, stärker als nach Konventionsrecht, (vgl. *Coester* in FamRZ 95, 1245 (1251).

chen Mutter bzw. derjenigen verheirateter Eltern differenziere, sei aber nicht nur zulässig, sondern gerade auch deshalb erforderlich, weil das Elternrecht den Eltern gemeinsam zustehe und seine Ausübung ein Mindestmaß an Übereinstimmung zwischen ihnen verlange. Dabei sei zu berücksichtigen, dass Rechte und Pflichten im Elternrecht untrennbar miteinander verbunden seien und dass die Wahrnehmung der Rechte am Kindeswohl ausgerichtet werden müsse.

Vor diesem Hintergrund sei bei fehlender Übereinstimmung der Eltern eine Zuweisung der Rechte und Pflichten an einen Elternteil möglich, wobei das Maß der gesetzgeberischen Gestaltungsfreiheit von der Übereinstimmung der Eltern und von der sozialen Beziehung zum Kind abhängig sei.[118]

2. Grenzen des gesetzgeberischen Gestaltungsspielraums aus Art. 6 V GG

Neben dem Elternrecht war für die Reform des Kindschaftsrechts auch Art. 6 V GG als Konkretisierung des allgemeinen Gleichheitssatzes und als Schutznorm zugunsten nichtehelicher Kinder von erheblicher Bedeutung, wobei bis heute nicht abschließend geklärt ist, welche Folgerungen sich im einzelnen aus dem Gesetzgebungsauftrag ergeben.[119]

Nach den Ausführungen des *BVerfG* ergebe sich für den Gesetzgeber die Pflicht, das Nichtehelichenrecht grundsätzlich entsprechend dem ehelichen Kindschaftsrecht zu regeln. Eine Ungleichbehandlung sei nur dann zulässig, wenn eine förmliche Gleichstellung der sozialen Situation des nichtehelichen Kindes nicht gerecht werde oder dadurch andere, ebenso geschützte Rechtspositionen beeinträchtigt seien.

Der Verfassungsauftrag werde aber dann verletzt, wenn eine Regelung zur Schlechterstellung einzelner Gruppen nichtehelicher Kinder führe. Treffe der Gesetzgeber entsprechend diesen Vorgaben eine andere Regelung, stehe ihm ein Gestaltungsspielraum nur insoweit zu, als es um die Auswahl zwischen verschiedenen verfassungsmäßigen Lösungen gehe.[120]

Das Gericht konkretisiert diese Ausführungen, indem es klarstellt, dass die Lebenssituation eines nichtehelichen Kindes, das mit beiden Elternteilen zusammenlebe, einer weitgehenden rechtlichen Gleichstellung mit dem „Normalfall des ehelichen Kindes, das in einer stabilen Ehe aufwächst", nicht nur nicht entgegenstehe, sondern diese geradezu fordere.[121] Soweit bei nichtehelichen Kindern, die von Geburt an allein bei der Mutter aufwüchsen, eine rechtliche

---

[118] BVerfGE 92, 158 (179). Zustimmend: *Seibert* in FamRZ 95, 1457 (1460); *Salgo* in NJW 95, 2129 (2131).
[119] *Seibert* in FamRZ 95, 1457 (1461).
[120] BVerfGE 84, 168 (184 f.); 85, 80 (88); 96, 56 (65).
[121] BVerfGE 84, 168 (184 f.).

Annäherung an das eheliche Kindschaftsrecht wegen der unterschiedlichen Lebenssituation nicht möglich sei, könne diese Ungleichbehandlung keinen Rechtfertigungsgrund für eine Regelung bilden, die alle nichtehelichen Kinder gleichermaßen betreffe.

Das Gericht verweist darauf, dass der Gesetzgeber „eine weitergehende Angleichung an die Stellung ehelicher Kinder nicht ohne ausreichenden sachlichen Grund einer Gruppe nichtehelicher Kinder vorenthalten darf".[122] Schließlich könne eine Benachteiligung nichtehelicher Kinder auch nicht generell durch den Schutz des Verfassungsgutes der Ehe und der Familie gerechtfertigt werden.[123]

III. Zusammenfassung

Nach dem Urteil des Bundesverfassungsgerichts vom 7. Mai 1991 war ein gemeinsames Sorgerecht für nichteheliche Eltern verfassungsrechtlich geboten. Diese neue Rechtslage entsprach auch den völkerrechtlichen Vorgaben.

Der Gesetzgeber hatte zu berücksichtigen, dass ein gemeinsames Sorgerecht für nichteheliche Eltern nur dann den Vorgaben des Art. 6 II GG entsprach, wenn die Bereitschaft und die Geeignetheit der Eltern zur Übernahme der gemeinsamen Verantwortung als Anknüpfungspunkt eines gemeinsamen Sorgerechts gewählt wurde. Nachdem der Ausschluss des gemeinsamen Sorgerechts nach Scheidung vom *BVerfG* als verfassungswidrig beanstandete worden war, konnte der Gesetzgeber das Zusammenleben der Eltern nicht als zwingende verfassungsrechtliche Voraussetzung eines gemeinsamen Sorgerechts ansehen.

Diese Vorgaben erfuhren durch das Urteil des *BVerfG* vom 7. März 1995 eine weitere Konkretisierung. Hierin hob das Gericht hervor, dass das Elternrecht zwar im Gegensatz zu anderen Grundrechten „den Eltern" also zwei Personen gemeinsam zustehe, dass Art. 6 II GG aber gleichwohl nicht entnommen werden könne, welchem Elternteil welche Befugnisse zuzuordnen seien, wenn die Eltern nicht gemeinsam die Pflege und Erziehung des Kindes übernehmen. Da aber weder generell von einer intakten Elternbeziehung noch von einem bestehenden väterlichen Interesse an seinem Kind ausgegangen werden könne, sei eine gesetzliche Ausgestaltung des Elternrechts nicht nur zulässig, sondern sogar erforderlich, um in Konfliktfällen eine am Kindeswohl orientierte Lösung zu ermöglichen und sicherzustellen.

Schließlich musste eine Reform der Vorschriften über die elterliche Sorge einerseits gemäß Art. 6 V GG eine echte Gleichstellung der Rechtslage ehelicher und nichtehelicher Kinder bewirken, durfte aber andererseits nicht zu einer Benachteiligung der Ehe als Schutzgut des Art. 6 I GG führen.

---

[122] BVerfGE 84, 168 (185).
[123] BVerfGE 84, 168 (186).

Weitere Aussagen, ob positive oder negative, ließen sich aus Art. 6 I GG im Hinblick auf ein gemeinsames Sorgerechts hingegen losgelöst von der Spezialnorm des Art. 6 II GG nicht treffen.

E. Reformdiskussion

I. Möglichkeiten zur Umsetzung eines gemeinsamen Sorgerechts für nichteheliche Eltern

Parallel zur fortschreitenden Rechtsprechung des *BVerfG* setzte die Diskussion über die Frage ein, wie das gemeinsame Sorgerecht bei nichtehelichen Eltern konkret umzusetzen sei.

1. Orientierung des BVerfG an der Ehelicherklärung

Einen ersten Anknüpfungspunkt wählte das *BVerfG* selbst. So stellte es zwar fest, das Institut der Ehelicherklärung genüge nicht den verfassungsrechtlichen Anforderungen, gleichwohl orientierte es sich unter Betonung, dass dies angesichts der Gestaltungsbefugnis des Gesetzgebers nur eine Möglichkeit sei, den Verfassungsverstoß zu beheben, am Institut der Ehelicherklärung. So wies das Gericht den Gesetzgeber auf die Prüfung der näheren Ausgestaltung der gemeinsamen Sorge und auf eine gegebenenfalls vorzunehmende Modifizierung einzelner Vorschriften der Ehelicherklärung hin und machte damit deutlich, dass es eine Umgestaltung des Instituts der Ehelicherklärung für ausreichend erachtete.[124]

Im Schrifttum wurde der Vorschlag des *BVerfG* allerdings nicht aufgegriffen.[125] Dies war nicht nur deswegen der Fall, weil das Institut der Ehelicherklärung bereits geraume Zeit vor der Entscheidung des *BVerfG* wegen seiner radikalen Wirkungen – das Kind wird der Mutter entzogen und dem Vater zugewiesen (§§ 1736, 1738 I BGB a.F.) – kritisiert wurde.[126] Die Ablehnung basierte vor allem auf der Überlegung, dass bei einer wirklichen Gleichstellung nichtehelicher und ehelicher Kinder für eine „Ehelich"-Erklärung kein Raum mehr sei und dieses Institut somit nicht noch um die Möglichkeit der gemeinsamen elterlichen Sorge aufgewertet werden solle.[127] Ein Ablehnungsgrund war schließlich auch, dass

---

[124] BVerfGE 84, 168 (187).
[125] *Bosch* in FamRZ 91, 1121 (1125); *Pawlowski / Deichfuß* in FuR 91, 205 (207); *Schwenzer* in Verhandlungen des 59. DJT, A 69 f.; *Böhm* in ZRP 92, 334 (335).
[126] *Rassow* in FamRZ 86, 322 (323 f.); *Kropholler* in AcP (1985) 185, 244 (289 f.); Gernhuber / Coester-Waltjen § 67 III, S. 1078; *Schwenzer* in Verhandlungen des 59. DJT, A 69 f. m.w.N.
[127] *Schwenzer* in Verhandlungen des 59. DJT, A 69 f.

die Ehelicherklärung in einer nichtehelichen Familie zu dem merkwürdigen Ergebnis geführt hätte, dass diese Familie aus einem nicht verheirateten Elternpaar mit einem gemeinsamen „ehelichen" Kind bestanden hätte.[128]

2. Lösungsansätze der Literatur

Die Reformdiskussion setzte verstärkt 1992 ein, als sich beispielsweise der *Deutsche Juristentag*, der *Deutsche Juristinnenbund* und der *Deutsche Familiengerichtstag* des Themas annahmen und für eine grundlegende Neuordnung des Kindschaftsrechts plädierten. Der Meinungsstand über die Umsetzung des gemeinsamen Sorgerechts nichtehelicher Eltern war breit gefächert.

a. Gemeinsame Adoption des Kindes durch beide nichtehelichen Eltern

Bosch, der zwar das gemeinsame Sorgerecht nichtehelicher Eltern nach wie vor aus Gründen des Eheschutzes ablehnte, schlug vor, die als verfassungswidrig beanstandeten Vorschriften zu ändern und eine gemeinsame Adoption des Kindes durch beide nichtehelichen Eltern zu ermöglichen.[129] Damit erhielte das Kind durch den Ausspruch des Vormundschaftsgerichts (§ 1752 BGB) die „rechtliche Stellung eines ehelichen Kindes" der beiden Annehmenden, als wären diese verheiratet, womit automatisch auch die elterliche Sorge beider Annehmenden verbunden wäre. Nach außen erschiene die nichteheliche Lebensgemeinschaft nicht als Ehe. In der Überzeugung, ein nichtehelicher Vater müsse erst beweisen, dass er seiner Verantwortung tatsächlich gerecht werde, begründete *Bosch* seinen Vorschlag vor allem mit den strengen Adoptionsvoraussetzungen, nämlich Probe-Pflegezeit, Alterserfordernis und Überprüfung eines „echten" Eltern-Kind-Verhältnisses.[130] *Bosch* sprach sich weiter dafür aus, unter dem Aspekt des Kindeswohls keine Adoption zu bewilligen, wenn oder solange einer der Annehmenden noch verheiratet sei. Dem möglichen Einwand, es sei widersinnig, sein eigenes Kind zu adoptieren, entgegnete er, es sei im Gegenteil besonders bedeutsam, wenn die Eltern ihr Kind als solches wirklich annähmen.[131]

---

[128] *Bosch* in FamRZ 91, 1121 (1125); vgl. *Pawlowski / Deichfuß* in FuR 91, 205 (207), die darauf hinweisen, dass eine Diskriminierung nichtehelicher Eltern zu befürchten sei, wenn sie die gemeinsame Sorge für ihr Kind nur dann erhalten könnten, indem sie dessen Ehelichkeit herbeiführen, obwohl sie selbst den zu beachtenden Wunsch hätten, nicht in einer Ehe zu leben; *Coester* in JZ 92, 809 (814); *Böhm* in ZRP 92, 334 (335).

[129] *Bosch* in FamRZ 91, 1121 (1127).

[130] *Bosch* in FamRZ 91, 1121 (1126, 1128).

[131] *Bosch* in FamRZ 91, 1121 (1129).

Auch dieser Vorschlag wurde nicht weiter ausgebaut. Kritisiert wurde insbesondere, dass die Adoption leiblicher Eltern nicht weniger gekünstelt wirke als die Fiktion der Ehelichkeit bei Kindern eines niemals verheirateten Vaters (§1736 BGB a.F.). Da für die Adoption der Grundsatz „adoptio naturam imitatur" gelte, sei umgekehrt zu berücksichtigen, dass in den Fällen, in denen die Natur die Elternstellung vorgebe und diese vom Recht grundsätzlich übernommen werde, es nichts zu imitieren gebe.[132] Zudem würden weite Teile des Schrifttums bereits die Adoption des eigenen Kindes im Rahmen der Stiefkindadoption ablehnen, so dass dies erst recht für die Adoption des eigenen Kindes durch beide Eltern gelten müsse. Im Übrigen würden die strengen Voraussetzungen der Adoption dem nichtehelichen Eltern-Kind-Verhältnis nicht gerecht.[133]

b. Grundsätzlich gemeinsame Sorge nichtehelicher Eltern mit der Geburt des Kindes

Die Gegenposition zu der von *Bosch* vertretenen Ansicht nahmen solche Autoren ein, die ein gemeinsames Sorgerecht der nichtehelichen Eltern allein aufgrund der Abstammung vorsahen. Über die Ausgestaltung dieser Forderung waren sie sich jedoch uneins.

So schlug *Knöpfel*[134] in Anlehnung an das italienische Sorgerechtsmodell vor, dass die Mutter dem Vater die Mitausübung der elterlichen Sorge übertragen könne. Solange das Kind mit beiden Eltern in demselben Haushalt lebe, sei im Zweifel davon auszugehen, dass dies geschehen sei.

Boemke[135] meinte, die Sorge für ein Kind sei nicht nur das Recht, sondern auch die Pflicht der Eltern, so dass die besseren Gründe für ein antragsunabhängiges Sorgerecht allein aufgrund der Abstammung sprächen, wie es das spanische Regelungsmodell vorsähe.

Coester[136] folgerte aus der grundsätzlichen und gleichberechtigten Anerkennung des Vaters als Träger des Grundrechts aus Art. 6 II 1 GG neben der Mutter, dass die elterliche Sorge auch ohne Ehe beiden Eltern grundsätzlich gemeinsam zustehe und somit, wenn schon nicht den tatsächlichen, so doch zumindest den normativen Regelfall darstelle. Die Alleinsorge eines Elternteils sei folglich als Eingriff in die grundrechtliche Position des anderen Elternteils zu verstehen,

---

[132] *Coester* in JZ 92, 809 (814).
[133] *Schwenzer* in Verhandlungen des 59. DJT, A 70 mit Verweis auf A 97 ff.
[134] *Knöpfel* in ZRP 90, 234 (238), ihm folgend: *Stein-Hilbers* in FuR 91, 198 (204).
[135] *Boemke* in FuR 91, 181 (189).
[136] *Coester* in FamRZ 95, 1245 (1247); *Children for a better world e.V.* in ZfJ 95, 60.

weshalb den Gesetzgeber ein Legitimationszwang für abweichende Regelungen treffe. Unter Hinweis auf das Urteil des *BVerfG* aus dem Jahre 1995 hielt er das Erfordernis übereinstimmender Sorgeerklärungen der nichtehelichen Eltern, wie sie gemäß § 1626a BGB in dem 1995 bereits bestehenden Gesetzesentwurf vorgesehen waren, aber für notwendig und verfassungsrechtlich unbedenklich.

Jopt[137] betonte dagegen den gesellschaftlichen Wandel und forderte einen Statusverzicht nicht nur in Bezug auf die Kinder, sondern auch hinsichtlich der Eltern. Beide nichtverheirateten Eltern sollten also mit der Geburt des Kindes sorgeberechtigt sein. Gegen das Modell der Sorgeerklärungen gab er zu bedenken, dass nichteheliche Partnerschaften „fragile und motivationssensible Gebilde" seien, so dass die vor Abgabe der Erklärungen geltende Alleinsorge der Mutter bei der Geburt des Kindes leicht die Vorstellung vom Kind als persönlichem Eigentum schüren könne. Die Folge wären erbitterte Elternstreitigkeiten über Umgangskontakte zwischen Kind und Vater.

Auch *Rummel*[138] lehnte die Notwendigkeit übereinstimmender Erklärungen der Eltern ab, billigte ihr aber noch eine Übergangsfunktion zu. Sie diene nämlich nicht dazu, „in jungen Menschen ein Bewusstsein dafür herauszubilden, welche Verantwortung damit verbunden ist, die Gabe zu haben, Kinder in die Welt setzen zu können." Gleichwohl sah er die Durchsetzungsschwierigkeit seiner Forderung und schlug daher vor, den Gesetzesentwurf des § 1626a BGB so auszugestalten, dass er fünf Jahre nach dem Inkrafttreten der Reform entfallen sollte.

Mit diesen Vorschlägen konnten sich die Autoren in der Reformdiskussion aber nicht durchsetzen. Zwar wurde nie bestritten, dass die Eltern sowohl moralisch als auch rechtlich zur Verantwortungsübernahme für ihr Kind verpflichtet seien, zu Recht wurde aber darauf hingewiesen, dass es eine andere Frage sei, ob hieraus einfachgesetzlich – quasi als gesellschaftliches Leitbild – auch grundsätzlich die Zuweisung der gemeinsamen Sorge an beide nichtehelichen Eltern folgen müsse. Im Zentrum der Argumentation stand der Verweis auf die verfassungsrechtlichen Vorgaben, wonach gemeinsame Rechte und Pflichten aus der Elternverantwortung nur dann fließen könnten, wenn zwischen den Eltern ein Mindestmaß an Übereinstimmung gegeben sei. Dieser übereinstimmende Wille könne bei verheirateten Eltern vermutet werden. Bei nicht miteinander verheirateten Eltern sei dies hingegen aufgrund der Vielzahl der gelebten Verhältnisse selbst dann nicht der Fall, wenn sie zusammenlebten.[139] Allen Befürwortern eines automatischen Sorgerechtseintritts war zudem gemein, dass sie auf einen

---

[137] *Jopt* in ZfJ 96, 203 (206).
[138] *Rummel* in ZfJ 97, 202 (213).
[139] *Schmidt-Aßmann* in Verhandlungen des 57. DJT, I 34; *Schwenzer* in Verhandlungen des 59. DJT, A 70; Bayer, S. 102 ff.; Bardenheuer, S. 50 ff.

formalen Publizitätsakt verzichteten. Schon dies hätte einen Bruch mit der Systematik des Familienrechts bedeutet, mit der Folge, dass die für das Familienrecht eigentümliche Transparenz und Richtigkeitsgewähr – wie sie beispielsweise durch Personenstandsregister gewährleistet wird – nicht erreicht worden wäre.

c. Erklärte Bereitschaft der Eltern zur Übernahme der gemeinsamen Sorge

Recht bald nach der Entscheidung des *BVerfG* aus dem Jahre 1991 zeichnete sich denn auch ab, dass der Vorschlag, die gemeinsame Sorge nichtehelicher Eltern an die erklärte Sorgerechtsbereitschaft zu knüpfen, eine breite Zustimmung fand.[140] Allerdings bestand keine Einigkeit darüber, wie die Einigkeit der Eltern dokumentiert werden sollte.

aa. Schriftliche Vereinbarung der Eltern

Mit der Begründung, im Interesse der Kinder den Weg zur gemeinsamen Sorge so einfach wie möglich gestalten zu wollen, hielten *Knöpfel* und *Heil* es für ausreichend, die Sorgerechtsbeteiligung des Vaters an eine private Elternvereinbarung zu knüpfen und hierfür eine Rechtsgrundlage zu schaffen.[141] Dieser Lösungsvorschlag war aber insofern ungenügend, als diese Form der Dokumentation ebenso wie das bloße Zusammenleben der Eltern weder der rechtlichen Bedeutung der elterlichen Sorge im Verhältnis zum Kind noch dem Bedürfnis des Rechtsverkehrs nach Klarheit und Transparenz der Personenstandsverhältnisse in angemessener Weise Rechnung getragen hätte.[142] Da beide Faktoren dem Recht der elterlichen Sorge von jeher eigentümlich waren, hätte eine private Elternvereinbarung zum besagten Bruch mit der Systematik des Familienrechts geführt.
Ein formaler, d.h. staatlich reglementierter Akt gewährleistet demgegenüber nicht nur die für die Sicherheit des Rechtsverkehrs notwendige Publizität, sondern er ist auch ein Garant dafür, dass die Beteiligten vor einer übereilten Abgabe gewarnt werden und dass ein Beweis über Inhalt, Umfang und Abgabezeitpunkt der Elternerklärung gesichert wird, was insbesondere im Falle einer Tren-

---

[140] Statt vieler vgl.: Beschluss des 57. DJT, I 236; Beschluss des 59. DJT, M 261 (D I 1.), der dem Gutachten von *Schwenzer* (A 71) und den Ergebnissen der Co-Referenten *Zenz* (M 15 f.), *Willutzki* (M 47) und *Diederichsen* (M 79 f.) entspricht; *Deutscher Juristinnenbund* in FamRZ 92, 912 (912); *Deutscher Familiengerichtstag* in FamRZ 96, 337 (339).
[141] Vgl. *Knöpfel* Fn. 134 für nicht zusammenlebende Eltern und Heil, S. 159 ff.
[142] vgl. Schumann, S. 321; *Stintzing* in Schriften zum Internationalem Recht Bd. 61, S. 190 f.; ähnlich auch *Schwenzer* in Verhandlungen des 59. DJT, A 70 f.

nung der Eltern relevant ist, weil hier schon die Frage, ob die schriftliche Vereinbarung überhaupt wirksam zustande gekommen ist, Streit hervorrufen kann.

bb. Staatliche Beteiligung an der Begründung der gemeinsamen Sorge

Als formale Publizitätsakte, die diesen Anforderungen genügen, kamen öffentlich beurkundete[143] oder staatlich registrierte Erklärungen[144] sowie die Bestätigung der gemeinsamen Sorge auf Antrag der Eltern durch das zuständige Gericht[145] in Betracht. Für die Frage, welche dieser Möglichkeiten den Vorzug verdient, konnte als Maßstab nur die Begründung der elterlichen Sorge bei verheirateten Eltern herangezogen werden. Weiterhin musste beachtet werden, dass zum einen die Zugangsvoraussetzungen für nichteheliche Eltern nicht zu hoch sein durften und damit ein möglichst einfacher Weg zur Begründung zur Verfügung stehen sollte und dass zum anderen der formale Begründungsakt Bedeutung und Tragweite der elterlichen Sorge gerecht werden musste.

Aus diesem Grund nahm der Vorschlag einer gerichtlichen Bestätigung der gemeinsamen Sorge auf Antrag der Eltern von vornherein eine Sonderstellung ein. Denn die Beteiligung eines Gerichts hätte nicht nur rein formal einen bedeutenden Unterschied zwischen ehelichen und nichtehelichen Eltern weiter aufrechterhalten, sie hätte insbesondere dazu geführt, dass der Anschein eines größeren Misstrauens gegenüber nichtehelichen Eltern erweckt worden wäre. Auch im Falle einer bloßen gerichtlichen Bestätigung hätte nämlich nicht ausgeschlossen werden können, dass sich nichteheliche Eltern in eine Rechtfertigungsposition gedrängt fühlten und somit die Beteiligung eines Gerichts eine abschreckende Wirkung auf sie gehabt hätte.

Sowohl öffentlich beurkundete als auch staatlich registrierte Erklärungen hatten demgegenüber den Vorzug, dass sie die elterliche Kompetenz nicht in Frage stellten. Um aber der Bedeutung und Tragweite der Elternerklärungen gerecht zu werden, stand fest, dass die Eltern über die Rechtsfolgen ihres Tuns aufgeklärt werden mussten. Diese Funktion gewährleistete die dem BGB im Gegensatz zur staatlichen Registrierung bereits bekannte Form der öffentlichen Beurkundung. Sie gewann somit Priorität und hat sich in der Reformdiskussion durchgesetzt (§ 1626d I BGB).[146]

---

[143] *Deutscher Juristinnenbund* in FamRZ 92, 912 (912).

[144] *Baer* in ZRP 89, 344 (349), die auf die französische und norwegische Rechtslage verweist; *Stintzing* in Schriften zum Internationalem Recht Bd. 61, S. 190 f.

[145] *Mansees* in Verhandlungen des 57. DJT, I 123 (124); *Dethloff* in NJW 92, 2200 (2201); Lebsanft, S. 197 ff., die grundsätzlich eine „Muss-Entscheidung" befürwortet; ähnlich auch *Wesche* in Rpfleger 96, 53 (57).

[146] Vgl. insofern die befürwortenden Stimmen im Schrifttum zum Diskussionsentwurf v. 24. 7. 1995, Zweiter Teil, Artikel 1, Nr. 8, Erläuterung zu § 1626d BGB-E: *Walter* in FamRZ 95, 1538 (1540 f.); *Arbeitsgemeinschaft für Jugendhilfe* in ZfJ 96, 94 (96); *Wichmann* in FuR 96,

II. Gesetzgebungsverfahren

1. Vorbereitung der Reform

Im Oktober 1991 wurde vom *Bundesministerium der Justiz* die interdisziplinäre *Arbeitsgruppe „Nichtehelichenrecht"* einberufen. Mitglieder waren Praktiker aus dem Bereich der Rechtspflege, Rechtswissenschaftler, Vertreter von Jugendämtern, ein Kinder- und Jugendpsychiater sowie ein Arzt und Psychotherapeut. Diese unterstützten bis Mai 1994 die Vorarbeiten an dem Entwurf eines Gesetzes zur Reform des Kindschaftsrechts.[147]

Darüber hinaus wurden mehrere Gutachten in Auftrag gegeben, unter anderem 1994 eines zum Thema „Lebenslage nichtehelicher Kinder". Der unter der Leitung von *Prof. Dr. Vaskoviczs* verfasste Forschungsbericht enthielt eine eingehende Bestandsaufnahme und Analyse auch des sozialen Kontextes, in dem nichteheliche Kinder aufwuchsen, und der Beziehungsformen ihrer Eltern.[148]

2. Entwicklungen der 13. Legislaturperiode

Im Juni 1995 stellte die *SPD* einen Gesetzentwurf vor, wonach „auf übereinstimmenden Antrag der Mutter und des Vaters, dessen Vaterschaft anerkannt oder gerichtlich festgestellt wurde, das Familiengericht den Eltern die gemeinsame elterliche Verantwortung überträgt, wenn dies dem Wohl des Kindes nicht widerspricht".[149] Um unzulässige „Koppelungsgeschäfte" ausschließen, sei eine gerichtliche Kindeswohlprüfung notwendig. Im Übrigen sei eine Beteiligung des Gerichts auch deshalb gerechtfertigt, weil der wirtschaftlich stärkere Partner unter Umständen massiven Druck auf den anderen Partner ausüben könne, um eine gemeinsame Antragsstellung zu erreichen.[150]

Der Anfang August 1995 an die Länder und beteiligten Verbände gesandte Referentenentwurf eines Gesetzes zur Reform des Kindschaftsrechts beschritt hingegen den Weg der öffentlich zu beurkundenden „Sorgeerklärungen" der Eltern. Nach Auswertung der Stellungnahmen wurde der Entwurf überarbeitet und am 28. Februar 1996 von der Bundesregierung beschlossen. Zur Ablehnung des *SPD* - Entwurfes hieß es, dass eine gerichtliche Überprüfung des Kindeswohls Ausdruck eines nicht gerechtfertigten Misstrauens gegenüber nichtehelichen El-

---

161 (161 f.); *Schumann* in JuS 96, 506 (506 f.).

[147] BT-Drs. 13 / 4899, S. 49.

[148] BT-Drs. 13 / 4899, S. 50.

[149] BT-Drs. 12 / 4024, S. 4; 13 / 1752, S. 4 (III 13.); ähnlich auch die Entwürfe von Bündnis 90 / Die Grünen (BT-Drs. 13 / 3341, S. 3 und 13) und der PDS (BT-Drs. 13 / 7899, S. 4 und 8 f.).

[150] BT-Drs. 13 / 1752, S. 14.

tern sei und die unterschiedliche rechtliche Ausgestaltung der elterlichen Sorge für eheliche und nichteheliche Kinder weiter aufrechterhalte.[151] Nach einer entsprechenden Empfehlung des Bundesrates wurde im Rahmen des Gesetzgebungsverfahrens allein die in § 1626c II 3 BGB-E vorgesehene Zuständigkeit des Vormundschaftsgerichts in eine solche des Familiengerichts abgeändert.

Das Gesetz zur Reform des Kindschaftsrechts vom 16. Dezember wurde dann am 19. Dezember 1997 verkündet und trat am 1. Juli 1998 in Kraft.

F. Zusammenfassung

Nachdem die Anzahl der nichtehelichen Kinder immer größer wurde, sich nichteheliche Lebensgemeinschaften aufgrund ihrer immer stärker werdenden gesellschaftlichen Akzeptanz explosionsartig verbreiteten und das Bild des desinteressierten Zahlvaters nicht mehr der Regel entsprach, blieben die dem BGB zugrunde liegenden Wertvorstellungen, die sich in einem konsequenten Ausschluss der sorgerechtlichen Beteiligung des nichtehelichen Vaters und des gemeinsamen Sorgerechts für nichteheliche Eltern widerspiegelten, hinter den Forderungen jüngerer Generationen zurück.

Diese Unzulänglichkeit des Gesetzes kam verstärkt durch drei Faktoren zu Tage. So offenbarte ein Rechtsvergleich mit anderen Rechtsordnungen, dass die deutsche Gesetzeslage mittlerweile das Schlusslicht im internationalen Vergleich darstellte. Im Zuge der Wiedervereinigung Deutschlands, die wiederum die Rückständigkeit der Rechtslage der Bundesrepublik gegenüber derjenigen der ehemaligen DDR darlegte, wurde deshalb im Einigungsvertrag zumindest die politische Verpflichtung festgeschrieben, das deutsche Kindschaftsrecht zu reformieren. Dies entsprach auch den Vorgaben internationaler Abkommen wie der Europäischen Menschenrechtskonvention und vor allem der UN- Kinderrechtskonvention.

Dem politischen Druck folgte 1991 die Verpflichtung des Gesetzgebers durch das *BVerfG*. Dabei vollzog das Gericht eine ungewöhnliche Wandlung: Lehnte es 1981 ein gemeinsames Sorgerecht der nichtehelichen Eltern noch mit der Folgenlosigkeit ihrer Paartrennung ab, betonte es zehn Jahre später, dass dieser Grund die Ablehnung des gemeinsamen Sorgerechts nicht rechtfertigen könne, sondern im Gegenteil die rechtliche Absicherung des gemeinsamen Sorgerechts gerade fordere. Nichtehelichen Eltern sei die Möglichkeit eines gemeinsamen Sorgerechts einzuräumen, wenn diese bereit und in der Lage seien, die gemeinsame Sorge für ihr Kind zu übernehmen. Das zunächst versagte, später dann

[151] BR-Drs. 180, 96, S. 69; BT- Drs. 13 / 4899, S. 59.

zumindest teilweise anerkannte väterliche Elternrecht wurde dem nichtehelichen Vater 1995 schließlich in vollen Umfang zugesprochen.

Die Umsetzung dieser Forderung spaltete die einsetzende Reformdiskussion in zwei große Lager. Während einige das gemeinsame Sorgerecht auch bei nichtehelichen Eltern automatisch mit der Geburt eintreten lassen wollten, hielten andere eine erklärte Bereitschaft der Eltern zur Übernahme der gemeinsamen Sorge für unumgänglich. Den Spagat zwischen den unterschiedlichen Familienkonstellationen, in die nichteheliche Kinder hineingeboren werden, und der Bedeutung der gemeinsamen Sorge für den Rechtsverkehr löste der Gesetzgeber mit öffentlich zu beurkundenden Sorgeerklärungen. Indem er auf eine Beteiligung des Gerichts verzichtete, vermied er es, den Eindruck eines generellen Misstrauens gegenüber nichtehelichen Eltern zu erwecken.

2. Kapitel: Analyse der elterlichen Sorge als angestrebte Rechtsfolge

Da sich diese Arbeit schwerpunktmäßig der Rechtsnatur der Sorgeerklärungen widmet, ist es unerlässlich, die mit den Erklärungen angestrebte Rechtsfolge, die gemeinsame elterliche Sorge, näher zu untersuchen.

Nach einer Klärung des Begriffs „elterliche Sorge" sollen hierzu schwerpunktmäßig Inhalt und Struktur des verfassungsrechtlichen Elternrechts und der elterlichen Sorge im Sinne der §§ 1626 ff. BGB dargestellt und miteinander verglichen werden. Das Ziel des Vergleiches besteht darin, das grundsätzliche Verhältnis beider Rechtsinstitute zu erläutern. Zugleich bildet eine zur rechtlichen Qualifizierung der Sorgeerklärungen in der Literatur vertretene Ansicht den Hintergrund dieser Untersuchung. Nach dieser Ansicht handelt es sich bei den Sorgeerklärungen allein um Bereitschaftserklärungen, die kein Recht schaffen, sondern das Elternrecht nur in seiner Ausübung und Wahrnehmung modifizieren.[152] Zwar wird im Hinblick auf eine ausführliche Auseinandersetzung mit dieser Qualifizierung auf das vierte Kapitel verwiesen, allerdings dient die Vergleichsanalyse des zweiten Kapitels bereits dazu, Argumente für diese das Verhältnis von elterlicher Sorge und Elternrecht im Speziellen betreffende Ansicht zu sammeln.

Gegenstand des zweiten Kapitels ist schließlich das Verhältnis der unverheirateten Eltern zueinander, wenn sie ihr Ziel, das gemeinsame Sorgerecht, verwirklicht haben. Hiermit und mit der Erörterung des Rechtscharakters der elterlichen Sorge werden wesentliche Grundlagen für die im dritten Kapitel zu behandelnden Ausübungsvereinbarungen der Eltern und für die wiederum im vierten Kapitel zu lösende Frage nach der Entstehung des gemeinsamen Sorgerechts geschaffen.

A. Begriff der elterlichen Sorge

Ausgangspunkt der Überlegung ist die Grundnorm des § 1626 BGB. Die Norm hat seit ihrer Entstehung eine tiefgreifende Wandlung erfahren. So ersetzte das SorgeRG den Begriff der elterlichen Gewalt durch denjenigen der elterlichen Sorge und legte für deren Teilbereiche, die Personen- und Vermögenssorge, Legaldefinitionen fest. Der Begriff der elterlichen Sorge eigne sich besser als Oberbegriff für die Teilbereiche der Personen- und Vermögenssorge und betone vor allem mehr als bisher den Inhalt der Elternverantwortung gegenüber dem Kind und den Pflichtcharakter der elterlichen Rechtsstellung.[153] Zwar hatte die „elterliche Gewalt" schon nach den Materialien zum BGB nicht mehr den Cha-

---

[152] *Lipp* in FamRZ 98, 65 (69 f. und v.a. 71).

[153] Beschlussempfehlung und Bericht des Rechtsausschusses, 6. Ausschuss, BT-Drs. 8 / 2788, S. 36, 43 f.

rakter eines eigennützigen Herrschaftsrechts, sondern wurde überwiegend als ein pflichtgebundenes, dem Schutz des Minderjährigen dienendes Recht aufgefasst,[154] allerdings könne insbesondere der juristische Laie aus der bisherigen Bezeichnung zum einen den Schluss ziehen, Eltern könnten die Beziehungen zu ihren Kindern durch einseitige Anordnungen, ohne Rücksicht auf deren Alter, Reife und Verstand gestalten, und zum anderen könne der Eindruck vermittelt werden, körperliche Züchtigungen seien Bestandteil der Erziehung.[155]

Der Pflichtcharakter der elterlichen Sorge wurde erneut durch das KindRG betont, indem aus „das Recht und die Pflicht" „die Pflicht und das Recht" wurden. Hiermit beabsichtigte der Gesetzgeber der Lebenswirklichkeit zu entsprechen und der Tendenz entgegenzuwirken, den Begriff der elterlichen Sorge auf ein Sorge-„Recht" zu verkürzen.[156] Schließlich bezeichnet das KindRG nicht mehr Vater und Mutter als Träger der elterlichen Sorge, sondern „die Eltern", wodurch die Gemeinsamkeit der elterlichen Sorge verdeutlicht werden sollte.[157]

B. Rechtscharakter der elterlichen Sorge

I. Verfassungsrechtliches Normengefüge

Weil die Eltern-Kind-Beziehung gleichermaßen durch Grundrechte und grundgesetzlich geschützte Positionen der Eltern wie auch des Kindes gekennzeichnet ist, ist das Recht der elterlichen Sorge durch die Vorgaben der Verfassung nachhaltig geprägt. Daher sind die Inhalte und Strukturen des verfassungsrechtlichen Normengefüges auch für die Rechtsnatur der Sorgeerklärungen in besonderem Maße relevant. Dies gilt insbesondere für die Untersuchung der strukturellen und inhaltlichen Vergleichbarkeit der elterlichen Sorge und des Elternrechts aus Art. 6 II GG, die im Folgenden einen Schwerpunkt bilden wird.

1. Das Elternrecht, Art. 6 II GG

a. Beginn der Elternstellung

In personeller Hinsicht ist der Schutzbereich des Art. 6 II GG „den Eltern" eröffnet. Wurden im ersten Kapitel bereits die in Betracht kommenden Träger des Elternrechts unter besonderer Berücksichtigung der Stellung der unverheirateten

---

[154] Motive IV, S. 724.

[155] Beschlussempfehlung und Bericht des Rechtsausschusses, 6. Ausschuss, BT-Drs. 8 / 2788, S. 36.

[156] BT-Drs. 13 / 4899, S. 93.

[157] BT-Drs. 13 / 4899, S. 93. Die Reformbestrebungen der SPD (BT-Drs. 13 / 1752, S. 13) den Begriff der „elterlichen Sorge" durch „elterliche Verantwortung" zu ersetzen, schlugen dagegen fehl.

Eltern behandelt, soll nun die Frage beantwortet werden, wann die Elternstellung beginnt. Diese Frage ist im Hinblick auf die Rechtsnatur der Sorgeerklärungen insofern relevant, als dort zu problematisieren ist, wann die elterliche Sorge entsteht. Sollte der Beginn des Elternrechts also eine enge Verbindung zwischen Verfassungs- und Zivilrecht oder sogar eine Abhängigkeit des verfassungsrechtlichen Instituts von den zivilrechtlichen Regelungen bezeugen, so könnten hierin erste Indizien für den Rechtscharakter der Sorgeerklärungen zu sehen sein.

Da das Grundgesetz den Eltern ihre Elternstellung unabhängig von ihrer internen Verbindung zuweist, müsste die Frage, wann die Grundrechtsträgerschaft für verheiratete und unverheiratete Eltern beginnt, einheitlich zu beantworten sein. Indes bestehen diesbezüglich drei unterschiedliche Ansatzpunkte.

aa. Beginn der Elternstellung mit funktionaler Übernahme der Elternverantwortung

Hahnzog geht davon aus, dass der Beginn der verfassungsrechtlichen Elternstellung von dem Charakter des Elternrechts als Elternverantwortung geprägt sei und somit von der tatsächlichen Übernahme dieser Verantwortung abhänge.[158]

In diese Richtung äußerte sich anfangs auch das *BVerfG*, als es im Hinblick auf § 1747 III BGB a.F. ausführte: „Eltern, die im Sinne des Grundgesetzes diesen Namen verdienen, weil sie bereit sind, die mit dem Elternrecht untrennbar verbundenen Pflichten auf sich zu nehmen, erhält das Kind erst durch die Adoption.“[159] An dieser Bestimmung des personalen Schutzbereiches hielt das Gericht auch in späteren Entscheidungen zunächst noch weiter fest, indem es die Elternstellung des nichtehelichen Vaters davon abhängig machte, ob dieser bereit und in der Lage sei, sein Erziehungsrecht zum Wohl des Kindes wahrzunehmen.[160]

Würde dieser Ansicht gefolgt, hätten die Sorgeerklärungen einen rechtsbegründenden Charakter, da sie die tatsächliche Übernahme der Verantwortung signalisierten und damit nicht nur die elterliche Sorge, sondern auch das Elternrecht aus Art. 6 II GG zur Entstehung brächten.

Ein solcher Rückschluss ist aber unzulässig, weil sich dieser sogenannte „funktionale Elternbegriff“ neben dem Vorwurf der mangelnden Bestimmbarkeit des zeitlichen Beginns der Elternstellung vor allem dogmatischen Bedenken ausge-

---

[158] *Hahnzog* in FamRZ 71, 334 (337 ff.).
[159] BVerfGE 24, 119 (150).
[160] BVerfGE 56, 363 (382 ff.); 79, 203 (210 ff.); 84, 168 (179 ff.); sich anschließend MüKom (2. Aufl.) – *Lüderitz* vor § 1741 Rn. 35.

setzt sieht. Im Gegensatz zu anderen Grundrechten wird der personale Schutzbereich von Art. 6 II GG nämlich nach dieser Ansicht vom sachlichen Schutzbereich her bestimmt.[161] In letzter Konsequenz würde dies bedeuten, dass das Tatbestandsmerkmal „Eltern“ seine Ausgrenzungsfunktion einbüßen und der personale Schutzbereich vollständig im sachlichen aufgehen würde.[162] Daher sind funktionale Gesichtspunkte für den Beginn der verfassungsrechtlichen Elternstellung abzulehnen.

bb. Beginn der Elternstellung aufgrund zivilrechtlicher Regelungen

Holzhauer vertritt hingegen die Ansicht, dass die Elternstellung der Mutter durch die Geburt und diejenige des Vaters durch die nach den Bestimmungen des BGB maßgeblichen Rechtsverhältnisse bzw. Rechtsakte begründet werde.[163] Dieser Ansicht schien sich auch das *BVerfG* mit seiner Entscheidung aus dem Jahre 1995 angeschlossen zu haben, indem es formulierte, Art. 6 II GG beziehe alle Väter nichtehelicher Kinder jedenfalls dann in den Schutzbereich mit ein, wenn sie nach den einschlägigen gesetzlichen Vorschriften als Väter feststünden.[164]

Konsequenz dieser Ansicht ist, dass die väterliche Elternstellung bei ehelichen und nichtehelichen Kinder nicht nur unter verschiedenen Voraussetzungen, sondern auch zu unterschiedlichen Zeitpunkten beginnt. Für das Bestehen der Vaterschaft eines Ehemannes genügt nämlich bereits die Tatsache, dass er zum Zeitpunkt der Geburt des Kindes mit der Mutter verheiratet ist, § 1592 Nr. 1 BGB. Für den nichtehelichen Vater ist nach diesem Ansatz dagegen vornehmlich die Anerkennung der Vaterschaft entscheidend. Im Gegensatz zum verheirateten Vater kann seine verfassungsrechtliche Elternstellung daher einerseits vor der Geburt des Kindes, andererseits aber auch noch dann erfolgen, wenn das Kind bereits volljährig geworden ist (§§ 1592 Nr. 2, 1594–1598 BGB). Darüber hinaus kann die verfassungsrechtliche Elternstellung des nichtehelichen Vaters durch eine gerichtliche Feststellung der Vaterschaft entstehen, §§ 1592 Nr. 3, 1600d ff. BGB. In diesem Fall können die Rechtswirkungen der Vaterschaft grundsätzlich erst mit Bestehen des rechtskräftigen Feststellungsurteils geltend

---

[161] Fleisch, S. 27 ff.; *Kemm* in JZ 95, 1112 (1113).
[162] BK – *Jestaedt* Art. 6 II und III, Rn. 60; *Coester* in JZ 92, 809 (813).
[163] *Holzhauer* in FamRZ 82, 109 (109).
[164] BVerfGE 92, 158 (178). In seiner Entscheidung vom 9. April 2003 (FamRZ 03, 816 ff.) hat das *BVerfG* bestätigt, dass allein der rechtlich feststehende Vater Träger des Elternrechts aus Art. 6 II GG ist. Der (nur) leibliche Vater habe aber ein von Art. 6 II GG geschütztes Interesse, die Rechtsstellung als Vater des Kindes einzunehmen. Neu ist also, dass das Gericht zwischen Elternrecht und Schutz des Rechtes, die Elternstellung einzunehmen, differenziert und beide Bereiche Art. 6 II GG zuordnet.

gemacht werden, § 1600d IV BGB. Weil das Ziel dieser Ansicht somit allein die Feststellung der rechtlichen Elternschaft ist, die § 1626a I Nr. 1 BGB ohnehin voraussetzt, hätte der Beginn des Elternrechts nach dieser Ansicht keinen Einfluss auf die Rechtsnatur der Sorgeerklärungen.

Indes ist diese Ansicht bereits von ihrem grundsätzlichen Ansatz her abzulehnen, weil sich die entsprechenden einfachgesetzlichen Bestimmungen nicht mehr an den verfassungsrechtlichen Vorgaben des Art. 6 II GG messen lassen müssten, sondern weil umgekehrt der personelle Gewährleistungsgehalt des Elternrechts sich nach Maßgabe der einfachen Gesetze bestimmen würde.[165] Dies hätte zur Folge, dass einem Vater, dem das Zivilrecht die Elternstellung versagt, unter Berufung auf Art. 6 II GG die verfassungsrechtliche Überprüfung der einschlägigen Zivilrechtsnorm verwehrt bliebe.[166] Da die Elterneigenschaft somit nicht mehr eigenständige Regelungsmaterie des Art. 6 II GG wäre,[167] ist diese Ansicht abzulehnen. Überdies ist nicht einzusehen, warum die verfassungsrechtliche Elterneigenschaft von Mutter und Vater jeweils anders, einmal aufgrund eines tatsächlichen Vorgangs und einmal aufgrund eines Rechtsakts, beurteilt werden müsste, obwohl Art. 6 II GG eine solche Differenzierung mit seiner Formulierung „Eltern" gerade nicht vorgibt.

cc. Ermittlung des maßgeblichen Zeitpunktes durch Auslegung des Art. 6 II GG

Der Ansatzpunkt für die Ermittlung des maßgeblichen Zeitpunktes ist daher allein in Art. 6 II GG zu suchen. Der Begriff der „Eltern" ist nämlich zuallererst ein Verfassungsbegriff. Gleichwohl ist bei der Auslegung des personellen Inhaltes dieses Begriffes zu beachten, dass Art. 6 II GG die elterliche Pflege- und Erziehungsverantwortung im Wege einer Institutsgarantie schützt. Die Interpretation des Elternbegriffes hat daher in begrenztem Maße die Verweisung auf das einfache Recht zu berücksichtigen.[168]

Coester beschreibt dieses Verhältnis treffend, indem er ausführt: „Es kann nicht erst das Zivilrecht sein, das im Rahmen gesetzgeberischen Ermessens dem Art. 6 II 1 GG die Träger des dort verbürgten Grundrechts zuweist, vielmehr ist es Aufgabe eines verfassungskonformen Zivilrechts, die leiblichen Eltern als Zielpersonen des Art. 6 II 1 GG zu identifizieren und rechtlich als „Eltern" zu etablieren. Erst das Recht vermittelt den leiblichen Eltern den vollen Elternstatus

---

[165] *Ramm* in Recht und Staat Heft 410 / 411, S. 18; *Leisner* in Recht und Staat Heft 286 / 287, S. 64, 70; MüKom (2.Aufl.) – *Lüderitz* vor § 1741 Rn. 35 i.V.m. 34.

[166] Schumann, S. 206 (Fn. 16); vgl. nunmehr aber *BVerfG* in FamRZ 03, 816 ff.

[167] BK – *Jestaedt* Art. 6 II und III, Rn. 56; v. Münch / Kunig – *Coester-Waltjen* Art. 6, Rn. 70.

[168] BK – *Jestaedt* Art. 6 II und III, Rn. 65.

mit allen dazugehörigen Rechten und Pflichten, aber schon die leibliche Elternschaft begründet das „natürliche Recht“ (Art. 6 II 1 GG) auf Zuweisung dieser Position.“ [169]

Die Grundrechtsträgerschaft der Eltern ist folglich unabhängig von der zivilrechtlichen Ausgestaltung und damit auch unabhängig von der Möglichkeit des § 1626a I Nr. 1 BGB zu ermitteln. Die gesonderte Klärung ihres Beginns enthält aber die Antwort auf die Frage, ab wann sich jeder leibliche Elternteil auf seine verfassungsrechtlich geschützte Position und damit auf die Zuweisung der rechtlichen Elternstellung mit all ihren Rechten und Pflichten berufen kann.

Der Wortlaut des Art. 6 II GG spricht von „Pflege und Erziehung der Kinder“. Das Wort „Kind“ ist mit dem verfassungsrechtlichen Begriff der „Eltern“ aufs Engste verbunden und markiert vor allem die zeitliche Grenze der Beziehung. Solange also nicht von einem „Kind“ im Sinne des Elternrechts gesprochen werden kann, kann auch nicht von „Eltern“ im Sinne des Elternrechts gesprochen werden und umgekehrt.[170] In diesem Sinne markiert die Geburt des Kindes nach dem allgemeinen Sprachgebrauch die entscheidende Grenze: So wird erst nach der Geburt von einem „Kind“ gesprochen, während es sich davor um das „werdende Leben“ und entsprechend um die „werdenden Eltern“ handelt.

Für eine klare Grenzziehung in Form der Geburt spricht auch, dass der sachliche Gewährleistungsinhalt von Art. 6 II GG von der gemeinschaftlichen Pflege und Erziehung der Eltern ausgeht.[171] Da das werdende Leben aber primär dem Schutz der Mutter anvertraut ist,[172] hat *Fleisch* zu Recht auf die Widersprüchlichkeit der Annahme, es sei bereits vor der Geburt des Kindes von einem „Kind“ im Sinne der Verfassung auszugehen, hingewiesen.[173] Das *BVerfG* beschreibt das Verhältnis zwischen Mutter und ungeborenem Leben wie folgt: Es bestünde für die Mutter „nach der Natur der Sache eine besondere Verantwortung gerade für dieses Leben“.[174] Indem das Gericht also nur von einer einseitigen Verantwortung der Mutter spricht, verneint es gerade die gemeinsame Verantwortung der Eltern und damit einen für das Elternrecht prägenden Bestandteil.

---

[169] *Coester* in FamRZ 95, 1245 (1246) und ihm folgend Schumann, S. 206; vgl. auch *BVerfG* in FamRZ 03, 816 ff.

[170] Baumgarte, S. 55; Fleisch, S. 47.

[171] BVerfGE 31, 194 (205); 56, 363 (382).

[172] BVerfGE 39, 1 (45).

[173] Fleisch, S. 47. Ähnlich Isensee / Kirchhof – *Zacher*, § 134 Rn. 59; i.E. auch v. Münch / Kunig – *Coester-Waltjen* Art. 6 Rn. 68.

[174] BVerfGE 39, 1 (43). Dies verkennt Gernhuber / Coester-Waltjen § 57 II S. 858, indem mit Verweis auf die zitierte Entscheidung von einer vorgeburtlichen Verantwortung der *Eltern* gesprochen wird.

Dieses Ergebnis bestätigt ein systematischer Vergleich mit Art. 6 III und V GG, die ebenfalls von einem bereits geborenen Kind ausgehen.[175] Umgekehrt legt die Tatsache, dass der Schutzbereich der Familie aus Art. 6 I GG bereits vor der Geburt des Kindes Wirkungen entfaltet,[176] nicht aus systematischen Gesichtspunkten eine entsprechende Interpretation für den Beginn der verfassungsrechtlichen Elternstellung nahe.[177] Dem widerspricht nämlich, dass in Bezug auf das Eltern-Kind-Verhältnis Art. 6 II GG gegenüber Art. 6 I GG die speziellere Regelung enthält. Selbst wenn die Eltern und ihr ungeborenes Kind also in den Schutzbereich des Art. 6 I GG einbezogen werden, folgt hieraus noch keine positive Verpflichtung zur Ableitung eines Beginns der Elterneigenschaft bereits vor der Geburt.[178]

Vor der Geburt kann also nicht von einem „Kind" und deshalb auch nicht von „Eltern" im Sinne der Verfassung gesprochen werden. Dieses Ergebnis kann auch nicht durch die bloße These, der nasciturus sei bereits grundrechtsfähig und diesem Beginn der Grundrechtsfähigkeit entspreche auch der Beginn der verfassungsrechtlichen Elterneigenschaft,[179] entkräftet werden.[180]

Wenn weiter angeführt wird, Sinn und Zweck des Art. 6 II GG würden einen lückenlosen Grundrechtsschutz für die Eltern bereits vor der Geburt gebieten, da bereits zu diesem Zeitpunkt die Notwendigkeit von Entscheidungen über die Rechte des alsbald geborenen Kindes bestünde (etwa Vermögensinteressen des Ungeborenen aus §§ 1923 II, 844 II 2 BGB), die dann in den Kompetenzbereich der künftigen Eltern fielen, § 1912 II BGB,[181] so ist dem entgegenzuhalten, dass die den Eltern oder dem Kind eingeräumte einfachgesetzliche Rechtsmacht, wie bereits gezeigt, nicht ohne Verstoß gegen die Normenhierarchie zur Begründung einer verfassungsrechtlichen Stellung herangezogen werden kann. Zudem drohen dem Grundrechtsschutz schon deshalb keine Lücken, weil dem Verfassungsrecht auch aus anderen Zusammenhängen Grundrechtsvorwirkungen ent-

---

[175] Fleisch, S. 47.
[176] *Bienwald* in FamRZ 85, 1096 (1102); v. Münch / Kunig – *Coester-Waltjen* Art. 6, Rn. 68.
[177] So aber Schumann, S. 205.
[178] Insofern kann nichts anderes gelten, als bei der Frage, ob aus der Einbeziehung nichtehelicher Familien in Art. 6 I GG zugleich ein gemeinsames Sorgerecht der nichtehelichen Eltern aus Art. 6 II GG folgt, vgl. 1. Kapitel S. 40 f. So i. E. auch v. Münch / Kunig – *Coester-Waltjen* Art. 6, Rn. 68 a.E.
[179] Maunz / Dürig – *Dürig* Art. 19 III, Rn. 13 Fn. 1, ihm folgend BK – *Jestaedt* Art. 6 II und III, Rn. 79, 101; vgl. *Mittenzwei* in AcP (1987) 187, 247 (275); ohne nähere Begründung v. Mangoldt / Klein / Starck – *Robbers* Art. 6 II Rn. 155.
[180] So treffend Fleisch, S. 48.
[181] Baumgarte, S. 55 f.; *Coester-Waltjen* in NJW 85, 2175 (2176); *Roth-Stielow* in NJW 85, 2746 (2747); Schumann, S. 205, Fn. 14.

nommen werden[182] und sich dieses Schutzbereichsverständnis auch auf Art. 6 II GG übertragen lässt. *Fleisch* stützt die Notwendigkeit einer Vorwirkung im Rahmen des Art. 6 II GG auf die Überlegung, dass Handlungen vor der Geburt des Kindes und Regelungen, die sich unmittelbar auf die Zeit vor der Geburt bezögen, sich jeweils in ihrer Wirkung nicht immer auf die Zeit bis zur Geburt beschränken würden. So berühre z.B. die Regelung des Rechts der vor der Geburt des Kindes verstorbenen Mutter, wirksam einen Vormund zu benennen, den Schutzbereich des Elternrechts, so dass das subjektive Elternrecht grundsätzlich als Prüfungsmaßstab für derartige Maßnahmen des Staates heranzuziehen sei. Namentlich in den Fällen des Schwangerschaftsabbruches komme Art. 6 II GG darüber hinaus in seiner objektivrechtlichen Gestalt zur Geltung.[183] Diese Argumentation überzeugt.

Mit Anerkennung der verfassungsrechtlichen Vorwirkung läuft ebenfalls eine Argumentation für eine Ausweitung des Art. 6 II GG unter dem Gesichtspunkt der Gleichbehandlung ungeborener und geborener Kinder durch Art. 3 I GG leer.[184] Zunächst sind weder die einen noch die anderen selbst Träger des Grundrechts aus Art. 6 II GG. Zwar nehmen geborene Kinder im Wege einer Reflexwirkung am Schutz des Art. 6 II GG teil, der Schutz des ungeborenen Lebens wird aber ausreichend durch Art. 1 und 2 II GG gewährleistet, da der nasciturus als selbständiges menschliches Wesen anerkannt ist.[185] Ein darüber hinaus gehender, reflexhafter Schutz auch des ungeborenen Lebens aus Art. 6 II GG wird in ausreichendem Maße über die Vorwirkung des Elternrechts gewährleistet.

Somit beginnt die verfassungsrechtliche Elternstellung mit der Geburt des Kindes. Diese zeitliche Festlegung schließt aber weder gewisse subjektiv- noch objektivrechtliche Vorwirkungen des Art. 6 II GG aus. Dieses Ergebnis deckt sich mit der Feststellung, dass auch die elterliche Sorge erst mit der Geburt des Kindes eintritt, die nichtehelichen Eltern aber gleichwohl vor der Geburt des Kindes Sorgeerklärungen abgeben können (§ 1626b II BGB).

---

[182] Vgl. *Starck* in Verhandlungen des 56. DJT, A 19 f. (Schutz von Ehe und Familie schon bei Maßnahmen der künstlichen Befruchtung); BVerfGE 95, 1 (21 f.) (enteignungsrechtliche Vorwirkung); hinsichtlich Art. 6 II i.E. wohl auch Isensee / Kirchhof – *Zacher* § 134 Rn. 59. Nachdem das *BVerfG* in FamRZ 03, 186 ff. dem nur leiblichen Vater einen Schutz aus Art. 6 II GG zugebilligt hat, die Rechtsstellung als Vater des Kindes einzunehmen, ohne ihm aber als Grundrechtsträger anzuerkennen, läuft dies ebenfalls auf eine Vorwirkung hinaus.

[183] Fleisch S. 48 f., 81 ff. Zur objektivrechtlichen Bedeutung auch: *Coester-Waltjen* in NJW 85, 2175 (2176); *Roth-Stielow* in NJW 85, 2746 (2747).

[184] So i.E. aber *Mittenzwei* in AcP (1987) 187, 247 (275).

[185] v. Münch / Kunig – *Coester-Waltjen* Art. 6, Rn. 68, Art. 2 Rn. 47. Zur Reflexwirkung vgl. 2. Kapitel, S. 68.

b. Inhalt und Struktur des Elternrechts aus Art. 6 II GG

Unabhängig von der Annahme einer Vorwirkung ist das in Art. 6 II 1 GG verbürgte Elternrecht in mehrfacher Hinsicht eine „grundrechtsdogmatische Anomalie“, eine singuläre Grundrechtsbestimmung.[186]

Dies zeigt sich als Erstes darin, dass Art. 6 II GG im Gegensatz zu anderen Grundrechten „nicht die Rechte eines Individuums in seiner Vereinzelung regelt, sondern Beziehungen innerhalb einer Gruppe ordnet.“[187]

Das vorrangige Recht der Eltern auf Pflege und Erziehung ihrer Kinder ist ein Freiheitsrecht der Eltern gegenüber dem Staat und gibt ihnen ein klassisches staatsgerichtetes Abwehrrecht.[188] Dieses „natürliche Recht“ wird den Eltern aber nicht vom Staat verliehen, sondern ist vorgegebenes Recht, das die staatliche Gemeinschaft in seinem Vorrang anerkennt.[189] Diejenigen, die einem Kind das Leben geben, sind von Natur aus bereit und berufen, die Verantwortung für Pflege und Erziehung des Kindes zu übernehmen.[190] Dabei nehmen die Eltern keine Freiheit im Sinne ungebundener Selbstbestimmung wahr, sondern sie fungieren als Freiheitsvermittler des Kindes. Deshalb ist das Elternrecht auch vornehmlich ein Recht im Interesse und zum Wohle des Kindes.[191] Mit dem Elternrecht korrespondiert somit eine gleichrangige Elternpflicht. Diese Grundpflicht zur Pflege und Erziehung des Kindes tritt aber nicht erst als eine das Elternrecht begrenzende Schranke hinzu, sondern stellt einen „wesensbestimmenden Bestandteil des Elternrechts“ dar, das deswegen auch vom *BVerfG* in ständiger Rechtsprechung als „Elternverantwortung“ bezeichnet wird.[192]

Innerhalb ihres verfassungsrechtlich geschützten Erziehungsvorranges können die Eltern frei entscheiden, wie sie die Pflege und Erziehung ihres Kindes gestalten und wie sie ihrer Elternverantwortung nachkommen wollen. Maßstab und Grenze jeder elterlichen Handlung ist das Wohl des Kindes.[193] Denn gerade weil das Elternrecht ein Recht im Interesse des Kindes ist, findet es seine Rechtfertigung letztlich nur in dem Bedürfnis des Kindes nach Schutz und Hilfe. Das Interesse des Kindes ist somit nicht nur in das Elternrecht eingefügt, sondern durchwirkt es auch inhaltlich.[194]

---

[186] BK – *Pirson* Art. 6 II und III, Rn. 24 ff.; *Böckenförde* in Essener Gespräche Bd. 14 (1980), 54 (60).
[187] Ossenbühl, S. 51; BVerfGE 92, 158 (178 f.).
[188] BVerfGE 24, 119 (138); 61, 358 (371 f.).
[189] BVerfGE 60, 79 (88). „Kein legislatorischer Akt kann je Naturrecht schaffen, so wie auch kein legislatorischer Akt je Naturrecht beseitigen kann.“ (Gernhuber / Coester- Waltjen § 5 IV, S. 44).
[190] BVerfGE 24, 119 (150).
[191] BVerfGE 59, 360 (376); Ossenbühl, S. 51.
[192] Grundlegend BVerfGE 24, 119 (143).
[193] BVerfGE 60, 79 (88).
[194] BVerfGE 72, 155 (172); Staudinger – *Peschel-Gutzeit* § 1626, Rn. 8.

Die Elternverantwortung im Innenverhältnis zum Kind bestimmt wiederum die Reichweite des Elternrechts im Außenverhältnis: Nur solange und soweit die Eltern ihrer Verantwortung gegenüber dem Kind gerecht werden, können sie sich gegenüber staatlichen Eingriffen auf das Elternrecht berufen.[195] Zwar „beruht das Elternrecht auf dem Grundgedanken, dass in aller Regel den Eltern das Wohl des Kindes mehr am Herzen liegt als irgendeiner anderen Person oder Institution“[196] und damit die Bedürfnisse des Kindes regelmäßig durch die Zuweisung der Pflege und Erziehung an die Eltern am besten erfüllt werden können.[197] Wenn die Eltern aber versagen oder sich ihrer Verantwortung entziehen, verpflichtet und legitimiert die Schutzbedürftigkeit des Kindes den Staat, nach Art. 6 II 2 GG einzugreifen, so dass ebenso wie die Eltern auch der Staat dem Kindeswohl verpflichtet ist.[198]

Dass das Kindeswohl Richtschnur, Maßstab und Grenze des Elternrechts ist, äußert sich letztlich auch darin, dass die aus der Elternverantwortung fließenden Rechtsbefugnisse der Eltern abnehmen, je weniger das Kind aufgrund seiner zunehmenden Eigenständigkeit der Pflege und Erziehung bedarf. In dem Maße, wie das Kind sich der eigenen Reife nähert, werden Elternverantwortung und Elternrecht mehr und mehr zurückgedrängt und gegenstandslos, bis sie in der Mündigkeit des Kindes erlöschen.[199]

2. Rechte des Kindes

Damit ist zugleich die Grundrechtsträgerschaft des Kindes angesprochen. Zum Teil wird aus dem Pflichtcharakter des Elternrechts ein Anspruch des Kindes auf Pflege, Erziehung und Beaufsichtigung durch die Eltern bzw. ein Anspruch des Kindes auf beide Eltern hergeleitet.[200] Hierbei wird aber verkannt, dass das Kind in Art. 6 II GG eben nicht als Grundrechtsträger genannt wird, sondern nur seine Eltern. Überdies regelt Art. 6 II GG – wie alle anderen Artikel des Grundrechtskataloges – keine unmittelbaren Rechtsbeziehungen zwischen Privaten. Das entsprechende Gegenstück zu der Pflicht der Eltern zu Pflege und Erziehung besteht somit nicht in einem Anspruch des Kindes auf Pflege und Erziehung, sondern in dem staatlichen Wächteramt, welches eine Reaktion auf die Nichterfüllung der Elternpflicht darstellt.[201] Grundrechtlicher Schutz aus Art. 6 II GG wächst dem Kind daher nach ganz überwiegender Ansicht lediglich als Rechts-

---

[195] BVerfGE 24, 119 (144).
[196] BVerfGE 59, 360 (376); 61, 358 (371).
[197] Vgl. *Coester* in FamRZ 91, 253 (254).
[198] BK – *Pirson* Art. 6 II und III, Rn. 46 m.w.N.
[199] BVerfGE 59, 360 (382); Staudinger – *Peschel-Gutzeit* § 1626 Rn. 10.
[200] *Benda* in NJW 85, 1730 (1732); Staudinger – *Coester* § 1626a Rn. 37.
[201] BK – *Jestaedt* Art. 6 II und III, Rn. 91.

reflex zu.[202] Wie jeder andere Mensch ist auch das Kind Träger der Menschenwürde aus Art. 1 I GG, des Rechtes auf freie Entfaltung der Persönlichkeit gemäß Art. 2 I GG und des Rechtes auf Leben, körperliche Unversehrtheit und Freiheit der Person, Art. 2 II GG. Zu seinen Grundrechten gehört ferner das auf Art. 2 I i.V.m. Art. 1 I GG beruhende allgemeine Persönlichkeitsrecht, welches das Recht auf individuelle Selbstbestimmung enthält.[203]

3. Lösung der „Grundrechtskollision“

Die Eltern haben aber gleichwohl die Befugnis zur einseitigen Bestimmung über das Kind, weil Erziehung – bei aller Pflicht und treuhänderischer Bindung – Fremdbestimmung bedeutet.[204] Die Lösung dieser „Kollision“ zwischen Eltern- und Kindesgrundrechten liegt in der Differenzierung: Der entscheidende Unterschied zur echten Grundrechtskollision zwischen Privatpersonen liegt bei Eltern und Kindern darin, dass das den Eltern eingeräumte Recht nicht eigennützig, sondern im Interesse des Kindes eingeräumt ist. Daraus folgt zugleich, dass die Eltern nur solange und soviel für und anstelle ihrer Kinder entscheiden dürfen, als diese nicht zur Selbstbestimmung in der Lage sind, solange sie also noch der Pflege und Erziehung durch ihre Eltern bedürfen.[205] Das Verhältnis von Kindesgrundrechten und Elternrecht ist damit im Wege der Interpretation des sachlichen Schutzbereiches des Art. 6 II 1 GG, der „Pflege und Erziehung der Kinder“ zu bestimmen.[206]

4. Zusammenfassung

Im Hinblick auf einen Vergleich mit der elterlichen Sorge kann zum Beginn des Elternrechts aus Art. 6 II GG festgehalten werden, dass die Grundrechtsträgerschaft der Eltern unabhängig von der zivilrechtlichen Ausgestaltung und damit auch unabhängig von der Möglichkeit der Sorgeerklärungen zu ermitteln ist. Wortlaut und sachlicher Gewährleistungsinhalt des Art. 6 II GG sowie ein systematischer Vergleich mit Art. 6 III, V GG sprechen für einen Beginn der Grundrechtsträgerschaft mit der Geburt des Kindes. Wie bei anderen Verfassungsnormen auch, schließt dies aber subjektiv- und objektivrechtliche Vorwirkungen des Grundrechts nicht aus.

---

[202] BVerfGE 28, 104 (112); 61, 18 (27) und vgl. statt vieler: Sachs- *Schmitt-Kammler* Art. 6 Rn. 48; BK – *Jestaedt* Art. 6 II und III Rn. 91 m.w.N.

[203] BVerfGE 24, 119 (144).

[204] BK – *Jestaedt* Art. 6 II und III, Rn. 141; Maunz / Dürig – *Dürig* Art. 19 III, Rn. 22.

[205] Staudinger – *Peschel-Gutzeit* § 1626 Rn. 18; Maunz / Dürig – *Dürig* Art. 19 III, Rn. 22.

[206] Ossenbühl, S. 53ff., insbs. S. 55; BK – *Jestaedt* Art. 6 II und III, Rn. 144.

Inhaltlich und strukturell zeichnet sich das Elternrecht durch eine außergewöhnliche Verbindung gleichgewichtiger Rechte und Pflichten der Eltern aus und wird deshalb auch als Elternverantwortung bezeichnet. Dabei fungieren die Eltern vornehmlich als Freiheitsvermittler des Kindes, das im Wege einer Reflexwirkung am Schutz des Art. 6 II GG teilnimmt. Maßstab und Grenze jeder elterlichen Handlung ist daher das Kindeswohl, das somit nicht nur in das Elternrecht eingefügt wird, sondern es auch inhaltlich durchwirkt. Das Verhältnis von Kindesgrundrechten aus Art. 1 I, 2 I, II, 2 I i.V.m. 1 I GG und Elternrecht ist im Wege der Interpretation des sachlichen Schutzbereichs des Art. 6 II 1 GG zu bestimmen.

II. Einfachgesetzliche Ausgestaltung des Elternrechts

Der sachliche Schutzbereich des Art. 6 II GG geht aber über den Charakter eines klassischen Abwehrrechts hinaus. Dem Elternrecht wird nämlich nicht schon dadurch Rechnung getragen, dass der Staat die Eltern nicht an der tatsächlichen Wahrnehmung von Pflege- und Erziehungsaufgaben hindert,[207] einfachrechtlich eingeräumte Elternpositionen nicht entzieht und in dem Fall, dass er tätig wird, die Gewährleistung achtet.[208] Die verfassungsrechtlich garantierte Stellung der Eltern ist vielmehr zuallererst auf Ausgestaltung und Absicherung durch Vorschriften des einfachen Rechts angewiesen. Denn um betätigt werden zu können, setzt Art. 6 II 1 GG eine grundrechtsadäquate, d.h. eine grundrechtserfüllende und grundrechtsförderliche, einfachgesetzliche Ausgestaltung der Eltern-Kind-Beziehung voraus.[209] Der Ordnungs- und Ausgestaltungsauftrag erschöpft sich dabei nicht in Achtungs- und Förderungspflichten, sondern begründet eine echte Gesetzgebungspflicht, eine einfachgesetzliche Ausgestaltung des geschützten Rechtsgutes zu schaffen.[210]

1. Grundzüge der elterlichen Sorge, §§ 1626 ff. BGB

Dieser Ausgestaltungspflicht ist der Gesetzgeber mit dem Recht der elterlichen Sorge, die in den §§ 1626 ff. BGB geregelt ist, nachgekommen. Nach § 1626 I 2 BGB besteht die elterliche Sorge aus zwei Teilbereichen: zum einen aus der Personensorge und zum anderen aus der Vermögenssorge. Beide Teilbereiche um-

---

207 Vgl. BVerfGE 84, 168 (180): Die Tatsache, dass Eltern rein tatsächlich in der Lage sind ein rechtliches Defizit auszugleichen, neutralisiert nicht den staatlichen Eingriff.

208 BK – *Jestaedt* Art. 6 II und III, Rn. 12.

209 BK – *Jestaedt* Art. 6 II und III, Rn. 12.

210 BVerfGE 92, 158 (178); BK – *Jestaedt* Art. 6 II und III, Rn. 12; Maunz / Dürig – *Badura* Art. 6 II, Rn. 97 f.

schließen sowohl die in § 1629 BGB geregelte Vertretung des Kindes als auch die tatsächliche Sorge für das Kind.

Nach § 1631 BGB umfasst die Sorge für die Person des Kindes „insbesondere" das Recht und die Pflicht, das Kind zu pflegen, zu erziehen, zu beaufsichtigen und seinen Aufenthalt zu bestimmen. § 1631a und § 1632 BGB enthalten Konkretisierungen für den Bereich des Umgangs und der Ausbildung des Kindes. Eine vollständige Aufzählung der vielfältigen Facetten der Personensorge muss aber von vornherein ausscheiden. Hierfür spricht die Überlegung, dass sich je nach Alter, Bedürfnis und Entwicklungsstand des Kindes wie auch nach dem Leistungsvermögen der Eltern die Anforderungen an die Personensorge ebenso fortlaufend wandeln wie die Form ihrer Erfüllung.[211] Die Personensorge ist daher ganz allgemein ein umfassendes Pflichtrecht, für die Erhaltung, Förderung und Entwicklung des Kindes zu sorgen und es zu einer eigenverantwortlichen und gemeinschaftsfähigen Persönlichkeit zu erziehen.[212]

Das Recht und die Pflicht, für das Vermögen des Kindes zu sorgen, betrifft alle Maßnahmen, durch die das Kindesvermögen erhalten, verwertet oder vermehrt werden soll. Das Vermögen und die Einkünfte des Kindes sind von den Eltern nach den Grundsätzen einer wirtschaftlichen Vermögensverwaltung anzulegen. Überschüsse sind grundsätzlich vollumfänglich für den Kindesunterhalt einzusetzen, §§ 1642, 1649 BGB.

Eine weitere Konkretisierung im Hinblick auf die Art und Weise der Sorgerechtsausübung erfährt die elterliche Sorge in § 1626 II und III BGB. Nach Abs. 2 berücksichtigen die Eltern bei der Pflege und Erziehung ihres Kindes – also im Kernbereich der Personensorge – die wachsende Fähigkeit und das wachsende Bedürfnis des Kindes nach selbständigem verantwortungsbewusstem Handeln. Darüber hinaus – also auch im Bereich der Vermögenssorge – besprechen sie Angelegenheiten der elterlichen Sorge je nach Entwicklungsstand des Kindes mit ihm zwecks einvernehmlicher Regelung. Insgesamt normiert Abs. 2 daher ein Erziehungsverhalten, das die Entwicklung des Kindes zu einer eigenverantwortlichen Persönlichkeit fördern soll.[213]

Der durch das KindRG neu eingefügte Abs. 3 beinhaltet den allgemeinen Grundsatz, dass der Umgang des Kindes mit seinen Eltern und mit anderen wichtigen Bezugspersonen in der Regel seinem Wohl dient.[214] Das Gesetz stellt damit ausdrücklich klar, dass es beim Umgang nicht in erster Linie um die Befriedigung von Elterninteressen geht, sondern um das Wohl des Kindes.[215]

---

[211] Staudinger – *Peschel-Gutzeit* § 1626 Rn. 57.
[212] BGH NJW 74, 1947 (1949); Gernhuber / Coester-Waltjen § 62 I, S. 1002.
[213] MüKom – *Huber* § 1626 Rn. 4; Staudinger – *Peschel-Gutzeit* § 1626 Rn. 109ff.
[214] BT-Drs. 13 / 4899, S. 93.
[215] Staudinger – *Peschel-Gutzeit* § 1626 Rn. 124.

Abs. 2 und 3 sind jeweils als gesetzliche Leitbilder konzipiert. Sie enthalten zwar keine eigenen Rechtsfolgen und Sanktionen, wohl aber echte Rechtsgebote,[216] die unter anderem für gerichtliche Entscheidungen eine Orientierungshilfe bieten.[217]

2. Rechtsnatur der elterlichen Sorge

a. Subjektives Recht mit Pflichtbindung

Im Hinblick auf ihre Rechtsnatur ist die elterliche Sorge zunächst eine komplexe Zusammenfassung einer Vielzahl von elterlichen Befugnissen zu einem einheitlichen, subjektiven Recht der Eltern.[218]

Dem Grundgesetz folgend, begründet sie daneben im Interesse des Kindes aber auch elterliche Pflichten gegenüber dem Kind, ist also pflichtgebundenes Recht.[219] Diese Pflichten stehen dem subjektiven Recht nicht als Schranken gegenüber, sondern sind ihm als Pflichtengehalt gleichgewichtig immanent.[220] Eine derart strukturierte elterliche Sorge ist keiner Kategorie subjektiver Rechte aus dem Bereich subjektiver Vermögensrechte zuzuordnen. Sie wäre mit der Pflichtenbindung der Eltern gegenüber dem Kind, das keinesfalls Objekt der elterlichen Sorge ist, nicht vereinbar. Schon aus diesem Grund ist die elterliche Sorge ein Recht sui generis und damit arteigenes Familienrecht.[221]

Da den Eltern nach allgemeiner Ansicht diese Pflichten gegenüber dem Kind obliegen und alle elterlichen Rechte pflichtgebunden, also zum Wohle des Kindes auszuüben sind, tritt das Kind seinen Eltern als Träger eines Rechts auf pflichtgemäße Ausübung der elterlichen Sorge gegenüber.[222] Daher ist die elterliche Sorge nicht, wie ältere Literaturstimmen meinten, als „sozialrechtliches Amt" zu qualifizieren.[223] Denn die Annahme der Elternstellung als „Amt" missachtet nicht nur deren privatrechtlichen Charakter, sondern auch die Tatsache, dass „Gläubiger" der Kindeswohlgebundenheit nicht der Staat, sondern das Kind selbst ist.[224]

---

[216] BT-Drs. 7 / 2060, S. 16; 8 / 2788, S. 45; 13 / 4899, S. 68.

[217] Staudinger – *Peschel-Gutzeit* § 1626 Rn. 125.

[218] Gernhuber / Coester-Waltjen § 57 I 1., S. 856.

[219] BGHZ 66, 334 (337); Gernhuber / Coester-Waltjen § 57 I 2, S. 862; Staudinger – *Peschel-Gutzeit* § 1626 Rn. 19; MüKom – *Huber* § 1626 Rn. 7; BT-Drs. 8 / 2788, S. 36.

[220] Statt vieler MüKom – *Huber* § 1626 Rn. 7.

[221] Gernhuber / Coester-Waltjen § 57 IV 2., S. 863; MüKom – *Huber* § 1626 Rn. 11.

[222] *Gernhuber* in FamRZ 62, 89 (90); Gernhuber / Coester-Waltjen § 57 IV 2, S. 862 f.; Staudinger – *Peschel-Gutzeit* § 1626 Rn. 19.

[223] So aber Müller-Freienfels, S. 179 ff. und ihm folgend *Habscheid* in FamRZ 57, 109 (111).

[224] Gernhuber / Coester-Waltjen § 57 IV 2, S.862 f.; MüKom – *Huber* § 1626 Rn. 12; Staudinger – *Peschel-Gutzeit* § 1626 Rn. 19.

b. Absolutes Recht

Ferner handelt es sich bei der elterlichen Sorge um ein absolutes Recht der Eltern, dessen Verletzung eine Haftung aus § 823 I BGB begründen kann.[225] Im Gesetz tritt dieser Charakter der elterlichen Sorge insbesondere im Rahmen des § 1632 BGB hervor, der in Abs. 1 und Abs. 2 die Rechte der Eltern auf Herausgabe des Kindes und auf Bestimmung seines Umgangs mit Wirkung gegenüber jedermann ausstattet.[226] Die Einordnung als absolutes Recht beruht somit zum einen auf einem in § 1632 BGB zum Ausdruck kommenden allgemeinen Rechtsgedanken und zum anderen auf der Überlegung, dass die elterliche Sorge andernfalls gegenüber Störungen durch Dritte nur unvollkommen geschützt wäre.[227]Gegen diese Einordnung könnte aber sprechen, dass die Eltern bei der Ausübung der elterlichen Sorge ihrerseits dem Wohl des Kindes verpflichtet sind. Allerdings betrifft diese – relative – Pflichtenbindung allein das Innenverhältnis zwischen Eltern und Kind. Die absolute Geltung der elterlichen Sorge im Verhältnis zu Dritten wird hierdurch nicht in Frage gestellt. Die elterliche Sorge kann vielmehr nur absolut und relativ zugleich sein; *Gernhuber* formuliert: „Jede Zuordnung ist absolut, denn erst der Ausschluss Dritter lässt von einer Zuordnung sprechen und jede Personenzuordnung ist relativ im Hinblick auf die einander zugeordneten Personen, deren Zuordnung sich primär in speziellen Verhaltensanforderungen äußern muss."[228]

c. Höchstpersönliches Recht

Schließlich verlangt die personenrechtliche Zuordnung im Interesse des Kindeswohls grundsätzlich nach Stabilität und Kontinuität. Wegen ihres Pflichtgehaltes ist die elterliche Sorge daher in allen ihren Bestandteilen grundsätzlich unverzichtbar und als höchstpersönliches Recht weder übertragbar noch vererblich.[229]

Der Grundsatz der Unverzichtbarkeit ist nicht ausdrücklich normiert. Im ersten Entwurf eines Bürgerlichen Rechts für das Deutsche Reich aus dem Jahre 1888 war in § 1561 die Regelung enthalten, „auf die elterliche Gewalt kann nicht verzichtet werden". Die Kommission für die zweite Lesung des Entwurfes hat §

---

[225] BGHZ 111, 168 (172 f.); Soergel – *Strätz* § 1626 Rn. 4; MüKom – *Huber* § 1626 Rn. 8; Staudinger – *Peschel-Gutzeit* § 1626 Rn. 20 m.w.N.

[226] BGHZ 111, 168 (172 f.); MüKom – *Huber* § 1626 Rn. 8.

[227] BGHZ 111, 168 (173); MüKom – *Huber* § 1626 Rn. 8.

[228] *Gernhuber* in FamRZ 62, 89 (90). So auch BGHZ 111, 168 (173); MüKom – *Huber* § 1626 Rn. 9.

[229] RGZ 60, 266 (268); Gernhuber / Coester-Waltjen § 57 III 1, S. 859 f.; Staudinger – *Peschel-Gutzeit* § 1626 Rn. 25.

1561 aber mit dem Hinweis, die Vorschrift sei selbstverständlich, gestrichen.[230] Mittelbar ergibt sich die Unverzichtbarkeit bzw. Unübertragbarkeit der elterlichen Sorge aber aus §§ 1671, 1672 BGB, wonach selbst bei Trennung der Eltern und Scheidung der Elternehe die elterliche Sorge nur durch Richterspruch und nicht allein durch einen privatautonomen Akt der Eltern übertragen werden kann. Dagegen bestehen Ausnahmen im Hinblick auf die Adoption und hinsichtlich der Übertragung der Ausübung der elterlichen Sorge.[231]

3. Rechtsfolgen der elterlichen Sorge

a. Haftung der Eltern gegenüber ihrem Kind und gegenüber Dritten

Prägend für die Rechtsfolgen ist der Pflichtcharakter der elterlichen Sorge. Üben die Eltern die elterliche Sorge nicht pflichtgemäß aus, haften sie dem Kind gegenüber nach allgemeinen Grundsätzen, insbesondere nach Deliktsrecht oder auch im Rahmen eines Vertrages. Nach § 1664 BGB haben die Eltern dabei jedoch nur für die eigenübliche Sorgfalt (§ 277 BGB) einzustehen. Sofern sie beide für den Schaden verantwortlich sind, haften sie als Gesamtschuldner, § 1664 II BGB.[232]

Da die elterliche Sorge nur dem Schutz des Kindes und nicht dem Schutz Dritter dient, sind die §§ 1626 ff. BGB keine Schutzgesetze im Sinne des § 823 II BGB. Schädigt das Kind demnach einen Dritten, haften die Eltern nicht aus § 823 II BGB, sondern nur im Rahmen ihrer Aufsichtspflicht gemäß § 832 BGB.[233]

b. Verhältnis der gemeinsam sorgeberechtigten Eltern zueinander

Da die Eltern mit ihren Sorgeerklärungen eine gemeinschaftliche Sorgerechtsausübung anstreben, verdient die Frage danach, in welcher Rechtsbeziehung die Eltern zueinander stehen, wenn sie die gemeinsame Sorgezuständigkeit für ihr Kind innehaben, eine besondere Berücksichtigung.

Speziell im Hinblick auf die Tatsache, dass die Eltern nicht miteinander verheiratet sind, ist zunächst festzustellen, dass das KindRG mit der Möglichkeit des § 1626a I Nr. 1 BGB keine mit § 1353 I BGB vergleichbare Verpflichtung

---

[230] Vgl. Protokolle Bd. IV, S. 662.

[231] Der letztgenannte Aspekt wird ausführlich im 3. Kapitel, S. 91 ff. behandelt.

[232] Die Tragweite des § 1664 BGB ist umstritten. Für § 1664 BGB als bloßen Haftungsmaßstab sprechen sich Gernhuber / Coester-Waltjen § 57 IV 6., S. 867; Staudinger – *Peschel-Gutzeit* § 1626 Rn. 74 aus, während Soergel – *Strätz* § 1664 Rn. 2; Erman – *Michalski* § 1664 Rn. 1; Schwab, FamR, Rn. 620 in § 1664 eine eigene Anspruchsgrundlage sehen.

[233] RGZ 53, 312 (314); MüKom – *Huber* § 1626 Rn. 77.

der nichtehelichen Lebenspartner untereinander geschaffen hat.[234] Die (gegebenenfalls bestehende) nichteheliche Lebensgemeinschaft zeichnet sich also nach wie vor durch ihre fehlende umfassende Rechtsverbindlichkeit und durch die Möglichkeit der jederzeitigen Beendigung der Partnerschaft aus.

Die Frage nach dem grundsätzlichen Verhältnis der gemeinsam sorgeberechtigten Eltern zueinander ist damit aber noch nicht geklärt. Die Untersuchung hat sich als Erstes auf den Wortlaut der Zentralnorm des § 1626 BGB zu stützen. Wenn danach „die Eltern" die Pflicht und das Recht haben, für das minderjährige Kind zu sorgen, lässt dies zwei Deutungsmöglichkeiten zu: Zum einen kann damit ein den Eltern gemeinschaftlich zustehendes Recht gemeint sein, zum anderen kann es sich um zwei selbständige Rechte handeln, die lediglich in ihrer Ausübung aneinander gebunden sind. Eine eindeutige gesetzliche Aussage liegt demnach nicht vor. Da es im Bürgerlichen Recht aber noch andere Formen der Beteiligung mehrerer an einem Recht gibt, lässt sich das Verhältnis der Eltern hiermit möglicherweise sinnvoll erfassen.

Im Sinne eines den Eltern gemeinschaftlich zustehenden Rechtes kommt zunächst die Gesamthandsgemeinschaft in Betracht.[235] Das Wesen der Gesamthandsgemeinschaft besteht darin, dass Rechte und Pflichten den Mitgliedern der Gesamthand jeweils in vollem Umfang zustehen.[236] Während der einzelne Gesamthänder niemals über seinen Anteil an dem einzelnen zum Gesamthandsvermögen gehörenden Gegenstand verfügen kann, steht eine Verfügung über den ganzen Gesamthandsanteil grundsätzlich im Einklang mit dem Wesen der Gesamthandsgemeinschaft.[237] Dies allein, d.h. die Möglichkeit der Gesamthänder, sich ihrer Beteiligung durch bloße Verfügung entziehen zu können, steht aber in einem krassen Widerspruch zu der umfassenden und „unveräußerlichen" Verantwortung der Eltern gegenüber ihrem Kind.

Den gleichen Problemen sieht sich ein Vergleich mit der Bruchteilsgemeinschaft ausgesetzt. Bei ihr steht jedem Teilhaber ein ideeller Anteil – Bruchteil – an der Hauptsache, den Früchten sowie an den Lasten zu (§§ 741 ff. BGB). Im Gegensatz zur Gesamthandsgemeinschaft steht es jedem Teilhaber frei, über seinen Anteil am gemeinschaftlichen Gegenstand zu verfügen. Jeder Teilhaber kann daneben jederzeit – bei abweichender Vereinbarung jedenfalls bei Vorliegen eines wichtigen Grundes – die Aufhebung der Gemeinschaft verlangen (§ 749 BGB). Vor allem dieser letzte Aspekt ist nicht mit den Grundsätzen der elterlichen Sorge vereinbar. Hier ist eine Aufhebung der Sorgegemeinschaft der

[234] So auch *BAG* in FamRZ 01, 1366 (1368).
[235] Vgl. *OLG Schleswig* in FamRZ 65, 224 (226), das ein gemeinschaftliches Recht der Eltern bejaht.
[236] Palandt – *Heinrichs* vor § 21 Rn. 2.
[237] Palandt – *Heinrichs* vor § 21 Rn. 2.

Eltern nämlich nur ausnahmsweise und nur unter Mitwirkung des Gerichtes möglich.

Unabhängig von diesen konkreten Differenzen, entzieht sich die elterliche Sorge einer Einordnung als Gesamthands- oder Bruchteilsgemeinschaft aber schon im Grundsatz. Denn väterliche und mütterliche Befugnisse sind angesichts unterschiedlicher situationsbedingter Anforderungen an Vater und Mutter nicht in ihrer Gesamtheit inhaltsgleich[238] und verpflichten jenseits ihrer Ausübungsbindungen insbesondere zur Überwachung des anderen Elternteils in den Grenzen der Zumutbarkeit, was einer gemeinschaftlichen Zuständigkeit von vornherein entgegensteht.[239] Vergleiche mit der Bruchteils- und Gesamthandsgemeinschaft werden daher weder dem Normenkomplex der §§ 1626 ff. BGB noch den Erfordernissen einer sinnvollen Kindererziehung gerecht.[240]

Als Pendant zu der jeweils bestehenden Grundrechtsposition der Eltern im Rahmen des Art. 6 II GG[241] muss auch bei §§ 1626 ff. BGB vielmehr vom Bestehen einer mütterlichen und einer väterlichen Sorge und somit von selbständigen subjektiven Rechten ausgegangen werden, „die durch die Ausübungsbindungen in jener Balance gehalten werden, die für eine gradlinige Betreuung des Kindes erforderlich ist".[242] Das Nebeneinander der beiden durch Ausübungsbindungen verknüpften Elternbefugnisse kann im Übrigen auch die Alleinzuständigkeit eines Elternteils sinnvoll erklären, wenn der andere an der Ausübung der elterlichen Sorge tatsächlich verhindert ist, wenn diese ruht oder wenn sie ihm entzogen ist.[243]

Fraglich ist aber, ob für die elterlichen Pflichten nicht zumindest auf die aus dem Schuldrecht bekannten Grundsätze des Gesamtschuldverhältnisses, §§ 420 ff. BGB, zurückgegriffen werden kann.[244] Die Erfüllung einer Sorgepflicht durch einen Elternteil oder durch einen Dritten würde dann beispielsweise zur Befreiung des anderen Elternteils führen (§ 422 I BGB). Allerdings setzt der Erfüllungsbegriff zumindest die Bestimmbarkeit der Leistung voraus. Schon diese Voraussetzung erscheint im Hinblick auf die meisten elterlichen Pflichten, wie z.B. die Erziehung problematisch. Darüber hinaus kann kein Elternteil aufgrund

---

238 *Gernhuber* in FamRZ 62, 89 (95 f.); *Gernhuber* in FamRZ 65, 227 (227 ff.).
239 *Gernhuber* in FamRZ 62, 89 (95 f.); MüKom (3. Aufl.) – *Hinz* § 1626 Rn. 17.
240 Gernhuber / Coester-Waltjen § 57 I 2., S. 857.
241 BVerfGE 10, 59 (67f); 47, 46 (76).
242 Gernhuber / Coester-Waltjen § 57 I 2, S. 857. Ähnlich: *Gernhuber* in FamRZ 62, 89 (95 f.) und FamRZ 65, 227 (227); Staudinger (10. / 11. Aufl.) – *Donau* § 1626 Rn. 13; MüKom (3. Aufl.) – *Hinz* § 1626 Rn. 17.
243 Staudinger (10. / 11. Aufl.) - *Donau* § 1626 Rn. 13; MüKom (3. Aufl.) – *Hinz* § 1626 Rn. 17.
244 So Erman – *Michalski* § 1626 Rn. 11.

seiner ihm obliegenden umfassenden Verantwortung die Ausübung an Dritte oder an den anderen Elternteil umfassend delegieren.[245] Die Grundsätze der §§ 420 ff. BGB würden somit wesensfremde Züge in das Eltern-Kind-Verhältnis bringen, so dass sich entsprechende Rückgriffe verbieten.[246] Insgesamt können die an statischen Rechten orientierten Grundsätze des Vermögensrechts auch nicht der Tatsache Rechnung tragen, dass das Maß an elterlichen Rechten und Pflichten mit zunehmender Reife des Kindes immer stärker abnimmt und dass damit das Rechtsverhältnis einem rein tatsächlichen Wandel unterliegt.

Die rechtliche Konstruktion einer durch Ausübungsbindungen verbundenen väterlichen und mütterlichen Sorge bildet damit arteigenes Familienrecht. Diesem Aspekt wird bei der rechtlichen Qualifizierung der Sorgeerklärungen eine besondere Bedeutung zukommen.

III. Verhältnis von Elternrecht und elterlicher Sorge

Zu Beginn dieses Kapitels wurde die Frage aufgeworfen, inwieweit die Entstehung des Elternrechts von der zivilrechtlichen Ausgestaltung abhängig ist. Hierbei wurde die Eigenständigkeit des Verfassungsgutes betont. Nunmehr stellt sich die Frage nach dem grundsätzlichen Verhältnis von Elternrecht aus Art. 6 II GG und elterlicher Sorge im Sinne der §§ 1626 ff. BGB. Diese Untersuchung dient dazu, die im vierten Kapitel zu lösende Frage, ob die Sorgeerklärungen ein eigenständiges Recht zur Entstehung bringen oder lediglich ein bereits im Elternrecht bestehendes Recht entfalten, vorzubereiten.

1. Strukturelle Vergleichbarkeit

Wenn hierzu nach der strukturellen Vergleichbarkeit von Elternrecht und elterlicher Sorge gefragt wird, ist zunächst festzustellen, dass die Institute insofern übereinstimmen, als beiden Rechten primär der Charakter eines subjektiven Rechts mit einer zum Wohle des Kindes bestehenden Pflichtenbindung eigentümlich ist, sie höchstpersönlicher Natur sind und damit unverzichtbares und grundsätzlich unübertragbares Recht verkörpern, das mit wachsender Einsichts- und Urteilsfähigkeit des Kindes abnimmt.

Weiter handelt es sich bei der elterlichen Sorge um ein absolutes, durch § 823 I BGB geschütztes Recht. Auch wenn Art. 6 II 1 GG infolge der ausschließlichen Staatsgerichtetheit der Grundrechte keine absolute, gegen jedermann wirkende Rechtsstellung gewährt, ist sein sachlicher Schutzbereich doch darauf angelegt, den Vorrang der Eltern gegenüber dem grundrechtsverpflichteten Staat

---

[245] Staudinger – *Peschel-Gutzeit* § 1627 Rn. 6.
[246] Vgl. Gernhuber / Coester-Waltjen § 57 I 2, S. 857.

mit den Mitteln des einfachen Rechts wirksam auszugestalten und zu schützen.[247]

Elterliche Sorge und Elternverantwortung im Sinne des Art. 6 II 1 GG sind daher im Wesentlichen strukturgleich. Da die elterliche Sorge die bedeutsamste Ausgestaltung des Elternrechts ist, ist diese Strukturgleichheit auch eine von Verfassung wegen notwendige.[248]

2. Inhaltlicher Vergleich

a. Adressatenkreis

Im Hinblick auf die inhaltliche Vergleichbarkeit offenbart der Grundrechtscharakter des Art. 6 II GG einen ersten, grundlegenden Unterschied, wenn es um den Adressatenkreis und damit um die Verpflichteten beider Rechtsinstitute geht. Anders als durch die Bestimmungen der §§ 1626 ff. BGB, deren Adressat grundsätzlich die leiblichen Eltern des Kindes sind, kann durch Art. 6 II 2 GG nur der Staat mit seinen Organen verpflichtet werden. Somit besteht in Bezug auf die Verpflichteten keine Kongruenz zwischen Elternrecht und elterlicher Sorge.[249]

b. Reichweite

aa. Sachlich-gegenständliche Reichweite

Zu vergleichen ist weiter die sachlich-gegenständliche Reichweite der beiden Rechtsinstitute. Dabei fehlt es den Regelungsbereichen an Kongruenz, wenn sich entweder der eine oder der andere Regelungsbereich durch einen überschießenden Anwendungsbereich auszeichnet. Ob und in welcher Art und Weise dies bei dem Verhältnis zwischen Elternrecht und elterlicher Sorge der Fall ist, ist umstritten.

(1) Identität zwischen Elternrecht und elterlicher Sorge?

Überlegungen zur Frage nach überschießenden Regelungsbereichen sind irrelevant, wenn die zu untersuchenden Regelungsbereiche kongruent sind. In diesem Sinne wurde vor allem in der älteren Literatur angenommen, Elternrecht und elterliche Sorge seien identisch bzw. das einfachgesetzliche Rechtsinstitut habe Grundrechtscharakter.[250]

---

[247] BK – *Jestaedt* Art. 6 II und III, Rn. 276, vgl. Fn. 11.

[248] MüKom (3.Aufl.) – *Hinz* § 1626 Rn. 10; BK – *Jestaedt* Art. 6 II und III, Rn. 276.

[249] BK – *Jestaedt* Art. 6 II und III, Rn. 277; Röbbelein, S. 211.

[250] Staudinger (10./11. Aufl.) – *Göppinger* vor § 1666 Rn. 7 ff., 36; *Beitzke* in FamRZ 58, 7

Zwar zählt neben dem Enteignungs- und dem Prozessrecht vor allem das Familienrecht schon aufgrund seiner strukturellen Ähnlichkeit zum verfassungsrechtlichen Elternrecht zu den Gesetzesmaterien, die traditionell in enger Verbindung zur Verfassung stehen, aber auch diese enge Verbindung rechtfertigt keine Verwischung der rechtsdogmatischen Grenzen: Als Ausfluss der Normenhierarchie ist der Grundsatz des Vorrangs der Verfassung zu beachten. Schon sprachlich beinhaltet dieser den Nachrang des einfachen Gesetzes und ist damit auf Differenzierung und Distanz zwischen den einzelnen Normebenen, d.h. auf Trennung und nicht auf Zusammenwirken angelegt.[251]

Gleichwohl wird hierdurch weder die genetische noch die inhaltliche Abhängigkeit zwischen Verfassungsrecht und einfachem Recht in Abrede gestellt.[252]

Die Lösung dieser vermeintlichen Widersprüchlichkeit zwischen Grenzziehung einerseits und Abhängigkeit andererseits liegt in der Frage, wie Verfassungsnormen zu interpretieren sind. Angesichts der umfangreichen Diskussion über die Methoden der Verfassungsinterpretation und des Verfassungsverständnisses[253] soll sich die Fragestellung hier lediglich darauf konzentrieren, ob die Verfassung durch das einfache Gesetz konkretisiert wird oder ob sie allein den Rahmen für die gesetzgeberische Tätigkeit enthält.

Konkretisierung der Verfassung ist Verfassungsentfaltung, Ausschöpfung und Anreicherung sowie Rechtsfortbildung durch Erfüllung ganzer Normprogramme.[254] Mit dieser Interpretationsmethode soll also „gerade das, was als Inhalt der Verfassung noch nicht eindeutig feststeht, unter Einbeziehung der zu ordnenden Wirklichkeit bestimmt werden".[255] Dieses Ziel kann in zweierlei Hinsicht erreicht werden: zum einen durch Auslegung der Verfassungsnorm im Wege der Interpretation, insbesondere durch das *BVerfG*, und zum anderen im Wege des Weiterdenkens der verfassungsrechtlichen Impulse durch den Gesetzgeber. Da die Grenze zwischen beiden Varianten aber verloren gehen kann und die Anteile einseitig zugunsten des Auffüllens der Verfassung mittels Interpretation verschoben werden können, sehen Kritiker hierin die Gefahr der Konkretisierung und weisen darauf hin, dass hierdurch eine zunehmende „Verbestimmung" der

---

(9); *OLG Stuttgart* in FamRZ 64, 51 (52 f.); RGRK (10. / 11.Aufl.) – *Scheffler* vor § 1626 Anm. 7; v. Mangoldt / Klein (2.Aufl.) – *Klein* Art. 6 IV 5 d, S. 275; Dölle, FamR. II § 91 I, S. 137.

[251] *Wahl* in Der Staat Bd. 20 (1981), 485 (487, 502 ff.).

[252] *Wahl* in Der Staat Bd. 20 (1981), 485 (502).

[253] Vgl. hierzu *Böckenförde* in NJW 76, 2089 ff.

[254] *Ossenbühl* in NJW 76, 2100 (2106).

[255] Hesse, Grundzüge des Verfassungsrechts § 2 III, S. 24.

Verfassung erreicht werde, die den politischen Gestaltungsspielraum des Gesetzgebers zunehmend aufhebe.[256]
Bei einer als Rahmen verstandenen Verfassung wird dieser Prozess des Auffüllens der Verfassungsnorm dagegen früher gestoppt. Auch hier ist zwar eine verbindliche Festlegung über den Inhalt der Verfassungsnorm notwendig, weil die Festlegung aber vor dem Hintergrund des Rahmenverständnisses stattfindet, ist der Blick im Gegensatz zur Konkretisierung auch immer auf eine alternative Ausgestaltung durch den Gesetzgeber gerichtet. Nach diesem Verständnis zielt die Verfassung also gerade nicht auf einen Mittel-, Höhe- oder Optimalpunkt ab, sondern vielmehr darauf, ob das konkrete Gesetz ebenso innerhalb dieses Rahmens liegt, wie es eine andere mögliche Ausgestaltung auch könnte.[257] Der Konkretisierung wohnt demgegenüber die Tendenz inne, den Gestaltungsspielraum des Gesetzgebers so weit wie möglich einzugrenzen,[258] indem eine von mehreren möglichen Lösungen zur einzig maßgeblichen erhoben wird. Die Abhängigkeit des einfachen Rechts vom Verfassungsrecht wird daher einseitig betont. Eine klare Grenzziehung ist nicht mehr möglich, weil das Ergebnis einer Verfassungsinterpretation seinerseits zum Verfassungsinhalt wird.[259]

Das Rahmenverständnis betont also im Gegensatz zur Konkretisierung die Differenz zwischen dem begrenzten Verfassungsrecht einerseits und dem detaillierteren, meist auch alternativ möglichen einfachen Recht andererseits. Es entspricht daher eher dem nach Differenzierung zwischen den einzelnen Rechtsmaterien strebenden Grundsatz des Vorrangs der Verfassung und ist deshalb vorzugswürdiger.

Im Hinblick auf das Verhältnis von Elternrecht und elterlicher Sorge lässt sich damit Folgendes sagen: Das Verständnis der elterlichen Sorge als Institut des einfachen Rechts mit Verfassungsrang ist, von der sprachlichen Widersprüchlichkeit einmal abgesehen, eine übersteigerte Betonung der Abhängigkeit des Gesetzesrechts vom Verfassungsrecht. So wäre es weder mit dem Sinn des Art. 6 II GG noch mit der Realität zu vereinbaren, wenn die gesamte elterliche Sorge in ihrer gegenwärtigen Form „versteinert“ würde.[260] Denn auch wenn die Auslegung der Grundrechte insgesamt und vor allem des Art. 6 II GG einem Wandel unterliegt und auch Grundrechte nicht unabänderlich sind, erfordert doch eine Verfassungsänderung im Vergleich zu einer Änderung des einfachen Rechts

[256] *Böckenförde* in NJW 76, 2089 (2097);*Wahl* in Der Staat Bd. 20 (1981), 485 (506); *Leisner* in Recht und Staat Heft 286 / 287, S. 62, 70.
[257] Vgl. *Böckenförde* in NJW 76, 2089 (2091, 2097); *Wahl* in Der Staat Bd. 20 (1981) , 485 (507).
[258] Zur Entscheidungsmacht und Gestaltungsaufgabe des Gesetzgebers vgl. Barbey, S. 12.
[259] *Böckenförde* in NJW 76, 2089 (2097); ebenso *Wahl* in Der Staat Bd. 20 (1981), 485 (507).
[260] Gernhuber / Coester-Waltjen § 5 IV 3, S. 44 f.; MüKom (3. Aufl.) – *Hinz* § 1626 Rn. 11; MüKom – *Huber* vor § 1626 Rn. 26.

qualitativ andere Voraussetzungen, so dass der einfachgesetzliche Gesetzgeber seiner grundsätzlichen Gestaltungsfreiheit enthoben wäre. Die Annahme der Identität von Elternrecht und elterlicher Sorge ließe zudem den Schluss darauf zu, dass die gesetzlichen Einzelregelungen in dem Grundrecht gewissermaßen keimhaft angelegt und nur zu entfalten sind,[261] wodurch wiederum der Vorrang der Verfassung in überspannter Einseitigkeit betont wird.[262] Auch wenn Art. 6 II GG wie die meisten anderen Grundrechte der Ausgestaltung durch den Gesetzgeber bedarf, ist das Recht der elterlichen Sorge trotz seiner Abhängigkeit von den Vorgaben des Elternrechts deshalb nicht notwendig unselbständig oder entbehrt jeder eigenständigen Substanz.[263] Das einfache Recht ist also gerade nicht allein konkretisiertes Verfassungsrecht, sondern – wollte man bei dem Begriff bleiben – eine der möglichen Konkretisierungen des Verfassungsrechts mit eigenständigem vom Verfassungsrecht zu trennendem Rang.[264] Dass der grundrechtliche Rahmen des Art. 6 II GG angesichts der umfangreichen Rechtsprechung des *BVerfG* in besonderer Weise präzisiert ist, ändert an dieser Betrachtungsweise nichts. Wie bei den meisten anderen Grundrechten gilt es folglich auch bei Art. 6 II GG, das Spannungsverhältnis zum Ausgleich zu bringen, das zwischen Regelungskompetenz des Gesetzgebers im Grundrechtsbereich einerseits und Bindung des Gesetzgebers an die Grundrechte andererseits besteht.[265] Gerade auch im Hinblick auf die Rechtsnatur der Sorgeerklärungen ist somit festzuhalten, dass trotz allen Vorrangs der Verfassung der fortbestehende Rang des einfachen Gesetzes zu wahren ist. Eine solche Sichtweise schließt eine Identität zwischen elterlicher Sorge und Elternrecht aus.

(2) Überschießender Regelungsbereich des Elternrechts oder der elterlichen Sorge?

Steht somit fest, dass Elternrecht und elterliche Sorge nicht identisch sind, ist weiter fraglich, welches Gebiet einen rechtlichen Überschuss aufweist. Streit-

[261] In diesem Sinne *Lerche* in AöR 90, 341 (348, 349): Verfassungsnormen sind „Anstoß" – Normen; *ders.* in DÖV 65, 212 (214).

[262] *Fehnemann* in ZfJ 86, 178 (181); *Wahl* in NVwZ 84, 401 (403).

[263] Vgl. *Leisner* in DÖV 61, 641 (652); *Wahl* in NVwZ 84, 401 (407); Barbey durchgehend, exemplarisch S. 26 ff., 29ff.; *Fehnemann* in ZfJ 86, 178 (181); vgl. auch *Schwoerer* 58, 41 (41).

[264] *Wahl* in NVwZ 84, 401 (403); BK – *Jestaedt* Art. 6 II und III, Rn. 280; Staudinger – *Peschel-Gutzeit* § 1626 Rn. 4; MüKom (3.Aufl.) – *Hinz* § 1626 Rn. 11; RGRK – *Wenz* vor § 1626 Rn. 46; Gernhuber / Coester-Waltjen § 5 IV 3, S. 44 f.; Horstmann, S. 25; *Holzhauer* in FamRZ 82, 109 (112); Baumgarte, S. 130 f.; *Reuter* in Schriften zum öffentlichen Recht Bd. 72, S. 96; *Böckenförde* in Essener Gespräche Bd. 14 (1980), 54 (55); v. Münch / Kunig-*Coester-Waltjen* Art. 6 Rn. 59.

[265] *Fehnemann* in ZfJ 86, 178 (181); *Bethge* in Der Staat Bd. 24 (1985), 351 (365); *Wahl* in NVwZ 84, 401 (406).

punkt ist hier vor allem die Einbeziehung der Vermögenssorge gemäß § 1626 I 2 Var. 2 BGB in den grundgesetzlichen Schutzbereich.

(a) Vermögenssorge nur Teil der elterlichen Sorge, nicht aber des Elternrechtes?

Zum Teil wird die Inkongruenz zwischen Elternrecht und elterlicher Sorge damit begründet, dass Pflege und Erziehung der Kinder im Sinne des Art. 6 II GG die Vermögenssorge als Bestandteil der elterlichen Sorge nicht mit einschließe, der Grundrechtsschutz also hinter dem Umfang der elterlichen Sorge zurückbleibe.[266] Wenn dem so wäre, würde dies im Hinblick auf die Rechtsnatur der Sorgeerklärungen die eigenständige Entstehung der elterlichen Sorge unterstreichen.

Zur Überprüfung dieser Aussage sind die in Betracht zu ziehenden Regelungen zunächst auf ihren Wortlaut hin zu untersuchen. Das Grundgesetz spricht in Art. 6 II 1 GG von Pflege und Erziehung der Kinder und deckt sich insoweit mit § 1631 BGB, dessen Tatbestandsmerkmal „pflegen" durch das SorgeRG gerade auch deshalb eingefügt wurde, um den Gesetzestext demjenigen des Grundgesetzes anzugleichen.[267] In diesem Sinne werden die Begriffe „Pflege und Erziehung" im Verfassungs- und Familienrecht auch weitestgehend deckungsgleich definiert: So wird „Pflege" einmal mehr als Sorge für das körperliche Wohl des Kindes und einmal eher als Gesamtheit aller Maßnahmen, die der Sorge des Kindes sowohl im Sinne der Erhaltung der physischen Existenz als auch im Sinne der psychischen und intellektuellen Entwicklung gelten, verstanden. „Erziehung" wird einmal mehr als planmäßige, geistig-seelische Einwirkung, die zur Entfaltung der Fähigkeiten des Kindes und zur Bildung seiner Persönlichkeit führen soll, und einmal mehr als Summe der Einwirkungen, die das Kind zur größtmöglichen Entfaltung seiner Persönlichkeit im Rahmen der sozialen Gemeinschaft befähigen sollen, verstanden.[268]

Unabhängig von der übereinstimmenden Definition der Begriffe „Pflege und Erziehung" könnte zwischen dem verfassungsrechtlichen und dem einfachgesetzlichen Wortlaut aber insofern ein Unterschied bestehen, als § 1631 BGB im Gegensatz zum Grundgesetz nicht nur zusätzlich Pflichten und Rechte zur Beaufsichtigung und zur Aufenthaltsbestimmung, sondern vor allem auch das Wort „insbesondere" enthält, das die beispielhafte Aufzählung in § 1631 BGB

---

266 MüKom (3. Aufl.) – *Hinz* § 1626 Rn. 11; *Holzhauer* in FamRZ 82, 109 (113); Horndasch, S. 54 ff.; wohl auch Schlüter, FamR., Rn. 365 i.V.m. Rn. 6 und Rn. 369 anderseits.

267 BT-Drs. 7 / 2060, S. 21.

268 Zum Elternrecht vgl. Nachweise bei BK – *Jestaedt* Art. 6 II und III, Rn. 102. Zur elterlichen Sorge vgl. z.B. Lüderitz § 27, Rn. 835, 843; Erman – *Michalski* § 1631 Rn. 7

unterstreicht.[269] Zustimmungswürdig ist hier die Argumentation von *Fehnemann*, die darauf hinweist, dass die grundgesetzliche Garantie zur „Pflege und Erziehung" durch die Eltern leer liefe, wenn sie nicht auch Pflichten und Rechte zur Beaufsichtigung und zur Aufenthaltsbestimmung enthielte. Für den Bereich der Aufenthaltsbestimmung lasse sich dies auch mittelbar dem Wortlaut des Grundgesetzes entnehmen: Art. 6 III GG knüpfe die Trennung des Kindes von den Eltern – was die Bestimmung des Aufenthaltes durch andere als die Eltern mit einbeziehe – an bestimmte, strenge Voraussetzungen. Entsprechendes lasse sich nicht nur für die Beaufsichtigung, sondern auch für die Bereiche anführen, die das BGB mit dem Wort „insbesondere" anspreche.[270] Während das BGB einzelne Bereiche der Personensorge in § 1631 I BGB also ausdrücklich benennt, bzw. mit dem Wort „insbesondere" andeutet, umfasst das Grundgesetz diese Bereiche allein mit den Worten „Pflege und Erziehung". Demnach ist das grundgesetzliche Begriffspaar weiter, so dass allein aus dem Wortlaut des Grundgesetzes nicht geschlossen werden kann, welche Elemente der elterlichen Sorge von Art. 6 II 1 GG geschützt werden. Dass die Vermögenssorge somit schon allein aufgrund des Wortlautes des Grundgesetzes aus dessen Schutzbereich herausfällt,[271] lässt sich folglich nicht begründen.

Wenn schon nicht der Wortlaut des Grundgesetzes einen Ausschluss der Vermögenssorge aus dem Schutzbereich des Art. 6 II GG rechtfertigt, dann kann dies möglicherweise mit dem Verhältnis von Personen- und Vermögenssorge begründet werden. Die Argumente gehen hierbei in zwei entgegengesetzte Richtungen: Einerseits wird vertreten, die Einbeziehung der Vermögenssorge rechtfertige sich aus ihrer engen Verbindung zur Personensorge,[272] andererseits wird argumentiert, die rechtliche Trennung zwischen Personen- und Vermögenssorge begründe den Ausschluss aus Art. 6 II GG.[273] Allerdings kann weder die eine noch die andere Feststellung die Einbeziehung bzw. den Ausschluss der Vermögenssorge aus dem Schutzbereich des Art. 6 II GG rechtfertigen. Hierbei handelt es sich nämlich jeweils um Feststellungen, die das einfache Recht betreffen, und entsprechend den vorangegangenen Ausführungen verbieten sich zwingende Rückschlüsse vom einfachen Recht auf das Verfassungsrecht.[274] Was zum verfassungsrechtlichen Begriff der „Pflege und Erziehung" hinzuzurechnen ist,

---

[269] Vgl. BT-Drs. 7 / 2060, S. 21.
[270] *Fehnemann* in ZfJ 86, 178 (182).
[271] So aber Horndasch, S. 55.
[272] Staudinger (10./11. Aufl.) – *Göppinger* vor § 1666 Rn. 9.
[273] So *Fehnemann* in ZfJ 86, 178 (182). Im Ergebnis ebenso, aber ohne nähere Begründung: MüKom (3. Aufl.) – *Hinz* § 1626 Rn. 11; *Holzhauer* in FamRZ 82, 109 (113).
[274] So aber *Fehnemann* in ZfJ 86, 178 (182 f.), die mit der klaren Trennung des Gesetzgebers zwischen Personen- und Vermögenssorge einen zwingenden Ausschluss der Vermögenssorge aus Art. 6 II GG begründet.

muss, ungeachtet gewisser Indizwirkungen, die sich aus dem vergleichbaren Inhalt und Wortlaut der einfachgesetzlichen und grundgesetzlichen Bestimmungen ergeben, originär bestimmt werden. Die Fragestellung muss daher lauten, ob die Vermögenssorge vom Sinn und Zweck des Elternrechts erfasst wird.

Unabhängig von den dargestellten Nuancierungen aller Definitionen ist festzustellen, dass „Pflege und Erziehung" im Sinne des Art. 6 II GG die „umfassende Verantwortung für die Lebens- und Entwicklungsbedingungen des Kindes" beinhaltet.[275] Fassen „Pflege und Erziehung" aber nur die umfassende Verantwortung der Eltern für ihr Kind begrifflich zusammen, so ist daraus zu schließen, dass deren gegenständliche Reichweite weit zu deuten ist und sich „Pflege und Erziehung" auf alles bezieht, was die Lebens- und Entwicklungsbedingungen des Kindes beeinflusst und gestaltet.[276] Zu den Lebens- und Entwicklungsbedingungen, welche die „gesunde körperliche und geistige Entwicklung des Kindes und seine rechte Einordnung in die Gesellschaft"[277] ermöglichen, zählen daher nicht nur Maßnahmen der Personensorge, sondern grundsätzlich auch, wenn auch nicht in der Offensichtlichkeit und Unmittelbarkeit wie dies bei der Personensorge der Fall ist, die auf das Kindesvermögen bezogenen Maßnahmen.[278] So betont auch das *BVerfG* – allerdings in Bezug auf das allgemeine Persönlichkeitsrecht des Kindes aus Art. 2 I i.V.m. 1 I GG –, dass elterliche Maßnahmen der Vermögenssorge unmittelbare Auswirkungen auf die Entwicklung und Entfaltung der Persönlichkeit des Kindes haben können, indem es ausführt: „Hierdurch (durch finanzielle Verpflichtungen des Kindes durch die Eltern kraft der ihnen zustehenden gesetzlichen Vertretungsmacht) können in erheblichem Maße die Grundbedingungen freier Entfaltung und Entwicklung und damit nicht nur einzelne Ausformungen allgemeiner Handlungsfreiheit, sondern die engere persönliche Lebenssphäre junger Menschen betroffen werden."[279] Da es in einer anderen Entscheidung hervorhebt, dass Art. 6 II GG ein Recht sei, welches den Eltern das Recht zur Erziehung in jeder Hinsicht gewährleiste,[280] legt dies die Schlussfolgerung nahe, dass das *BVerfG* auch die Vermögenssorge in den Schutzbereich des Art. 6 II GG miteinbezogen wissen will.

---

[275] Zitat: Isensee / Kirchhof – *Zacher* § 134 Rn. 65.

[276] Vgl. Staudinger (10./11.Aufl.) – *Göppinger* vor § 1666 Rn. 9; Hamann / Lenz – *Hamann* Art. 6 Rn. 4; BK – *Jestaedt* Art. 6 II und III, Rn. 104.

[277] BVerfGE 24, 119 (144, 148).

[278] Vgl. Staudinger (10./11.Aufl.) – *Göppinger* vor § 1666 Rn. 9; Maunz / Dürig – *Maunz* (1980) Art. 6 II Rn. 24; BK – *Jestaedt* Art. 6 II, Rn. 104; v. Münch / Kunig – *Coester-Waltjen* Art. 6 Rn. 63; vgl. auch *Lüderitz* in AcP (1978) 178, 263 (285 f.) und *Brüggemann* in ZblJugR 80, 53 (59); wohl auch *Reuter* in AcP (1992) 192, 108 (116); unentschieden: RGRK – *Wenz* vor § 1626 Rn. 46.

[279] BVerfGE 72, 155 (171); Klammerergänzung durch Verfasserin.

[280] BVerfGE 41, 29 (44).

Die Vermögenssorge wird damit von Art. 6 II GG umfasst, so dass sich eine Inkongruenz der einfachgesetzlichen und der grundgesetzlichen Regelung zumindest nicht aus einer insofern weitergehenden einfachgesetzlichen Regelung ergeben kann. Folglich kann auch die Nichteinbeziehung der Vermögenssorge nicht die eigenständige Entstehung der elterlichen Sorge betonen.

(b) Schutzbereich des Art. 6 II GG weiter als Anwendungsbereich der elterlichen Sorge

Ungeklärt ist, ob der Anwendungsbereich des Grundgesetzes grundsätzlich weiter ist als derjenige der elterlichen Sorge. Wird dieser Vergleich zunächst nur auf die Regelungen des BGB reduziert, so müssen die Rechte betrachtet werden, die von der Innehabung der elterlichen Sorge unabhängig sind. In diesem Sinne ist das in § 1684 BGB enthaltene Umgangsrecht der Eltern, angesichts seiner Unabhängigkeit vom Bestehen der elterlichen Sorge[281] und seines gleichwohl bestehenden Schutzes aus Art. 6 II GG[282] ein Beispiel dafür, dass der grundgesetzliche Schutzbereich weiter ist als der Anwendungsbereich der elterlichen Sorge.[283] Gleiches gilt für die Verpflichtung zur Unterhaltszahlung gemäß §§ 1601 ff. BGB. Diese ist ebenfalls von der Innehabung der elterlichen Sorge unabhängig, wird aber aus der umfassenden elterlichen Verantwortung im Sinne des Art. 6 II GG abgeleitet.[284] Weiterführend ist die Fragestellung auf Regelungen außerhalb des Zivilrechts auszudehnen. Hier sind etwa das Recht der Kinder- und Jugendhilfe und des Jugendschutzes, das Schul- und Berufsausbildungsrecht und das Steuer- und Verfahrensrecht zu nennen. All diese Bereiche werden ebenfalls von Art. 6 II GG umfasst.[285]

Dabei bestätigt die Tatsache, dass elterliche Befugnisse im Rahmen dieser Rechtsgebiete in der Regel an den Bestand oder zumindest an einzelne Bestandteile der elterlichen Sorge anknüpfen, zugleich den weitergehenden Anwendungsbereich des Grundgesetzes.[286] Andernfalls, d.h. wenn der Ansicht gefolgt würde, außerhalb des BGB geregelte Rechte und Pflichten stünden nicht gleichwertig neben der elterlichen Sorge, sondern ergänzten deren Inhalt nur um einzelne bestimmte Rechte und Pflichten, mit der Folge, dass die elterliche Sor-

---

281 Gernhuber / Coester-Waltjen, § 66 I 1, S. 1065.

282 Der persönliche Kontakt zum Kind ist als innerster Kern des Elternrechts im Personensorgerecht nahtlos integriert, wird bei Entfall des Personensorgerechts jedoch als eigenständiges, von Pflege und Erziehung des Kindes gesondertes Element der Elterneigenschaft freigelegt, (vgl. Gernhuber / Coester-Waltjen § 66 I 1, S. 1062).

283 BK – *Jestaedt* Art. 6 II und III, Rn. 278 i.V.m. Rn. 126.

284 MüKom – *Huber* vor § 1626 Rn. 26.

285 BK – *Jestaedt* Art. 6 II und III, Rn. 278.

286 BK – *Jestaedt* Art. 6 II und III, Rn. 278; RGRK – *Wenz* vor § 1626 Rn. 46; Isensee / Kirchhof – *Zacher* § 134 Rn. 68;

ge ebenso weit reichen würde wie das Elternrecht,[287] würde das Verhältnis von elterlicher Sorge und den sie ergänzenden Gesetzen fälschlicherweise im Sinne eines Über-Unterordnungsverhältnisses verstanden werden. Hierdurch würden aber die Grundsätze der Normenhierarchie verkannt. Einzig übergeordnet ist die Verfassung; Bundesgesetze stehen ihr im Rang gleichrangig nach und sind ihrerseits Gesetzen der Länder, Verordnungen und Satzungen übergeordnet. Dieser Rangfolge steht nicht entgegen, dass sich bestimmte Verknüpfungen und Ergänzungen zwischen den einzelnen Gesetzen ergeben. Die Notwendigkeit hierfür besteht aber nicht originär in einem übergeordneten einfachgesetzlichen Rechtsinstitut, hier der elterlichen Sorge, sondern in dem übergeordneten Verfassungsgut des Art. 6 II GG. Es sind also nicht die Grundsätze der elterlichen Sorge, die außerhalb des BGB ergänzt werden, sondern es sind diejenigen des Elternrechts.[288] In diese Richtung geht auch das *BVerfG*, wenn es ausführt, das Elternrecht erschöpfe sich gerade nicht in der elterlichen Sorge im Sinne des bürgerlichen Rechts.[289]

Folglich ist der sachlich-gegenständliche Schutzbereich des Elternrechts weiter als der Anwendungsbereich der elterlichen Sorge.

bb. Personelle Reichweite

Die mangelnde Deckungsgleichheit von Elternrecht und elterlicher Sorge zeigt sich auch in der unterschiedlichen personellen Reichweite. Spricht § 1626 BGB noch ganz neutral von „Eltern", zeigt erst ein Blick auf die §§ 1626a ff. BGB, dass das BGB nicht nur von dem Regelfall der durch Ehe verbundenen leiblichen Eltern ausgeht, sondern auch ganz auf diese zugeschnitten ist. Die Vorschriften der §§ 1626a ff. BGB für nicht miteinander verheiratete Eltern, die Rechtsstellung der Adoptiveltern gemäß §§ 1741 ff. und hier insbesondere § 1754 BGB sowie die Trennungsregelungen der §§ 1671 ff. BGB stellen insoweit Sonderregelungen dar. Demgegenüber weist Art. 6 II GG jedem Elternteil eine, zumindest der Substanz nach, unentziehbare Rechtsposition zu: den verheirateten Eltern, den unverheirateten, den getrennt lebenden oder geschiedenen Eltern – in gleichem Maße, ob sorgeberechtigt oder nicht –, den Eltern, deren Sorgerecht ruht, beendet oder entzogen ist, den Adoptiveltern und den leiblichen Eltern, die ihr Kind zur Adoption freigegeben haben.[290]

---

[287] So aber *Fehnemann* in ZfJ 86, 178 (179).

[288] So auch Isensee / Kirchhof – *Zacher* § 134 Rn. 68; BK – *Jestaedt* Art. 6 II und III, Rn. 278.

[289] Vgl. BVerfGE 31, 194 (207).

[290] v. Mangoldt / Klein / Starck – *Robbers* Art. 6 II, Rn. 176; BK – *Jestaedt* Art. 6 II und III, Rn. 279 m.w.N.

c. Wirkung

Die vom grundgesetzlichen Regelungsideal der ehelichen, leiblichen Familie abweichenden Konstellationen bezeugen im Übrigen, dass Art. 6 II GG gerade im Rahmen dieser (mehrstufigen) Eltern-Konstellationen Abstufungen eigentümlich sind, während diese dem Recht der elterlichen Sorge grundsätzlich fremd sind.[291] Diese Möglichkeit leitet zu der rechtlichen Wirkungsweise der Rechtsinstitute über. Art. 6 II GG zeichnet sich als Verfassungsnorm einerseits durch seine Vorrangstellung gegenüber Regelungen des einfachen Rechts aus, andererseits bleibt das Elternrecht unter Zugrundelegung des Rahmenverständnisses notwendigerweise in seiner Regelungsdichte hinter dem Recht der elterlichen Sorge zurück und gibt allein die Grenzen der Auslegung und des gesetzgeberischen Tätigwerdens oder Unterlassens vor. Zwar verbietet sich demnach ein Widerspruch zwischen einfachgesetzlicher Norm und grundgesetzlichen Vorgaben, dies bedeutet aber weder, dass alle sorgerechtlichen Vorschriften am Grundrechtsschutz des Art. 6 II GG teilhaben, noch dass alle teilhabenden Sorgerechtsvorschriften dies in gleichem Maße tun. Die „Grundrechtsnähe" der §§ 1626 ff. BGB reicht vielmehr von Vorschriften, die aus der Sicht des Art. 6 II GG geboten sind, was nur für den „Kern" der elterlichen Sorge zutrifft,[292] über solche, die nur grundrechtsadäquat sind, über solche, die grundrechtsnachvollziehend oder -ermöglichend sind, bis hin zu solchen, die grundrechtsfördernd sind.[293] Entsprechend dieser unterschiedlichen Nähe zum Kernbereich des Art. 6 II GG stellen manche Vorschriften der §§ 1626 ff. BGB notwendige, viele Regelungen dagegen nur eine von mehreren grundrechtlich zulässigen Ausgestaltungen des Elternrechts dar. Die unterschiedliche Grundrechtsnähe variiert auch den Gestaltungsspielraum des Gesetzgebers: Während die Personensorge sehr engen Bindungen des Gesetzgebers unterliegt, fehlt der unmittelbare Zusammenhang mit der Pflege und Erziehung des Kindes im Rahmen der Vermögenssorge, so dass hier die Gestaltungsmacht des Gesetzgebers wesentlich größer ausfällt.[294]

Deutlich zeigt sich die unterschiedliche Wirkung der Rechtsinstitute auch dann, wenn es um ihren Entzug geht. So kann das Elternrecht als unveräußerliches Recht seinen Trägern nicht entzogen werden.[295] Ob bei der elterlichen Sor-

---

[291] BK – *Jestaedt* Art. 6 II und III, Rn. 279; vgl. v. Mangoldt / Klein / Starck – *Robbers* Art. 6 II, Rn. 176 zu dem Nebeneinander der verfassungsrechtlich geschützten Position von Adoptiveltern und leiblichen Eltern.

[292] Vgl. Staudinger (10./11.Aufl.) – *Göppinger* vor § 1666 Rn. 9; *Lüderitz* in AcP (1978) 178, 263 (270 ff.); ders., Familienrecht, Rn. 835; Maunz / Dürig – *Maunz* (1980) Art. 6 II Rn. 24 b; MüKom (3. Aufl.) - *Hinz* § 1626, Rn. 11; BK – *Jestaedt* Art. 6 II und III, Rn. 280.

[293] Vgl. BK – *Jestaedt* Art. 6 II und III, Rn. 280.

[294] *Reuter* in AcP (1992) 192, 108 (116 f.); Henrich, § 19 VI 4, S. 226.

[295] BVerfGE 74, 102 (124).

ge ein substanzieller Entzug möglich ist, ist umstritten.[296] Eine Auseinandersetzung mit dieser Frage kann aber dahingestellt bleiben, denn gleich welcher Ansicht gefolgt würde, zeigt sich doch gerade in dieser Sondersituation des Entzuges die herausragende Bedeutung und damit die von der elterlichen Sorge zu unterscheidende Wirkung des Elternrechtes. Die verfassungsrechtliche Elternstellung bleibt nämlich – wenn schon nicht ihrer tatsächlichen Umsetzung, so doch zumindest ihrer Existenz nach – von einem Entzug der elterlichen Sorge unberührt und besteht fort. Art. 6 II GG fungiert in diesen Fällen also als Richtschnur, an der sich alle staatlichen Eingriffe in die elterliche Sorge messen lassen müssen.[297]

d. Elterliche Sorge auch als Ausdruck anderer Verfassungsnormen

In einer Hinsicht reicht die elterliche Sorge aber doch weiter als ihr verfassungsrechtliches Pendant: Die elterliche Sorge ist zwar primär eine Ausgestaltung des Art. 6 II GG, sie ist aber zugleich Ausdruck und Ausgestaltung anderer Grundrechte und damit nicht exklusiv den verfassungsrechtlichen Impulsen des Elternrechts verschrieben. So sind die Vorschriften der §§ 1626 ff. BGB insbesondere auch Ausdruck des Persönlichkeitsrechts des Kindes aus Art. 2 I i.V.m. 1 I GG. Im Innenverhältnis der Eltern sind die Vorgaben des Art. 3 II GG zu beachten, wie dies z.B. im Rahmen von § 1628 BGB der Fall ist, der mit seiner jetzigen Fassung den verfassungswidrigen Stichentscheid des Vaters abgelöst hat.[298] Weiterhin ergeben sich aus dem insofern allgemeineren Art. 6 I GG Folgerungen für das Eltern-Kind-Verhältnis,[299] ebenso wie dies im Hinblick auf Art. 6 IV GG der Fall ist.[300] Nicht zuletzt seit dem KindRG ist das Recht der elterlichen Sorge auch Ausdruck des Art. 6 V GG.

Indem das Recht der elterlichen Sorge also nicht nur Impulse des Art. 6 II GG, sondern auch solche der Art. 2 I i.V.m. 1 I, 3 II, 6 I, IV, V GG umsetzt, bestätigt dies erneut, dass das einfachgesetzliche und das verfassungsrechtliche Rechtsinstitut nicht identisch sind. Zugleich bietet dies ein weiteres Argument gegen die These, die elterliche Sorge sei gewissermaßen keimhaft im Elternrecht angelegt und bedürfe allein der Entfaltung. Denn diese These ließe sich nur dann aufrechterhalten, wenn Art. 6 II GG zugleich die Aussagen der anderen genannten Grundrechte enthielte. Im Hinblick auf Art. 2 I i.V.m. 1 I GG ist aber festzustel-

---

[296] Vgl. hierzu ausführlich 4. Kapitel, S. 144 ff.

[297] BVerfGE 24, 119 (144 ff.). *Schwoerer* in FamRZ 58, 41 (41); Isensee / Kirchhof – *Zacher* § 134 Rn. 68.

[298] BVerfGE 10, 59 (66 ff.).

[299] MüKom (3. Aufl.) – *Hinz* § 1626 Rn. 11; so auch *Fehnemann* in ZfJ 86, 178 (183), die darüber hinaus auch die Vermögenssorge als von Art. 6 I GG geschützt sieht.

[300] BK – *Jestaedt* Art. 6 II und III, Rn. 281.

len, dass die Verbürgung des Elternrechts eine spezielle Ausgestaltung des Persönlichkeitsrechts der Eltern enthält. Diese sind jedoch allein Träger des Grundrechts, das Kind kommt hingegen nur mittelbar in den Genuss der Schutzwirkungen des Art. 6 II GG. Das Elternrecht verbürgt also gerade nicht unmittelbar das Persönlichkeitsrecht des Kindes. Dies geschieht nur reflexhaft.

Daneben ist Art. 6 II GG im Verhältnis zu Abs. 1 das speziellere Grundrecht, sofern es um Rechte und Pflichten der Eltern gegenüber ihrem Kind geht. Es sind aber auch Konstellationen denkbar, in denen dieses Verhältnis nur mittelbar, beispielsweise im materiell-wirtschaftlichen Bereich der Familie, tangiert wird. In diesen Fällen greift der Schutz des Art. 6 I GG. Die gegenüber Abs. 1 bestehende Spezialisierung des Abs. 2 ist damit nicht in dem Sinn zu verstehen, dass ausnahmslos alle Aspekte der Eltern-Kind-Beziehung aus Art. 6 I GG ausgegliedert werden müssten. Hiervon geht auch das *BVerfG* aus, wenn es zur Überprüfung der pränatalen Einwilligung des nichtehelichen Vaters in die Adoption seines Kindes gem. § 1747 III BGB zunächst die Frage stellt, an welcher Teilregelung des Art. 6 GG die Vorschrift zu messen sei. Das Gericht schließt dabei Art. 6 I GG nicht von vornherein aus.[301] Würde Art. 6 II GG entsprechend der aufgestellten These auch diesen Bereich des Art. 6 I GG umfassen, so wären nicht nur die Überlegungen des *BVerfG* hinfällig, auch die Annahme eines Spezialitätsverhältnisses würde in ein Ausschließlichkeitsverhältnis verkehrt.

Schließlich würde im Hinblick auf Art. 6 IV und V und Art. 3 II GG die Systematik eigenständiger und gleichrangiger Grundrechte missachtet und so Art. 6 II GG mit einer Aussage belegt, zu der die Vorschrift nicht fähig ist.

C. Zusammenfassung

Die elterliche Sorge zeichnet sich primär durch eine einzigartige Verbindung von gleichwertigen, ineinander verschränkten Pflichten und subjektiven Rechten der Eltern aus, deren verbindender, rechtfertigender und leitender Faktor stets das Wohl des Kindes ist und denen sich die Eltern, wegen des höchstpersönlichen Charakters der elterlichen Sorge, grundsätzlich weder durch Verzicht noch durch Übertragung entziehen können.

Die zunehmende Selbständigkeit des Kindes bewirkt zweitens, dass die elterliche Sorge mit zunehmendem Alter des Kindes allmählich abnimmt und sich in der Mündigkeit des Kindes schließlich verflüchtigt. Dieser tatsächlich bedingte Schwund von Rechten und Pflichten kennzeichnet ebenso wie die Tatsache, dass die elterliche Sorge zugleich absoluter und relativer Natur ist, eine weitere Besonderheit. Angesichts dessen sucht die elterliche Sorge im BGB ihres Gleichen

---

[301] BVerfGE 24, 119 (136 ff.).

und kann daher zusammenfassend nur als Rechtsnatur sui generis bezeichnet werden.

Im Verhältnis der gemeinsam sorgeberechtigten Eltern zueinander ist vom Bestehen einer mütterlichen und einer väterlichen Sorge auszugehen. Diese beiden selbständigen subjektiven Rechte werden durch eine Ausübungsbindung aneinander gekoppelt.

Da sich diese Besonderheiten in Art. 6 II GG wiederfinden, sind elterliche Sorge und Elternrecht im Wesentlichen strukturgleich. Diese Strukturgleichheit ist auch verfassungsrechtlich geboten.

Elternrecht und elterliche Sorge bleiben aber jeweils eigenständige Rechtsinstitute. Entscheidend hierfür ist der Grundsatz des Vorrangs der Verfassung, der auf Distanz und Abgrenzung angelegt ist. Er darf weder verkannt werden, indem die Entstehung des Elternrechts von der einfachgesetzlichen Ausgestaltung abhängig gemacht wird, noch darf er einseitig zugunsten der Verfassung überspannt werden, indem die elterliche Sorge zu einem einfachgesetzlichen Rechtsinstitut mit Verfassungsrang erhoben wird. Die Annahme einer Identität zwischen Elternrecht und elterlicher Sorge würde die Gestaltungsbefugnis des Gesetzgebers, die sich gerade darin widerspiegelt, dass die elterliche Sorge nur eine der möglichen Ausgestaltungen des Elternrechts ist, in Abrede stellen.

Der eigenständige Rang der elterlichen Sorge widerspricht auch einer Betrachtung, nach der die elterliche Sorge keimhaft im Elternrecht angelegt ist und nur noch der Entfaltung bedarf. Ein in diese Richtung gehendes Verständnis der Rechtsnatur der Sorgeerklärungen ist daher abzulehnen.

Dieses Ergebnis lässt sich zwar nicht mit der Nichteinbeziehung der Vermögenssorge begründen, wohl aber damit, dass die elterliche Sorge zwar primär, aber eben nicht ausschließlich eine Ausgestaltung des Art. 6 II GG ist. Daneben verwirklicht sie nämlich auch Inhalte und Forderungen aus Art. 6 I, IV und V und aus Art. 3 II GG und ist insofern weiter als das Elternrecht. Art. 6 II GG ist schließlich in seiner personellen Dimension weiter als die elterliche Sorge, erfasst in sachlich-gegenständlicher Hinsicht Bereiche, die von der elterlichen Sorge nicht umfasst werden, und zeichnet sich zudem durch die Möglichkeit aus, die Intensität des Schutzes je nach Nähe der einfachgesetzlichen Regelung zum Kernbereich variieren zu können. Diese Unterschiede unterstreichen nicht nur die fehlende inhaltliche Deckungsgleichheit beider Rechtsinstitute, sondern auch deren eigenständigen Rang.

3. Kapitel: Analyse der privatautonomen Gestaltungsfreiheit der Eltern im Bereich der Ausübung der elterlichen Sorge

Um die gemeinsame Sorge für ihr Kind zu erlangen, müssen die Eltern nach § 1626a I Nr. 1 BGB erklären, dass sie die Sorge für ihr Kind gemeinsam übernehmen wollen. Was der Wortlaut andeutet, war bereits ein Ergebnis des zweiten Kapitels: Die jeweils bestehenden subjektiven Rechte und Pflichten der Eltern müssen zum Wohl des Kindes in ihrer Ausübung aneinander gekoppelt werden. Das dritte Kapitel knüpft hieran an und untersucht die Rechtsfolgen der Sorgeerklärungen im tatsächlichen und damit das „Wie" der Sorgerechtsausübung. Im Hinblick auf die zentrale Erörterung der Sorgeerklärungen und speziell ihrer Rechtsnatur ist dieses Kapitel in zweierlei Hinsicht von Bedeutung:

Zum einen sind Erklärungen und Elterneinigung im Bereich des „Wie" der elterlichen Sorge im Verhältnis zu den Sorgeerklärungen, die das „Ob" der elterlichen Sorge betreffen, die allgemeineren Erklärungen. Damit dient das dritte Kapitel zunächst der Grundlagenforschung. So wird beispielsweise die Frage beantwortet werden, inwieweit das Familienrecht eine rechtsgeschäftliche Gestaltung überhaupt zulässt, welche Rechtsnatur Ausübungsvereinbarungen haben und welche Auswirkungen dies auf die Verbindlichkeit der Vereinbarung hat. Bei getrennt lebenden Eltern wird darüber hinaus erörtert, ob und wenn ja inwieweit die Eltern eine von § 1687 BGB abweichende Vereinbarung treffen können. Die Frage, welche Bindungswirkung eine Elternvereinbarung, zumal eine Trennungsvereinbarung, im Rahmen einer gerichtlichen Auseinandersetzung entfaltet, wird im Rahmen des vierten Kapitels in einem gesonderten Zusammenhang mit den Sorgeerklärungen behandelt werden. Außer Acht bleiben Vereinbarungen, die den Umgang betreffen. Diese nehmen im Hinblick auf das seit dem KindRG bestehende, selbständige Umgangsrecht des Kindes nach § 1684 BGB und das gerichtliche Vermittlungsverfahren nach § 52a FGG eine eigenständige Rolle unter den Ausübungsvereinbarungen ein, deren ausreichende Berücksichtigung den Umfang dieser Arbeit sprengen würde.

Zum anderen soll die Untersuchung der Tatsache Rechnung tragen, dass Ausübungsvereinbarungen gerade bei nichtehelichen Eltern, die gegebenenfalls weder zusammenleben noch partnerschaftlich miteinander verbunden sind, eine entscheidende und immer größer werdende Bedeutung zukommt. Dies nicht zuletzt deshalb, weil sie das gemeinsame Sorgerecht oftmals erst ermöglichen, den Eltern also jeweils die Befürchtung nehmen, die Umsetzung des gemeinsamen Sorgerechts könne angesichts persönlicher Differenzen scheitern. Entsprechend groß ist also nicht nur das Bedürfnis im Alltäglichen, sondern vor allem das Vertrauen in den Bestand einer einmal getroffenen Ausübungsvereinbarung. Zwar ist die Möglichkeit eines gemeinsamen Sorgerechts bei nicht miteinander verheirateten Eltern zu begrüßen, gleichwohl soll die Untersuchung veranschaulichen, welchen hohen Anforderungen gerade häuslich und partnerschaftlich getrennt lebende Eltern gewachsen sein müssen, wenn sie erklären, die gemeinsame Sorge für ihr Kind übernehmen zu wollen und dies tatsächlich umgesetzt werden soll. Die Vielzahl und Gewichtigkeit der Entscheidungen, die mit dem Heranwachsen des Kindes einvernehmlich getroffen werden müssen, und die damit verbundenen dauernden Kontakte der Eltern zeigen die Schwierigkeiten des Alltages und zwingen dazu, die rosarote Brille abzunehmen. Dies gilt insbesondere im Hinblick auf die Diskussion über die starke Sorgestellung der Mutter. Wenn hier zum Teil eine Reform des § 1626a BGB in Richtung auf ein automatisch eintretendes gemeinsames Sorgerecht mit der Geburt des Kindes verlangt wird, sollte zunächst Klarheit darüber herrschen, was man nicht nur von den (möglicherweise völlig entfremdeten) Eltern verlangt, sondern auch, welcher Konfliktgefahr ein Kind ausgesetzt wird, dessen Eltern nicht kooperationsfähig sind.

A. Erscheinungsformen der Elterneinigungen

Die hohen Anforderungen, die eine verantwortungsvolle Wahrnehmung des gemeinsamen Sorgerechts gerade an nicht miteinander verheiratete Eltern stellt, sollen anhand einer beispielhaften Aufzählung einer Reihe elterlicher Einigungen verdeutlicht werden. Die Aufzählung ist keinesfalls abschließend und sagt auch nichts über die Zulässigkeit der einzelnen Einigung aus.

Eine grobe Einteilung bietet zunächst die Unterteilung der elterlichen Sorge in Personen- und Vermögenssorge, innerhalb derer wiederum zwischen tatsächlicher Sorge und Vertretung zu unterscheiden ist. Die der Einigung folgende Sorgerechtsausübung wirkt einmal durch Handlungen gegenüber dem Kind im Innenverhältnis und einmal gegenüber Dritten im Außenverhältnis.

Im Innenverhältnis sind elterliche Einigungen, die den Bereich der Vermögenssorge betreffen, verhältnismäßig selten. Nur soweit das Kind über eigene Vermögenswerte (Wertpapiere, Grundstücke oder ähnliches) verfügt, müssen sich die Eltern darüber einigen, wie sie diese verwalten wollen. Größere Bedeutung haben im Innenbereich dagegen Einigungen, deren Gegenstand Maßnahmen der Personensorge sind, also vor allem Erziehungs- und Fürsorgemaßnahmen. Die Außenwirkung der elterlichen Sorge tritt dann in Erscheinung, wenn die Eltern übereinkommen, als gesetzliche Vertreter im Namen des Kindes ein Rechtsgeschäft abzuschließen oder einen Prozess zu führen. Hierfür liefert häufig die Vermögenssorge Anlässe. So kann z.B. an die Einziehung der Miete aus der Vermietung eines dem Kind gehörenden Hauses gedacht werden. Unter einer Vertretungshandlung im Rahmen der Personensorge ist etwa der Abschluss eines Ausbildungsvertrages im Namen des Kindes zu verstehen.[302] Auch dann, wenn die Eltern vereinbaren, erkennbar in ihrer Eigenschaft als gesetzlicher

[302] Staudinger – *Peschel-Gutzeit* § 1626 Rn. 67.

Vertreter nach außen aufzutreten, dabei aber nicht im Namen des Kindes zu handeln, haben ihre Einigungen Außenwirkung.[303] Die vereinbarten Maßnahmen betreffen behördliche Anmeldungen, zu denen sie als Inhaber der elterlichen Sorge verpflichtet sind (Meldebehörde, Standesamt, Schule usw.), Antrags- und Beschwerderechte, die nur den Eltern um der elterlichen Sorge willen zustehen, sowie Zustimmungen zu Rechtshandlungen des Kindes, die nicht Zustimmungen im Namen des Kindes sind (§§ 107 ff. BGB). Schließlich können sich die Eltern im Innen- wie auch im Außenverhältnis über Maßnahmen einigen, welche die Personen- und die Vermögenssorge gleichermaßen betreffen, etwa wenn sie vereinbaren, die Arbeitsverdienste ihres Kindes sparsam zu verwenden, und hierin nicht nur eine Verwaltungs-, sondern auch eine Erziehungsmaßnahme sehen.[304]

Diese eher schematische Einteilung lässt sich aus der Sicht des Kindes noch weiter differenzieren. So gibt es Einigungen, die richtungsweisend für sein weiteres Leben sind und solche, die keinen nennenswerten Einfluss auf sein Wohl haben. In zeitlicher Hinsicht sind langfristige von kurzzeitigen Einigungen zu unterscheiden. Schließlich können sich die Eltern über eine ganz konkrete Frage oder aber über einen ganzen Fragenkomplex einigen.

Zunächst seien einige Beispiele für Einigungen genannt, die eine richtungsweisende Bedeutung für das Leben des Kindes haben: Die Geburt des Kindes fordert zunächst von den Eltern die Wahl des Vornamens. Insbesondere bei Eltern verschiedenen Bekenntnisses ist die Einigung über die religiöse Erziehung, die bei den christlichen Konfessionen mit der Taufe beginnt, erforderlich. Wird das Kind einmal krank, haben sich die Eltern nicht nur über die Person des Arztes, sondern auch über eine mitunter lebensgefährliche Operation oder eine spezielle Behandlungsform zu einigen. Mit Heranwachsen des Kindes werden die Eltern vor die Entscheidung gestellt, ob und wenn ja, welche Art von Kindergarten oder Vorschule das Kind besuchen soll. Es folgt die Einigung über die Wahl der Grundschule und später über die Wahl der weiterführenden Schule, wobei die Eltern bis zur Vollendung des 14. Lebensjahres des Kindes die entscheidenden Weichen für die religiöse Erziehung des Kindes stellen, indem sie über die Teilnahme des Kindes am Religionsunterricht entscheiden. Schließlich müssen die Eltern – natürlich unter Berücksichtigung der Fähigkeiten und der Selbstbestimmung des Kindes – eine Einigung darüber erzielen, ob das Kind mit einem Hauptschul- oder Realschulabschluss oder aber mit dem Abitur die Schule verlässt, welchen Beruf es erlernen oder welches Studienfach es wählen soll. Gewichtig sind weiterhin Einigungen, die eine Impfung des Kindes, einen Strafantrag im Namen des Kindes oder Vergleichbares betreffen.

---

[303] *Siebert* in NJW 55, 1 (2); Gernhuber / Coester-Waltjen § 57 VI 1., S. 877.
[304] Staudinger – *Peschel-Gutzeit* § 1626 Rn. 68.

Im Gegensatz dazu berührt gerade im Alltag eine Vielzahl von Entscheidungen das Kindesinteresse nur unwesentlich oder überhaupt nicht. Vereinbaren die Eltern etwa, dass das Kleinkind nur einen bestimmten Brei essen soll, dass das Kind nur eine Fernsehsendung am Tag ansehen darf oder dass es statt des blauen den roten Pullover anziehen soll, so zeigen diese Beispiele, dass die meisten der alltäglichen Entscheidungen dem Bereich der Banalität zuzuordnen sind.

Solange die Partnerschaft der Eltern besteht und diese auch nicht aufgrund sonstiger Gründe getrennt leben, werden sie sich in der Regel über auftretende Probleme beraten und gemeinsam eine Lösung erarbeiten. Für umfassende Einigungen, die einem Elternteil mitunter weitreichende Alleinentscheidungsbefugnisse einräumen, besteht in der Regel kein Bedürfnis.

Anders verhält es sich hingegen, wenn die Eltern dauernd getrennt voneinander leben und deshalb ein Zusammenwirken der Eltern aufgrund der räumlichen und womöglich auch persönlichen Distanz nicht mehr möglich ist. In diesen Fällen kann bei den Eltern das Bedürfnis bestehen, die Sorgerechtssituation grundlegend, gegebenenfalls auch schon vor Begründung des gemeinsamen Sorgerechts zu klären. Wollen sie am Bestand ihres Sorgerechts nichts ändern, hilft zunächst das Gesetz mit der Regelung des § 1687 BGB, die ein abgestuftes Kompetenzsystem vorsieht. Die Eltern können die gesetzlichen Vorgaben aber durch Vereinbarungen verändern, indem sie beispielsweise die Erheblichkeitsgrenze des § 1687 I 1 BGB regeln oder einander zur Untervertretung bevollmächtigen. Sie können den Bereich der Alltagssorge einschränken oder erweitern, oder sie können vereinbaren, dass das Kind im Wechsel jeweils bei einem von ihnen für einen längeren Zeitraum lebt und dass innerhalb dieses Zeitraumes eine wechselseitige Zuweisung von Betreuungs- und Erziehungsaufgaben stattfindet. Gerade dieser zuletzt angesprochene Bereich kennzeichnet eine Form der umfassenden Elterneinigungen, deren zeitliche Reichweite variieren kann. Halten es die Eltern hingegen im Interesse und zum Wohl ihres Kindes für angezeigt, die elterliche Sorge einem von ihnen ganz oder teilweise zu übertragen, so betrifft dies die denkbar umfassendste Einigung über die künftige Sorgerechtsausübung, für die § 1671 II BGB eine Sonderregelung bereithält.

Sind die Eltern nur vorübergehend getrennt, z.B. weil der Vater eine längere Geschäftsreise anzutreten hat, sind ihre Vereinbarungen zwar sachlich ebenso umfassend, aber zeitlich auf die Dauer der Trennung beschränkt. Hier sind sich die Eltern meist schon stillschweigend darüber einig, dass für die Dauer der Abwesenheit der zurückbleibende Elternteil die Erziehung des Kindes allein übernimmt. Die elterliche Vereinbarung ist allerdings nur dann Grundlage der selbständigen Handlungsbefugnis, wenn nicht das Familiengericht nach § 1674 I BGB das Ruhen der elterlichen Sorge des abwesenden Teils feststellt.

Schließlich sind auch im Rahmen einer zusammenlebenden Familie neben der Vielzahl von Einzelfallentscheidungen generelle und über eine Einzelfrage hinausgehende Absprachen denkbar. So gibt es in fast jeder Familie eine Aufteilung nach bestimmten Funktionen. In Partnerschaften, in denen nur der Vater einer Erwerbstätigkeit nachgeht, wird beispielsweise die Mutter für die Betreuung des Kleinkindes zuständig sein. Umgekehrt können sie vereinbaren, dass der Vater als gelernter Bankkaufmann die Betreuung des Kindesvermögens übernimmt. Sie können eine Aufgabenteilung für den Bereich der gesetzlichen Vertretung vorsehen und vieles mehr.

Diese Aufzählung zeigt, dass eine umfassende Aufzählung elterlicher Ausübungsvereinbarungen angesichts der vielfältigen Inhalte, Anlässe und der sich wandelnden Lebensumstände nicht möglich ist. Um so größer ist somit das Bedürfnis, die rechtlichen Vorgaben und Grenzen elterlicher Vereinbarungen zu erörtern.

B. Inhalt und Konsequenzen der einvernehmlichen Ausübung der elterlichen Sorge

I. Nicht dauernd getrennt lebende Eltern, § 1627 BGB

In diesem Sinne erläutert zunächst § 1627 BGB, in welcher Art und Weise die Eltern bei Ausübung der Sorge miteinander verbunden sind. Danach haben die Eltern die elterliche Sorge in eigener Verantwortung und im gegenseitigen Einvernehmen zum Wohle des Kindes auszuüben. Bei Meinungsverschiedenheiten müssen sie versuchen, sich zu einigen.

1. Entstehungsgeschichte und Leitbildfunktion des § 1627 BGB

Der Grundsatz einer einvernehmlichen Sorgerechtsausübung mutet heute schon fast selbstverständlich an. Nach der ursprünglichen Fassung des BGB ging aber die Meinung des Vaters bei Meinungsverschiedenheiten vor (§ 1634 BGB a.F.). Das BGB kannte also zunächst keine Verpflichtung des Vaters, sich mit der Mutter zu einigen. Dies wurde vor dem *BVerfG*[305] gerügt, das die Vorschrift wegen eines Verstoßes gegen Art. 3 II GG am 1. April 1953 außer Kraft setzte. Seither waren die gemeinsam sorgeberechtigten Eltern verpflichtet, sich zu einigen, im Konfliktfall entschied das Vormundschaftsgericht entsprechend §§ 1797, 1798 BGB.[306] Am 18. Juni 1957 führte das GleichberG § 1627 BGB ein, der bis auf die Begrifflichkeit „elterliche Gewalt" mit der jetzigen Gesetzesfassung übereinstimmte. Zwar betonte das GleichberG die Pflicht zur einvernehm-

[305] BVerfGE 3, 225 ff.
[306] BGHZ 20, 313 (320 ff.).

lichen, also gleichberechtigten Ausübung der elterlichen Sorge, dieses Leitbild wurde jedoch durch den zugleich in Kraft tretenden Stichentscheid des Vaters bei Meinungsverschiedenheiten der Eltern nach § 1628 I BGB a.F. und sein Alleinvertretungsrecht nach § 1629 I BGB a.F. fast vollständig unterlaufen. Am 29. Juli 1959 erklärte das *BVerfG*[307] auch diese beiden Vorschriften wegen Verstoßes gegen Art. 3 II GG für nichtig und veränderte damit zugleich Inhalt und Bedeutung des § 1627 BGB: Nunmehr enthält die Bestimmung eine der wichtigsten allgemeinen Aussagen über die gleichrangige und gleichberechtigte Wahrnehmung der elterlichen Sorge durch Mutter und Vater.[308] Daneben gibt § 1627 S. 1 BGB in Übereinstimmung mit Art. 6 II GG den weiteren Grundsatz vor, dass eine gemeinsame und einverständliche Ausübung der elterlichen Sorge dem Wohl des Kindes am besten entspricht.[309] Als drittes Leitbild hebt § 1627 BGB schließlich den Vorrang der Elternverantwortung gegenüber staatlichen Eingriffen hervor, indem die Vorschrift auf die eigenverantwortliche Ausübung der elterlichen Sorge abstellt.[310]

2. Ausübung in eigener Verantwortung

Die Betonung der Eigenverantwortlichkeit dient darüber hinaus der Begrenzung elterlichen Handelns gegenüber dem Kind: Da jedem Elternteil jeweils die vollen elterlichen Rechte und Pflichten zustehen, trägt jeder Elternteil bei der Sorgerechtsausübung für sich selbst die volle Verantwortung gegenüber dem Kind. Aus dieser uneingeschränkten Eigenverantwortung entspringt auch die Pflicht, den anderen Elternteil zu überwachen[311] und ihm im Rahmen des Zumutbaren entgegenzutreten.[312] Dass beide Elternteile die gleiche Verpflichtung und Verantwortung trifft, entlastet den jeweils anderen Elternteil nicht rechtlich, sondern allenfalls faktisch.[313] Wegen des Grundsatzes der Unverzichtbarkeit der elterlichen Sorge kann nämlich kein Elternteil in einer ihn entlastenden Weise die Ausübung der elterlichen Sorge auf einen Dritten (Verwandte, Kindermädchen, Privatlehrer, Erzieher, etc.) oder auf den anderen Elternteil übertragen.[314]

---

[307] BVerfGE 10, 59 (66 ff.).

[308] Vgl. Staudinger – *Peschel-Gutzeit* § 1627 Rn. 2; Soergel – *Strätz* § 1627 Rn. 3; MüKom – *Huber* § 1627 Rn. 2.

[309] Vgl. Staudinger – *Peschel-Gutzeit* § 1627 Rn. 3.

[310] Vgl. Soergel – *Strätz* § 1627 Rn. 2.

[311] Vgl. oben 2. Kapitel, S. 76.

[312] *Donau* in MDR 58, 6 (9); Staudinger – *Peschel-Gutzeit* § 1627 Rn. 7.

[313] Staudinger – *Peschel-Gutzeit* § 1627 Rn. 6.

[314] Vgl. 2. Kapitel, S. 73. Ältere Literaturstimmen haben z.T. die Erfüllung der elterlichen Pflicht durch einen Übernahmevertrag für möglich gehalten, so *Rosenberg* in AcP 127 (1927), 46 (66).

3. Ausübung in gegenseitigem Einvernehmen

Gleichwohl zählt die elterliche Sorge nicht zu den streng höchstpersönlichen Rechten und widersetzt sich daher nicht im Grundsätzlichen einer Ausübung durch Dritte bzw. der Alleinausübung durch einen Elternteil.[315] Dies ergibt sich bereits aus dem Wortlaut des § 1627 BGB, wonach die elterliche Sorge „im gegenseitigen Einvernehmen" auszuüben ist, aber keine „gemeinschaftliche Ausübung" verlangt wird.[316] Das Gebot einer gemeinschaftlichen Ausübung würde zwar die ordnungsgemäße Umsetzung einer Absprache und damit die elterliche Gleichberechtigung am sichersten gewährleisten, da die Eltern dem Kind aber als Einzelpersönlichkeiten mit den darauf beruhenden individuellen Eigenschaften und Fähigkeiten und einer eigenen Erziehungsautorität gegenüberstehen, ist es gerade der Zusammenklang der elterlichen Erziehung, der sich zum Wohle des Kindes auswirkt. Andernfalls müsste das Kind den Weisungen eines Elternteils nicht Folge leisten, wodurch seine Erziehung schwerwiegend gefährdet würde.[317] Die geforderte gemeinsame Rechtsausübung reduziert sich also auf das Stadium der Willensbildung, d.h. auf Beratungen und einvernehmliche Entscheidungen im Vorfeld einer Sorgerechtsmaßnahme.

a. Differenzierte Anforderungen an die gemeinschaftliche Willensbildung

Fraglich ist damit, ob ein Handeln ohne eine vorherige Einigung oder entgegen einer bestehenden Einigung einen Verstoß gegen § 1627 BGB begründet und, falls ja, welche Rechtsfolgen ein solcher Verstoß nach sich zieht.

Da § 1627 BGB Ausdruck der elterlichen Gleichberechtigung ist, muss sich ein einigungswidriges Verhalten jedenfalls im Verhältnis der Eltern untereinander auswirken, andernfalls wäre § 1627 BGB inhaltsleer. In diesem Sinne verletzt ein eigenmächtig handelnder Elternteil das Recht des anderen Elternteils auf elterliche Gleichberechtigung, das in § 1627 BGB verbürgt ist. Folglich handelt er diesem gegenüber pflichtwidrig. Soweit es möglich – und gerade im Hinblick auf das Wohl des Kindes – angebracht ist, kann der übergangene Teil die Rück-

---

315 Gernhuber / Coester-Waltjen § 57 III 2, S. 860.

316 Soergel – *Strätz* § 1627 Rn. 5; MüKom – *Huber* § 1627 Rn. 5; Staudinger – *Peschel-Gutzeit* § 1627 Rn. 11; Erman – *Michalski* § 1627 Rn. 1. Diese Grundsätze werden nur dann und soweit relevant, als den Eltern das Sorgerecht gemeinsam zusteht. Der Forderung des gegenseitigen Einvernehmens kann insb. keine Verpflichtung zur Begründung der gemeinsamen Sorge entnommen werden, vgl. Palandt – *Diederichsen* § 1627 Rn. 1. Dies schließt aber weder die Möglichkeit noch die Zulässigkeit von Vereinbarungen im Vorfeld von § 1626a I Nr. 1 BGB aus, vgl. hierzu ausführlich 4. Kapitel S. 185 ff.

317 *Siebert* in NJW 55, 1 (4); Bänninger, S. 163; Gernhuber / Coester-Waltjen § 58 I 2, S. 913.

gängigmachung der Maßnahme verlangen.[318] Hierauf beschränkt sich allerdings der Pflichtverstoß. Würde sich der Gleichberechtigungsgrundsatz nämlich auch im Verhältnis zum Kind fortsetzen, wäre eine einseitig getroffene Maßnahme diesem gegenüber rechtswidrig. Der entstehende Widerspruch zu der jeweils selbständigen Erzieherstellung jedes Elternteils wäre untragbar. Daher ist ein einigungswidriges Verhalten gegenüber dem Kind dennoch verbindlich. Die kollidierenden Maßnahmen der Eltern sind gegenüber dem Kind grundsätzlich einzeln wirksam, heben sich aber dann gegenseitig auf, wenn sie einander widersprechen.[319]

Allerdings gibt es Ausnahmen von der Pflicht zum einvernehmlichen Handeln. Ebenso wie die Forderung nach einer gemeinsamen Sorgerechtsausübung wäre auch das Gebot gemeinsamer Entscheidungsfindung bei alltäglichen Fürsorge- und Erziehungsmaßnahmen lebensfremd. Es würde der freien Entfaltung einer eigenen Erziehungsautorität, die sich in der eigenständigen Bewältigung des Alltages äußert und entwickelt, zuwiderlaufen und damit letztlich dem Kindeswohl abträglich sein.[320] Es bleibt hier bloße Regel bzw. Richtlinie,[321] und erlangt Bedeutung, wenn in Konflikten um Alltagsfragen unterschiedliche Auffassungen über die Erziehungsrichtung auftreten.[322] Solange also Einigkeit über die Erziehungsgrundsätze besteht, schließt diese für jeden Elternteil die Befugnis ein, Entscheidungen des täglichen Lebens im Rahmen dieser Grundsätze eigenmächtig zu treffen.[323]

Anders verhält es sich bei wichtigen Angelegenheiten. Von der „Wichtigkeit" einer Angelegenheit ist jedenfalls dann auszugehen, wenn die einmal beschlossene Maßnahme nicht oder nur schwer rückgängig gemacht werden kann und somit weichenstellend für das weitere Leben des Kindes ist.[324] Hier ist an Entscheidungen über die Art der Erziehung, die Schul- und Berufswahl, die religiösen Erziehung, die Bestimmung des Aufenthalts, an Entscheidungen über eine bevorstehende Operation und ähnliches zu denken. Zur Sicherung des Kindeswohls verpflichtet § 1627 BGB die Eltern in diesen Fällen ausnahmslos zum einvernehmlichen Handeln und verbietet damit sowohl ein eigenmächtiges Handeln ohne vorherige Einigung als auch ein eigenmächtiges Handeln entgegen

---

[318] *Siebert* in NJW 55, 1 (4); MüKom – *Huber* § 1627 Rn. 14; Staudinger – *Peschel-Gutzeit* § 1627 Rn. 22.
[319] *Siebert* in NJW 55, 1 (5); Soergel – *Strätz* § 1627 Rn. 9.
[320] *Siebert* in NJW 55, 1 (4); MüKom – *Huber* § 1627 Rn. 7.
[321] Erman – *Michalski* § 1627 Rn. 3.
[322] MüKom – *Huber* § 1627 Rn. 7.
[323] Vgl. *Paulick* in FamRZ 58, 1 (3); Soergel – *Strätz* § 1627 Rn. 5.
[324] Vgl. MüKom – *Huber* § 1627 Rn. 6; Erman – *Michalski* § 1627 Rn. 3.

einer bestehenden Einigung.[325] Unabhängig von ihrer rechtlichen Qualifizierung entfaltet nämlich eine bestehende Einigung über eine wichtige Angelegenheit zum Schutz des Kindes kraft Gesetz eine Bindungswirkung.

Gleichwohl kann das Ergebnis der Entscheidungsfindung vorsehen, dass die Sachentscheidung von dem sachlich kompetenteren Elternteil allein getroffen wird. Er wird damit zugleich bevollmächtigt sein, auch im Namen des anderen Elternteils rechtswirksam nach außen zu handeln.[326] Wie die Eltern ihre einvernehmliche Ausübung organisieren, bleibt ihnen folglich selbst überlassen. Dies ist nicht nur Ausdruck ihrer elterlichen Pflicht,[327] sondern auch ihrer elterlichen Autonomie, weshalb sich entsprechende gesetzliche Regelungen grundsätzlich verbieten.

b. Aufgaben- und Funktionsteilung

In diesem Sinne wird zwischen den Eltern vielfach eine Aufgaben- und Funktionsteilung für bestimmte Bereiche der elterlichen Sorge vereinbart.[328] Eine sogenannte „natürliche Aufgabenteilung"[329] ergibt sich zumeist aus der konkreten Lebensgestaltung der Eltern. In der Regel wird derjenige Elternteil, der primär für den Haushalt zuständig ist, auch die alltägliche Pflege und Erziehung des Kindes übernehmen. Dieser Gedanke liegt ebenfalls den §§ 1356, 1360, 1606 III 2, 1687 BGB zugrunde. Wenn der Gesetzgeber dabei auch grundsätzlich zwischen Haushaltsführung und elterlicher Sorge unterscheidet, so zeigt doch z.B. § 1356 II BGB, dass Zusammenhänge zwischen dem Entscheidungsrecht des haushaltsführenden Elternteils und bestimmten Kindesangelegenheiten natürlicherweise gegeben sind.[330] Die geforderte einvernehmliche Sorgerechtsausübung wird in diesen Fällen bei einzelnen Fragen geringerer Bedeutung ausreichend durch einen mutmaßlichen Konsens[331] der Eltern gewährleistet, wobei

---

325 *AG Bad Iburg* in FamRZ 00, 1036 (1036); MüKom – *Huber* § 1627 Rn. 6, 14; Soergel – *Strätz* § 1627 Rn. 5. Sowohl die Annahme einer Verpflichtung, sich über wichtige Angelegenheiten zu einigen, als auch der obj. Maßstab stützt sich auf die Systematik des Gesetzes: Nach § 1628 BGB können die Eltern bei Streitigkeit von erheblicher Bedeutung eine Entscheidung des Familiengerichtes fordern; § 1687 I 1 BGB regelt ausdrücklich, dass bei Angelegenheiten von erheblicher Bedeutung das gegenseitige Einvernehmen auch bei dauernd getrennt lebenden Eltern erforderlich ist.

326 Erman – *Michalski* § 1627 Rn. 3 f.; MüKom – *Huber* § 1627 Rn. 6.

327 *OLG Schleswig* in FamRZ 65, 224 (225); *OLG Köln* in FamRZ 67, 293; *LG Berlin* in FamRZ 82, 839 (840).

328 So schon *Beitzke* in JZ 52, 744 (745); *Siebert* in NJW 55, 1 (2); *Paulick* in FamRZ 58, 1 (3); *Lange, Hermann* in NJW 61, 1889 (1890); *Diederichsen* in NJW 77, 217 (219).

329 *OLG Köln* in FamRZ 67, 293; *LG Itzehoe* in FamRZ 92, 1211 (1212).

330 *Lange, Hermann* in NJW 61, 1889 (1890); Soergel – *Strätz* § 1627 Rn. 5; Palandt – *Diederichsen* § 1627 Rn. 1.

331 Vgl. Soergel – *Strätz* § 1627 Rn. 5; ähnlich BVerfGE 10, 59 (82).

auch ein Generalkonsens[332] in Betracht kommen kann. Im Hinblick auf die geforderte Gesamtvertretung ist von einer (stillschweigenden) Ermächtigung des anderen Elternteils zur Alleinvertretung auszugehen.[333]

Eine Aufgaben- und Funktionsteilung ändert jedoch nichts an der Pflicht des „unzuständigen" Elternteils, den anderen zu überwachen. Umgekehrt bleibt der ausübende Elternteil verpflichtet, den anderen Elternteil in wichtigen Angelegenheiten zu informieren, seinen Rat einzuholen und das vereinbarte Erziehungskonzept einzuhalten sowie überhaupt die Einstellung des anderen Elternteils zu achten und mit umzusetzen.[334]

Die jeweils dem Kind gegenüber bestehende Eigenverantwortung der Eltern legt die Grenzen einer Aufgaben- und Funktionsteilung fest. Sollte also der Wortlaut oder die Auslegung einer Ausübungsvereinbarung zweifelsfrei ergeben, dass deren Ziel eine vollständige Trennung der gemeinsamen elterlichen Aufgabenbereiche ist, so ist diese Vereinbarung unzulässig.[335] Letzteres ist etwa bei der Überlassung eines ganzen Erziehungsbereiches oder aber bei der Festlegung eines pauschalen Alleinvertretungsrechts der Fall. Solche Vereinbarungen gehen über die Regelung einer konkreten erzieherischen Situation hinaus und legen die Ausübung eines ganzen Bereiches fest. Zwar ist dessen Ausmaß bestimmbar, die Zahl der notwendig werdenden Einzelentscheidungen ist hingegen nicht absehbar.[336] Tatsächlich verbirgt sich hinter derartigen Ausübungsvereinbarungen also ein Verzicht eines Elternteils auf wesentliche Teilbereiche oder sogar auf die elterliche Sorge insgesamt. Da der überlassende Elternteil nur noch formalrechtlicher Inhaber der elterlichen Sorge bliebe, würde er nicht nur die Rechtssicherheit, sondern vor allem auch das Wohl seines Kindes durch sein Ausscheiden gefährden. Zur Sicherung dieser Belange sind Vereinbarungen, die den Bestand der elterlichen Sorge als solchen betreffen, der unbeschränkten privatautonomen Gestaltung entzogen. Sie haben ohne einen gerichtlichen Gestaltungsakt keinerlei rechtliche, sondern allenfalls faktische Bedeutung.[337]

---

332 Staudinger – *Peschel-Gutzeit* § 1627 Rn. 11.

333 *LG Itzehoe* in FamRZ 92, 1211 (1212).

334 Staudinger - *Peschel-Gutzeit* § 1627 Rn. 8; Erman – *Michalski* § 1627 Rn. 7; MüKom – *Huber* § 1627 Rn. 8.

335 Vgl. Staudinger – *Peschel-Gutzeit* § 1627 Rn. 6, 8; Soergel – *Strätz* § 1627 Rn. 5; Schwab, FamR., Rn. 573; Gernhuber / Coester-Waltjen § 57 III 2, S. 860. Sollte die Auslegung allerdings nicht zweifelsfrei ergeben, dass tatsächlich ein Verzicht beabsichtigt wurde, ist – allein um der elterlichen Autonomie weitestgehend Rechnung zu tragen – von einer zulässigen Überlassung nur der Ausübung nach auszugehen (vgl. Waskowiak, S. 72, 75 ff.; *OLG Karlsruhe* in NJW 77, 1731 (1732): Rechtsgedanke des § 140 BGB).

336 Waskowiak, S. 75.

337 Vgl. RGZ 60, 266 (268); OLG Köln NJW 47 / 48, 342; Staudinger – *Peschel-Gutzeit* § 1627 Rn. 6, 8; Soergel – *Strätz* § 1627 Rn. 5; Waskowiak, S. 70 ff.

Anders als Einigungen mit Verzichtscharakter müssen Ausübungsüberlassungen keinen besonderen formellen Anforderungen entsprechen und können insbesondere auch stillschweigend, etwa durch Übung oder Duldung des anderen Elternteils, geschlossen werden. Andernfalls würden nicht nur die Gegebenheiten einer engen Lebensgemeinschaft der Eltern, sondern auch die für jede Kindeserziehung erforderliche Flexibilität elterlichen Handelns verkannt werden.[338] Im Übrigen müssen die Vereinbarung und die entsprechende Ausführung nicht in einem unmittelbaren zeitlichen Zusammenhang stehen. Der überlassende Elternteil kann sein Einverständnis zu allen jeweils in einem bestimmten Zusammenhang erforderlich werdenden erzieherischen Entscheidungen sogar „blanko" vorweg geben.[339] Die Grenze bildet aber auch hier das unzulässige Ausscheiden aus der Erziehung.

In einem zulässigen Rahmen bewegt sich eine „Blanko-Einwilligung" immer im Falle von Eil- und Notfällen, wie z.B. bei einem Unfall des Kindes. Der allein anwesende Elternteil ist hier bereits aus eigener Verantwortung zum sofortigen Handeln verpflichtet. Darüber hinaus lassen die Ausnahmen vom Grundsatz der gemeinschaftlichen Handlungsmacht, die der Gesetzgeber in Eil- und Notfällen im Rahmen der §§ 744 II, 1454, 2038 I 2 BGB vorgesehen hat, den Rückschluss auf einen allgemeinen Rechtsgedanken zu, der auch außerhalb der §§ 1678 I, 1629 I 4 bzw. §§ 1687 I i.V.m. § 1629 I 4 BGB für das Eltern-Kind-Verhältnis Anwendung finden muss.[340]

Obwohl der ausübende Elternteil in diesen besonderen Situationen alleine handeln darf, muss er dennoch die Loyalität gegenüber dem anderen Elternteil wahren. Dies gilt um so mehr, als in Zeiten ständiger Erreichbarkeit durch Mobiltelefon, Telefax und Email an das Kriterium der Unerreichbarkeit des anderen Elternteils hohe Anforderungen zu stellen sind.[341]

c. Zusammenfassung

Zur Sicherung des Kindeswohls verpflichtet § 1627 BGB die Eltern in allen wichtigen Kindesangelegenheiten ausnahmslos zum einvernehmlichen Handeln und verbietet damit sowohl ein eigenmächtiges Handeln ohne vorherige Einigung als auch ein eigenmächtiges Handeln entgegen einer bestehenden Einigung. Unabhängig von ihrer rechtlichen Qualifizierung entfaltet eine bestehende Einigung über eine wichtige Angelegenheit zum Schutz des Kindes kraft Gesetz eine Bindungswirkung.

---

[338] Vgl. *Siebert* in NJW 55, 1 (2); Waskowiak, S. 41 f., 61; Staudinger – *Peschel-Gutzeit* § 1627 Rn. 8; MüKom – *Huber* § 1627 Rn. 7.

[339] Waskowiak, S. 82.

[340] Gernhuber / Coester-Waltjen § 58 I 4, S. 914; MüKom – *Huber* § 1627 Rn. 13; Staudinger – *Peschel-Gutzeit* § 1627 Rn. 9.

[341] Staudinger – *Peschel-Gutzeit* § 1627 Rn. 9.

In Alltagsangelegenheiten reicht es hingegen aus, wenn Einigkeit über die Erziehungsgrundsätze besteht. Jeder Elternteil kann dann im Rahmen dieser Grundsätze Entscheidungen eigenmächtig treffen. Sollte der Wortlaut oder die Auslegung einer Ausübungsvereinbarung einen Verzicht auf Teile der elterlichen Sorge oder auf die elterliche Sorge insgesamt belegen, ist die Vereinbarung ohne Beteiligung des Gerichts unzulässig. Dies gebietet nicht nur das Kindeswohl, sondern auch die Rechtssicherheit.

d. Rechtsnatur des gegenseitigen Einvernehmens

Es liegt in der Natur der Sache, dass ein bestehendes Erziehungskonzept ein ums andere Mal wieder in Frage gestellt wird, dass ein Elternteil eine andere Meinung als vorher vertritt und dieser nunmehr Geltung verschaffen will. Unabhängig von der Wirkung des § 1627 BGB stellt sich damit die Frage, ob und in welcher Weise die elterliche Einigung rechtlich beachtlich ist, ob die Eltern also an ihre Vereinbarung gebunden sind und ob und unter welchen Voraussetzungen sie im Falle einer Bindung ihrer veränderten Auffassung wieder Geltung verschaffen können. Diese Fragen verlangen zunächst eine Klarstellung darüber, welche Rechtsnatur die elterliche Einigung hat. Grundsätzlich ist nämlich nur dann von der Bindungswirkung einer Vereinbarung auszugehen, wenn es sich um eine rechtsgeschäftliche Vereinbarung handelt. Ist die Vereinbarung dagegen dem rein gesellschaftlichen Leben zuzuordnen, ist sie rechtlich irrelevant und entfaltet keinerlei rechtlich bedeutsame Bindungswirkung.

Welche Tragweite die dogmatische Einordnung hat, wird deutlich, wenn nicht nur die Vielzahl der elterlichen Einigungsmöglichkeiten, sondern vor allem die Pflicht der Eltern, sich in allen wichtigen Kindesangelegenheiten zu einigen, berücksichtigt wird.

aa. Privatautonomie im Rahmen des Familienrechts

Die Untersuchung der Rechtsnatur ist allerdings dann sehr stark eingeschränkt, wenn auf dem Gebiet des Familienrechts kein Raum für Rechtsgeschäfte besteht. Als wichtigstes Mittel zur Verwirklichung der Privatautonomie setzt das Rechtsgeschäft aber voraus, dass das zugrunde liegende Rechtsgebiet dem Einzelnen überhaupt die ihm zur eigenständigen Verwirklichung seiner Interessen notwendige Dispositions- und Gestaltungsfreiheit eröffnet.[342]

Anders als das übrige Privatrecht entzieht sich das Familienrecht vorwiegend der privatautonomen Gestaltung. Ihm fällt die Aufgabe zu, den Personenstand des einzelnen zu bestimmen, d.h. jedem einen festen Standort zuzuweisen,

---

[342] Flume, § 1 2., 9., S. 15 f. ; Medicus, AT § 17, Rn. 173 f.

der Schnittpunkt aller ihn überhaupt berührenden familienrechtlichen Linien ist.[343] Angesichts der Bedeutung dieser Standortbestimmung nicht nur für den einzelnen, sondern vor allem auch für die Rechtsgemeinschaft ist das Familienrecht in besonderem Maße zu Statik und Transparenz verpflichtet. Die grundsätzliche Möglichkeit, das durch Rechtsgeschäft Geschaffene auch wieder zu beenden, sich in formfreien Akten zu erklären, Bedingungen und Befristungen zu vereinbaren und gegebenenfalls auf das Abschlussmängelrecht zurückzugreifen, steht hierzu im Widerspruch. Das Familienrecht ist folglich zu weit gehenden Einschnitten in das allgemeine Recht der Rechtsgeschäfte gezwungen.[344] Hierzu bedient es sich vorwiegend zwingenden Rechts, indem es einerseits die möglichen Familienverhältnisse abschließend aufzählt (Typenzwang) und andererseits deren Rechtsinhalt zwingend vorschreibt (Typenfixierung).

Eine allein privatautonome Begründung, Änderung oder Aufhebung des Personenstandsverhältnisses ist grundsätzlich ausgeschlossen. Die Ausnahmen sind nicht nur abschließend gesetzlich aufgezählt, sondern auch streng reglementiert: so unterliegen z.B. das Verlöbnis, die Eheschließung, die Annahme als Kind und substanzielle Veränderungen der elterlichen Sorge – hier nicht zuletzt auch die Begründung der elterlichen Sorge bei nichtehelichen Eltern – zur Gewährleistung der Rechtsklarheit und Rechtssicherheit strengen Formvorschriften, insbesondere der Mitwirkung staatlicher Organe. Auch müssen sie bestimmte Voraussetzungen erfüllen.

Die Aspekte, die den familienrechtlichen Typen- und Formzwang rechtfertigen, treffen aber auf die hier zu untersuchenden elterlichen Einigungen nicht zu. Es handelt sich um Vereinbarungen, die lediglich die Sorgerechtsausübung betreffen. Sie haben keinen personenstandsbegründenden oder -verändernden Charakter, sondern konkretisieren das Sorgerechtsverhältnis lediglich, ohne dessen Substanz zu berühren. Es handelt es sich folglich um einen der Disposition und Gestaltung der Eltern eröffneten familienrechtlichen Bereich. Die Untersuchung der Rechtsnatur der elterlichen Einigung ist mithin umfassend möglich und muss den Bereich des Rechtsgeschäfts nicht ausklammern.

bb. Das Rechtsgeschäft als Mittel der Privatautonomie

Mit dem Wort „Einvernehmen“ hat der Gesetzgeber in § 1627 BGB einen Begriff verwendet, der sowohl hinsichtlich seines Inhaltes und Umfanges als auch hinsichtlich seiner Rechtsnatur keine nähere Erläuterung im Gesetz findet. Hieraus ergibt sich die Notwendigkeit, den Begriff des Einvernehmens auszulegen. Nach dem Wortsinn bedeutet „einvernehmlich“ zu handeln, dass mindestens zwei Personen sich vor der Ausführung einer Handlung geeinigt, d.h. eine Wil-

[343] Gernhuber / Coester-Waltjen § 1 IV 1.
[344] Gernhuber / Coester-Waltjen § 1 IV 3.

lensübereinstimmung erzielt haben und dass diese Willensübereinstimmung auch noch im Zeitpunkt der Ausführung besteht. Von diesem Ausgangspunkt führt die Auslegung weiter zum Bedeutungszusammenhang des Gesetzes sowie zur Regelungsabsicht des Gesetzgebers. Von zentraler Bedeutung ist hierfür zunächst der Tatbestand des Rechtsgeschäftes. Mit seiner Hilfe gestaltet der Einzelne seine Rechtsverhältnisse durch deren Begründung, Aufhebung oder Änderung. Da es auf die willentliche Selbstgestaltung zielt, ist notwendiger Bestandteil eines jeden Rechtsgeschäfts eine Willenserklärung, d.h. eine private Willensäußerung, die auf Herbeiführung eines Rechtserfolges gerichtet ist, und die den Erfolg, weil er gewollt und von der Rechtsordnung anerkannt ist, auch herbeiführt.[345] Während das einseitige Rechtsgeschäft bereits durch eine Willenserklärung zustande kommt,[346] erfordert das zweiseitige Rechtsgeschäft, der Vertrag, zwei sich deckende aufeinander abzielende Willenserklärungen (Angebot und Annahme).

Die Rechtsordnung knüpft aber auch an andere Handlungen Rechtsfolgen, für deren Eintritt es unerheblich ist, ob sie vom Handelnden gewollt sind oder nicht. Diese Handlungen können unter dem Begriff der Rechtshandlungen zusammengefasst werden, der zugleich das Gegenstück zu dem Begriff des Rechtsgeschäfts bildet.[347] Sie zerfallen in Tathandlungen und in rechtsgeschäftsähnliche Handlungen. Während Tathandlungen durch rechtswidrige (z.B. Delikte i.S.d. §§ 823 ff. BGB) oder rechtmäßige (z.B. Besitzerwerb i.S.d. § 854 I BGB) Realakte vorgenommen werden, beruhen rechtsgeschäftsähnliche Handlungen auf Erklärungen. Im Unterschied zum Rechtsgeschäft richtet sich die Erklärung aber nicht auf eine gewollte Rechtsfolge – ein Wille fehlt zumeist –, sondern die Rechtsfolge tritt kraft Gesetzes ein.[348]

cc. Der Begriff des Einvernehmens im Gesetz und die Frage nach der Übertragung der jeweiligen systematischen Einordnung

Eine differenzierte Auseinandersetzung mit den Voraussetzungen des Rechtsgeschäfts bzw. der Rechtshandlungen kann dann entfallen, wenn der Begriff des Einvernehmens in § 1627 BGB dem gleichen Begriffsverständnis unterliegt wie an anderen Stellen im Gesetz. Dies setzt voraus, dass dessen Rechtsnatur an diesen Stellen hinreichend geklärt ist und dass sowohl die Parteien der Vereinba-

[345] Palandt – *Heinrichs* vor § 104 Rn. 1, 2.

[346] Palandt – *Heinrichs* vor § 104 Rn. 2: Entgegen der Ausführungen in den Motiven zum Ersten Entwurf des BGB (Mot. I, 125, Mugdan I, 421) können die Begriffe Rechtsgeschäft und Willenserklärung nur dort synonym verwendet werden, wo eine Willenserklärung genügt, um den rechtlichen Erfolg herbeizuführen.

[347] Flume, § 9, 1., S. 104 ff.

[348] Medicus AT, § 18 III bb), Rn. 197.

rung als auch der Sinn und Zweck ihres Einvernehmens mit der von § 1627 BGB verfolgten Interessenlage vergleichbar sind.

(1) Vergleichbarkeit mit § 1356 I 1 BGB

Der Begriff des „Einvernehmens“ ist ebenfalls in § 1356 I 1 BGB vorgesehen. Danach regeln die Ehegatten Fragen der Haushaltsführung im gegenseitigen Einvernehmen. Hinsichtlich der Qualifizierung des Einvernehmens ist den Materialien zum ersten Eherechtsrechtsreformgesetz keine Stellungnahme des Gesetzgebers zu entnehmen. Zu der Formulierung des § 1356 I 2 BGB, wonach die Haushaltsführung einem Ehegatten „überlassen“ werden kann, wurde ausgeführt, der Begriff „überlassen“ solle klarstellen, dass es keiner förmlichen Einigung der Ehegatten bedürfe, sondern die tatsächliche Handhabung in der Ehe ausreichend sei.[349] Der Verzicht auf die Verwendung des Begriffes „Vertrag“ spricht zwar einerseits gegen einen rechtsgeschäftlichen Charakter, andererseits kommen Verträge aber nicht allein durch die Abgabe „förmlicher“ Einigungen zustande, sondern auch durch die Abgabe konkludenter Willenserklärungen, d.h. „tatsächlicher Handhabungen“, soweit sie auf einem übereinstimmenden Willen beruhen.

Angesichts der geringen Aussagekraft von Wortlaut und Gesetzesmaterialien herrscht über die rechtliche Qualifizierung des Einvernehmens Uneinigkeit. Zum Teil wird aufgrund der „willkürlich ausgelösten Rechtsfolgen, z.B. hinsichtlich der Unterhaltspflicht nach § 1360 S. 2 BGB“, ein rechtsgeschäftlicher Charakter bevorzugt.[350] Andere sehen in der gemeinsamen Entscheidung über die Ausgestaltung des ehelichen Zusammenlebens einen Beschluss durch gleichgerichtete Erklärungen[351] oder eine Ordnung[352], und schließlich wird auch die Meinung vertreten, es handle sich bei dem fraglichen Einvernehmen um einen bloßen Realakt.[353] Mithin ist die rechtliche Charakterisierung von § 1356 I 1 BGB ungeklärt, weshalb eine entsprechende Übertragung auf § 1627 BGB schon aus diesem Grunde ausscheidet.

Darüber hinaus ist zweifelhaft, ob beide Regelungen überhaupt hinreichend vergleichbar sind. Gemein ist beiden Regelungen, dass sie mit der Forderung einer Willensübereinstimmung eine gesetzlich vorgesehene Rechtsbeziehung inhaltlich ausgestalten.[354] Angesichts der Tatsache, dass einer der wichtigsten Gründe einer Eheschließung ein gemeinsamer Kinderwunsch der Eheleute

---

[349] BT-Drs. 7 / 650, S. 97 f.

[350] *Diederichsen* in NJW 77, 217 (219); Erman – *Heckelmann* § 1356 Rn. 5; Soergel – *Lange* § 1356 Rn. 9; i.E. ebenso *Kurr* in FamRZ 78, 2 (3).

[351] Dölle, FamR I § 34 II; MüKom – *Wacke* § 1356 Rn. 7.

[352] Gernhuber / Coester-Waltjen, § 18 III 4, S. 168.

[353] Ambrock, § 1356 Anm. I 1.

[354] Staudinger – *Peschel-Gutzeit* § 1627 Rn. 14.

ist, überschneiden sich diese Rechtsbeziehungen sogar, weil die einverständliche Erziehung des Kindes eine herausragende Stellung innerhalb der Aufgaben einer ehelichen Lebensgemeinschaft einnimmt. Dieser verbindende Faktor kennzeichnet aber zugleich einen erheblichen Unterschied zwischen beiden Regelungen, denn anders als § 1356 BGB erfasst der personelle Geltungsbereich des § 1627 BGB auch nicht miteinander verheiratete und getrennt lebende Eltern. Schon aus diesem Grund erscheint eine vollständige Übertragung der Wertungen des § 1356 BGB auf § 1627 BGB fraglich.[355] Hinzu kommt aber, dass im Gegensatz zur Haushaltsführung (vgl. § 1356 I 2 BGB) innerhalb des § 1627 BGB eine umfassende, d.h. substanzielle Übertragung aller Befugnisse auf einen Elternteil unter Verzicht auf sämtliche Mitwirkungs- und Kontrollrechte wegen der gemeinsamen Pflichtenbindung der Eltern ausscheidet. Damit weisen die sachlichen Regelungsbereiche – Kindeswohl auf der einen und Haushaltsführung auf der anderen Seite – erhebliche Unterschiede im Hinblick auf ihre rechtliche Gewichtung auf.

§ 1356 BGB ist für eine Übertragung der rechtlichen Qualifizierung des Einvernehmens auf § 1627 BGB folglich nicht geeignet.

(2) Vergleichbarkeit mit § 1626 II 2 BGB

§ 1626 II 2 BGB sieht vor, dass die Eltern Fragen der elterlichen Sorge mit dem Kind, soweit es nach dessen Entwicklungsstand angezeigt ist, besprechen und Einvernehmen anstreben. Der Gesetzgeber führt dazu aus: „Das Gebot der Gesprächsbereitschaft und das Bemühen um die Herstellung eines Einvernehmens mit dem Kind dienen dazu, sein Verständnis und seine Einsicht zu wecken. ... Wo allerdings trotz Bemühens ein Einverständnis nicht zu erzielen ist, werden die Eltern aus ihrer Verantwortung heraus allein entscheiden müssen.“[356]

Im Hinblick auf die rechtliche Qualifizierung des Einvernehmens zwischen Eltern und Kind ist festzustellen, dass allein ein faktischer Vertrauenstatbestand entstehen kann, nicht aber eine vertragliche Bindungswirkung.[357] Denn § 1626 II 2 BGB entbindet die Eltern nicht von der Pflicht, gegen den Willen des Kindes zu entscheiden bzw. eine „einvernehmlich“ gefundene Lösung zu ändern, wenn dies im Interesse des Kindes angezeigt ist.[358] Diese Qualifizierung markiert einen wesentlichen Unterschied zu § 1627 BGB. Während § 1627 BGB das Kind noch nicht einmal bei einigungswidrigen Maßnahmen mittelbar durch die Begründung einer ihm gegenüber wirkenden Pflichtwidrigkeit mit einbe-

[355] Staudinger – *Peschel-Gutzeit* § 1627 Rn. 14.
[356] BT-Drs. 7 / 2060, S. 17; 8 / 2788, S. 45.
[357] Staudinger – *Peschel-Gutzeit* § 1626 Rn. 123.
[358] MüKom – *Huber* § 1626 Rn. 66.

zieht, gehört das Kind im Rahmen von § 1626 II 2 BGB unmittelbar zum Kreis der am Einvernehmen beteiligten Personen. Das Kind ist aber im Verhältnis zu den Eltern kein gleichberechtigter Beteiligter. Dies folgt aus der Überlegung, dass Erziehung trotz der Bindung an das Kindeswohl Fremdbestimmung und damit ein Über-Unter-Ordnungsverhältnis bedeutet. § 1627 BGB ist dagegen gerade ein Ausdruck der elterlichen Gleichberechtigung. Einem Einvernehmen unter gleichberechtigten Parteien muss aber zur Wahrung der Gleichberechtigung ein höheres rechtliches Gewicht zukommen, als dies bei nicht gleichberechtigten Parteien der Fall ist, weil sich eine übergeordnete Stellung gerade in einseitigen Entscheidungsrechten verwirklicht. Dieses unterschiedliche rechtliche Gewicht des Einvernehmens spiegelt sich auch im Wortlaut der Vorschriften wieder: § 1626 II 2 BGB ist mit seiner Formulierung „und streben Einvernehmen an“ als bloßes Leitbild formuliert und enthält weder Rechtsfolgen noch Sanktionen. § 1627 BGB enthält im Gegensatz dazu eine gesetzliche Verpflichtung der Eltern zum gegenseitigen Einvernehmen („haben...in gegenseitigem Einvernehmen...auszuüben“), die im Falle eines einigungswidrigen Verhaltens gegenüber dem übergangenen Elternteil eine Pflichtwidrigkeit begründet und gegebenenfalls die Anrufung des Familiengerichts ermöglicht (§ 1628 BGB).

Die fehlende personelle Übereinstimmung offenbart somit auch die fehlende sachliche Vergleichbarkeit, weshalb eine Übertragung der Wertungen des § 1626 II 2 BGB auf § 1627 BGB trotz des engen systematischen Zusammenhangs beider Vorschriften nicht möglich ist.

(3) Vergleichbarkeit mit § 1687 BGB und mit § 1 RKEG

Nach § 1687 I 1 BGB ist bei Angelegenheiten, deren Regelung für das Kind von erheblicher Bedeutung ist, das Einvernehmen der gemeinsam sorgeberechtigten, aber dauerhaft getrennt lebenden Eltern erforderlich. Eine Übertragung der rechtlichen Qualifizierung des Einvernehmens scheidet indes aus, weil der Gesetzgeber im Rahmen des § 1687 BGB von der grundsätzlichen Geltung des § 1627 BGB ausgeht, d.h. die Eltern müssen auch in dieser besonderen Situation ihre elterliche Sorge grundsätzlich einvernehmlich zum Wohle des Kindes ausüben und müssen im Falle einer Meinungsverschiedenheit versuchen, sich zu einigen.[359] Da der Begriff des Einvernehmens in § 1687 BGB also nur das Fortbestehen des § 1627 BGB verdeutlichen will, würde eine Übertragung der Wertungen des § 1687 BGB auf § 1627 BGB zu einem Zirkelschluss führen.

Schließlich führt auch ein Vergleich mit der rechtlichen Bewertung der „freien Einigung“ der Eltern nach § 1 RKEG nicht weiter: Auch hier scheitert eine

---

[359] BT-Drs. 13 / 4899, S. 107.

Übertragung an der umstrittenen rechtlichen Qualifizierung der „freien Einigung“, die zum Teil als Rechtsgeschäft[360], zum Teil als rechtsgeschäftsähnlich[361] bezeichnet wird. Darüber hinaus handelt es sich bei § 1 RKEG um eine Spezialregelung, die der unbedingten Herrschaft des gegenwärtigen Willens der Elternteile auf dem Gebiet der Glaubensfreiheit Rechnung trägt und damit keiner Analogie zugänglich ist.[362]

dd. Meinungsstand in der Literatur zur dogmatischen Einordnung

Da keine der fraglichen Regelungen zur Klärung der Rechtsnatur des Einvernehmens nach § 1627 BGB beiträgt, kann auf eine vertiefte Auseinandersetzung mit dem Tatbestand des Rechtsgeschäfts nicht verzichtet werden. Ein entsprechender Klärungsbedarf wird auch in der Literatur gesehen – allerdings gehen die Ansichten zum Teil weit auseinander.

(1) Rechtsgeschäft

Schon sehr früh entwickelte sich die Auffassung, die elterliche Einigung habe eher rechtsgeschäftlichen Charakter. Im Hinblick auf die Wirkung einer elterlichen Aufgabenteilung wurde von *Siebert* betont, sie könne jederzeit „aufgehoben“ werden, wobei diese Aufhebungserklärung im Falle einer Zuweisungserklärung als Widerruf und andernfalls als Gestaltungsrecht einzustufen sei.[363] *Paulick* führte aus, von einer im gegenseitigen Einvernehmen festgelegten Vereinbarung, könne „ohne zwingenden Grund nicht abgewichen werden“, so dass die Entscheidung andernfalls „rechtsmissbräuchlich und damit nichtig“ sei.[364] Auch nach *Lange* und *Strätz* kann eine Aufgaben- und Funktionsteilung zwischen den Eltern aufgrund des Pflichtcharakters der elterlichen Sorge „jederzeit widerrufen“ werden.[365]

In den Ausführungen der Autoren fehlt zwar eine explizite Auseinandersetzung mit der Frage der Rechtsnatur, allein die Annahme einer relativen Bindungswirkung der Vereinbarung und die Verwendung des Begriffs des Widerrufs, der nur in Verbindung mit Willenserklärungen relevant wird, lässt aber den Rückschluss auf die Annahme einer rechtsgeschäftlichen Gestaltung zu.

---

360 Staudinger (10./11.Aufl.) – *Donau* § 1 RKEG Rn. 8 m.w.N.
361 Beitzke / Lüderitz § 27 II 3a.
362 So auch *Gernhuber* in FamRZ 65, 227 (227); Waskowiak, S. 109.
363 *Siebert* in NJW 55, 1 (2).
364 *Paulick* in FamRZ 58, 1 (3).
365 *Lange, Hermann* in NJW 61, 1889 (1890); Soergel (11. Aufl.) – *Lange* § 1627 Rn. 4; Soergel – *Strätz* § 1627 Rn. 5.

So argumentiert auch *Gernhuber*: Er führte zunächst aus, für die Bindung eines Elternteils an das einmal Vereinbarte bis zu einer neuen Einigung spreche der das gesamte Privatrecht beherrschende Grundsatz der Bindung an das einmal Erklärte.[366] Diese Charakterisierung als Rechtsgeschäft sah er zum einen durch einen Gegenschluss aus § 1 RKEG bekräftigt, wonach die „freie Einigung" Ausfluss eines besonders strukturierten nicht analogiefähigen Rechtsgebietes sei, und zum anderen durch die rechtliche Behandlung der Einigung unter Ehegatten, die er bis zur neuen, ändernden Einigung als bindend und damit ebenfalls als rechtsgeschäftlich qualifizierte.

(2) Geschäftsähnliche Handlung

Michalski lehnt es dagegen ab, familienrechtliche Vorgänge in starre Formen von Rechtsbegriffen zu pressen, die für sie nicht vorgesehen seien.[367] Seine Ausführungen, es genüge, wenn ein Ehegatte dem anderen, sei es für den Einzelfall, sei es für eine Reihe von Einzelfällen oder schlechthin für einen Tätigkeitsbereich „gestatte", Maßnahmen der elterlichen Sorge zu beschließen und durchzuführen,[368] stehen zu dieser Aussage aber in einem gewissen Widerspruch. Der Begriff der „Gestattung" ist nämlich in § 181 BGB enthalten und bezeichnet dort ein einseitiges empfangsbedürftiges Rechtsgeschäft[369]. Ob diese formale Qualifizierung der „Gestattung" von *Michalski* beabsichtigt ist, bleibt indes unklar.

Die Zweifel an der Richtigkeit und Notwendigkeit der rechtlichen Qualifizierung des elterlichen Einvernehmens teilt aber auch *Beitzke*. In diesem Sinne stuft er das elterliche Einvernehmen „bestenfalls als rechtsgeschäftsähnliche Handlung" ein.[370]

(3) Kein rechtsgeschäftlicher Charakter

Gänzlich gegen eine rechtlich bindende Einigung spricht sich *Wenz* aus. Er betont, in grundsätzlichen Entscheidungen gebe das Wohl des Kindes und der Familie den Maßstab vor, der in aller Regel genüge, um sicherzustellen, dass ein konkreter Entschluss durch „natürliche Übereinstimmung oder durch beiderseitiges oder einseitiges Nachgeben" zustande komme.[371] Auch *Schwab* ist der An-

---

[366] *Gernhuber* in FamRZ 65, 227 (227).
[367] Erman – *Michalski* § 1627 Rn. 4.
[368] Erman – *Michalski* § 1627 Rn. 4.
[369] Larenz / Wolf § 46 Rn. 131.
[370] Beitzke § 26 II 3; Beitzke / Lüderitz § 27 II 3.
[371] RGRK – *Wenz* § 1627 Rn. 7.

sicht, dass einvernehmliche Sorgerechtsmaßnahmen und insbesondere Funktionsteilungen eines rechtsgeschäftlichen Charakters entbehrten.[372] Im Gegensatz zu *Peschel-Gutzeit*, die das gegenseitige Einvernehmen als eine Rechtsform sui generis qualifiziert, die aus der familienrechtlichen Bindung der Eltern an das Kind folge,[373] äußert sich *Schwab* aber ansonsten nicht weiter zur dogmatischen Einordnung.

(4) Trennung zwischen Vertretung des Kindes und tatsächlichen Maßnahmen

Eine Reihe von Autoren trennen im Rahmen ihrer rechtlichen Beurteilung zwischen der Vertretung des Kindes und tatsächlichen Maßnahmen. So hat *Donau* die Ansicht vertreten, im Fall der gesetzlichen Vertretung des Kindes sei von einer gegenseitigen Bevollmächtigung der Eltern auszugehen. Auf das Gebiet der tatsächlichen Maßnahmen lasse sich die Rechtsfigur der Bevollmächtigung dagegen nur durch eine gewaltsame Konstruktion übertragen. Das „Einverständnis" in eine Aufgabenteilung sei hier vielmehr ein schlüssiges oder ausdrücklich erklärtes Unterlassen der Mitwirkung bei bestimmten Entscheidungen und Maßnahmen. Es sei nicht rechtsgeschäftlicher, sondern rein tatsächlicher Natur.[374] Ähnlich äußert sich auch *Henrich*, wenn er einerseits auf eine „natürliche Aufgabenteilung" abstellt, die rechtlich durch ein mutmaßliches Einverständnis zu konstruieren sei, andererseits aber Dritten gegenüber eine stillschweigende Bevollmächtigung und im Falle einer Vertretung auch eine Duldungsvollmacht in Betracht zieht.[375]

Waskowiak hat aber zu Recht darauf hingewiesen,[376] dass nach diesen Ansichten offen bleibt, ob auch der einer Bevollmächtigung[377] zugrundeliegenden Einigung ein rechtsgeschäftlicher Charakter beizumessen ist. So ist in der Bevollmächtigungserklärung eines Elternteils zwar eine einseitige empfangsbedürftige Willenserklärung zu sehen,[378] hiervon zu trennen ist aber die Rechtsnatur der vorangegangenen Einigung der Eltern, die das Grundgeschäft der Bevollmächtigung bildet. Die Vollmacht ist im Verhältnis zum Grundgeschäft abstrakt, weshalb es grundsätzlich unzulässig ist, das für das Innenverhältnis maßgebende Rechtsverhältnis zusammen mit der Bevollmächtigung als ein einheitliches

[372] Schwab, FamR., Rn. 573.
[373] Staudinger – *Peschel-Gutzeit* § 1627 Rn. 14.
[374] Staudinger (10./11. Aufl.) – *Donau* § 1627 Rn. 18.
[375] Henrich, § 19 III 2.
[376] Waskowiak, S. 50 Fn. 1.
[377] Vgl. Erman – *Michalski* § 1627 Rn. 3, der darlegt, warum die Figuren der Ermächtigung und der Zustimmung nicht passen; a. A. Staudinger – *Peschel-Gutzeit* § 1629 Rn. 42 m.w.N.
[378] Palandt – *Heinrichs* § 167 Rn. 1.

Rechtsgeschäft im Sinne des § 139 BGB anzusehen.[379] Dass diese Abstraktheit aber auch eine losgelöste Beurteilung der Rechtsqualität von Vollmacht und Grundgeschäft beinhaltet, zeigt nicht zuletzt das Beispiel der isolierten Vollmacht. Hierbei besteht eine Vollmacht auch ohne ein rechtliches Grundverhältnis, etwa dann, wenn die Vollmacht jemandem erteilt worden ist, der sich ohne rechtliche Verpflichtung aus Gefälligkeit bereit erklärt, ein Rechtsgeschäft für den Vollmachtgeber abzuschließen.[380]

Zu der Qualität des Grundgeschäftes äußert sich hingegen *Gernhuber* im Rahmen seiner späteren Zusammenarbeit mit *Coester-Waltjen.* Beide halten die Einigung der Eltern für ein Rechtsgeschäft, soweit die Eltern Rechtsgeschäfte für das Kind vorbereiteten.[381] Insoweit folgen ihnen *Huber* und *Bauernfeind.*[382] Anders als *Gernhuber* und *Coester-Waltjen,* die ansonsten eine rechtsgeschäftsähnliche Handlung annehmen,[383] hält *Huber* für die übrigen Bereiche der elterlichen Sorge die Einordnung als Rechtsgeschäft oder als rechtsgeschäftsähnliche Handlung für unpassend. Seiner Ansicht nach sei hier von einer familienrechtlichen Einigung sui generis auszugehen, die allerdings grundsätzlich den Regeln über Rechtsgeschäfte unterliege.[384]

(5) Einzelfallprüfung

Nach *Waskowiak,* der sich den Ausführungen von *Bänninger* anschließt,[385] sei dagegen eine pauschale Einteilung elterlicher Einigungen nicht möglich. Sie seien zwar in der Regel nicht rechtsgeschäftlicher Art, die Prüfung des Einzelfalls könne aber auch das Vorliegen eines Rechtsgeschäfts ergeben.[386] Für die Qualifizierung nicht rechtsgeschäftlicher elterlicher Willensübereinstimmungen stellt er auf die Wirkung der elterlichen Einigung ab: Die Einigung der Eltern sei hinsichtlich objektiv wichtiger Fragen ein rechtskonstituierender Akt, ohne den eine Handlung im Bereich der elterlichen Sorge gesetzes- und darum pflichtwidrig sei. Da in diesem Fall die Rechtsfolge der Pflichtwidrigkeit aus dem Gesetz folge, handele es sich um eine rechtsgeschäftsähnliche Handlung. Nicht rechtsgeschäftliche elterliche Einigungen, die für den Fall der Zuwiderhandlung seitens

[379] MüKom – *Schramm* § 164 Rn. 97.
[380] MüKom – *Schramm* § 168 Rn. 2.
[381] Gernhuber / Coester-Waltjen § 58 II 1, S. 915.
[382] MüKom – *Huber* § 1627 Rn. 9; Bauerfeind, S. 220.
[383] Gernhuber / Coester-Waltjen § 58 II 1, S. 915.
[384] MüKom – *Huber* § 1627 Rn. 9, vgl. unten zu den von ihm gemachten Ausnahmen.
[385] Bänninger, S. 163.
[386] Waskowiak, S. 44 f., 49.

eines Elternteils nicht den Vorwurf der Pflichtwidrigkeit begründeten, seien demgegenüber rechtlich bedeutungslos und rein tatsächlichen Charakters.[387]

Bauernfeind schließt sich insofern der Ansicht *Waskowiaks* an, als auch er eine pauschale Einteilung ablehnt. Andererseits stützt er sich auf die Ausführungen von *Gernhuber* und *Coester-Waltjen* und betont, soweit ein Elternteil allein mit dem Willen auch des anderen in beider Namen einem Dritten gegenüber zur Vertretung des Kindes auftrete, sei das elterliche Einvernehmen ein Rechtsgeschäft, da es die rechtsgeschäftliche Bevollmächtigung des rechtsgeschäftlich Handelnden enthalte.[388] Sofern es sich aber nicht um eine Bevollmächtigung oder um Einigungen zur Regelung wichtiger Angelegenheiten handele, die dem Regelungsbereich der von ihm als Rechtsgeschäft eingestuften „freien Einigung" im Sinne des § 1 RKEG unterfielen,[389] seien Elterneinigungen rein faktischer Natur. Eine Qualifizierung als rechtsgeschäftsähnliche Handlung lehnt er mit dem Argument ab, die Rechtsfolge, die sich aus einer Nicht-Einigung ergebe, könne schon rein begrifflich nicht die Rechtsfolge einer Einigung sein.[390]

ee. Stellungnahme

Die in der Literatur diskutierten Möglichkeiten zur Rechtsnatur des elterlichen Einvernehmens decken das gesamte Spektrum der Qualifikationsmöglichkeiten ab. Dabei bilden sich drei große Gruppen heraus: Zunächst sind diejenigen zu nennen, die das elterliche Einvernehmen dem Rechtsverkehr zuordnen, indem sie es als Rechtsgeschäft oder als rechtsgeschäftsähnliche Handlung qualifizieren. Die Gegenposition nehmen diejenigen ein, die das elterliche Einvernehmen als rein faktische Handlung, als „natürliche Übereinstimmung" oder schlicht als rechtlich belanglos einordnen. Eine dritte Gruppe bevorzugt einen Mittelweg. Sie bedient sich nämlich einer Qualifikationsform, die das BGB nicht kennt, die aber zugleich einen Bezug zum rechtsgeschäftlichen Bereich aufweist, indem das Einvernehmen als eine Rechtsform sui generis qualifiziert wird.

(1) Abgrenzung zwischen Rechtsgeschäft und Geschäft im rein familiären Bereich

Allerdings ist zu bedenken, dass eine Rechtsform sui generis erst dann in Betracht kommt, wenn tatsächlich keine der bestehenden Handlungsformen die Rechtsqualität des elterlichen Einvernehmens adäquat erfassen kann. Dies erfor-

---

[387] Waskowiak, S. 130 ff.
[388] Bauernfeind, S. 200, 220.
[389] Bauernfeind, S. 202, 216 f.
[390] Bauernfeind, S. 221.

dert aber eine differenzierte Auseinandersetzung mit den Voraussetzungen des Rechtsgeschäfts bzw. der rechtsgeschäftsähnlichen Handlung, während der schlichte Hinweis, „die Einordnung als Rechtsgeschäft passe nicht“[391], dem nicht gerecht wird. Die Annahme einer Rechtsform sui generis ist im Familienrecht zwar keineswegs ungewöhnlich, und z.B. im Falle der Rechtsnatur der elterlichen Sorge auch die einzig sinnvolle Beschreibung, ihr ständiger Gebrauch ist aber ebenso wenig rechtfertigend wie aussagekräftig.

Der tragende Gedanke, der dieser und der Ansicht zugrunde liegt, nach der sich das Einvernehmen gänzlich dem Rechtsverkehr entzieht, ist aber dennoch aufzugreifen. Es ist die Abneigung, familienrechtliche Strukturen, als besondere zwischenmenschliche Verhältnisse den Begrifflichkeiten des überwiegend vermögensrechtlich orientierten Rechtsverkehrs zu unterwerfen. Gerade im familiären Bereich liegt es viel näher, das familiäre Treueverhältnis als Basis für die Einhaltung einer Einigung zu sehen anstatt ein rechtliches Sollen. Gleichwohl darf dies nicht zu der Annahme verleiten, dass sich der zwischenmenschliche Bereich rechtsgeschäftlichen Beziehungen gänzlich entzöge. Denn insbesondere dann, wenn das Vertrauen der Eltern zueinander brüchig geworden ist, wird an dessen Stelle ein rechtlich relevanter Bindungswille treten. Einigen sich die Eltern in einer wichtigen Angelegenheit des Kindes, z.B. nach einem Streit oder in dem Wissen, dass ihrer partnerschaftlichen Trennung eine räumliche folgen wird, so werden sie dieser Einigung ein besonderes Gewicht beimessen und eine rechtliche Bindung herbeiführen wollen. Im Einzelfall entspricht es also durchaus dem Willen der Eltern, eine Vereinbarung mit rechtlicher Verbindlichkeit zu treffen und nicht bloß auf die partnerschaftliche Treue oder Ähnliches zu vertrauen. Daher ist die pauschale Einordnung des Einvernehmens als Rechtsform sui generis jedenfalls abzulehnen.

Entscheidend für die Qualifizierung als Rechtsgeschäft ist, dass es sich bei den zugrunde liegenden elterlichen Willensäußerungen um Willenserklärungen handelt. Dies ist dann der Fall, wenn die Erklärungen auf eine Rechtsfolge, d.h. auf die rechtliche Bindung des anderen Elternteils gerichtet sind.[392] Zielt der elterliche Wille nur auf die Herbeiführung irgendeines Erfolges ab, so ist dies nicht ausreichend. Erforderlich ist vielmehr ein spezifisch rechtlicher Charakter ihrer Erklärungen, der diese von Abreden unterscheidet, die ausschließlich auf einem außerrechtlichen Geltungsgrund wie Anstand, Ehre oder Sitte beruhen. Der andere Elternteil soll rechtlich und nicht bloß moralisch verpflichtet werden. Dabei

---

[391] So MüKom – *Huber* § 1627 Rn. 9 (für die „übrigen“ Einigung, die nicht der Vertretung des Kindes dienen) und Staudinger – *Peschel-Gutzeit* § 1627 Rn. 14, die zur Begründung ihrer Einstufung als Rechtsform sui generis nur auf *Huber* verweist, hierbei allerdings i.G.z. *Huber* keine weitere Differenzierung vornimmt.

[392] Vgl. BGHZ 21, 102 (106).

muss der Erklärende keine Vorstellungen über die für eine rechtsgeschäftliche Bindung notwendigen rechtstechnischen Mittel haben.[393] Es reicht aus, wenn die Eltern bei einer Parallelwertung in ihrer Sphäre die Vorstellung hatten, es sei keinem von ihnen rechtlich erlaubt, ohne Einverständnis des anderen von der getroffenen Einigung abzuweichen, wenn also der in ihrer Einigung erstrebte Erfolg nach ihrem Willen von Rechts wegen gelten soll.[394]

Der Rechtsbindungswille unterscheidet demnach das Rechtsgeschäft von Geschäften, die sich außerhalb der Ebene des Rechts bewegen. Ihnen kommt keinerlei rechtliche Relevanz zu. Dabei ist die Figur des „Geschäftes außerhalb des Rechts" jedoch keineswegs eine familienrechtliche Erscheinung, sondern Rechtsprechung und Literatur durchaus aus anderen Bereichen bekannt.[395] Allerdings existiert keine einheitliche Bezeichnung –oft wird von bloßen „Gefälligkeiten" oder von „Geschäften auf der gesellschaftlichen Ebene" gesprochen. Übertragen auf das elterliche Einvernehmen sind somit Rechtsgeschäfte von „Geschäften auf der rein familiären Ebene" bzw. von „familiären Gefälligkeiten" zu unterscheiden.

Das Kriterium des Rechtsbindungswillens sieht sich aber als rein inneres Phänomen praktischen Problemen ausgesetzt: So werden gerade Eltern über die Rechtsverbindlichkeit ihrer Vereinbarung in Alltagsangelegenheiten des Kindes nicht wirklich nachdenken, zumal diese ja erst dann Bedeutung erlangt, wenn sich ein Elternteil einigungswidrig verhält und dies zu Unstimmigkeiten führt. Den Eintritt derartiger Komplikationen sehen die Eltern aber regelmäßig nicht voraus, so dass ein auf rechtliche Verbindlichkeit der Vereinbarung gerichteter Wille häufig fehlen kann. Auch wenn sich die Eltern in vielen Situationen, die nicht bloß dem belanglosen Bereich zuzuordnen sind, durch eine kurze Andeutung oder eine nebensächliche Geste eine mitunter rechtserhebliche Zustimmung oder Ablehnung signalisieren können, beruht die Annahme eines Rechtsbindungswillens somit vielfach auf einer bloßen Fiktion. Nachdem deshalb in der Literatur die Richtigkeit dieses Kriteriums in Frage gestellt wurde,[396] hat sich der *BGH* mit dieser Kritik auseinandergesetzt und betont, dass „ein ausdrücklicher oder stillschweigend erklärter Wille der Beteiligten über die Rechtsbindung in der Regel nicht feststellbar ist". Die Rechtsverbindlichkeit der Vereinbarung solle daher „nur unter Berücksichtigung der Interessenlage der Parteien nach Treu und Glauben mit Rücksicht auf die Verkehrssitte" geprüft werden.[397] Bei Fehlen eines wirklichen Elternwillens ist über die Rechtsverbindlichkeit ihrer Vereinbarung also nach objektiven Kriterien zu befinden. Als solche kommen in

---

[393] *BGH* in ZIP 93, 1076 (1077).
[394] Vgl. Waskowiak, S. 44 f.; Flume § 4, 5., S. 54.
[395] Vgl. Palandt – *Heinrichs* vor § 241 Rn. 5 ff. mit zahlreichen Beispielen.
[396] Flume, § 7 5., S. 86 ff.
[397] *BGH* in NJW 74, 1705 (1706).

Betracht: die Art der Vereinbarung, insbesondere die Dauerhaftigkeit, die mit der Vereinbarung herbeigeführten Folgen, ihr Grund und ihr Zweck, ihre wirtschaftliche und rechtliche Bedeutung, die Umstände ihres Zustandekommens, der sogenannte „historische Hintergrund" der einzelnen Erklärungen,[398] und die dabei jeweils bestehenden Interessen der Eltern.[399] Anhand dieses Maßstabs können drei unterschiedliche Arten elterlicher Einigungen unterschieden werden:

Liegt der Vereinbarung eine objektiv wichtige Angelegenheiten zugrunde, so ist der Rechtsbindungswille regelmäßig indiziert. Es handelt sich um Angelegenheiten, die, wie die Namens-, Schul- oder Berufswahl oder die Entscheidung über eine lebensrettende Operation für das Wohl des Kindes von entscheidender Bedeutung sind, weil deren Folgen sein Leben nachhaltig beeinflussen und nur schwer oder gar nicht rückgängig gemacht werden können. Die Entscheidungen sind in der Regel einmalig und erfordern eine längere Beratung der Eltern. Sie können, wie die eben genannten Beispiele zeigen, eine einzelne Frage betreffen oder wie die Entscheidung, das Kind katholisch zu erziehen oder die Sorgerechtsausübung nach Aufgaben und Funktionen zu teilen, einen ganzen Komplex regeln. Die objektive Wichtigkeit kann sich zudem aus der wirtschaftlichen Tragweite oder der schwierigen rechtlichen Abwicklung der Angelegenheit ergeben, etwa dann, wenn die Eltern ein dem Kind gehörendes Mietshaus gewinnbringend verkaufen, das Kindesvermögen in Aktien anlegen wollen oder Ähnliches. Die Gewichtigkeit der Angelegenheit wird auch stets dann zu bejahen sein, wenn die Eltern einen Dritten als Fachmann hinzuziehen müssen, einer gerichtlichen Genehmigung bedürfen oder die Inanspruchnahme einer notariellen Beratung vorgeschrieben ist. Indem § 1627 BGB die Eltern in all diesen Fällen ausnahmslos zu einer Einigung verpflichtet und bei nicht zu lösenden Meinungsverschiedenheiten sogar die Möglichkeit einer gerichtlichen Entscheidung nach § 1628 BGB besteht, sind objektiv wichtige Angelegenheiten auch in rechtlicher Hinsicht von erheblicher Bedeutung, was ebenfalls für das Vorliegen eines Rechtsbindungswillens spricht.

Betrifft die Vereinbarung dagegen eine unwichtige, das Kindeswohl kaum oder nicht berührende Angelegenheit und wird sie möglicherweise sogar „im Vorbeigehen" getroffen, liegt in der Regel kein Rechtsbindungswille vor. Es handelt sich dann um rechtlich irrelevante Geschäfte des rein familiären Bereichs. In Anbetracht der vielen kleinen Entscheidungen, die der Alltag den Eltern abverlangt (Weckzeit des Kindes, dessen Kleiderwahl, die Wahl der Speisen und Ge-

---

[398] *Kellmann* in JuS 71, 609 (610 f.); Soergel – *Hefermehl* vor § 116 Rn. 18.
[399] Vgl. BGHZ 21, 102 (106 f.); *Kurr* in FamRZ 78, 2 (3); Waskowiak, S. 56; anders Bauernfeind, S. 219, der aber die Problematik der Fiktion des inneren Willens übersieht.

tränke, der Beginn und die Länge des Mittagsschlafs, der Fernsehkonsum, etc.), werden diese relativ häufig zu bejahen, wenn nicht sogar die Regel sein.

Wie aber das Beispiel einer Vereinbarung, die zur Beilegung einer Streitigkeit zwischen den Eltern getroffen wird, zeigt, kann nicht allein die Belanglosigkeit einer Angelegenheit pauschal die Verneinung des Rechtsbindungswillens und damit der Rechtsgeschäftlichkeit der Vereinbarung rechtfertigen. Denn unabhängig davon, wie bedeutungslos eine Angelegenheit auch sein mag, sofern sie zu einem fortwährenden Elternstreit führt, kommt einer endlich erzielten Einigung aus der Sicht der Eltern ein besonderes Gewicht zu. Dies gilt erst recht, wenn sich ein Elternstreit zu einem partnerschaftlichen Zerwürfnis ausweitet und die Vereinbarung nicht nur der Beilegung einer sachlichen Streitigkeit, sondern auch der Abwicklung der partnerschaftlichen Trennung dient. Zudem schüren Streitigkeiten gerade auch dann das Misstrauen zwischen den Elternteilen, wenn ein Elternteil die Einhaltung einer Vereinbarung nicht überprüfen kann, z.B., weil der Vater tagsüber arbeitet oder sich vorübergehend von der Mutter räumlich getrennt hat und deshalb nicht kontrollieren kann, ob die Mutter tatsächlich, wie nach langwierigen Diskussionen vereinbart, den Computer- und Fernsehkonsum des Kindes konsequent auf eine Stunde täglich begrenzt oder aber die aufreizende Kleiderwahl der pubertierenden Tochter unterbindet. Legen die Eltern beispielsweise gesteigerten Wert auf eine vegetarische Ernährung, so ist die Einigung über Essensangelegenheiten, ganz abgesehen von etwaigen Streitigkeiten, auch hier jeweils dem subjektiv wichtigen Bereich zuzuordnen.

Einigen sich die Eltern also über eine Angelegenheit, der sie subjektiv eine besondere Bedeutung beimessen, werden sie ein besonderes Interesse daran haben, den anderen nicht nur moralisch, sondern auch rechtlich zu binden. Mithin liegt auch bei subjektiv wichtigen Angelegenheiten ein Rechtsbindungswille regelmäßig vor. Ob eine (mitunter völlig banale) Angelegenheit aus der Sicht der Eltern von besonderer Bedeutung ist, lässt sich objektiv aus dem Grund und dem Zweck der Vereinbarung sowie aus den Umständen ihres Zustandekommens erkennen. Anders als bei objektiv wichtigen Angelegenheiten kommt es hier aber noch stärker auf die Betrachtung des Einzelfalles an.

(2) Möglichkeit des elterlichen Einvernehmens als rechtsgeschäftsähnliche Handlung

Der Rechtsbindungswille kann also gegebenenfalls zu bejahen sein, so dass dieses Kriterium einer Willenserklärung erfüllt sein kann. Eine Willenerklärung setzt aber weiter voraus, dass der Erfolg nicht unmittelbar aus dem Gesetz folgt. Fraglich ist daher, ob das elterliche Einvernehmen im Einzelfall auch eine rechtsgeschäftsähnliche Handlung sein kann. Voraussetzung einer rechtsgeschäftsähnlichen Handlung ist, dass sich deren Rechtsfolgen vollständig aus dem

Gesetz ergeben und diese also im Gegensatz zum Rechtsgeschäft ganz und gar vom Willen des Erklärenden unabhängig sind. Die Übertragung dieser Definition auf das elterliche Einvernehmen stößt allerdings auf gewisse Schwierigkeiten. Üblicherweise werden nämlich einzelne Wissens- oder Willensmitteilungen unter den Begriff der rechtsgeschäftsähnlichen Handlung subsumiert.[400] Vorliegend bewirkt aber erst die Einigung, d.h. zwei übereinstimmende Erklärungen, den Eintritt der Rechtsfolge, während die einzelne Erklärung eines Elternteils wirkungslos bleibt.[401] Eine Einigung als eine rechtsgeschäftsähnliche Handlung zu bezeichnen, erscheint daher widersprüchlich, jedenfalls aber sprachlich missglückt. Hierüber könnte aber möglicherweise noch mit der Annahme eines Sonderfalles der rechtgeschäftsähnlichen Handlung hinweggesehen werden, zumal immerhin die zweite Erklärung zur Einigung und damit zum Eintritt der gesetzlichen Rechtsfolge des § 1627 BGB führt.

Ein zweites Problem tritt ein, wenn sich der Blick auf die tatsächlichen Umstände einer entsprechenden Einigung richtet. So würde die Konstruktion der rechtsgeschäftsähnlichen Handlung zunächst voraussetzen, dass sich die Eltern über eine wichtige Angelegenheit im Sinne des § 1627 BGB einigen. Dabei müsste aber der Rechtsbindungswille, der aufgrund der objektiven Wichtigkeit der Angelegenheit an sich vermutet würde, durch andere außerordentliche Umstände außer Kraft gesetzt werden; andernfalls läge keine rechtsgeschäftsähnliche Handlung, sondern ein Rechtsgeschäft vor. Dies ist praktisch nicht vorstellbar. In einem solchen Fall würden diese außerordentlichen Umstände nicht nur den vermuteten Rechtsbindungswillen entkräften, sondern darüber hinaus auch das Vorliegen der Einigung selbst in Frage stellen.

Gleichwohl mögen die erforderlichen Voraussetzungen einer „rechtsgeschäftsähnlichen Einigung“ im Einzelfall nicht nur bloße Theorie bleiben, so dass als letzte Voraussetzung eine gesetzlich eintretende Rechtsfolge vorliegen müsste. Bereits im Rahmen der Anforderungen an die elterliche Willensbildung wurde hervorgehoben, dass die Eltern bei wichtigen Angelegenheiten zu einer Einigung verpflichtet sind. Findet eine Einigung statt, tritt kraft Gesetz eine Bindung der Eltern an diese Einigung ein. Zweifelhaft ist aber, ob die eintretende Rechtsfolge, wie dies die Definition der rechtsgeschäftsähnlichen Handlung verlangt, ganz und gar unabhängig vom Willen der Eltern eintritt, denn schließlich kann erst aufgrund der Willensübereinstimmung der Eltern eine Aussage darüber getroffen werden, woran die Eltern konkret gebunden sind. Mithin führt erst die Willensübereinstimmung zu der für den Eintritt der Rechtsfolge notwendigen Konkretisierung. Im Unterschied zu anderen rechtsgeschäftsähnlichen

[400] Das Gesetz spricht von „Anzeigen“, „Benachrichtigungen“ oder „Aufforderungen“.

[401] Dieser Ansicht ist wohl auch Bauernfeind (S. 221), wenn er ausführt: „die Rechtfolge, die sich aus einer Nicht-Einigung ergibt, kann schon rein begrifflich nicht die Rechtsfolge einer Einigung sein.“

Handlungen setzt eine gesetzlich eintretende Bindungswirkung somit immer einen konkretisierenden Willen der Parteien voraus.

Sieht man aber auch über diese Bedenken hinweg, so ist die maßgebliche Rechtsfolge in der gesetzlichen Bindungswirkung der Einigung zu sehen. Verfehlt wäre es, auf die Pflichtwidrigkeit abzustellen, wenn ein Elternteil entgegen der getroffenen Einigung handelt.[402] In diesem Fall wäre der Auslöser der Rechtsfolge nämlich nicht die Einigung (die zweite Erklärung), sondern das einigungswidrige Verhalten. Das Handeln entgegen einer bestehenden Einigung wäre also in der Tat als Rechtshandlung zu bezeichnen. Gleiches trifft auf ein Handeln ohne vorherige Einigung zu, da dieses aufgrund der Pflicht zur Einigung ebenfalls originär eine Pflichtverletzung auslöst.

Im Gegensatz zu objektiv wichtigen Angelegenheiten wäre es bei Angelegenheiten, die allein aus der Sicht der Eltern wichtig sind, verfehlt, eine gesetzliche Bindungswirkung anzunehmen.[403] Da das Kindeswohl kein Eingreifen des staatlichen Wächters im Sinne einer gesetzlichen Bindungswirkung fordert, läge keine Rechtfertigung und damit ein Verstoß gegen die grundgesetzlich geschützte Elternautonomie vor. Bei subjektiv wichtigen Angelegenheiten ist eine Bindungswirkung daher nur dann anzunehmen, wenn ein entsprechender Rechtsbindungswille und mithin ein Rechtsgeschäft vorliegt. Wenn aber bei subjektiv wichtigen Angelegenheiten die fragliche Rechtsfolge nur privatautonom, nicht jedoch kraft Gesetz eintritt, scheidet die Annahme einer rechtsgeschäftsähnlichen Handlung von vornherein aus.

(3) Zusammenfassung

Bei dem elterlichen Einvernehmen handelt es sich somit entweder um ein Rechtsgeschäft oder um ein Geschäft des rein familiären Bereiches. Für die Abgrenzung ist, wie im übrigen Privatrecht auch, auf das bekannte Kriterium des Rechtsbindungswillens zurückzugreifen. Soweit er nicht ausdrücklich formuliert wurde, wird der Rechtsbindungswille durch objektive Kriterien bestimmt. Bei objektiv wichtigen Angelegenheiten wird er regelmäßig indiziert, bei Angelegenheiten, die nur aus der Sicht der Eltern von Bedeutung sind, aber keine Auswirkungen auf das Kindeswohl haben, in der Regel zu bejahen und bei unwichtigen Angelegenheiten in der Regel abzulehnen sein. Ausschlaggebend ist die Betrachtung des Einzelfalles. Die Möglichkeit, das elterliche Einvernehmen als

---

[402] So aber Waskowiak, S. 131 ff. Im Gegensatz zu den übrigen Autoren, die eine rechtsgeschäftsähnliche Handlung annehmen, ist er allerdings der einzige, der sich überhaupt mit den Voraussetzungen einer rechtsgeschäftsähnlichen Handlung auseinandersetzt.

[403] Auch bei § 1687 I 1 BGB kommt es bei der Frage, ob es sich um eine wichtige Angelegenheit handelt und damit die Verpflichtung zum Einvernehmen besteht, allein auf die objektive Betrachtung an, vgl. MüKom – *Finger* § 1687 Rn. 5; anders aber Waskowiak, S. 140 ff.

rechtsgeschäftsähnliche Handlung zu qualifizieren, besteht nur in seltenen Ausnahmesituationen allein bei objektiv wichtigen Angelegenheiten, so dass diese Form des rechtserheblichen Handelns im Rahmen der Qualifizierung vernachlässigt werden kann.

d. Anwendbarkeit der Regeln über Rechtsgeschäfte

Unabhängig davon, ob das elterliche Einvernehmen als Rechtsgeschäft oder im Einzelfall als rechtsgeschäftsähnliche Handlung eingeordnet wird, hat diese Unterscheidung im Hinblick auf ihre Rechtsfolgen nur eine geringe Bedeutung, da auf beide Handlungsformen die Regeln über Willenserklärungen anwendbar sind.

aa. Form, Bedingungen und Befristungen, Geschäftsfähigkeit und Vertretung

Es wurde bereits darauf hingewiesen, dass die elterliche Einigung aufgrund der gebotenen Flexibilität der Eltern grundsätzlich formfrei möglich ist. Aus dem gleichen Grund sind auch bedingte oder befristete Ausübungsvereinbarungen möglich. Auch wenn bislang große Ähnlichkeiten vorliegen, kann das rechtsgeschäftliche oder rechtsgeschäftsähnliche elterliche Einvernehmen aber wegen seines personenrechtlichen Inhalts nicht vollständig schuldrechtlichen Einigungen gleichgestellt werden. So ist die Fähigkeit zur Einigung bereits mit der elterlichen Sorge – bei Teilung, Ruhen oder Entzug in dem maßgeblichen Entscheidungsbereich – gegeben und damit nur mittelbar von den Regeln für die Geschäftsfähigkeit abhängig.[404] Aufgrund der höchstpersönlichen Natur der elterlichen Einigung ist eine Vertretung der Eltern ausgeschlossen.

Die Nichtigkeit der elterlichen Vereinbarung kann sich neben den erwähnten Verzichtserwägungen im Übrigen aus jedem anderen Grund ergeben, der einen Verstoß gegen ein gesetzliches Verbot im Sinne des § 134 BGB oder einen Verstoß gegen die guten Sitten gemäß § 138 BGB darstellt.

bb. Bindungswirkung

Ihre eigentliche Bedeutung entfaltet die Qualifizierung der elterlichen Einigung bei der Frage nach der Bindungswirkung und mithin bei der Möglichkeit des Abweichens und des Widerrufs. Hier folgt die Elterneinigung besonderen „familienrechtlichen Eigengesetzlichkeiten“.[405]

---

[404] Gernhuber / Coester-Waltjen § 58 II 1, S. 915; vgl. aber auch unten 4. Kapitel, S. 248 ff.
[405] MüKom – *Huber* § 1627 Rn. 9.

Da jedes elterliche Einvernehmen dem Kindeswohl verpflichtet ist und bleibt und die Entwicklung des Kindes kein statischer, vorhersehbarer Prozess ist, weist die Geschäftsgrundlage dieser Vereinbarungen stets eine besondere Dynamik auf.[406] Sofern aber durch eine dem elterlichen Einvernehmen entspringende Maßnahme das Wohl des Kindes beeinträchtigt wird, folgt aus der Eigenverantwortung jedes Elternteils, dass ein Überprüfen der eigenen Entschlüsse und ein jederzeitiges Abweichen von der Vereinbarung nicht nur das Recht, sondern auch die Pflicht eines jeden Elternteils ist, und zwar unabhängig davon, ob eine veränderte Situation eingetreten ist oder nicht.[407] Die gesetzliche und / oder rechtsgeschäftliche Bindung an eine elterliche Vereinbarung reicht also nur soweit, wie es das Kindeswohl erfordert und zulässt.[408] Fraglich ist demnach allein, ob die Eltern ihre Vereinbarungen jenseits der Kindeswohlgrenze, wo eine Erziehungsmaßnahme das Kindeswohl nicht nachteilig berührt, ebenfalls frei widerrufen können. Die Möglichkeit eines Widerrufs wird hier zwar einhellig bejaht, gleichwohl bestehen zum Teil erhebliche Differenzen im Hinblick auf die Voraussetzungen eines Widerrufs.

Ganz überwiegend wird die Ansicht vertreten, es bestehe ein freies Widerrufsrecht.[409] Dem wird aber entgegengehalten, die Möglichkeit des freien Widerrufs öffne „der Laune und Willkür Tür und Tor“[410] und führe „zur Tyrannis des ewigen Neuerers unter den Elternteilen“[411]. Ein Widerruf sei deshalb nur bei begründetem Anlass zulässig.

Einschränkungen oder Differenzierungen werden allerdings auch von denjenigen Autoren vorgenommen, die einen freien Widerruf befürworten. So wird zum Teil ein freier Widerruf nur für solche Vereinbarungen angenommen, die (noch) nicht ausgeführt wurden. In diesem Fall forderten die Interessen des Kindes keine Stabilität. Einigungen, die hingegen mit der Intention der Dauer in die Tat umgesetzt worden wären, sollten bis zu einer Entscheidung des Familiengerichts im Elternstreit bindend sein und damit Stabilität in den wichtigsten Lebensfragen verbürgen.[412] Andere Autoren nehmen einen Ausschluss des einseitigen Widerrufs an, wenn die Aufhebung des elterlichen Einvernehmens das Kindeswohl beeinträchtigen könnte, was in der Regel der Fall sei, wenn die ursprünglich gemeinsam beschlossene Maßnahme bereits eingeleitet worden sei, oder wenn der Widerruf missbräuchlich sei, z.B. eine bloße Schikane gegenüber

---

[406] *Schwab* in DNotZ 98, 437 (446).
[407] Ganz h.M. vgl. statt vieler Staudinger - *Peschel-Gutzeit* § 1627 Rn. 16.
[408] Vgl. *Schwab* in DNotZ 98, 437 (446).
[409] Vgl. *Lange, Hermann* in NJW 61, 1889 (1890); Soergel – *Strätz* § 1627 Rn. 5; RGRK – *Wenz* § 1627 Rn. 7; MüKom – *Huber* § 1627 Rn. 11; Staudinger – *Peschel-Gutzeit* § 1627 Rn. 17; Rauscher § 33 II Rn. 978.
[410] Erman – *Michalski* § 1627 Rn. 6; ähnlich Sellmer, S. 123.
[411] *Gernhuber* in FamRZ 65, 227 (228).
[412] Gernhuber / Coester-Waltjen § 58 II 1, S. 916.

dem anderen Elternteil darstelle.[413] Wieder andere differenzieren anhand des Gegenstandes der elterlichen Einigung. Wenn dieser einen ganzen Komplex von Ausübungsfragen betreffe, sei sie frei widerruflich. Nur eine schikanöse Rechtsausübung könne die Rechtsbindung nicht beseitigen. Im Gegensatz dazu seien „Spezialeinigungen" verbindlich und nur aus Gründen des Kindeswohls widerruflich.[414]

Die Ansicht, die sich auf die Bedeutung der Eigenverantwortung der Eltern stützt und ein freies, d.h. nicht auf einen Begründungszwang angewiesenes, Widerrufsrecht befürwortet, verdient Zustimmung. Unter Beachtung des Gesamtkonzeptes ihrer Erziehung, das von der nötigen Kontinuität geprägt sein soll, müssen die Eltern jede Sorgerechtsmaßnahme verantworten, egal ob es sich um eine wichtige, das Kindeswohl berührende Angelegenheit handelt oder nicht. Eine Veränderung der äußeren Umstände oder auch nur eine durch neue Erfahrungen und Erkenntnisse gewandelte innere Einstellung können die plötzliche Ablehnung einer einvernehmlichen Erziehungsmaßnahme begründen; sie verpflichtet und berechtigt den betreffenden Elternteil, seiner eigenen Verantwortung gegenüber dem Kind gerecht zu werden und seine Vereinbarung zu widerrufen.[415] Hierfür darf es keinen Unterschied machen, ob die zugrunde liegende Einigung spezieller oder genereller Natur ist.

Soweit argumentiert wird, eine freie Widerrufbarkeit schüre Willkür und Tyrannei unter den Elternteilen, wird übersehen, dass der Ausschluss eines freien Widerrufsrechtes nicht das eigentliche Problem lösen würde. Denn in diesen Fällen sind die Eltern nicht mehr kooperationsfähig. Folglich fehlt die notwendige Basis des gemeinsamen Sorgerechts, so dass eine Lösung des Problems nur noch über einen Antrag nach § 1671 II BGB erreicht werden kann. Die erforderliche Trennung der Eltern ist angesichts der beschriebenen Szenarien wahrscheinlich. Abgesehen davon hätte ein Elternteil, der die Vereinbarung willkürlich oder zur Schädigung des anderen Elternteils widerrufen wollte, von vornherein kein Widerrufsrecht. Dieses setzt nämlich ein Handeln zur Ausübung der elterlichen Sorge voraus, was in den genannten Fällen nicht der Fall ist. Folglich wäre ein Widerruf ohnehin unbeachtlich und die getroffene Einigung bestünde fort. Würde eine Einigung trotz des Bedürfnisses des einen Teils, die Einigung zu widerrufen, fortbestehen, läge im Übrigen schon ein Verstoß gegen den Wortlaut des § 1627 BGB vor. Denn in dieser Situation kann nicht mehr von einem einvernehmlichen Handeln gesprochen werden. Zudem würde auch der Ansicht des an der Einigung festhaltenden Elternteils ein größeres rechtliches

---

413 MüKom – *Huber* § 1627 Rn. 10; zum Ausschluss des missbräuchlichen Widerrufs vgl. auch *Siebert* in NJW 55, 1 (2) und *Paulick* in FamRZ 58, 1 (3).
414 Waskowiak, S. 103 ff.
415 Vgl. Staudinger – *Peschel-Gutzeit* § 1627 Rn. 17.

Gewicht eingeräumt werden, was einer gleichberechtigten Sorgerechtsausübung widerspräche.

Gleichwohl darf die Durchsetzung der eigenen Interessen im Wege eines zulässigen Widerrufs nicht dazu führen, dass der auf die verbindlich gewollte Vereinbarung vertrauende Elternteil vollständig übergangen und so der Ansicht des widerrufenden Elternteils eine größere Bedeutung eingeräumt wird. Im Gegensatz zu Geschäften des rein familiären Bereichs, von denen ohne weiteres abgewichen werden darf, kann daher auch die freie Widerrufbarkeit der rechtsgeschäftlichen Vereinbarung kein eigenmächtiges Handeln und folglich eine Befreiung von der Pflicht zum elterlichen Einvernehmen rechtfertigen.[416]

Während bei objektiv wichtigen Angelegenheiten § 1627 S. 1 BGB die Eltern zur Einigung verpflichtet sind, folgt die Pflicht zur erneuten Einigung bei subjektiv wichtigen Angelegenheiten aus der rechtsgeschäftlichen Vereinbarung selbst. Hier haben die Eltern mit ihrem Rechtsbindungswillen nicht nur die für sie bestehende Bedeutung der Angelegenheit unterstrichen, sondern sie haben zugleich ihrer Stellung als Inhaber des Konkretisierungsprimats im Hinblick auf das Kindeswohl Ausdruck verliehen. Indem sie also autonom das Kindeswohl konkretisiert haben, haben sie, unabhängig vom Gesetz, den Maßstab ihrer Einigungspflicht festgelegt. Ihr Rechtsbindungswille kann folglich nicht die Möglichkeit eines Widerrufs ausschließen, wohl aber die erneute Einigungsbedürftigkeit dieser Angelegenheit verbindlich festlegen.

Wäre der abweichende Elternteil aber zusätzlich einem Begründungszwang unterworfen, würde dessen Eigenverantwortung gefährdet. Denn derjenige, der sich verbal unterlegen fühlt, würde möglicherweise von vornherein Abstand von einem von ihm als notwendig erachteten Widerruf nehmen, zumal die Frage, ob die Begründung des Widerrufs ausreicht, regelmäßig zum Streitpunkt der Eltern avancieren würde.[417] Diese Abschreckungsmöglichkeit würde darüber hinaus die gemeinsame Erziehungsverantwortung und damit auch das Wohl des Kindes in Frage stellen, da sich der betreffende Elternteil unbemerkt aus der Erziehung zurückzöge. Im Übrigen ist ein vorheriger Begründungszwang ohnehin überflüssig. In jedem Fall begründet ein Widerruf die Pflicht, sich erneut zu einigen. Hierbei liegt es in der Natur der Sache, dass die Gründe, die den betreffenden Elternteil zu einem Widerruf bewogen haben, auch Teil der Diskussion über eine neue Vereinbarung sind.

In seltenen Ausnahmesituationen kann eine Einschränkung des freien Widerrufsrechts notwendig sein, wenn die Aufhebung einer Maßnahme zu einer Gefährdung des Kindeswohls führen würde, was in der Tat nur bei bereits umgesetzten Maßnahmen denkbar ist.[418] Durch die Kindeswohlgefährdung wird das Widerrufsrecht derart eingeschränkt, dass die vorherige Vereinbarung bis zu ei-

[416] Vgl. MüKom – *Huber* § 1627 Rn. 11.
[417] So auch Gernhuber / Coester-Waltjen § 58 II 1, S. 916.
[418] Vgl. MüKom – *Huber* § 1627 Rn. 10.

ner erneuten Einigung fortbesteht. Dabei ersetzt das Kindeswohl die fehlende Willensübereinstimmung der Eltern und bildet nunmehr die Geschäftsgrundlage der Vereinbarung. Im Rahmen des erforderlichen Einigungsprozesses zwingt die Gleichberechtigung der Eltern zur Berücksichtigung der geänderten Ansicht des abweichenden Elternteils.

4. Elternstreit, § 1628 BGB

Misslingt ein Einigungsprozess, können die Eltern zunächst außergerichtlich ein Beratungsangebot im Rahmen der Jugendhilfe in Anspruch nehmen, § 17 SGB VIII. Sofern aber auch mit dieser Unterstützung keine Lösung erzielt werden kann, bleibt ihnen nur noch der Weg zum Familiengericht, das gemäß § 1628 BGB entscheidet.

Voraussetzung eines gerichtlichen Eingreifens sind der Antrag eines Elternteils und die mangelnde Einigung der Eltern in einer einzelnen Angelegenheit oder in einer bestimmten Art von Angelegenheiten der elterlichen Sorge, deren Regelung für das Kind von erheblicher Bedeutung ist. Insbesondere mit der letzten Einschränkung soll verhindert werden, dass die Eltern auch wegen Nebensächlichkeiten ihre Verantwortung an das Familiengericht abgeben. Eine Angelegenheit ist somit nicht allein deshalb „wichtig“, weil sich die Eltern nicht einigen können.[419]

Mit der Forderung nach einem konkreten situativen Bezug gibt § 1628 BGB eine enge Auslegung vor. Andernfalls bestünde die Gefahr, dass sich die Wirkungen einer nach § 1628 BGB ergangenen Entscheidung einem Teilentzug der elterlichen Sorge annähern würden. Dieser unterliegt aber den strengen Voraussetzungen der §§ 1666 ff. BGB, welche bei einer weiten Tatbestandsauslegung des § 1628 BGB unterlaufen werden würden.[420]

Schlagen auch die Bemühungen des Familiengerichts um eine Einigung der Eltern (§ 52 I 1 FGG) fehl, darf das Gericht wegen der zu beachtenden Elternautonomie gemäß Art. 6 II 1 GG nicht in der Sache entscheiden. Es muss sich darauf beschränken, die Entscheidungsbefugnis in der umstrittenen Angelegenheit einem Elternteil samt alleiniger Vertretungsbefugnis zu übertragen.[421] Vorzuziehen ist derjenige Elternteil, dessen Standpunkt nach der Überzeugung des Gerichts am ehesten geeignet ist, in der streitigen Angelegenheit eine am Kindeswohl orientierte Entscheidung zu treffen.[422] Das Gericht darf dem Antrag auch nur teilweise entsprechen oder die übertragene Entscheidungsbefugnis mit Auflagen oder Beschränkungen versehen (§ 1628 S. 2 BGB). Allerdings darf es

---

[419] Palandt – *Diederichsen* § 1628 Rn. 3.
[420] *OLG Zweibrücken* in FamRZ 01, 186; Palandt – *Diederichsen* § 1628 Rn. 2.
[421] *BVerfG* in FamRZ 03, 511(511).
[422] *BVerfG* in FamRZ 03, 511(511); Schwab, FamR, Rn. 575.

sich nicht um eine so gravierende Veränderung des Elternvorschlages handeln, dass praktisch eine Entscheidung des Familiengerichts an seine Stelle tritt.[423] Ist keiner der beiden Elternvorschläge mit dem Kindeswohl vereinbar oder die Angelegenheit unwichtig, verweigert das Gericht eine Stellungnahme durch eine Negativentscheidung.[424] Gefährden beide Vorschläge oder die Nichteinigung der Eltern das Kindeswohl, trifft es gegebenenfalls von Amts wegen Maßnahmen nach §§ 1666, 1666a BGB.[425]

Da die vom Familiengericht getroffene Konfliktlösung ein Surrogat für § 1627 BGB darstellt, steht sie (bis zur Grenze des § 1666 BGB) zur freien Disposition der Eltern. Die Eltern können sich jederzeit auf die Ausführung des „unterlegenen" Vorschlags einigen oder sich über eine neue Lösung verständigen.[426] Das Gericht selbst kann seine Entscheidung nach § 1696 I BGB ändern.

II. Dauernd getrennt lebende Eltern, § 1687 BGB

Nachdem die Anforderungen, die das gemeinsame Sorgerecht an ein zusammenlebendes Elternpaar stellt, erörtert wurden, rücken nun dauernd getrennt lebende Eltern in den Mittelpunkt der Betrachtung. Mehrfach angeklungen ist bereits die Tatsache, dass ein dauerhaftes Getrenntleben weder der Begründung der gemeinsamen Sorge nach § 1626a I Nr. 1 BGB noch der Aufrechterhaltung eines bereits bestehenden gemeinsamen Sorgerechts entgegensteht. Der Anwendungsbereich des § 1627 BGB ist folglich auch dann eröffnet, wenn die Mutter mit dem Kind in Hamburg und der Vater in München lebt.

Gerade dieses Beispiel zeigt aber, dass die Forderung, in grundsätzlich allen Bereichen der Sorgerechtsausübung einvernehmlich zusammenzuwirken, speziell in alltäglichen Angelegenheiten kaum erfüllbar ist. Denn es liegt auf der Hand, dass der in München lebende Vater aufgrund seines eingeschränkten Kontakts zum Kind gar nicht in der Lage sein wird, zu beurteilen, welche Handlungen und Reaktionen die tägliche Pflege und Erziehung des Kindes verlangen. Hätte er aber dennoch ein Mitentscheidungsrecht, würde sich die mit dem Kind zusammenlebende Mutter nicht nur unflexibel, sondern auch insgesamt benachteiligt fühlen. Das Resultat wären Streitigkeiten über vergleichsweise unwichtige Fragen, die das Funktionieren der gemeinsamen Sorge gefährden und damit auch der Begründung des gemeinsamen Sorgerechts entgegenstehen könnten.

Dieser konfliktträchtigen Trennungssituation will § 1687 BGB durch ein System abgestufter Befugnisse Rechnung tragen.[427] Danach sieht das Gesetz in

---

423 BT-Drs. 8 / 2788, S. 46; kritisch hierzu Staudinger – *Peschel-Gutzeit* § 1628 Rn. 45 ff.

424 *OLG Köln* in FamRZ 67, 293; Palandt – *Diederichsen* § 1628 Rn. 6.

425 Palandt – *Diederichsen* § 1628 Rn. 6.

426 Gernhuber / Coester-Waltjen § 58 II 5, S. 920; MüKom – *Huber* § 1628 Rn. 22.

427 BT-Drs. 13 / 4899, S. 107; FamRefK – *Rogner* § 1687 Rn. 3: „latenter Konfliktherd" sollte ausgeschaltet werden; Palandt (59.Aufl.) – *Diederichsen* § 1687 Rn. 3: „praktikabler Kom-

Angelegenheiten von erheblicher Bedeutung auch weiterhin das gegenseitige Einvernehmen der Eltern vor (Abs. 1 S. 1). In Angelegenheiten des täglichen Lebens besteht dagegen eine Alleinentscheidungsbefugnis des Elternteils, bei dem sich das Kind gewöhnlich aufhält (Abs. 1 S. 2). Bei vorübergehenden Aufenthalten beim anderen Elternteil hat dieser eine Alleinentscheidungsbefugnis in Angelegenheiten der tatsächlichen Betreuung (Abs. 1 S. 4). §§ 1687 I 5, 1684 II 2 BGB weisen die Eltern im Übrigen ausdrücklich auf die ihnen obliegenden Loyalitätspflichten hin.[428]

Erforderlich für das Eingreifen des § 1687 BGB ist das „dauernde Getrenntleben" der Eltern. Da es allein auf das Nichtbestehen einer Lebensgemeinschaft ankommt und die Ablehnung der Lebensgemeinschaft für die Zukunft vom Sinn und Zweck des § 1687 BGB nicht gefordert wird, führt ein erneutes Zusammenleben der Eltern, z.B. zu Versöhnungszwecken – anders als bei § 1567 II BGB – zur Aufhebung der gesetzlichen Wirkungen des § 1687 I BGB. Die gemeinschaftliche Zuständigkeit für alle Angelegenheiten der elterlichen Sorge lebt also automatisch wieder auf.[429]

1. Alleinentscheidungsbefugnis

a. Angelegenheiten des täglichen Lebens (§ 1687 I 2 BGB)

Ziel der gesetzlichen Regelung ist es, „dass der Elternteil, bei dem das Kind lebt, sich nicht ständigen Auseinandersetzungen über Detailfragen mit dem anderen Elternteil ausgesetzt sieht."[430] Mithin hat der Elternteil, bei dem sich das Kind gewöhnlich aufhält, die Befugnis, in Angelegenheiten des täglichen Lebens alleine zu entscheiden, § 1687 I 2 BGB. Ausgangspunkt dieser Kompetenzzuweisung ist der rechtmäßige, d.h. auf der Einwilligung des anderen Elternteils[431] oder auf einer gerichtlichen Entscheidung[432] beruhende gewöhnliche Aufenthalt des Kindes bei einem Elternteil. Der Gesetzgeber legt hiermit das statistisch bei getrennt lebenden Eltern am häufigsten vorkommende „Residenzmodell" zugrunde, wonach das Kind überwiegend oder ausschließlich bei einem Elternteil lebt und Kontakte verbunden mit entsprechenden Aufenthalten bei dem anderen Elternteil unterhält.[433]

---

promiss"; *Schwab* in FamRZ 98, 457 (458): gesetzlich festgelegte Struktur – „Alleinsorge mit einer Mitbestimmung des anderen Teils in wichtigen Angelegenheiten".

[428] Johannsen / Henrich – *Jaeger* § 1687 Rn. 10

[429] Schwab, FamR., Rn. 670; ähnlich auch Staudinger – *Salgo* § 1687 Rn. 10.

[430] BT-Drs. 13 / 8511, S. 67.

[431] *OLG Stuttgart* in FamRZ 99, 39 (40).

[432] *OLG Nürnberg* in FamRZ 99, 1160 (1161). Denkbar ist sowohl eine Teilregelung nach § 1671 BGB als auch eine Entscheidung nach § 1628 BGB.

[433] Palandt – *Diederichsen* § 1687 Rn. 3.

Den Eltern stehen aber auch andere Kinderbetreuungsmodelle zur Verfügung: zum einen das „Nestmodell", bei dem das Kind seinen festen Aufenthalt in einer Wohnung hat, in der es abwechselnd von Mutter oder Vater betreut wird, und zum anderen das „Wechselmodell", bei dem das Kind abwechselnd je eine Zeit lang beim Vater und bei der Mutter lebt. Um dem gesetzgeberischen Ziel der Konfliktvermeidung in Alltagsangelegenheiten auch in diesen Fällen gerecht zu werden, reicht es nicht aus, die Eltern jeweils auf die reduzierten Betreuungskompetenzen des § 1687 I 4 BGB zu verweisen, vielmehr wechselt die Alleinentscheidungsbefugnis gemäß § 1687 I 2 BGB von einem Elternteil auf den anderen.[434]

Die Alleinentscheidungsbefugnis besteht nur bei Angelegenheiten des täglichen Lebens. Was hierunter zu verstehen ist, definiert § 1687 I 3 BGB. Danach sind Angelegenheiten des täglichen Lebens „in der Regel solche, die häufig vorkommen und keine schwer abzuändernden Auswirkungen auf die Entwicklung des Kindes haben". Weiteres ergibt sich aus tragenden Reformgedanken: Es soll einerseits der Lebensalltag des versorgenden Elternteils nicht allzu sehr beschnitten werden, indem dieser den anderen Elternteil wegen seines Mitspracherechts ständig wegen jeder Kleinigkeit befragen muss. Andererseits darf die Alleinentscheidungsbefugnis nicht soweit reichen, dass die gemeinsame elterliche Sorge zu einer „leeren Hülse" wird, aus der sich tatsächlich keine eigenen Mitwirkungsbefugnisse (mehr) ableiten.[435] Unter diesen Voraussetzungen gehören zu den Angelegenheiten des täglichen Lebens im Bereich der Personensorge beispielsweise der Schulalltag, Essensfragen, Freizeitgestaltung wie der Umgang mit Freunden oder der Fernsehkonsum und die gewöhnliche medizinische Versorgung. Zur Alltagssorge im Bereich der Vermögenssorge zählen etwa Fragen im Zusammenhang mit dem Taschengeld (§ 110 BGB) oder die Verwahrung kleinerer Geldgeschenke.

Zwar regelt das Gesetz nicht ausdrücklich, ob die Alleinentscheidungsbefugnis auch die alleinige Vertretungsmacht nach sich zieht, um aber eine sinnvolle Umsetzung des § 1687 I 2 BGB zu gewährleisten und die Rechtssicherheit nicht zu gefährden, muss dies gleichwohl bejaht werden.[436]

---

[434] Staudinger – *Salgo* § 1687 Rn. 15; Palandt – *Diederichsen* § 1687 Rn. 3; a.A.: Sellmer, S. 116, die eine Gefährdung u.a. der Erziehungskontinuität sieht. Hiergegen spricht aber, dass die Eltern die Grundfragen der Erziehung ohnehin einvernehmlich regeln müssen (§ 1687 I 1 BGB), so dass die Kontinuität gewahrt bleibt.

[435] BT-Drs. 13 / 8511, S. 67

[436] *Schwab* in FamRZ 98, 457 (470); Palandt – *Diederichsen* § 1687 Rn. 9; MüKom – *Finger* § 1687 Rn. 14; Sellmer, S. 110.

b. Angelegenheiten der tatsächlichen Betreuung (§ 1687 I 4 BGB)

Der Elternteil, bei dem sich das Kind gewöhnlich nicht aufhält, hat während des (rechtmäßigen) Aufenthalts des Kindes in Angelegenheiten der tatsächlichen Betreuung die Befugnis zur alleinigen Entscheidung (§ 1687 I 4 BGB). Die Entscheidungsbefugnis des betreuenden Elternteils fällt aber zwangsläufig geringer aus als die Entscheidungsbefugnis des Elternteils, bei dem das Kind gewöhnlich lebt: Abs. 1 S. 4 soll gewährleisten, dass der betreuende Elternteil seiner Obhutsaufgabe gerecht werden kann; die Entscheidungsbefugnis ergibt sich folglich eher aus der Natur der Sache als aus dem Sorgerecht.[437] So gehört zur tatsächlichen Betreuung beispielsweise die Entscheidung darüber, was das Kind zu essen bekommt oder wann es ins Bett geht.[438] Alleinentscheidungsbefugnisse im Sinne des § 1687 I 2 BGB stehen dem betreuenden Elternteil nicht zu.

Wie bei S. 2 ist auch bei S. 4 die interne Handlungsbefugnis um die rechtsgeschäftliche Vertretungsmacht im Außenverhältnis zu ergänzen, doch erfasst sie nur den engen Bereich, für den S. 4 auch sonst eingreift.[439]

Gemäß § 1687 I 5 i.V.m. § 1629 I 4 BG steht jedem Elternteil bei Gefahr im Verzug die Alleinentscheidungsbefugnis, verbunden mit einem alleinigen Vertretungsrecht zu.

2. Einvernehmen bei Angelegenheiten von erheblicher Bedeutung (§ 1687 I 1 BGB)

Etwas anderes gilt dagegen bei Angelegenheiten, „deren Regelung für das Kind von erheblicher Bedeutung ist“; gemäß §§1687 I 1, 1627 S.1 BGB müssen diese trotz Trennung im gegenseitigen Einvernehmen ausgeführt werden. Eine klare Abgrenzung zwischen Alltagsangelegenheiten und Angelegenheiten von erheblicher Bedeutung ist praktisch nicht möglich: In der Erziehung, und vor allem in der Pubertät des Kindes kann nahezu jedes Alltagsproblem unversehens ins Grundsätzliche umschlagen und damit für das Kind von erheblicher Bedeutung sein.[440] Um die angestrebte Konfliktentlastung herbeizuführen, ist zur Abgrenzung beider Bereiche auf einen objektiven Maßstab zurückzugreifen, so dass es weder auf die Auffassung des Kindes noch grundsätzlich auf die Auffassung der Eltern ankommt.[441] Gleichwohl gilt es den Einzelfall zu berücksichtigen.

---

[437] Staudinger – *Salgo* § 1687 Rn. 52; Palandt – *Diederichsen* § 1687 Rn. 12.
[438] BT-Drs. 13 / 4899, S. 108.
[439] Lipp / Wagenitz § 1687 Rn. 4; MüKom – *Finger* § 1687 Rn. 15; Sellmer, S. 113.
[440] Vgl. *Schwab / Wagenitz* in FamRZ 97, 1375 (1380); Palandt – *Diederichsen* § 1687 Rn. 6.
[441] MüKom – *Finger* § 1687 Rn. 5; Palandt – *Diederichsen* § 1687 Rn. 6; Sellmer, S. 102 f.; vgl. aber auch unten 3. Kapitel, S. 134 ff.

Im Gegenschluss zu § 1687 I 2, 3 BGB zeichnen sich Angelegenheiten von erheblicher Bedeutung jedenfalls dadurch aus, dass sie nicht häufig vorkommen und deshalb auch erhebliche Auswirkungen auf die Entwicklung des Kindes haben oder haben können und ihre Folgen nur mit einigem Aufwand rückgängig gemacht werden können. Darüber hinaus kann zur Konkretisierung auch auf die Rechtsprechung und Literatur zu §§ 1627 und 1628 BGB zurückgegriffen werden, da sich die elterliche Einigungspflicht bzw. die Elternstreitigkeit auch hier jeweils auf „Angelegenheiten von erheblicher Bedeutung" bezieht.[442] Demnach zählen zu den betreffenden Angelegenheiten unter anderem: die Wahl der Schule und der Ausbildungsstätte, Operationen und medizinische Behandlungen mit einem erheblichen Risiko, die fundamentale Grundentscheidung, bei welchem Elternteil das Kind seinen gewöhnlichen Aufenthalt hat, Entscheidungen über einen Wohnortwechsel innerhalb Deutschlands oder über eine Auswanderung, Grundentscheidungen des Umgangs und der Erziehung, Status- und Namensfragen, Fragen der Religion und des Unterhalts sowie grundlegende Fragen der Vermögenssorge.[443]

Die Eltern bestimmen in diesem Fall gemeinsam, und zwar sowohl im Innen- als auch im Außenverhältnis (§§ 1627 S.1, 1629 I 1, 2 BGB). Das Einvernehmen kann vorweg für konkrete oder gattungsmäßig bestimmte Angelegenheiten hergestellt werden oder im Rahmen eines aktuell gewordenen Vorgangs erzielt werden. Es kann sowohl eine gemeinsame Ausführung vorsehen als auch in der Zuweisung der Sache in die Kompetenz eines Elternteils bestehen, mit der dann auch eine entsprechende Bevollmächtigung verbunden ist.[444] Bei Meinungsverschiedenheiten müssen sie versuchen, sich zu einigen (§ 1627 S. 2 BGB). Gelingt dies nicht, besteht die Möglichkeit, den Konflikt über das Familiengericht zu lösen (§ 1628 BGB). Zwar sollten sich die Eltern bei Zweifeln darüber, ob eine bestimmte Angelegenheit erheblich ist oder zu den Alltagsangelegenheiten zählt, auf das Erfordernis des Einvernehmens verständigen,[445] wofür nicht zuletzt auch Art. 6 II 1 GG spricht,[446] ist die Situation aber verfahren, kann die Frage auch gerichtlich nach § 1628 BGB geklärt werden.

3. Eingriffsbefugnis des Familiengerichts, § 1687 II BGB

Gemäß § 1687 II BGB hat das Familiengericht eine antragsunabhängige Kompetenz,[447] die genannten Befugnisse einzuschränken oder ganz und gar auszu-

---

[442] Vgl. oben 3. Kapitel S. 97 ff., 123 f.; so auch Lipp / Wagenitz § 1687 Rn. 2.
[443] BT-Drs. 13 / 4899 S. 58, 107; *Schwab* in FamRZ 98, 457 (469); *Oelkers* in FuR 02, 106 (108) m.w.N.
[444] Johannsen / Henrich – *Jaeger* § 1687 Rn. 11.
[445] Johannsen / Henrich – *Jaeger* § 1687 Rn. 5; a.A.: *DFGT* in FuR 00, 113 (114).
[446] Sellmer, S. 102.
[447] Palandt - *Diederichsen* § 1687 Rn. 16.

schließen. Voraussetzung ist, dass eine solche Maßnahme zum Wohl des Kindes „erforderlich" ist. Da der Normtext dem Nebensatz des § 1671 III 1 BGB a.F. entspricht, kann an die frühere Auslegung dieser Vorschrift angeknüpft werden.[448] Danach müssen triftige, das Wohl des Kindes nachhaltig berührende Gründe für den Eingriff vorhanden sein, die befürchten lassen, dass ohne die Maßnahme eine ungünstige Entwicklung des Kindes oder seiner zu schützenden Interessen in dem betroffenen Bereich eintreten könnte.[449] Damit liegt die Eingriffsschwelle des Gerichts niedriger als bei § 1666 BGB.[450]

Das Gericht kann auch aussprechen, dass ein Elternteil seine Befugnisse aus § 1687 I 2 oder § 1687 I 4 BGB überschritten hat, um Wiederholungen vorzubeugen.[451]

4. Gestaltungsfreiheit der Eltern

a. Bedeutung und rechtliche Qualifizierung von Trennungsvereinbarungen

Elterliche Vereinbarungen haben trotz der gesetzlichen Kompetenzverteilung nicht an Bedeutung verloren. Sie konkretisieren nämlich das „juristische Konstrukt der gemeinsamen Sorge trotz Trennung der Eltern"[452], indem sie die bedeutsamen und unbedeutsamen Fragen des Kindes klären, etwa mit der Regelung der fortlaufenden Kontakte im Sinne des § 1687 I 4 BGB eine kontinuierliche Erziehung des Kindes gewährleisten und Streitigkeiten zwischen den Eltern vorbeugen. Ohne sie liefe folglich das gesetzgeberische Ziel der Konfliktvermeidung und der Attraktivitätssteigerung der gemeinsamen Sorge trotz Trennung leer. Es besteht daher ein großes praktisches Bedürfnis der Eltern, die Angelegenheiten ihres Kindes einvernehmlich zu regeln.

Hinsichtlich der rechtlichen Qualifizierung von Trennungsvereinbarungen kann auf die oben dargelegten Grundsätze verwiesen werden.[453]

Trennungsvereinbarungen können somit Rechtsgeschäfte oder Geschäfte des rein familiären Bereichs sein. Die Abgrenzung erfolgt unter Berücksichtigung des Einzelfalles anhand des Rechtsbindungswillens, der gegebenenfalls durch objektive Kriterien bestimmt wird. Angelegenheiten von objektiver Wichtigkeit indizieren also regelmäßig den Rechtsbindungswillen, der ebenfalls grundsätzlich bei subjektiv wichtigen Angelegenheiten zu bejahen und bei völlig banalen Angelegenheiten in der Regel abzulehnen sein wird. Stärker noch als

---

[448] Johannsen / Henrich – *Jaeger* § 1687 Rn. 12.
[449] Palandt – *Diederichsen* § 1687 Rn. 16; Johannsen / Henrich – *Jaeger* § 1687 Rn. 12.
[450] Palandt – *Diederichsen* § 1687 Rn. 16; MüKom – *Finger* § 1687 Rn. 17.
[451] Palandt – *Diederichsen* § 1687 Rn. 16.
[452] *Schwab* in DNotZ 98, 437 (444).
[453] Vgl. oben 3. Kapitel S. 112 ff.

bei Vereinbarungen zusammenlebender Eltern ist hier allerdings der Trennungssituation Rechnung zu tragen. Gerade der Elternteil, der nicht ständig mit dem Kind zusammenlebt, wird bestrebt sein, seine Vorstellungen über die kindliche Erziehung möglichst verbindlich zu vereinbaren. Da ihm wegen seiner Abwesenheit in der Regel nichts anderes übrig bleibt, als auf die Durchführung und Einhaltung einer Vereinbarung durch den versorgenden Elternteil zu vertrauen, liegt es in seinem Interesse, dieses Vertrauen auch rechtsverbindlich abgesichert zu wissen.

b. Grenzen der Vereinbarung

aa. Kindeswohl und Eigenverantwortung

Grundlage und Grenze jeder Elternvereinbarung ist das Kindeswohl. Verstöße hiergegen begründen die Nichtigkeit der Vereinbarung und können äußerstenfalls ein Einschreiten des Gerichts von Amts wegen gemäß §§ 1666, 1666a BGB nach sich ziehen. Da die Eltern jedenfalls in allen wichtigen Kindesangelegenheiten zu einem einvernehmlichen Handeln verpflichtet sind, ist gerade bei getrennt lebenden Eltern die Gefahr, dass sie sich ihrer Verpflichtung bewusst oder unbewusst zu entziehen suchen, besonders groß. Dies gilt vor allem dann, wenn ein Elternteil – zumeist die Mutter – das Kind bislang allein versorgt hat, weil die Begründung der gemeinsamen Sorge dann zugleich die Aufgabe der bisherigen Selbständigkeit bedeutet. Auch die besondere Situation der Trennung ändert aber nichts daran, dass den Eltern eine privatautonome Disposition über den Bestand der elterlichen Sorge entzogen ist. Sie dürfen also weder direkt auf die elterliche Sorge verzichten noch eine Ausübungsvereinbarung treffen, die ihrer Wirkung nach einem Verzicht gleichkommt. In diesem Sinne muss auch die Zulässigkeit einer der wichtigsten Fragen, die sich Eltern im Falle ihrer Trennung stellen, diejenige nach dem zukünftigen gewöhnlichen Aufenthaltsort des Kindes, beantwortet werden. Auch wenn der Gesetzgeber davon abgesehen hat, die Eltern zur Vorlage eines Sorgeplanes zu zwingen, weil er fürchtete, hiermit einen Anlass für Streitigkeiten zu schaffen,[454] können Eltern die Auseinandersetzung mit dieser Frage nicht vermeiden. Zwar geht das Gesetz grundsätzlich von dem Residenzmodell als gängigster Form der Kinderbetreuung aus. Da die Art und Weise der Sorgerechtsausübung aber zum autonomen Bereich der Eltern zählt, ist die Vorschrift insoweit dispositiv, als die Eltern auch ein anderes Betreuungsmodell wählen können. Wie jede andere Ausübungsvereinbarung sind auch Aufenthaltsvereinbarungen dem Kindwohl verpflichtet und dürfen nicht zu einem vollständigen Ausscheiden eines Elternteils aus der Erziehung führen. Ob dies der Fall ist, entscheidet die Auslegung des Einzelfalles.

---

[454] BT-Drs. 13 / 4899, S. 64.

Bei Trennungsvereinbarungen ist die Frage der Verbindlichkeit der Einigung von besonderer Bedeutung. Zu klären ist daher, ob Trennungsvereinbarungen diesbezüglich den gleichen Regeln folgen, wie Vereinbarungen zusammenlebender Eltern und somit grundsätzlich jederzeit frei widerruflich sind.

Noch in Bezug auf die alte Rechtslage formulierte das *OLG Dresden* in einem Leitsatz: „Eine Vereinbarung der Eltern zur elterlichen Sorge für den Fall der Trennung und der Scheidung in einem notariellen Ehevertrag ist jederzeit durch einen Elternteil frei widerruflich und entfaltet keine Bindungswirkung."[455] Nach der neuen Rechtslage ist die übereinstimmend gewollte Beibehaltung (o-der Begründung) der gemeinsamen Sorge trotz Trennung aber nicht (mehr) Voraussetzung einer gerichtlichen Entscheidung, sondern selbst Grundlage einer ohne gerichtliche Intervention geregelten Kindeserziehung. Dies wirft die Frage auf, ob nach neuer Rechtslage die Elternautonomie und die Bindungswirkung einer elterlichen Vereinbarung nicht anders beurteilt werden müssen.[456]

In diesem Sinne bejahen *Zimmermann* und *Schwab* die Bindung elterlicher Vereinbarungen, soweit diese nicht im Widerspruch zum Wohl des Kindes stehen. Die Bindung stehe zudem unter dem besonderen Vorbehalt des Wandels der Lebensverhältnisse und Lebensbedürfnisse des Kindes, der zur situativen Anpassung verpflichte. Eine zulässige Abweichung von dem vertraglich Vereinbartem bestimme sich durch eine analoge Anwendung des § 1696 I BGB.[457]

Eine im Vergleich zu vertraglichen Ausübungsvereinbarungen zusammenlebender Eltern stärkere Bindungswirkung vertraglicher Trennungsvereinbarungen wäre aber nur dann gerechtfertigt, wenn die Argumente, welche die freie Widerrufbarkeit von Ausübungsvereinbarungen rechtfertigen, nicht auch auf Trennungsvereinbarungen zuträfen.

Dies ist indes der Fall. Tragendes Argument der freien Widerrufbarkeit ist nämlich die Eigenverantwortung der Eltern. Da eine Trennung aber nichts am Bestand und Umfang der Eigenverantwortung ändert, können sich die Eltern ihrer Verpflichtung, Maßnahmen zu überprüfen und gegebenenfalls zu ändern, nicht dadurch entziehen, dass sie eine bis zu den Grenzen des Kindeswohls unwiderrufliche Vereinbarung treffen. Diese „Versteinerung" käme einem Verzicht auf die elterliche Sorge gleich, der ohne Einschaltung des Familiengerich-

---

[455] *OLG Dresden* in FamRZ 97, 49 (50). Die Entscheidung spiegelt die überwiegende Ansicht in Rechtsprechung und Literatur zu der Streitfrage wieder, ob Eltern, die im Sorgerechtsverfahren einen übereinstimmenden Vorschlag unterbreitet haben, ihr gegebenes Einverständnis noch bis zur richterlichen Sorgerechtsregelung einseitig widerrufen können oder nicht, vgl. *Schwab* in DNotZ 98, 437 (444 f.).

[456] *Zimmermann* in DNotZ 98, 404 (423); *Schwab* in DNotZ 98, 437 (446). In Bezug auf die Stärkung der Elternautonomie vgl. *Büdenbender* in AcP (1997) 197, 197 (204 ff.), der allerdings keine Stellung zu Ausübungsvereinbarungen nimmt.

[457] *Zimmermann* in DNotZ 98, 404 (423); *Schwab* in DNotZ 98, 437 (447); zustimmend *Coester* in DEuFamR 99, 3 (10).

tes keinerlei Wirksamkeit entfaltet. Zur Wahrung der im Interesse des Kindes bestehenden Eigenverantwortung der Eltern sind (rechtsgeschäftliche) Trennungsvereinbarungen also ebenfalls frei widerruflich. Die Gestaltungsbefugnis reicht mithin nicht weiter als bei Ausübungsvereinbarungen zusammenlebender Eltern.

Gleichwohl fordert die Eigenverantwortung des widerrufenden Elternteils eine gewissenhafte Abwägung der kollidierenden Interessen. So verlangt die diffizile Lage, in der sich Kinder getrennt lebender Eltern befinden, in gesteigertem Maße nach Stabilität und Kontinuität in der Kindeserziehung, was einem Widerruf vor allem dann entgegenstehen kann, wenn eine Maßnahme bereits umgesetzt wurde. Zudem hat der widerrufende Elternteil das gesteigerte Vertrauen des anderen Elternteils in die Verbindlichkeit der Vereinbarung zu berücksichtigen. Die Gewichtung und den Ausgleich dieser Positionen kann der widerrufende Elternteil aber nur selbst bestimmen. Verfehlt wäre es, hierfür einen objektiven Maßstab i.S.d. § 1696 I BGB vorzugeben.

Etwas anderes gilt erst dann, wenn das Kindeswohl selbst zum begrenzenden Faktor der Eigenverantwortung wird, die Aufhebung der Maßnahme das Wohl des Kindes gefährden würde oder wenn der Widerruf gar nicht Ausdruck der Sorgerechtsausübung wäre, sondern zweckfremden Motiven dienen würde. Wie Vereinbarungen zusammenlebender Eltern ist der Widerruf in diesen Fällen eingeschränkt bzw. gar nicht zulässig.

In jedem Fall zieht eine Qualifizierung als Rechtsgeschäft die Verpflichtung zu einer erneuten Vereinbarung nach einem entsprechenden Widerruf nach sich. Dies ergibt sich bei Alltags- und Betreuungsangelegenheiten aus der vertraglichen Vereinbarung und bei Angelegenheiten von erheblicher Bedeutung darüber hinaus aus §§ 1687 I 1, 1627 S. 1 BGB.

bb. Rechtssicherheit

(1) Keine privatautonome Änderung der Vertretungsmacht

Daneben wird der Gestaltungsrahmen elterlicher Vereinbarungen durch das Prinzip der Rechtssicherheit begrenzt. Die Eltern können demnach nicht die Inhalte und Grenzen der gesetzlich oder gerichtlich festgelegten Vertretungsmacht selbst ändern, indem sie z.B. einvernehmlich die Voraussetzung der Alleinvertretungsbefugnis im Außenverhältnis durch Erklärung herbeiführen (deklaratorische Trennung).[458] Da eine entsprechende Vereinbarung formlos möglich wäre, wäre aufgrund der mangelnden Publizität die Rechtssicherheit gefährdet. Zuläs-

[458] So aber *Zimmermann* in DNotZ 98, 404 (418).

sig ist hingegen, dass sich die Eltern, soweit sie gesetzliche Vertretungsmacht haben, gegenseitig zur Untervertretung bevollmächtigen.[459] Auch diese Einigung folgt den oben dargestellten Grundsätzen – sie darf also keinen Verzichtscharakter haben und ist daher stets widerruflich.

(2) Privatautonome Änderung des in § 1687 BGB geregelten Kompetenzmodells?

Im Übrigen wirft das Regelungsmodell des § 1687 BGB, wie *Schwab* und *Salgo* feststellen, aber Fragen nach den Möglichkeiten und Grenzen autonomer Gestaltung auf wie keine andere deutsche Regelung zuvor.[460] Unklar ist vor allem, ob und wenn ja, inwieweit die Eltern nach ihrer Trennung eine von § 1687 BGB abweichende Kompetenzverteilung vereinbaren können. Allein durch die Wahl eines anderen Betreuungsmodells ist dies nicht möglich, denn obwohl der gesetzlichen Kompetenzverteilung das Residenzmodell zugrunde liegt, ist § 1687 BGB so flexibel, dass sich die Kompetenzverteilung auch auf das Nest- oder Wechselmodell übertragen lässt. Gerade aufgrund dieser Flexibilität ist aber fraglich, ob sich die gesetzlich angeordneten Kompetenzen der privatautonomen Gestaltung durch die Eltern nicht grundsätzlich entziehen. Dies gilt um so mehr, als das Gesetz keine allgemeine Entscheidungskompetenz des Familiengerichts für Gestaltungen vorsieht, die von § 1687 I BGB abweichen: Während der Wortlaut des § 1687 II BGB nur Einschränkungen der Alleinsorge des betreuenden bzw. des versorgenden Elternteils aus Gründen des Kindeswohls, nicht aber allein aufgrund eines elterlichen Vorschlags hin[461] ermöglicht, werden sonstige von § 1687 I BGB abweichende Abgrenzungen nicht angesprochen.[462] Auch § 1697a BGB trifft nicht zu, weil hieraus keine eigenständige Entscheidungszuständigkeit abzuleiten ist.[463]

Da § 1687 BGB ein abgestuftes Kompetenzsystem enthält, bietet sich eine differenzierende Lösung an, die sowohl den tragenden Gedanken des Familienrechts als auch den vom Gesetzgeber verfolgten Zielen Rechnung trägt.

Im Hinblick auf § 1687 I 1 BGB sind zunächst Vereinbarungen denkbar, die verbindlich festlegen, wann die „Erheblichkeitsgrenze" erreicht bzw. überschrit-

---

[459] *Schwab* in DNotZ 98, 437 (446 f.); MüKom – *Fnger* § 1687 Rn. 6; Staudinger – *Salgo* § 1687 Rn. 13; Palandt – *Diederichsen* § 1687 Rn. 8; Johannsen / Henrich – *Jaeger* § 1687 Rn. 11. Vgl. auch *Coester* in DEuFamR 99, 3 (9), nach dessen Ansicht der Rechtsverkehr im Rahmen des § 1687 I BGB ohnehin zu wenig Beachtung findet.

[460] Vgl. *Schwab* in DNotZ 98, 437 (448); Staudinger – *Salgo* § 1687 Rn. 12.

[461] So auch *Schwab* in FamRZ 98, 457 (460).

[462] Ähnlich *Coester* in DEuFamR 99, 3 (9). Vgl. aber auch unten 3. Kapitel S. 134 f.

[463] *Coester* in DEuFamR 99, 3 (9); a.A.: *Diederichsen* in NJW 98, 1977 (1986).

ten ist. Die Eltern vereinbaren also etwa, dass ein Einvernehmen nur bei schwerwiegenden Gesundheitsproblemen des Kindes erforderlich ist und alle übrigen Entscheidungen allein von dem versorgenden Elternteil getroffen werden sollen. Derartige Vereinbarungen sind unzulässig.[464] Andernfalls würde die gemeinsame Sorge der Eltern nur noch formalrechtlich bestehen, da der nicht versorgende Elternteil auf wesentliche Teile der elterlichen Sorge in unzulässiger Weise verzichtete. Die hinsichtlich wichtiger Angelegenheiten bestehende Pflicht zum Einvernehmen orientiert sich zum Schutz des Kindes und der Rechtssicherheit an objektiven Gesichtspunkten, welche die Minimalvoraussetzungen der gemeinsamen elterlichen Sorge gewährleisten. § 1687 I 1 BGB enthält insoweit zwingendes Recht und lässt folglich weder eine pauschale noch eine punktuelle Reduzierung der „Erheblichkeitsgrenze" und damit der Einigungspflicht zu. Wollen die Eltern eine solche Vereinbarung gleichwohl rechtswirksam schließen, so sind sie auf ein Vorgehen nach § 1671 I Nr. 1 BGB zu verweisen. Die staatliche Beteiligung ermöglicht es ihnen, die gewünschte Veränderung der Erheblichkeitsgrenze, die nichts anderes als die Einräumung einer teilweisen Alleinsorge bedeutet, umzusetzen.

Als nächstes kommen Vereinbarungen in Betracht, die zwar nicht den Bereich der Einigungspflicht nach § 1687 I 1 BGB berühren, wohl aber eine Veränderung der Kompetenzen des versorgenden (Abs. 1 S. 2) oder des betreuenden Elternteils (Abs. 1 S. 4) vorsehen, sie also pauschal oder punktuell reduzieren oder erweitern. Entscheidend für die Frage der Zulässigkeit solcher Vereinbarungen ist, ob sie mit dem Sinn und Zweck des § 1687 BGB in Einklang stehen. Tragender und im Hinblick auf die Einschränkung der Elternautonomie rechtfertigender Gedanke von § 1687 BGB ist die Vermeidung von trennungsüblichen Elternkonflikten, die eine Gefahr für das Wohl des Kindes darstellen. Dieses Ziel verfehlen zunächst solche Vereinbarungen, die eine pauschale oder punktuelle Reduzierung der Betreuungskompetenzen vorsehen. Dies muss unabhängig davon gelten, ob die Reduzierung zugunsten des elterlichen Einvernehmens oder aber zugunsten der Alleinentscheidungsbefugnisse des versorgenden Elternteils erfolgen soll. Abgesehen davon, dass eine Vereinbarung im zweiten Fall letztlich auf eine partielle Alleinsorge des versorgenden Elternteils abzielt und daher ohne eine gerichtliche Entscheidung nach § 1671 I Nr. 1 BGB ohnehin unwirksam bleibt, wird sich der betreuende Elternteil auch im ersten Fall über kurz oder lang benachteiligt fühlen, wenn seine ohnehin schon geringen Alleinentscheidungsbefugnisse noch weiter gekürzt werden und er so den Umgang mit seinem Kind nicht sinnvoll praktizieren kann. Derartige Vereinbarungen sind also schon deshalb unzulässig, weil sie Streitigkeiten provozieren, die § 1687 BGB gerade verhindern oder zumindest einschränken will.[465]

---

[464] So auch MüKom – *Finger* § 1687 Rn. 6.
[465] Ähnlich Staudinger – *Salgo* § 1687 Rn. 13.

Dem gleichen Vorwurf sehen sich pauschale Reduzierungen der Alltagssorge des vorsorgenden Elternteils zugunsten eines einvernehmlichen Elternhandelns ausgesetzt. Dabei ist zu bedenken, dass die Alltagssorge faktisch auch dann reduziert wird, wenn die Kompetenzen des betreuenden Elternteils pauschal auf alle Alltagsangelegenheiten erweitert werden. Da die Eltern in beiden Fällen gleichgerichtete Befugnisse hätten, wäre eine sinnvolle, d.h. kontinuierliche Erziehung des Kindes nur dann möglich, wenn sie Absprachen auch über vergleichsweise unwichtige Angelegenheiten treffen würden. Dies provoziert Konflikte, nicht zuletzt deshalb, weil es wahrscheinlich ist, dass der versorgende Elternteil den betreuenden Elternteil irgendwann als übervorteilt ansehen wird, denn obwohl er das Kind nur besuchsweise betreut, hätte er die gleichen Befugnisse wie der mit dem Mehraufwand der täglichen Versorgung belastete versorgende Elternteil. Auch diese Vereinbarungen sind somit unzulässig.

Wollen die Eltern eine solche Vereinbarung, die trotz ihrer Trennung eine einvernehmliche Sorgerechtsausübung vorsieht, aber dennoch rechtswirksam schließen, so ist für diesen Fall an eine Feststellung durch das Familiengericht nach § 1687 II BGB zu denken. Die Vorschrift sieht diesen Fall zwar nicht ausdrücklich vor, wenn das Gericht allerdings die Befugnisse aus Abs. 1 gegen den Willen der Eltern einschränken und ausschließen darf, muss es erst recht die Zulässigkeit einer einvernehmlich gewollten Veränderung feststellen dürfen. Voraussetzung ist, dass dies zum Wohl des Kindes erforderlich ist. Im Rahmen seiner Prüfung hat das Gericht einerseits das Konfliktpotenzial der Vereinbarung zu bewerten, andererseits aber zugleich dem übereinstimmenden Elternwillen ein gewichtiges Indiz für die Erforderlichkeit der Feststellung beizumessen. Hierfür spricht, dass die Eltern gerade an der gemeinsamen Sorge festhalten wollen, indem sie nicht nur von einem Antrag nach § 1671 I BGB absehen, sondern auch eine über das gesetzliche Mindestmass hinausgehende Kooperationsbereitschaft signalisieren. Ein solches Elternverhalten fördert das Wohl des Kindes und ist deshalb grundsätzlich erforderlich im Sinne des § 1687 II BGB.

Offen bleibt die Bewertung von Vereinbarungen, die nur eine Erweiterung der Einigungspflicht vorsehen, indem die Betreuungskompetenz punktuell erweitert und hierdurch die Alltagssorge punktuell reduziert wird. Die Eltern vereinbaren beispielsweise, dass der betreuende Vater als Lehrer auch weiterhin in Entscheidungen, welche die schulische Ausbildung des Kindes betreffen (Nachhilfe, Elternabende, etc.), miteinbezogen wird, oder dass z.B. auch vergleichsweise unbedeutende Geldangelegenheiten (Höhe und Verwendung des Taschengeldes), einvernehmlich geregelt werden, weil beide Elternteile den disziplinierten Umgang mit Geld schätzen und diesen Bereich somit gemeinschaftlich regeln möchten. Es liegt nahe, dass gerade diese speziell geregelten Alltagsangelegenheiten jedenfalls für einen Elternteil von besonderer Bedeutung sind und der andere dies anerkennt. Es handelt sich also um subjektiv wichtige Angelegenheiten. Dieser punktuellen Erweiterung der Einigungspflicht steht § 1687 BGB nicht entgegen. Dies rechtfertigt folgende Überlegung:

Die Eltern haben als Erziehungsprimat das Recht, das Wohl ihres Kindes autonom zu konkretisieren und dies durch entsprechende Ausübungsvereinbarungen abzusichern. Solange das Wohl des Kindes nicht gefährdet wird, ist ein staatliches Eingreifen in die Ausübung der elterlichen Sorge nicht gerechtfertigt und damit unzulässig. Sollte ein staatliches Eingreifen erforderlich sein, ist nach dem Grundsatz der Verhältnismäßigkeit stets das mildeste Eingriffsmittel zu wählen.

Trennen sich die Eltern dauerhaft, ist die Wahrscheinlichkeit, dass das partnerschaftliche Zerwürfnis Anlass für Streitigkeiten auch über verhältnismäßig unwichtige Angelegenheiten bietet, sehr hoch. Die Gefahr einer Kindeswohlbeeinträchtigung wächst, so dass das vorbeugende Eingreifen von § 1687 BGB daher grundsätzlich gerechtfertigt ist. Kommunizieren die Eltern überhaupt nicht mehr miteinander oder treffen sie mit pauschalen Reduzierungen oder Erweiterungen Vereinbarungen, die das Konfliktrisiko im Vergleich zu der von § 1687 BGB angestrebten Situation erheblich steigern, so ist ein Eingreifen des § 1687 BGB zum Wohle des Kindes ebenfalls erforderlich.

Verständigen sich die Eltern aber dahingehend, dass eine bestimmte Angelegenheit für sie beide so wichtig ist, dass sie auch weiterhin an einem einvernehmlichen Handeln festhalten möchten, wohnt dieser Vereinbarung, unabhängig davon, ob die Angelegenheit der Personen- oder Vermögenssorge zuzuordnen ist,[466] aber keine vergleichbare Konfliktgefahr inne. Hierfür spricht, dass die Vereinbarung hinsichtlich ihres Inhaltes und ihrer Konsequenzen überschaubar ist und die Kompetenzbereiche der Eltern auch weiterhin klar getrennt bleiben. Darüber hinaus trägt es zur Entspannung der Trennungssituation bei, wenn die subjektive Bedeutung einer Angelegenheit nicht nur von beiden Elternteilen, sondern auch vom Gesetz anerkannt wird. Denn dort, wo die Eltern zu einer Kommunikation in der Lage sind, können starre gesetzliche Reglementierungen eher Streit provozieren als vermeiden und die gemeinsame Sorge trotz Trennung unattraktiv erscheinen lassen.[467] Ein vorbeugendes Eingreifen von § 1687 BGB wäre somit unverhältnismäßig. Die punktuelle Vereinbarung ist daher auch unabhängig von einer Feststellung nach § 1687 II BGB zulässig.

---

[466] Anders Johannsen / Henrich – *Jaeger* § 1687 Rn. 11, der Schmälerungen des Abs. 1 S. 2, 3 nur im Rahmen der Vermögenssorge nicht aber für die Personensorge für möglich hält.

[467] Im Ansatz auch Staudinger – *Salgo* § 1687 Rn. 13: „Flexibilisierungen und Erweiterungen erwünscht"; i.E. auch und *BRAK* in ZfJ 98, 64 (65), die allerdings undifferenziert einen Vorrang elterlicher Vereinbarungen als richtig erachtet.

§ 1687 BGB beschränkt sich in diesem Fall auf eine ergänzende Funktion und greift ein, wenn erneut eine konfliktträchtige Situation eintritt. Dies ist stets dann der Fall, wenn ein Elternteil die Vereinbarung widerruft. Ist die Vereinbarung rechtsgeschäftlicher Natur, was bei subjektiv wichtigen Angelegenheit in der Regel der Fall ist, gilt das Kompetenzsystem des § 1687 BGB allerdings nur solange, bis die Eltern eine erneute Einigung erzielt haben.

C. Zusammenfassung

Nichteheliche Eltern, die mittels übereinstimmender Sorgeerklärungen die gemeinsame Sorge für ihr Kind erhalten wollen, werden durch die tatsächlichen Anforderungen des gemeinsamen Sorgerechts vor eine große Herausforderung gestellt: In allen objektiv wichtigen Kindesangelegenheiten sind sie ausnahmslos verpflichtet, ein Einvernehmen zu erzielen und zwar unabhängig davon, ob sie von vornherein oder nach einer gewissen Zeit partnerschaftlich und räumlich getrennte Wege gehen oder nicht. Bei alltäglichen Angelegenheiten wird von den Eltern ebenfalls grundsätzlich eine einvernehmliche Ausübung gefordert. Ausnahmen sind jedoch aufgrund der im Alltag notwendigen Flexibilität der Eltern zulässig und im Fall des dauernden Getrenntlebens auch gesetzlich normiert, § 1687 I 2, 3 BGB.

Grundsätzlich sind die Eltern also verpflichtet, das Gespräch miteinander zu suchen, sich zu beratschlagen und zu einigen und bei allen Sorgerechtsmaßnahmen auf die Auffassung des anderen Rücksicht zu nehmen. Hat ein Elternteil – zumeist die Mutter – das Kind bislang alleine versorgt, bedeutet die Begründung der gemeinsamen Sorge somit zugleich die Aufgabe der bisherigen Selbständigkeit. Angesichts dessen ist die Gefahr vor allem bei dauerhaft getrennt lebenden Eltern groß, dass sie sich dieser umfassenden Verpflichtung bewusst oder unbewusst zu entziehen suchen. Um dies zu verhindern, ist den Eltern eine privatautonome Disposition über den Bestand der elterlichen Sorge entzogen. Sie dürfen also weder direkt auf die elterliche Sorge verzichten noch eine Ausübungsvereinbarung treffen, die ihrer Wirkung nach einem Verzicht gleichkommt. Rechtswirksam werden solche Vereinbarungen erst durch einen gerichtlichen Gestaltungsakt.

Weiter sind der elterlichen Disposition solche Vereinbarungen entzogen, welche die gesetzlich vorgesehenen oder gerichtlich festgelegten Vertretungsregeln verändern, da die formlos möglichen Vereinbarungen die Rechtssicherheit gefährden würden. Solange die Vereinbarung keinen Verzichtscharakter hat, kommt in diesen Fällen aber eine Bevollmächtigung zur Untervertretung in Betracht.

Für dauernd getrennt lebende Eltern gilt darüber hinaus, dass sie keine Vereinbarungen treffen dürfen, die dem Sinn und Zweck des § 1687 BGB widersprechen. Unzulässig sind demnach Abmachungen, die eine Veränderung der gesetzlich vorgeschriebenen Einigungspflicht vorsehen oder aber solche, die eine pauschale Reduzierung bzw. Erweiterung der Befugnisse aus § 1687 I 2, 4 BGB beinhalten oder die Befugnisse aus S. 4 auch nur punktuell reduzieren. Diese Vereinbarungen provozieren Streitigkeiten, die § 1687 BGB gerade verhindern will und leugnen gegebenenfalls die Eigenverantwortung der Eltern.
Rechtswirksam werden derartige Vereinbarungen erst dann, wenn die Eltern eine Beteiligung des Gerichts nach § 1671 II Nr. 1 oder § 1687 II BGB in Anspruch nehmen.

Hinsichtlich der Rechtsnatur ist festzustellen, dass es sich bei der Einigung entweder um Rechtsgeschäfte oder um Geschäfte des rein familiären Bereiches handeln kann. Zur Abgrenzung ist auf das Vorliegen eines Rechtsbindungswillens abzustellen, der, sofern er nicht ausdrücklich formuliert wurde, anhand objektiver Kriterien bestimmt wird. Danach indiziert eine objektiv wichtige Angelegenheit regelmäßig einen Rechtsbindungswillen; bei Angelegenheiten, die nur aus der Sicht der Eltern von Bedeutung sind, aber keine Auswirkungen auf das Kindeswohl haben, wird er in der Regel zu bejahen und bei unwichtigen Angelegenheiten in der Regel abzulehnen sein. Ausschlaggebend ist die Betrachtung des Einzelfalles. Die Möglichkeit, das elterliche Einvernehmen als rechtsgeschäftsähnliche Handlung zu qualifizieren, besteht nur in seltenen Ausnahmensituationen allein bei objektiv wichtigen Angelegenheiten, so dass diese Form des rechtserheblichen Handelns vernachlässigt werden kann.

Abgesehen von seltenen Ausnahmefällen, in denen die Aufhebung der Maßnahme das Wohl des Kindes gefährden würde, folgt aus der Eigenverantwortung der Eltern, dass jede Vereinbarung jederzeit frei widerrufen werden kann. Während bei objektiv wichtigen Angelegenheiten schon § 1627 S. 1 BGB die erneute Einigungsbedürftigkeit einer Angelegenheit bestimmt, wird der Rechtsbindungswille bei subjektiv wichtigen Angelegenheiten insofern relevant, als er hier Ausdruck der autonomen Kindeswohlkonkretisierung der Eltern ist und damit die erneute Einigungsbedürftigkeit einer Angelegenheit verbindlich festlegt.

Bei dauernd getrennt lebenden Eltern greift § 1687 I BGB in seiner ergänzenden Funktion dann ein, wenn eine Vereinbarung, die eine punktuelle Erweiterung der Betreuungsbefugnis bzw. eine punktuelle Reduzierung der Alleinentscheidungsbefugnis vorsieht, widerrufen wird und die Eltern diesbezüglich noch keine neue Einigung erzielt haben.

4. Kapitel: Analyse der Sorgeerklärungen gemäß § 1626a I Nr. 1 BGB

Nachdem in den ersten drei Kapiteln ausführlich die Entstehungsgeschichte der Sorgeerklärungen beleuchtet, ihr Ziel, die gemeinsame elterliche Sorge rechtlich analysiert und deren tatsächliche Anforderungen und Möglichkeiten im alltäglichen Leben der nichtehelichen Eltern erörtert wurden, setzt sich das vierte Kapitel nun mit den Sorgeerklärungen selbst auseinander.

Die Analyse gliedert sich wie folgt: Zunächst werden die formellen Voraussetzungen der Sorgeerklärungen, die in den §§ 1626b – 1626d I BGB geregelt sind, erläutert. Es folgt eine Auseinandersetzung mit dem formalrechtlichen, d.h. für die Wirksamkeit der Sorgeerklärungen erforderlichen Inhalt der Erklärungen, wobei hier nicht nur die Zulässigkeit partieller Sorgeerklärungen und begleitender Vereinbarungen behandelt wird, sondern auch die Frage der Verfassungsmäßigkeit von § 1626a I Nr. 1 BGB. Den Schwerpunkt des vierten Kapitels bildet die Frage nach der Rechtsnatur der Sorgeerklärungen. Hierzu werden zunächst andere personenstandsbezogene Erklärungen auf ihre Vergleichbarkeit mit den Sorgeerklärungen geprüft. Im Anschluss rückt die rechtliche Qualifizierung sowohl der einzelnen Erklärungen von Mutter und Vater als auch der Verbindung ihrer Erklärungen in den Mittelpunkt der Betrachtung. Abgerundet wird die Untersuchung mit der Frage, inwieweit die Regeln über Rechtsgeschäfte auf die Sorgeerklärungen anwendbar sind, wobei zum einen die Problematik der Sorgeerklärung eines Geschäftsunfähigen und zum anderen die Verbindlichkeit der Erklärungen erörtert werden wird.

A. Normzweck und Systematik

Die Personenstandsbestimmung erfolgt im Familienrecht grundsätzlich durch die Geburt. Zu dieser familienrechtlichen Grundentscheidung treten weitere Möglichkeiten hinzu. Hierbei handelt es sich um Rechtsgeschäfte und richterliche Akte wie zum Beispiel die Ehe, die Annahme als Kind und nach alter Rechtslage die Ehelicherklärung. Sie greifen ergänzend oder ändernd in den Personenstand ein.[468] § 1626a I Nr. 1 BGB reiht sich in die den Personenstand ergänzenden Institute ein, indem das Eltern-Kind-Verhältnis durch das gemeinsame Sorgerecht näher ausgestaltet wird. Bei den Sorgeerklärungen handelt es sich folglich um personenstandsbezogene Akte.

Durch das Erfordernis übereinstimmender Sorgeerklärungen soll nach dem Willen des Gesetzgebers sichergestellt werden, dass die gemeinsame Sorge nicht gegen den Willen eines Elternteils eintreten kann. Nichteheliche Kinder würden nicht nur in intakten nichtehelichen Gemeinschaften geboren, sondern

---

[468] Gernhuber / Coester-Waltjen § 1 IV 2., S. 10.

nach wie vor auch im Rahmen flüchtiger und instabiler Beziehungen. Eine gemeinsame Sorge gegen den Willen eines Elternteils würde hier die Gefahr in sich bergen, dass von vornherein Konflikte auf dem Rücken des Kindes ausgetragen würden.[469] Vor diesem Hintergrund erschließt sich auch die Systematik der elterlichen Sorge. Nach § 1626 I BGB steht die elterliche Sorge den Eltern zu. Dass diese Zuweisung an beide Eltern gemeinsam aber nur für Eltern gilt, die bei der Geburt des Kindes miteinander verheiratet sind, zeigt erst ein Blick auf § 1626a BGB. Waren die Eltern bei der Geburt des Kindes nicht miteinander verheiratet, steht die elterliche Sorge nämlich mit der Geburt „im Übrigen", d.h. automatisch, der Mutter zu (§ 1626a II BGB).[470] Etwas anderes gilt ausnahmsweise dann, wenn bereits vor der Geburt wirksame Sorgeerklärungen nach §§ 1626a I Nr. 1, 1626b II BGB abgegeben wurden. In diesem Fall tritt automatisch mit der Geburt des Kindes die gemeinsame Sorge der Eltern ein. Andernfalls haben die Eltern zwei Möglichkeiten, um von der Alleinsorge der Mutter zur gemeinsamen Sorge zu gelangen: Entweder sie geben nach der Geburt des Kindes Sorgeerklärungen ab (§ 1626a I Nr. 1 BGB) oder sie heiraten einander (§ 1626a I Nr. 2 BGB).

B. Formale Voraussetzungen der Sorgeerklärungen

Als personenstandsbezogene Akte zeichnen sich die Sorgeerklärungen durch besondere formelle Voraussetzungen aus, welche die notwendige Transparenz des Familienrechts gewährleisten. Die genaue Analyse dieser Voraussetzungen verfolgt zum einen das Ziel, die Sorgeerklärungen selbst zu erläutern und relevante Hinweise für deren Rechtsnatur zu sammeln. Zum anderen dient die Analyse der Vorbereitung des vor der Untersuchung der Rechtsnatur vorzunehmenden Vergleichs der Sorgeerklärungen mit anderen personenstandsbezogenen Erklärungen.

I. Erklärungsberechtigung

1. Eltern

Sorgeerklärungen können nach dem Willen des Gesetzgebers nur von den „Eltern" des Kindes abgegeben werden. Als Mutter wird ausschließlich die Frau angesehen, die das Kind geboren hat, gleichgültig von welcher Frau die Eizelle stammt (§ 1591 BGB). Vater des Kindes ist nur der Mann, der entweder mit der

[469] BT-Drs. 13 / 4899, S. 58.

[470] *DIJuF-Rechtsgutachten* in JAmt 01, 231 (232): „Motiv des Gesetzgebers (die grundsätzlich eintretende Alleinsorge der Mutter nicht an den Anfang von § 1626a zu stellen) war wohl das Bemühen, das Regel- Ausnahme-Verhältnis etwas abzumildern und „väterfreundlicher" erscheinen zu lassen."

Mutter verheiratet ist oder die Vaterschaft anerkennt oder als Vater gerichtlich festgestellt wird (§ 1592 Nr. 2, 3 BGB). Entscheidend für die Wirksamkeit der Sorgeerklärungen ist somit, dass die Elternschaft rechtlich etabliert ist, die nur biologische Elternschaft genügt nicht.[471]

2. Nicht miteinander verheiratet

Voraussetzung ist weiter, dass die Eltern bei der Geburt des Kindes nicht miteinander verheiratet sind. Dies ist dann der Fall, wenn zur Zeit der Geburt des Kindes eine Eheschließung zwischen ihnen fehlt, eine solche nicht wirksam geworden ist, weil der Tatbestand einer Nichtehe nicht i.S.d. § 1310 III BGB geheilt wurde, oder die Ehe mit Rechtskraft eines Urteils aufgelöst wurde (§§ 1313 S. 2, 1564 S. 2 BGB).

Der Wirksamkeit der Sorgeerklärungen steht es nicht entgegen, wenn ein Elternteil oder beide mit einem anderen Partner verheiratet sind oder eine registrierte Lebenspartnerschaft führen. Zwar wurde nach Inkrafttreten der Reform Kritik wegen der Möglichkeit „bigamieähnlicher Verhältnisse" laut,[472] der Gesetzgeber hat diese Problematik aber gesehen und Bedenken im Hinblick auf eine Verletzung des Eheschutzes (Art. 6 I GG) ausgeräumt. Im Vergleich zur Alleinsorge der Mutter erfordere die gemeinsame Sorge keine so umfangreichen zusätzlichen Kontakte mit dem anderen Elternteil, dass dadurch zwangsläufig oder typischerweise Unfrieden in die Ehe getragen würde. Auch wenn ein Elternteil alleinsorgeberechtigt sei, könnten sich die Eltern die elterliche Verantwortung weitgehend – etwa durch Erteilung von Vollmachten – teilen, ohne dass der Ehegatte dies verhindern könne. Unabhängig davon, ob das Kind vor oder während der Ehe geboren worden sei, sei es in beiden Fallgruppen verfehlt, das Interesse des Kindes an einer von der gemeinsamen Sorge getragenen Beziehung zu beiden Eltern geringer einzustufen als das Interesse eines Ehegatten an einer rechtlich möglichst schwach ausgestalteten Beziehung des anderen Ehegatten zu seinem Kind.[473] Wie bei einem gemeinsamen Sorgerecht nach Scheidung der Elternehe kommt es daher nicht darauf an, ob die Eltern anderweitig liiert sind.

3. Alleinsorge der Mutter, § 1626a II BGB

Ausgangslage und Voraussetzung der nach der Geburt abgegebenen Sorgeerklärungen ist die Alleinsorge der Mutter gemäß § 1626a II BGB. Das Mitsorgerecht

---

[471] Vgl. Staudinger – *Coester* § 1626a Rn. 40.

[472] Diese Bedenken äußert *Schwab* in DNotZ 98, 437 (451); ders., FamR., Rn. 532. Ähnlich *Wagenitz / Barth* in FamRZ 96, 577 (585); Schumann, S. 325 f.

[473] BT-Drs. 13 / 4899, S. 59.

eines Stiefvaters gemäß § 1687b BGB oder einer Lebenspartnerin gemäß § 9 LPartG berührt die Alleinsorge der Mutter nicht, so dass die leiblichen Eltern das gemeinsame Sorgerecht vollumfänglich durch Sorgeerklärungen begründen können. Andernfalls, d.h., wenn das Einverständnis der Mutter hinsichtlich des „kleinen Sorgerechts" ihr und dem Vater des Kindes die Option nehmen könnte, das gemeinsame Sorgerecht für ihr Kind zu begründen, läge ein nicht zu rechtfertigender Eingriff jedenfalls in das Elternrecht des Vaters aus Art. 6 II GG vor.[474]

a. Zulässigkeit der primären Zuordnung an die Mutter

Wenn der Gesetzgeber in § 1626a II BGB das Sorgerecht für das nichteheliche Kind grundsätzlich der Mutter zuweist, wirft dies die Frage auf, ob ein Verstoß gegen das Elternrecht des nichtehelichen Vaters anzunehmen ist.[475]

Anders als bei Eltern ehelicher Kinder, die durch die Eheschließung ihren Willen zum Zusammenleben bekundet haben und hiermit die Vermutung rechtfertigen, dass sie die elterliche Sorge gemeinsam ausüben wollen, kann der Gesetzgeber bei nicht miteinander verheirateten Eltern in Anbetracht ihrer vielfältigen Familienkonstellationen nicht generell davon ausgehen, dass diese zusammenleben und gemeinsam für das Kind Verantwortung übernehmen wollen und können.[476] Trotz der weiterhin steigenden Zahlen der nichtehelichen Lebensgemeinschaften und der nichtehelich geborenen Kinder lebten im Jahre 2001 nämlich von den insgesamt 15, 1 Millionen minderjährigen Kindern nur 5, 4 %, also 821.000 Kinder, mit ihren in Lebensgemeinschaft verbundenen Eltern zusammen.[477] Gerade im Vergleich zu den Zahlen, die dem KindRG zugrunde lagen, wonach in ungefähr 24 % der Fälle die Kinder nach der Geburt mit Vater und Mutter zusammenlebten, kann nicht darauf geschlossen werden, dass nichteheliche Kinder inzwischen in der überwiegenden Zahl in eine häusliche Gemeinschaft von Mutter und Vater hineingeboren werden.[478]

Weiterhin ist zu berücksichtigen, dass zwar die Zahl der Väter, die ihre Vaterschaft freiwillig anerkennen, mit inzwischen über 80 % steigend ist, dass aber die Anerkennung in zwei Drittel der Fälle erst nach der Geburt des Kindes erfolgt. Es liegen somit keine Anhaltspunkte für die Annahme vor, die Mehrzahl der nichtehelichen Väter wolle bei der Geburt des Kindes gemeinsam mit der

---

[474] Staudinger – *Coester* § 1626a Rn. 44.

[475] Entsprechend kritisch äußern sich *Boemke* in FuR 91, 181 (189); *Rauscher* in FamRZ 98, 329 (336): „klassisch mutterorientiert typisierend"; *Motzer* in FamRZ 01, 1034 (1038): „kontraproduktiv"; Rauscher § 33 II Rn. 973 i.V.m. § 2 Rn. 46: „Verstoß gegen Art. 3 II GG".

[476] *BVerfG* in FamRZ 03, 285 (287 f.).

[477] Vgl. Statistisches Bundesamt, Geburten 1946 bis 2000, D/W/O Tabelle 1.1 und 1.2, S. 29, 65.

[478] *BVerfG* in FamRZ 03, 285 (288).

Mutter die Verantwortung für das Kind übernehmen.[479] Angesichts dessen gewährleistet die gesetzliche Zuweisung der Alleinsorge an die Mutter die für das Kind unverzichtbare Klarheit, Effektivität und Stabilität der Sorgerechtsverhältnisse und ist daher gerechtfertigt.

Dabei spricht für die Wahl der Mutter und nicht des Vaters als alleinigen Sorgeberechtigten folgendes: Zwischen ihr und dem Kind entwickelt sich schon während der Schwangerschaft über die biologische Verbundenheit hinaus eine Beziehung, die sich nach der Geburt, vornehmlich in der Stillzeit, fortsetzt und festigt. Auch wenn der Vater eine wichtige Rolle in der Entwicklung des Kindes einnimmt, muss er nach der Geburt eine vergleichbare Beziehung zum Kind erst aufbauen. Hinzu kommt, dass sich die Mutter im Laufe der Schwangerschaft mit ihrer Rolle als Mutter und der damit zusammenhängenden Verantwortung für das Kind auseinandersetzt und sich allein mit dem Austragen des Kindes zu diesem bekennt. Eine vergleichbare Entscheidung des Vaters steht hingegen bei der Geburt des Kindes häufig, wie gezeigt, noch nicht fest. Die Mutter ist somit die einzig sichere Bezugsperson für das Kind von Geburt an. Wenn sie zur alleinigen Sorgerechtsinhaberin gemacht wird, stellt dies sicher, dass das Kind unmittelbar nach der Geburt die notwendige Pflege und rechtliche Vertretung erhält und nicht erst warten muss, bis im einem Gerichtsverfahren der bessere Elternteil ausgewählt wird. Die Wahl der Mutter und nicht des Vaters zur alleinigen Sorgeberechtigten eines neugeborenen nichtehelichen Kindes ist daher aus tatsächlichen Gründen des Kindeswohls gerechtfertigt.

Im Übrigen hat der Gesetzgeber den nichtehelichen Eltern die Möglichkeit vorgeburtlicher Sorgeerklärungen eingeräumt, so dass sie schon bei der Geburt des Kindes die gemeinsame Sorge für ihr Kind tragen können. Auch dies unterstreicht die Verfassungsmäßigkeit des gesetzlichen Konzepts.[480]

b. Erforderlichkeit der originären Alleinsorge der Mutter und Auswirkungen einer gerichtlichen Entscheidung nach § 1666 ff. BGB

Die Sorgeerklärungen können nur dann rechtswirksam werden, wenn es sich bei der Alleinsorge der Mutter um ein originäres Sorgerecht handelt, d.h. es darf ihr nicht im Wege einer Gerichtsentscheidung übertragen worden sein. Dieses Erfordernis ist auch dann erfüllt, wenn ein Sorgerechtsentzug bei der Mutter nach

---

[479] *BVerfG* in FamRZ 03, 285 (288) mit Bezug auf Vaskovics, S. 160 f.

[480] Zum Ganzen vgl. *BVerfG* in FamRZ 03, 285 (288) in Übereinstimmung mit *BGH* in FamRZ 01, 907 (909); Staudinger – *Coester* § 1626a Rn. 10; MüKom – *Huber* § 1626a Rn. 38; Bamberger / Roth – *Veit* § 1626a Rn. 17; *Schlüter* in FuR 94, 341 (344); *Büdenbender* in AcP (1997) 197, 197 (215); *Lipp* in FamRZ 98, 65 (70); *Sturm / Sturm* in StAZ 98, 305 (307); *Zimmermann* in DNotZ 98, 404 (416); *Coester* in DeuFamR 99, 3 (7); *Schumann* in FamRZ 00, 389 (393); einschränkend *dies.* in FuR 02, 59 (62): Bevorzugung der Mutter ist nur solange gerechtfertigt, wie die alleinige Ausübung dem Kindeswohl dient.

§ 1666 BGB durch eine familiengerichtliche Entscheidung nach § 1696 II BGB wieder aufgehoben wurde.[481] In diesem Fall beruht die Alleinsorge der Mutter nach wie vor originär auf § 1626a II BGB, da die Entziehung unter der auflösenden Bedingung ihrer Aufhebung steht.[482] Solange eine Entscheidung nach § 1696 II BGB dagegen noch aussteht, kann die Mutter aufgrund ihrer fehlenden Sorgeberechtigung im Entzugsbereich keine wirksame Sorgeerklärung abgeben. Ist die Ausgangslage des § 1626a II BGB nur teilweise gerichtlich verändert worden, können ebenfalls nur diejenigen Bereiche, die von der familiengerichtlichen Entscheidung nicht betroffen sind, durch Sorgeerklärungen in ein gemeinsames Sorgerecht umgewandelt werden.[483]

aa. Erörterung der Substanztheorie

Die Reichweite eines mütterlichen Sorgerechtsentzugs nach § 1666 BGB ist somit zugleich ausschlaggebend für den väterlichen Sorgerechtserwerb nach § 1626a I Nr. 1 BGB. Diese Konsequenz hat einen schon fast in Vergessenheit geratenen Meinungsstreit wiederbelebt:

In Anlehnung an die sogenannte Substanztheorie[484] wird vertreten, die Rechtsposition einer minderjährigen Mutter, die dem Vater trotz des Ruhens ihrer eigenen Sorge das volle Sorgerecht vermitteln könne, sei mit der rechtlichen Lage einer Mutter vergleichbar, deren Sorge durch eine Entscheidung nach §§ 1666 ff. BGB beschränkt worden sei. Denn Vorschriften, in denen von Entziehung des Sorgerechts die Rede sei, seien verfassungskonform dahingehend auszulegen, dass damit nur die Ausübungsberechtigung, nicht aber die Inhaberschaft betroffen sei. Folglich könne der nichteheliche Vater trotz der Sorgerechtsbeschränkung der Mutter nach § 1666 BGB über § 1626a I Nr. 1 BGB das volle Sorgerecht erlangen.[485]

---

[481] BT-Drs. 13 / 4899, S. 94.

[482] *Schwoerer* in FamRZ 58, 41 (41). Diese Lage ist vergleichbar mit derjenigen im Verwaltungsrecht – wenn die Entziehung einer Erlaubnis durch eine Anfechtungsklage beseitigt wird, lebt die Erlaubnis wieder auf.

[483] Vgl. § 1626b III: „soweit“; BT-Drs. 13 / 4899, S. 101. Vgl. zur rechtlichen Begründung der Unwirksamkeit 4. Kapitel, S. 249 Fn. 805.

[484] Im Sinne der Substanztheorie haben sich ausgesprochen: *Beitzke* in FamRZ 58, 7 (9 f.); *Bosch* in FamRZ 59, 378 (379); *Hansmann* in FamRZ 62, 452 (453); *Lange, Hermann* in JZ 65, 425 (427); Erman – *Michalski* vor § 1626 Rn. 14 ff; RGRK – *Wenz* § 1626 Rn. 14; Soergel – *Strätz* § 1626 Rn. 5; *OLG Stuttgart* in FamRZ 64, 51 (52 f.).

[485] *Schulz* in JAmt 01, 411 ff; i.E. Rauscher § 33 II, Rn. 972. Vor dem KindRG: *OLG Stuttgart* in FamRZ 64, 51 (53): der Entzug als eine besondere Art des Ruhens; dagegen Sch*woerer* in FamRZ 58, 41 (41): „Widerspruch zum allgemeinen Sprachgebrauch und zur Terminologie des Gesetzes“; *Dickerhof-Borello* in FuR 98, 157 (162) macht geltend, dass Charakteristikum der ruhenden Sorge sei ein einfacher ‚Rückfall' des Sorgerechts, während ein Entzug stets eine gerichtliche Entscheidung voraussetze.

Die Vertreter der Substanztheorie begründen die Notwendigkeit einer verfassungskonformen Auslegung damit, dass andernfalls in unzulässiger Weise in den Wesensgehalt des Art. 6 II GG eingegriffen würde (Art. 19 II GG).[486] Art. 6 II GG spreche außerdem von der Position der Eltern als „natürlichem Recht", weshalb es als vorstaatliches Recht dem Zugriff des Gesetzgebers entzogen sei. Das Grundgesetz habe aus diesem Grund das staatliche Wächteramt auch auf die Überwachung der „Betätigung" der Sorge beschränkt. „Betätigung" sei gleichbedeutend mit dem Begriff der „Ausübung".[487]

Dieser Ansicht ist aber vielfach widersprochen worden und im Ergebnis auch nicht zu folgen.[488] Sie basiert zunächst zu Unrecht auf der Annahme einer Identität zwischen zivilrechtlicher Elternsorge nach §§ 1626 ff. BGB und grundgesetzlich geschütztem Elternrecht aus Art. 6 II GG.[489] Abgesehen davon, bedeutet eine Entziehung der elterlichen Sorge keinesfalls die Entziehung des Elternrechts aus Art. 6 II GG.

Weiterhin belastet die Substanztheorie mit ihren umfangreichen Detailfolgerungen für das einfache Recht das Naturrecht mit einer Aussage, zu der es gar nicht fähig ist. So beschränkt sich die Aussagekraft eines Naturrechts lediglich auf Fundamentalaussagen.[490] Darüber hinaus bedeutet die Qualifizierung des Elternrechts als Naturrecht nicht, dass dieses dem Zugriff des Gesetzgebers vollständig entzogen wäre. Als Grundrecht ist es vielmehr Bestandteil der Verfassung geworden und den dort vorgegebenen Grenzen unterworfen. Diese werden durch das staatliche Wächteramt gesetzt, das in den §§ 1666 ff. BGB eine seiner Manifestationen gefunden hat.[491] Im Übrigen kann auch aus der Ausdrucksweise des Grundgesetzes kein überzeugendes Argument abgeleitet werden, weil der Rückschluss vom Objekt des staatlichen Wächteramtes auf die Mittel zur Abwehr von Gefahren für das Kindeswohl keinesfalls zwingend ist.[492]

Das *BVerfG* hat schließlich hervorgehoben, der Grundrechtsschutz aus Art. 6 II GG könne nur für ein Handeln in Anspruch genommen werden, das bei weitester Anerkennung der Selbstverantwortlichkeit der Eltern noch als Pflege und Erziehung gewertet werden könne. Dies gelte aber für das Gegenteil, die Vernachlässigung des Kindes.[493] Da das *BVerfG* es als die Pflicht des Staates

---

[486] Vgl. *OLG Stuttgart* in FamRZ 64, 51 (52 f.).

[487] *Beitzke* in FamRZ 58, 7 (9).

[488] In diesem Sinne: *Schwoerer* in FamRZ 58, 41 (41 ff.); Gernhuber / Coester-Waltjen § 5 IV 2, S. 44 ff.; MüKom (3. Aufl.) – *Hinz* § 1626 Rn. 13 ff.; *Dickerhof-Borello* in FuR 98, 157 (162); *Ollmann* in JAmt 01, 515 (516 f.).

[489] Vgl. 2. Kapitel, S. 78 ff.

[490] Gernhuber / Coester-Waltjen § 5 IV 2, S. 44 ff.

[491] Vgl. *Schwoerer* in FamRZ 58, 41 (41); MüKom (3. Aufl.) – *Hinz* § 1626 Rn. 13; *Dickerhof-Borello* in FuR 98, 157 (162).

[492] Gernhuber / Coester-Waltjen § 5 IV 2, S. 46; MüKom (3.Aufl.)- *Hinz* § 1626 Rn. 15.

[493] Grundlegend: BVerfGE 24, 119 (143).

ansieht, in Ausübung seines Wächteramtes den Eltern unter Beachtung ihrer vorrangigen Stellung und des Verhältnismäßigkeitsgrundsatzes die Erziehungs- und Pflegerechte vorübergehend oder sogar dauernd zu „entziehen“, hat es den Vertretern der Substanztheorie ebenfalls eine Absage erteilt.[494]
Ein substanzieller Entzug der elterlichen Sorge ist folglich zulässig.

bb. Ungleichbehandlung gegenüber einer Sorgerechtsbegründung durch nachfolgende Ehe gemäß § 1626a I Nr. 2 BGB?

Zur Argumentation wird aber auch auf § 1626a I Nr. 2 BGB verwiesen. Da die Vorschrift an die Stelle der früheren Legitimation getreten ist,[495] wird, wie auch nach altem Recht, das gemeinsame Sorgerecht durch die Heirat der Eltern vollumfänglich begründet, wobei die Beschränkungen zwar auf Seiten der Mutter bestehen bleiben, den Sorgerechtserwerb des Vaters allerdings nicht einschränken.[496] Eltern, die einen Sorgerechtserwerb nach § 1626a I Nr. 1 BGB anstreben, würden daher nach Ansicht der Kritiker in ungerechtfertigter Weise schlechter gestellt werden.[497] Fraglich ist aber, ob die unterschiedliche Behandlung eines Sorgerechtsentzugs der Mutter im Rahmen des § 1626a I Nr. 1 BGB und des § 1626a I Nr. 2 BGB tatsächlich ungerechtfertigt ist.

Zunächst ist zu berücksichtigen, dass der Gesetzgeber im Gegensatz zu verheirateten Eltern bei nicht miteinander verheirateten Eltern in Anbetracht ihrer unterschiedlichen Familienkonstellationen grundsätzlich nicht von dem Bestehen einer das Kindeswohl fördernden intakten Gemeinschaft der Eltern ausgehen kann. Mit diesem Argument erläutert die *Amtliche Begründung* unter anderem den Übertragungsmaßstab des § 1678 II BGB, wonach bei dauerhaftem Ruhen der mütterlichen Sorge dem Vater das Sorgerecht nur dann zu übertragen ist, wenn dies dem Kindeswohl dient.[498] Im Sinne eines „Erst-recht-Schlusses“ muss dies ebenfalls für die Entscheidung nach § 1680 III BGB gelten.[499]

Wenn somit bei einer Heirat der Eltern grundsätzlich und typischerweise von der Entstehung einer das Kindeswohl fördernden intakten Gemeinschaft der Eltern ausgegangen werden kann, rechtfertigt dies auch eine von Gesetzes wegen eintretende unbeschränkte Mitsorge des Vaters, selbst wenn das Sorgerecht der Mutter eingeschränkt oder ganz entzogen wurde. Dabei bleiben Maßnahmen i.S.d. § 1666 BGB im Einzelfall gegen den Vater vorbehalten.[500] Bei einem Sor-

[494] BVerfGE 24, 119 (145). So auch *Ollmann* in JAmt 01, 515 (517).
[495] BT-Drs. 13 / 4899, S. 94.
[496] *Schulz* in JAmt 01, 411 (412); *DIJuF-Rechtsgutachten* in JAmt 01, 412 (412 f.); a.A.: *OLG Nürnberg* in FamRZ 00, 1035 (1035).
[497] *Schulz* in JAmt 01, 411 (411f.); Rauscher § 33 II, Rn. 972.
[498] BT-Drs. 13 / 4899, S. 102.
[499] So auch *DIJuF-Rechtsgutachten* in JAmt 01, 412 (413)
[500] *DIJuF-Rechtsgutachten* in JAmt 01, 412 (413).

gerechtserwerb nach § 1626a I Nr. 1 BGB ist hingegen eine intakte Gemeinschaft der Eltern weder Voraussetzung noch typische Folge des Sorgerechtserwerbes. Für die unterschiedliche Behandlung der nicht miteinander verheirateten Eltern besteht daher ein Rechtfertigungsgrund. Der Vater ist auf die Sondervorschrift des § 1680 III, II 2 BGB zu verweisen, die andernfalls durch Sorgeerklärungen unterlaufen würde.[501]

Die Tatsache, dass die Reichweite der mütterlichen Sorgerechtsbeschränkung nach §§ 1666 ff. BGB ausschlaggebend für die Sorgerechtsbeteiligung des Vaters ist, ist folglich gerechtfertigt.

II. Erforderlichkeit bestimmter Rahmenbedingungen?

1. Zusammenleben der Eltern

Ob die Eltern in einer nichtehelichen Lebensgemeinschaft zusammengelebt haben, momentan zusammenleben oder auch nur eine entsprechende Absicht haben, ist für die Wirksamkeit der Sorgeerklärungen unerheblich. Die *Amtliche Begründung* führt dazu aus, die Eltern könnten gute Gründe haben, gerade im Interesse des Kindes die Suche nach einer familiengerechten Wohnung nicht zu übereilen.[502] Damit trägt der Gesetzgeber der Lebenswirklichkeit Rechnung. Möglich ist z.B., dass die berufliche Situation der Eltern ein Zusammenleben gegebenenfalls auch nur vorübergehend verhindert oder dass sich die Eltern gerade weil sie getrennt leben besser verstehen.[503]

Überdies ist zweifelhaft, ob das Zusammenleben der Eltern aus der Sicht des Kindeswohls ein geeignetes Tatbestandsmerkmal dafür wäre, um das vom *BVerfG* geforderte Mindestmaß an Übereinstimmung zwischen den Eltern zuverlässig zu signalisieren.[504] Es wäre nämlich zu prüfen, ob die Eltern bei der Geburt ihres Kindes tatsächlich zusammenleben. Insbesondere dann, wenn die Eltern zu dieser Frage unterschiedliche Ansichten vertreten, wären die Tatbestandsvoraussetzungen der gemeinsamen Sorge im Zeitpunkt der Geburt noch nicht abschließend geklärt, zumal die Eltern das Zusammenleben auch nur fingieren könnten. Dies ginge zu Lasten des Kindes, das bei seiner Geburt keine eindeutige rechtliche Sorgezuordnung erfahren würde.[505] Im Übrigen ist zu be-

---

[501] Staudinger – *Coester* § 1626a Rn. 73. Die Urkundsperson muss eine Beurkundung der Sorgeerklärungen ablehnen, vgl. hierzu 4. Kapitel, S. 169 f.

[502] BT-Drs. 13 / 4899, S. 58.

[503] Der Einwand von *Finger* in ZfJ 00, 183 (185) „noch nach Trennung können beide Elternteile gemeinsame Sorgeerklärungen abgeben, und manch′ sachfremder Grund mag dabei Anlass sein, um zusammenzuarbeiten, obwohl die notwendige Verständigung bisher nicht gelungen war“ dürfte wohl eher die Ausnahme darstellen und überzeugt daher nicht.

[504] Vgl. BVerfGE 92, 158 (179). Eine entsprechende Forderung stellt *Oberloskamp* in ZfJ 89, 118 (122) auf.

[505] *BVerfG* in FamRZ 03, 285 (288).

rücksichtigen, dass auch ein Sorgerechtserwerb nach § 1626a I Nr. 2 BGB nicht zwangsläufig das Zusammenleben der Eheleute voraussetzt und dass seit dem Urteil des *BVerfG* vom 3. November 1982[506] BGB die dauerhafte Trennung der vormals zusammenlebenden Eheleute das Fortbestehen der gemeinsamen Sorge nicht hindert.

Im Unterschied zu verheirateten bzw. geschiedenen Eltern ist bei nichtehelichen Eltern die erstmalige Begründung eines gemeinsamen Sorgerechts aber auch dann möglich, wenn sie entweder noch nie eine partnerschaftliche Beziehung geführt haben oder eine solche gerade beendet haben.

Es könnte deshalb fraglich sein, ob die Beziehung der Eltern, die keinerlei Gemeinschaft unterhalten oder je unterhalten haben, nicht ein höheres Konfliktpotenzial erwarten lässt und daher das Kindeswohl der Begründung eines gemeinsamen Sorgerechts eher entgegensteht. Dabei ist im Rahmen der Abwägung zu berücksichtigten, dass das Konfliktpotential jedenfalls bei einem solchen Elternpaar, das noch nie eine Beziehung miteinander geführt hat, auch geringer sein kann als bei einem vormals verheirateten Elternpaar. Denn ihre Streitigkeiten werden sich in der Regel auf Kindesangelegenheiten beschränken und können deshalb nicht noch mit Streitigkeiten der Elternebene vermengt werden. Umgekehrt ist aber auch zu berücksichtigen, dass der Umfang der Sorgerechtsausübung einen intensiven Kontakt zwischen den Eltern erfordert. Die Tragfähigkeit und Effektivität ihrer Elternbeziehung wird deshalb unter Umständen stärker auf die Probe gestellt als bei einem geschiedenen Elternpaar, das sich zumindest über die Jahre hinweg kennen gelernt hat.

Entscheidend ist jedoch, dass die Eltern gerade trotz ihrer nicht bestehenden Verbindung eine positive Entscheidung im Hinblick auf die gemeinsame Sorge getroffen haben. Bereits mit dieser Entscheidung haben sie zum Ausdruck gebracht, dass sie sich im Verhältnis zu ihrem gemeinsamen Kind in wichtigen Fragen einigen können.[507] Und gerade dies ist bei getrennt lebenden Eltern zwingend erforderlich – ist die gemeinsame Sorge in diesen Fällen doch an § 1687 BGB zu messen, der den gemeinschaftlichen Sorgebereich bei Getrenntleben zwar wesentlich einschränkt, allerdings in wichtigen Fragen die Einigung der Eltern verlangt.

Wenn das räumliche und partnerschaftliche Zusammenleben der nichtehelichen Eltern somit keine Voraussetzung für die Wirksamkeit der Sorgeerklärungen ist, ist dies nicht zu beanstanden.

---

[506] Vgl. oben 1. Kapitel, S. 42.

[507] So auch Schumann, S. 324 f.

2. Beteiligung des Kindes

Eine Beteiligung des Kindes in Form eines eigenen Zustimmungs-, Veto- oder sonstigen Mitwirkungsrechts ist bei der Begründung der gemeinsamen Sorge nicht vorgesehen. Das Gesetz bietet – auch bei Getrenntleben der Eltern oder bei der Weigerung der Mutter, eine Sorgeerklärung abzugeben – kein Verfahren an, das die Einschaltung des Jugendamtes ermöglicht oder eine richterliche Anhörung des Kindes vorsieht.[508]

Nach Art. 6 II 1 GG zählt die Wahrung und Interpretation der Kindesinteressen durch Pflege und Erziehung zu den privatautonomen Bereichen der Eltern, in die der Staat erst dann eingreifen darf, wenn der weit zu bemessene Vertretbarkeitsrahmen der elterlichen Maßnahme überschritten wird. Da Erziehung immer auch Fremdbestimmung bedeutet, folgt hieraus, dass unterhalb der Schwelle des § 1666 BGB Einwände des Kindes gegen die elterliche Sorge nicht zur Kenntnis genommen werden.[509] Die Konfliktlage, die entsteht, wenn das tatsächliche Interesse des Kindes, der Kindeswille, nicht im Einklang mit dem von den Eltern definierten Kindesinteresse, dem Kindeswohl, steht, wird einfachgesetzlich unter anderem durch § 1626 II BGB gelöst, wonach die Eltern bei allen Sorgerechtsmaßnahmen die wachsenden Fähigkeiten und Bedürfnisse ihres Kindes zu berücksichtigen haben.

Fraglich ist zwar somit, ob sich der Anwendungsbereich des § 1626 II BGB auch auf die Begründung der elterlichen Sorge durch übereinstimmende Sorgeerklärungen erstreckt; eine nähere Auseinandersetzung mit dieser Thematik kann an dieser Stelle aber unterbleiben. Denn selbst wenn die Sorgeerklärungen nicht als Sorgemaßnahmen qualifiziert würden,[510] müsste § 1626 II BGB für die sorgeberechtigte Mutter im Wege eines „Erst-recht-Schlusses" analog angewendet werden, weil es sich bei der Grundfrage der gemeinsamen Sorgerechtszuständigkeit um eine Angelegenheit handelt, die das Kind besonders berührt.[511] Aus dem gleichen Grund müsste § 1626 II BGB im Hinblick auf den nichtsorgeberechtigten Vater eine Vorwirkung entfalten. Auch er muss sich daher vor der Begründung des gemeinsamen Sorgerechts mit dem Kind auseinander setzen. Die ausreichende Beteiligung des Kindes ist damit Aufgabe beider Eltern.

---

[508] Vgl. *Büdenbender* in AcP (1997) 197, 197 (216). Kritisch: *Dickmeis* in ZfJ 98, 41 (48); *Coester* in FamRZ 96, 1181 (1186): Forderung einer „Nachbesserung des § 1626a BGB-E"; *DTFG* in FamRZ 97, 337 (339).

[509] Vgl. BVerfGE 24, 119 (143) und oben 2. Kapitel S. 67 f.

[510] Staudinger – *Coester* § 1626a Rn. 52, 30.

[511] *Coester* in FamRZ 96, 1181 (1186); Staudinger – *Coester* § 1626a Rn. 52. Zur Frage, ob es tatsächlich einer analogen Anwendung bedarf, vgl. 4. Kapitel S. 249 Fn. 805.

3. Beteiligung des Familiengerichts

Die fehlende formalrechtliche Beteiligung des Kindes hängt eng mit der Tatsache zusammen, dass die Frage, ob die durch übereinstimmende Sorgeerklärungen begründete gemeinsame Sorge dem Kindeswohl nicht widerspricht, keiner gerichtlichen Überprüfung zugänglich ist.[512] In der Literatur wurde der Rückzug des Staates aus seinem staatlichen Wächteramt zwar zum Teil kritisiert,[513] überwiegend jedoch begrüßt.[514] Zu Recht wurde festgestellt, dass die Basis der gemeinsamen Sorge für eheliche Kinder spätestens seit der Zulassung der gemeinsamen Sorge auch nach Scheidung weder das Eheband als solches noch das Zusammenleben, noch eine – gerichtlich überprüfte – dem Kindeswohl dienliche Eignung der Eltern sei, sondern allein deren übereinstimmender Wille zur gemeinsamen Elternverantwortung, der aufgrund der Eheschließung vermutet werden könne. Übertragen auf nichteheliche Eltern bedeute dies, dass Grundlage der gemeinsamen elterlichen Sorge nicht etwa eine gerichtliche Kindeswohlprüfung sein könne, sondern allein der übereinstimmende Elternwille, der seinen Ausdruck in den übereinstimmenden Sorgeerklärungen finde.[515] Im Übrigen ließe sich der Erziehungserfolg weder bei ehelichen noch bei nichtehelichen Kindern gerichtsförmig prognostizieren.[516]

Neben einer Kindeswohlkontrolle entfällt grundsätzlich auch jede andere Form der inhaltlichen Überprüfung der Sorgeerklärungen. Dies gilt insbesondere auch im Hinblick auf das Vorliegen einer Vaterschaftsanerkennung.[517]

Lediglich dann, wenn die nach § 1626c II BGB erforderliche Zustimmung des gesetzlichen Vertreters zur Sorgeerklärung eines beschränkt Geschäftsfähigen ersetzt werden soll, erfolgt eine Überprüfung der Sorgeerklärung durch das Familiengericht. Das Gericht überprüft die Sorgeerklärung allerdings nur insoweit, als diese mit dem Wohl des beschränkt geschäftsfähigen Elternteils vereinbar sein muss.[518]

---

[512] Vgl. zur Ablehnung eines entsprechenden Antrags der SPD- Fraktion bereits oben 1. Kapitel S. 55.

[513] Vgl. *Bosch* in FamRZ 91, 1121 (1128); *Beschlüsse des 59. DJT* in FamRZ 92, 1275 (1276); *Schlüter* in FuR 94, 341 (345); *Rehberg* in FuR 98, 65 (69); Schumann, S. 325: Gerichtliche Überprüfung, wenn ein Elternteil anderweitig verheiratet ist; *Will* in ZfJ 98, 308 (311 ff., 313.): die Schutzbedürftigkeit der Mutter erfordert ein familiengerichtliches Verfahren.

[514] *Schwenzer* in FamRZ 92, 121 (125); *Coester* in FamRZ 96, 1181 ff.; *Büdenbender* in AcP (1997) 197, 197 (206); FamRefK – *Rogner* § 1626a Rn. 11; MüKom – *Huber* § 1626a Rn. 17; Bamberger / Roth – *Veit* § 1626a Rn. 10; *Dickerhof-Borello* in FuR 98, 157 (161); Greßmann, S. 55.

[515] Vgl. v.a. *Schwenzer* in FamRZ 92, 121 (125).

[516] *Lipp* in FamRZ 98, 65 (70); Bamberg / Roth – *Veit* § 1626a Rn. 10.

[517] *Zimmermann* in DNotZ 98, 404 (417).

[518] FamRefK – *Rogner* § 1626a Rn. 11; Bamberger / Roth – *Veit* § 1626a Rn. 10.

Das gemeinsame Sorgerecht wird auch nicht im Wege einer behördlichen oder gerichtlichen „Muss"-Entscheidung übertragen. Die übereinstimmenden Sorgeerklärungen bewirken selbst, dass den nichtehelichen Eltern das Sorgerecht gemeinsam zusteht. Folglich ist es zumindest in diesem Zusammenhang missverständlich, von einem „Antragsprinzip" zu sprechen.[519]

4. Sorgeplan

Wie bei verheirateten Eltern ist auch bei nichtehelichen Eltern das gemeinsame Sorgerecht und damit die Wirksamkeit der Sorgeerklärungen nicht an das Vorliegen eines gemeinsamen Sorgeplans geknüpft.[520] Selbst im Falle einer dauernden Trennung vormals zusammenlebender Eltern hat der Gesetzgeber von der Notwendigkeit eines Sorgeplans abgesehen. Es sei zu befürchten, dass durch den Zwang zur schriftlichen Niederlegung erst Anlass für einen Streit – und sei es nur um Formulierungen entstünde. Auch könne der Sorgeplan in seiner scheinbaren Endgültigkeit dazu führen, dass Eltern nach der Trennung nicht flexibel genug auf geänderte Situationen reagierten.[521]

Den vielfältigen Familienkonstellationen nichtehelicher Kinder trägt der Gesetzgeber statt dessen durch die Trennungsregelung des § 1687 BGB und durch ein System vorsorgender öffentlicher Beratungen und Unterstützungen der Eltern in Familienangelegenheiten und insbesondere in Fragen der Erziehung ihrer Kinder (§§ 17, 18, 42, 43, 51, 52a SGB VIII) Rechnung.[522]

III. Wirksamkeitsanforderungen der Sorgeerklärungen

Ferner bemisst sich die Wirksamkeit der Sorgeerklärungen nach den Vorschriften der §§ 1626b bis 1626d I BGB.

1. Bedingungen und Befristungen, § 1626b BGB

a. Norminhalt und Funktionsweise

§ 1626b BGB regelt hierbei ganz unterschiedliche Aspekte der Sorgeerklärungen: Während Abs. 1 sie für bedingungs- und befristungsfeindlich erklärt, enthält Abs. 2 eine Sonderregelung für die pränatalen Sorgeerklärungen. Abs. 3

---

[519] So *Lipp* in FamRZ 98, 65 (69); Kritik äußern auch Palandt – *Diederichsen* § 1626a Rn. 6; *Zimmermann* in DNotZ 98, 404 (416 Fn. 46). Vgl. zum Vorliegen eines Antrages aber unten 4. Kapitel S. 233 ff.

[520] MüKom – *Huber* § 1626a Rn. 15.

[521] BT-Drs. 13 / 4899, S. 64; a.A. z.B.: *Tauche* in FuR 96, 213 (216); *Willutzki* in Rpfleger 97, 336 (338); vgl. zur Diskussion Staudinger (12. Aufl.) – *Coester* § 1671 Rn. 183 m.w.N.

[522] BT-Drs. 13 / 8511, S. 82.

stellt schließlich die Wirksamkeit der Sorgeerklärungen seinerseits unter die Bedingung, dass nicht bereits eine gerichtliche Sorgerechtsentscheidung nach §§ 1671, 1672 BGB oder eine Änderung einer solchen Entscheidung nach § 1696 BGB vorliegt.

b. Bedingungs- und Befristungsverbot, § 1626b I BGB

Aus der Qualifizierung der Sorgeerklärungen als personenstandsbezogene Erklärungen ergibt sich zunächst das grundsätzliche Verbot, die Erklärungen bedingt oder befristet abzugeben (§ 1626b I BGB). Es widerspräche dem Interesse des Kindes an Kontinuität und Stabilität, wenn die Zuweisung der elterlichen Sorge auf Zeit möglich wäre oder von einem künftigen, ungewissen Ereignis abhinge.[523] Aus diesem Grund sind die Sorgeerklärungen im Falle einer Bedingung oder Befristung selbst und nicht allein die unzulässige Bedingung oder Befristung unwirksam.[524]

Unter den Begriff der Bedingung im Sinne des Abs. 1 fällt sowohl die aufschiebende (vgl. § 158 I BGB) als auch die auflösende (vgl. § 158 II BGB) Bedingung. Es darf also weder der Eintritt der Rechtswirkungen der Sorgeerklärungen noch das Fortbestehen ihrer Wirkungen von dem Eintritt eines zukünftigen, ungewissen Ereignisses abhängig gemacht werden. Unzulässig sind beispielsweise Sorgeerklärungen unter dem Vorbehalt des Fortbestands der elterlichen Lebensgemeinschaft oder mit dem Zusatz, die Sorgeerklärungen gelten nur dann, wenn sich der Vater von seiner derzeitigen Lebensgefährtin tatsächlich trennen sollte. Die sogenannten „Rechtsbedingungen" sind keine Bedingungen in dem oben beschriebenen Sinne. Hierbei handelt es sich vielmehr um die gesetzlichen Voraussetzungen für das Zustandekommen und die Wirksamkeit eines Rechtsgeschäfts. Sie liegen in der Regel auch dann noch vor, wenn sie in einer Vereinbarung ausdrücklich als Wirksamkeitsvoraussetzung angeführt werden.[525] Wird eine Sorgeerklärung etwa unter der Bedingung abgegeben, der gesetzliche Vertreter des minderjährigen Elternteils müsse seine Zustimmung erteilen, ist dies ebenso zulässig, wie wenn der Vater seine Erklärung unter die Bedingung stellt, auch die Mutter müsse eine Sorgeerklärung abgeben oder aber der Vaterschaftsanerkennung zustimmen.[526] Die eintretenden Schwebezustände würden auch ohne die Bedingung aufgrund der gesetzlichen Voraussetzungen eintreten und stehen daher im Gegensatz zu gewöhnlichen Bedingungen nicht im Widerspruch zum Kindeswohl. Da der Gesetzgeber mit § 1626b II BGB aus-

---

[523] BT-Drs. 13 / 4899, S. 94.

[524] *Knittel* in ZfJ 00, 140 (140).

[525] Palandt – *Heinrichs* vor § 158 Rn. 4, 5.

[526] Vgl. *Knittel* in ZfJ 00, 140 (140 f.); Staudinger – *Coester* § 1626b Rn. 4. Vgl. zu der Bedeutung der Bedingungsfeindlichkeit bei begleitenden Vereinbarungen umfassend 4. Kapitel S. 187.

drücklich die Möglichkeit der pränatalen Vaterschaftsanerkennung um diejenige der pränatalen Sorgeerklärungen ergänzen wollte,[527] müssen im Rahmen des § 1626b I BGB solche Bedingungen zulässig sein, die auch der grundsätzlich bedingungsfeindlichen Vaterschaftsanerkennung nicht im Wege stehen. Hierzu zählt unter anderem die Bedingung, dass eine anderweitig bestehende Vaterschaft durch Anfechtung wirksam beseitigt wird.[528]

In der Dreieckskonstellation Ehemann – Ehefrau – leiblicher Vater ist in der Scheidungsphase zu differenzieren: Stimmt der getrennt lebende Ehemann der schwangeren Frau der Anerkennung durch den leiblichen Vater des Kindes gemäß § 1599 II BGB zu, so hängt die Wirksamkeit der vorgeburtlichen Vaterschaftsanerkennung von der rechtskräftigen Scheidung der Eheleute ab. Werden zeitgleich die Sorgeerklärungen beider Eltern beurkundet, wird das Kind seinen Eltern jedenfalls dann sorgerechtlich zugeordnet, wenn es nach Rechtskraft der Scheidung geboren wird. Wird es hingegen vor Rechtskraft der Scheidung geboren, gilt zunächst der (Noch-) Ehemann gemäß § 1592 Nr. 1 BGB als Vater. Die rechtliche Zuordnung wechselt dann erst mit Eintritt der letzten Voraussetzung des § 1599 II 3 BGB, der Rechtskraft des Scheidungsurteils. Damit sind die nach der Geburt eintretenden Rechtsfolgen vor und nach der Scheidung die objektive Folge der maßgeblichen Rechtsvorschrift und somit als Rechtsbedingungen nicht in unzulässiger Weise von der Willensentschließung der Parteien abhängig.[529] Etwas anderes gilt aber dann, wenn etwa der Erzeuger des Kindes die Wirksamkeit seiner Sorgeerklärung ausdrücklich davon abhängig macht, dass er bereits bei Geburt des Kindes rechtlich als Vater feststeht oder wenn nach seiner Ansicht die Sorgeerklärung nicht gelten solle, wenn das Kind vor Rechtskraft der Scheidung geboren wird und er somit erst nach einer gewissen Zeit rechtlich als Vater feststünde.

Die Definition der Befristung richtet sich nach § 163 BGB. Eine unzulässige Erklärung liegt danach vor, wenn ein zukünftiges gewisses Ereignis für den Beginn der Rechtswirkungen der Sorgeerklärungen oder deren Ende maßgeblich ist. Anstatt den Eintritt der Rechtswirkung hinauszuzögern, weil sich z.B. der Vater die Übernahme des Mitsorgerechts noch nicht zutraut oder die Mutter eine gewisse Zeit beobachten möchte, ob der Vater genügend Verantwortungsbewusstsein für das Kind zeigt, können die Eltern die Sorgeerklärungen auch einfach nach Ablauf dieser „Probezeit“ abgeben.[530] Denn für die Abgabe der Sorgeerklärungen sind keinerlei Fristen vorgegeben. Solange das Kind minderjährig

---

[527] BT-Drs. 13 / 4899, S. 94.
[528] Staudinger – *Coester* § 1626b Rn. 4; vgl. auch BT-Drs. 13 / 4899, S. 84, 94; a.A. Palandt – *Diederichsen* § 1626b Rn. 1 a.E.
[529] *DIV-Rechtsgutachten* in DAVorm 00, 320 (321); Palandt – *Diederichsen* § 1626b Rn. 1; *Oelkers* in FuR 02, 106 (107).
[530] BT-Drs. 13 / 4899, S. 94.

ist, können sich seine Eltern jederzeit zur gemeinsamen Sorge entschließen.[531] Soll die gemeinsame Sorge zu einem bestimmten Zeitpunkt, z.B. mit der Einschulung des Kindes, enden, wird verkannt, dass auch für die einvernehmliche Beendigung der gemeinsamen Sorge stets ein gerichtlicher Gestaltungsakt nach § 1671 BGB erforderlich ist und dass das 14-jährige Kind mit seinem Widerspruch eine gerichtliche Prüfung nach § 1671 II Nr. 2 BGB herbeiführen kann. Darüber hinaus würden die Eltern ihre Eigenverantwortung leugnen, wenn sie schon im Voraus eine so wesentliche Entscheidung für das Kind treffen könnten, ohne aktuell, wie bei § 1671 II Nr. 1 BGB, die Folgen für das Kindeswohl abschätzen zu können.[532]

c. Pränatale Sorgeerklärungen, § 1626b II BGB

§ 1626b II BGB ermöglicht eine Abgabe der Sorgeerklärungen schon vor der Geburt des Kindes.

aa. Abstammung

Fraglich ist, ob vorgeburtliche Sorgeerklärungen besondere „Nachweise" an die Elternschaft, insbesondere an die Vaterschaft stellen, damit unmittelbar nach der Geburt die gemeinsame Sorge für das Kind eintreten kann. Das Gesetz enthält diesbezüglich in den §§ 1626a ff. BGB keine besonderen Voraussetzungen. Die Abstammung des Kindes vom Vater können die Eltern dadurch klären, dass der Vater die Vaterschaft anerkennt und die Mutter zustimmt – beides ist vor der Geburt des Kindes möglich, §§ 1594 IV, 1595 III BGB. Wenn die werdende Mutter minderjährig ist, sieht das Gesetz gemäß § 1592 II BGB Zustimmung des Kindes vor. Ist das Kind jedoch noch nicht geboren, kann das Jugendamt auf Antrag der Mutter zum Beistand des Kindes bestellt werden und der Vaterschaftsanerkennung für das Kind zustimmen (§§ 1712 I Nr. 1, 1713 II BGB).

Eine vorgeburtliche Sorgeerklärung ist jedoch nicht nur dann möglich, wenn zugleich ein vorgeburtliches Vaterschaftsanerkenntnis abgegeben wird.[533] Dies ist ebenso wenig notwendig, wie – streng genommen – das Kriterium der Mutterschaft vor der Geburt festgestellt werden kann, zumal das deutsche Recht, mit Ausnahme von Fällen mit Auslandsberührung (§ 29b PStG), die vorgeburtliche „Mutterschaftsanerkennung" nicht kennt.[534] Vielmehr stehen vorgeburtli-

[531] *Schwab* in DNotZ 98, 437 (451).
[532] So auch *Wegmann* in BayMittNot 98, 308 (310); Staudinger – *Coester* § 1626b Rn. 6.
[533] So aber *Schwab* in DNotZ 98, 437 (450); Keller, S. 40; Staudinger – *Coester* § 1626b Rn. 8.
[534] Auf die Problematik der Mutterschaft bei pränatalen Erklärungen weist *Schwab* in DNotZ 98, 437 (450) hin.

che Sorgeerklärungen unter der nach Abs. 1 zulässigen Rechtsbedingung, dass sie durch die Erklärungsberechtigten abgeben wurden, d.h. also mütterlicherseits durch die Frau, die das Kind geboren hat (§ 1591 BGB), und väterlicherseits durch den Mann, der die Vaterschaft, gegebenenfalls vor der Geburt, anerkannt hat oder dessen Vaterschaft nach § 1600d BGB gerichtlich festgestellt wurde.[535] Bis zur Vaterschaftsfeststellung ist die Sorgeerklärung des Vaters schwebend unwirksam.

bb. Bestimmtheit der Erklärungen

Ebenso wie gewöhnliche Sorgeerklärungen müssen auch vorgeburtliche Sorgeerklärungen dem Bestimmtheitsgrundsatz genügen. Sie müssen sich also auf ein bestimmtes „Kind“, den nasciturus, beziehen, wobei eine Ausnahme bei unerwarteten Mehrlingsgeburten zu machen ist: Die Sorgeerklärungen sind wirksam und erstrecken sich auf alle Kinder.[536] Hierfür spricht nicht nur die vergleichbare Rechtslage bei der Vaterschaftsanerkennung gemäß § 1594 IV BGB,[537] sondern auch – insbesondere wegen des hohen Komplikationsrisikos bei Mehrlingsgeburten – der mutmaßliche Elternwille und das Kindeswohl.[538]

Eine Regelung der Sorgerechtsverhältnisse der noch nicht gezeugten Abkömmlinge ist nicht zulässig. Auch wenn an der Praktikabilität einer solchen Regelung kein Zweifel besteht, handelt es sich bei den Sorgeerklärungen doch um personenstandsbezogene Erklärungen, die wie die Vaterschaftsanerkennung,[539] nur solche personenrechtlichen Beziehungen gestalten können, deren Bezugspersonen identifizierbar sind.[540] Im Übrigen würden derartige Sorgeerklärungen auch gegen das Bedingungsverbot aus § 1626b I BGB verstoßen, weil sie für den Fall eines ungewissen Ereignisses, die Schwangerschaft, abgegeben würden.

d. Keine Sorgeerklärungen nach gerichtlicher Entscheidung, § 1626b III BGB

aa. Sinn und Zweck der Regelung anhand der möglichen Fallgruppen

Wenn das Familiengericht die ursprünglich gegebene Verteilung der elterlichen Sorge geändert und die Sorge neu zugewiesen hat, soll diese Regelung einen gewissen Bestandsschutz genießen. Der Gesetzgeber geht davon aus, dass ein

---

[535] *Wegmann* in MittBayNot 98, 308 (309).
[536] A.A. MüKom – *Huber* § 1626b Rn. 17.
[537] MüKom – *Wellenhofer / Klein* § 1594 Rn. 41; Staudinger – *Rauscher* § 1594 Rn. 49.
[538] So zu Recht Staudinger – *Coester* § 1626b Rn. 9.
[539] MüKom (3. Aufl.) – *Mutschler* § 1600b a.F. Rn. 3.
[540] *Zimmermann* in DNotZ 98, 404 (417).

„Hin und Her“ der elterlichen Sorge mit dem Interesse des Kindes an der Kontinuität seiner Sorgebeziehung nicht zu vereinbaren wäre.[541] Die Herbeiführung des gemeinsamen Sorgerechts nach § 1626a I Nr. 1 BGB ist deshalb nach § 1626b III BGB ausgeschlossen, wenn eine gerichtliche Entscheidung nach §§ 1671, 1672 BGB getroffen oder eine solche Entscheidung nach § 1696 I BGB geändert wurde.[542] Deutlich wird dieser Zweck, wenn zum einen die für nichteheliche Eltern in Betracht kommenden Fallgruppen und zum anderen die Voraussetzungen der Änderungsentscheidung beleuchtet werden.

(1) Erneute Wiederherstellung der nach § 1671 II BGB geänderten gemeinsamen Sorge gemäß § 1696 I BGB

In der ersten Konstellation wurde die gemeinsame Sorge gemäß § 1626a I Nr. 1 BGB begründet. Dann trennten sich die Eltern und änderten das Sorgerecht gemäß § 1671 II BGB in die Alleinsorge des antragstellenden Elternteils ab. Unabhängig davon, ob eine Kindeswohlprüfung stattgefunden hat oder nicht, kann die nach § 1671 II BGB begründete Alleinsorge eines Elternteils nicht mehr durch übereinstimmende Sorgeerklärungen der Eltern wieder in ein gemeinsames Sorgerecht umgewandelt werden. Hierzu bedarf es einer (ermessensunabhängigen) Entscheidung des Familiengerichts nach § 1696 I BGB, die voraussetzt, dass die Wiederbegründung der gemeinsamen Sorge aus triftigen, das Wohl des Kindes nachhaltig berührenden Gründen angezeigt ist.

Fraglich ist nunmehr, ob und wenn inwieweit der übereinstimmende Wille der Eltern zur erneuten Begründung der gemeinsamen Sorge im Rahmen des § 1696 I BGB zu berücksichtigen ist.

Weitgehende Einigkeit besteht insoweit, als der übereinstimmende Wille der Eltern im Rahmen der Prüfung der Änderungsvoraussetzungen des § 1696 I BGB berücksichtigt werden darf. Umstritten ist hingegen, welches Gewicht dem Elternwillen insoweit zukommt.[543]

---

[541] BT-Drs. 13 / 4899, S. 94.

[542] Die fehlende Nennung von § 1628 BGB ist entgegen der Ansicht von Staudinger – *Coester* § 1626b Rn. 14 konsequent, da zum einen schon ein gemeinsames Sorgerecht besteht und da es den Eltern zum anderen freisteht, die Entscheidung des Familiengerichts einvernehmlich abzuändern (vgl. 3. Kapitel S. 123 f.). Es besteht folglich keine Notwendigkeit für Sorgeerklärungen.

[543] Diese Frage war auch schon vor der Reform umstritten: Nach e.A. bestand eine Bindungswirkung in den Grenzen des § 1671 III 1 BGB a.F., so dass das Gericht im Rahmen von § 1696 BGB von dem Elternvorschlag nur dann abweichen konnte, wenn dies zum Wohl des Kindes erforderlich war (so Schwab, Hdb des ScheidgsR. (3. Aufl.), III Rn. 70; Staudinger (12. Aufl.)- *Coester* § 1696 Rn. 44.; *OLG Karlsruhe* in NJW 77, 1731 (1732). Überwiegend

Teilweise wird vertreten, dass bei einem übereinstimmenden Elternwillen die gemeinsame Sorge grundsätzlich ohne weitere Kindeswohlprüfung angeordnet werden müsse, da mit ihm die „triftigen Gründe" des § 1696 I BGB dem Gericht zwingend vorgegeben seien. Dies gelte nur dann nicht, wenn das mindestens 14 Jahre alte Kind widerspreche, oder die Grenze des § 1666 BGB erreicht sei.[544] Hierfür spreche die grundlegende Wertung des KindRG, wonach unterhalb der Schwelle des § 1666 BGB dem übereinstimmenden Elternwillen Vorrang vor staatlichen Entscheidungen zukommen solle.[545]

Vorzugswürdiger ist demgegenüber ein vorsichtigerer Ansatz, der auf die Möglichkeit der Kindeswohlüberprüfung im Rahmen des § 1696 I BGB nicht gänzlich verzichtet, sondern nur das Regel-Ausnahme-Verhältnis umkehrt. In diesem Sinne haben die triftigen Gründe des § 1696 I BGB nur noch eine Sperrfunktion. Die Änderung ist bei einem übereinstimmenden Elternwillen somit auszusprechen, wenn keine triftigen Gründe entgegenstehen.[546]

Hierfür spricht einerseits, dass die elterliche Einigung eine (erneute) Änderung der Sorgerechtszuordnung beinhaltet und somit das Kontinuitätsinteresse des Kindes beeinträchtigt wird. Zu dessen Schutz wurden die strengen Voraussetzungen des § 1696 I BGB angeordnet, die auch bei einem übereinstimmenden Elternwillen nicht gänzlich außer Acht gelassen werden dürfen. Andererseits ist zu berücksichtigen, dass § 1671 II Nr. 1 BGB den Grundsatz der Erziehungskontinuität im Rahmen einer (erstmaligen) Sorgerechtsänderung zugunsten der Elternautonomie durchbrochen hat. Um daher den systematischen Zusammenhang zwischen § 1671 II Nr. 1 und § 1696 BGB zu wahren, muss dem übereinstimmenden Elternwillen auch im Rahmen des § 1696 I BGB Rechnung getragen werden.[547] Zudem wäre es kaum verständlich, wenn das Einvernehmen der Eltern das Gericht dann binden solle, wenn die grundsätzlich für das Kind bessere Sorgealternative des gemeinsamen Sorgerechts zu Gunsten einer grundsätzlich schlechteren alleinigen Sorge eines Elternteils abgeändert werden solle, das Gericht die Einigkeit der Eltern jedoch dann unberücksichtigt lassen könnte, wenn das Kind einen zweiten verantwortlichen Elternteil hinzugewinnen könnte.

---

wurde eine dem § 1671 III 1 BGB a.F. entsprechende Bindungswirkung abgelehnt, wobei dem Elternvorschlag aber eine gewichtige Indizwirkung zugunsten der Änderung beigemessen wurde (so MüKom (3. Aufl.) – *Hinz* § 1696 Rn. 10; Soergel – *Strätz* § 1696 Rn. 8; *BayObLG* in FamRZ 76, 41 (43); *OLG Hamm* in FamRZ 81, 600.

[544] *Büdenbender* in AcP (1997) 197, 197 (218 f.); FamRefK – *Rogner* § 1696 Rn. 4; *Ewers* in FamRZ 99, 477 (479); Palandt (61. Aufl.) – *Diederichsen* § 1696 Rn. 26 (abgeschwächt in 62. Aufl. Rn. 22); i.E. auch *OLG Rostock* in FamRZ 99, 1599; OLG *Dresden* in FamRZ 02, 632; *OLG Brandenburg* in FamRZ 02, 1210.

[545] Vgl. *Büdenbender* in AcP (1997) 197, 197 (218).

[546] So *Schwab* in FamRZ 98, 457 (471) jedenfalls für die sogenannten „Altfälle"; generell befürwortend *Coester* in DEuFamR 99, 3 (14); *Huber* in FamRZ 99, 1625 (1628 f.); Staudinger – *Coester* § 1696 Rn. 60 f.

[547] So auch *Huber* in FamRZ 99, 1625 (1629).

§ 1626b III BGB soll folglich in diesem Zusammenhang verhindern, dass die Änderungsvoraussetzungen des § 1696 I BGB, die zur Wahrung des Kontinuitätsinteresses des Kindes zumindest eine Negativkontrolle des elterlichen Einvernehmens vorsehen, durch übereinstimmende Sorgeerklärungen der Eltern, die nicht Gegenstand einer entsprechenden Prüfung sind, unterlaufen werden.

(2) Änderung der nach § 1672 I BGB von der Mutter auf den Vater übertragenen Alleinsorge in ein gemeinsames Sorgerecht gemäß § 1672 II 1 BGB

In der zweiten Konstellation leben die nicht miteinander verheirateten Eltern dauerhaft getrennt, und es besteht zunächst die Alleinsorge der nichtehelichen Mutter nach § 1626a II BGB. Dann stellt der Vater mit Zustimmung der Mutter einen Antrag auf vollständige oder teilweise Übertragung der Alleinsorge, dem das Familiengericht stattgibt, weil die Übertragung dem Wohl des Kindes dient, § 1672 I 1, 2 BGB.

Damit ist die Schwelle für die Zuteilung der Alleinsorge an den nichtehelichen Vater höher als in Fällen des § 1671 II Nr. 1 BGB. Der Grund hierfür ist nach Ansicht des Gesetzgebers in der unterschiedlichen Ausgangslage der beiden Vorschriften zu sehen. Während bei § 1671 II BGB eine Konfliktlage bestünde, in der sich die Eltern nicht einigen könnten und deshalb notwendige Entscheidung nicht getroffen werden könnten, wodurch das Wohl des Kindes gefährdet werden könne, sei dies im Rahmen des § 1672 I BGB nicht der Fall. Hier könne die Mutter aufgrund ihrer Alleinsorge alle erforderlichen Maßnahmen, wenn notwendig auch gegen den Willen des Vaters, treffen.[548] Aus der Sicht des Kindes ist damit eine Veränderung der Sorgerechtszuständigkeit im Rahmen des § 1671 II BGB aktuell geboten, während dies im Rahmen von § 1672 I BGB nicht der Fall ist.

Nach § 1672 I 2 BGB ist dem Antrag des Vaters daher nur stattzugeben, wenn die Übertragung der Alleinsorge auf ihn dem Wohl des Kindes dient, also überwiegend Vorteile für das Kind erkennbar sind. In Zweifelsfällen solle nach der *Amtlichen Begründung* der Grundsatz der Erziehungskontinuität den Ausschlag für die Beibehaltung der bisherigen Alleinsorge der Mutter geben.[549]

Der Gesetzgeber hat allerdings explizit darauf hingewiesen, dass in der Regel schon die Bereitschaft der Mutter, auf die elterliche Sorge zu verzichten, ein Indiz für einen dem Wohl des Kindes dienenden Sorgewechsel sei.[550]

---

[548] BT-Drs. 13 / 4899, S. 101.
[549] BT-Drs. 13 / 4899, S. 101.
[550] Vgl. BT-Drs. 13 / 4899, S. 101. Da das elterliche Einvernehmen somit berücksichtigt wird, ist die „verfassungskonforme Auslegung" von Staudinger – *Coester* § 1672 Rn. 13, wonach

Entgegen kritischen Stimmen aus der Literatur[551] ist eine gerichtliche Kontrolle der Kindeswohldienlichkeit gerechtfertigt, weil das Kind seine Mutter als bisherige Sorgeberechtigte verliert und statt dessen dem Vater zugeordnet wird, der mit dem Sorgerecht bislang noch keine Erfahrungen sammeln konnte. Im Vergleich zu § 1671 II Nr.1 BGB, wo beide Eltern bislang gleichermaßen mit der elterlichen Sorge befasst waren, ist es also gerechtfertigt, wenn dem elterlichen Konsens nicht die gleiche Bindungswirkung für das Gericht beigemessen wird. Der mit einer Übertragung der Alleinsorge auf den Vater verbundene Bruch in der Erziehungskontinuität unterstreicht die Erforderlichkeit einer höheren Kontrollintensität der Gerichte. Auch musste der Gesetzgeber nach den statistischen Erhebungen davon ausgehen, dass die langfristige tatsächliche Verantwortungsübernahme durch nichteheliche Väter, insbesondere dann, wenn sich die Eltern nach der Geburt des Kindes getrennt haben,[552] trotz erfreulicher Tendenzen immer noch nicht die Regel darstellt. Schließlich spricht für den Prüfungsmaßstab auch das Ziel des Gesetzgebers, die mütterliche und väterliche Alleinsorge gleichermaßen stabil auszugestalten: Würde nämlich ein Sorgewechsel auf den Vater schon dann ermöglicht werden, wenn er dem Kindeswohl „nicht widerspricht", könnte die Mutter die Alleinsorge grundsätzlich nur unter den Voraussetzungen des § 1696 I BGB, also bei nachgewiesenen Vorteilen für das Kindeswohl, zurückerlangen. Hierdurch wäre die elterliche Sorge des Vaters aber stabiler als diejenige der Mutter.[553]

Soweit das Familiengericht die Sorge nach Abs. 1 von der Mutter auf den Vater übertragen hat, können die Eltern keine Sorgeerklärungen gemäß § 1626a I Nr. 1 BGB mehr abgegeben; diesen Weg versperrt § 1626b III BGB. Wenn sie ein gemeinsames Sorgerecht wünschen, bedarf es einer gerichtlichen Entscheidung, die nach dem Willen des Gesetzgebers nach § 1672 II 1 BGB ergehen soll. § 1696 I BGB ermögliche keine Änderungsentscheidung in ein gemeinsames Sor-

„der elterliche Konsens ein Indiz für die Kindeswohldienlichkeit sei" keine neue Erkenntnis; unverständlich ist auch die diesbezügliche Kritik von Palandt (58. Aufl.) – *Diederichsen* § 1672 Rn. 14.

551 Kritisch: *DFGT* in FamRZ 97, 337 (340 f.): Übertragung auf den Vater schon bei triftigen, das Wohl des Kindes nachhaltig berührenden Gründen; *Coester* in DEuFamR 99, 3 (8): „traditionelles Misstrauen gegen nichteheliche Väter führt zu obrigkeitlicher Bevormundung"; Staudinger – *Coester* § 1672 Rn. 11 ff.: „verfassungsrechtliche Bedenken im Hinblick auf eine Verletzung der elterlichen Autonomie"; Palandt – *Diederichsen* § 1672 Rn. 4 f. und auch FamRefK – *Rogner* § 1672 Rn. 13: „Wertungswiderspruch und Systembruch im Verhältnis zu den §§ 1626a II Nr. 1, 1671 II Nr. 1 BGB"; *Finger* in ZfJ 00, 183 (185): „Umgehungsgefahr des § 1672 BGB durch § 1626a II Nr. 1 BGB und einem danach gestellten Antrag nach § 1671 II Nr. 1. BGB könne nicht, wie der Gesetzgeber sagt (vgl. BT-Drs. 13/4899, S. 101), aufgrund der geringen Wahrscheinlichkeit hingenommen werden " .

552 Vgl. oben 1. Kapitel, S. 33 ff. und insbesondere Fn. 42.

553 BT-Drs. 13 / 4899, S. 101.

gerecht, da § 1672 I BGB eine diesbezügliche gerichtliche Entscheidungsmöglichkeit nicht vorsehe. Über § 1696 I BGB könne nur wieder die Alleinsorge der nichtehelichen Mutter hergestellt werden.[554]

Im Gegensatz zu der Übertragung nach § 1672 I BGB verliert das Kind im Falle des § 1672 II 1 BGB keinen Sorgeberechtigten, sondern erhält einen weiteren Verantwortlichen hinzu. Daher hat der Gesetzgeber auf einen ähnlich strengen Prüfungsmaßstab verzichtet.[555] In diesem Sinne gibt das Gericht dem übereinstimmend gewollten Antrag schon dann statt, wenn die gemeinsame Sorge dem Wohl des Kindes nicht widerspricht.

Die gerichtliche Begründung der gemeinsamen Sorge und entsprechend auch die Kindeswohlprüfung nach § 1672 II 1 BGB ist allerdings nur für die Teile der elterlichen Sorge erforderlich, über die zuvor eine gerichtliche Disposition stattgefunden hat. Wurde dem Vater nach § 1672 I BGB also nur ein Teil der elterlichen Sorge übertragen, sind die Sorgeerklärungen der Eltern nach § 1626b III BGB auch nur „soweit" ausgeschlossen. Hinsichtlich des bei der Mutter verbliebenen (nach § 1626a II BGB originär bestehenden) Teils der elterlichen Sorge können folglich noch Sorgeerklärungen abgegeben werden.[556]

Auch wenn die Tatasche, dass im Rahmen von § 1672 II 1 BGB überhaupt eine gegebenenfalls auf Teile der elterlichen Sorge beschränkte Kindeswohlprüfung stattfindet, kritisiert und als Wertungswiderspruch zu der Regelung des § 1626a I Nr. 1 BGB empfunden wird, die keine Kindeswohlprüfung vorsieht,[557] ist die Negativkontrolle durch die Gerichte auch in diesem Fall erforderlich. Schließlich ist das Kontinuitätsinteresse des Kindes durch die nunmehr zum dritten Mal stattfindende Veränderung der Sorgerechtszuständigkeit, die unter Umständen auch zum dritten Mal zu einem Wohnorts- und Schulwechsel und zu einer Veränderung des sozialen Umfeldes führt, erheblich beeinträchtigt und damit das

---

554 BT-Drs. 13 / 4899, S. 101. In der Literatur wird demgegenüber eine umfassende Gestaltungsmöglichkeit des Gerichts im Rahmen des § 1696 I BGB befürwortet, die auch die erstmalige Begründung der gemeinsamen Sorge enthält, vgl. *Schwab* in FamRZ 98, 457 (471 f.); *ders.* in DNotZ 98, 437 (441); *Coester* in DEuFamR 99, 3 (14). Da der elterliche Konsens im Rahmen des § 1696 I BGB dazu führen würde, das Gericht auf eine reine Negativkontrolle beschränkt bliebe, seien beide Vorschriften gleichgerichtet, § 1672 II BGB mithin überflüssig, vgl. Palandt – *Diederichsen* § 1672 (58. Aufl.) Rn. 16, (62.Aufl.) Rn. 5; Staudinger – *Coester* § 1672 Rn. 18 f. Vermittelnd: MüKom – *Finger* § 1672 Rn. 30: § 1672 sei ein „Sonderfall der gerichtlichen Abänderung, der § 1696 verdrängt".

555 BT-Drs. 13 / 4899, S. 101.

556 Kritisch hierzu Staudinger – *Coester* § 1672 Rn. 23, der die Kompliziertheit des Verfahrens rügt. Wurde das gerichtliche Verfahren aber beispielsweise mit der Regelung des Umgangsrechts kombiniert und dieses Verfahren mit einem Vergleich zwischen den Parteien geschlossen, kann das Gericht zugleich die Sorgeerklärungen beurkunden (§ 127a BGB).

557 Kritisch Staudinger - *Peschel-Gutzeit* § 1626a Rn. 46; Palandt – *Diederichsen* § 1626a Rn. 6.

Kindeswohl gefährdet. Der Eingriff in die elterliche Autonomie ist folglich durch Kindeswohlgesichtspunkte gerechtfertigt.

(3) Änderung der Rückübertragung der Alleinsorge auf die Mutter in ein gemeinsames Sorgerecht der Eltern gemäß § 1672 II 2 BGB

In der dritten Fallgruppe wurde schließlich die originär bestehende Alleinsorge der von dem Vater getrennt lebenden Mutter auf einvernehmlichen Antrag der Eltern von dem Familiengericht auf den Vater übertragen, weil diese Übertragung dem Kindeswohl diente. Dann traten aber triftige, das Wohl des Kindes nachhaltig berührende Gründe ein, aufgrund derer es das Gericht für erforderlich hielt, seine getroffene Entscheidung gemäß § 1696 I BGB[558] aufzuheben und erneut die Alleinsorge der Mutter herzustellen.

Wollen die Eltern nunmehr ein gemeinsames Sorgerecht begründen, bedarf es hierzu wiederum einer gerichtlichen Entscheidung darüber, ob die Übertragung der gemeinsamen Sorge dem Kindeswohl nicht widerspricht (§ 1672 II 2 BGB). Soweit die Alleinsorge der Mutter nämlich auf der Änderung der Erstentscheidung nach § 1696 I BGB beruht, besteht im Gegensatz zu einer Aufhebung nach § 1696 II BGB im Fall der §§ 1666 ff. BGB kein originäres Sorgerecht mehr, so dass § 1626b III BGB der Begründung des gemeinsamen Sorgerechts durch übereinstimmende Sorgeerklärungen entgegensteht.

Ebenso wie im Rahmen des § 1672 II 1 BGB soll § 1626b III BGB auch bei Abs. 2 S. 2 verhindern, dass die zur Wahrung des Kontinuitätsinteresses des Kindes erforderliche Kindeswohlprüfung des Gerichts durch Sorgeerklärungen der Eltern unterlaufen wird. Die Wahrung der gerichtlichen Kontrolle ist hier auch insofern unentbehrlich, als gegen das alleinige Sorgerecht des Vaters bereits triftige, das Wohl des Kindes nachhaltig berührende Gründe vorlagen und somit auch gegen das gemeinsame Sorgerecht der Eltern beachtliche Gründe sprechen können. Die Angemessenheit des gerichtlichen Prüfungsmaßstabs zeigt sich nicht zuletzt daran, dass sich der übereinstimmende Elternwille hier dem gleichen Prüfungsmaßstab ausgesetzt sieht, wie bei der Variante des § 1672 II 1 BGB.

Diese drei Fallgruppen belegen, dass die Regelung des § 1626b III BGB in einem engen Sinnzusammenhang mit den fraglichen Vorentscheidungen steht und vom Gesetzgeber keinesfalls grundlos gewählt wurde.

---

[558] § 1696 I BGB ist in diesem Fall auch nach dem Willen des Gesetzgebers anwendbar, vgl. BT-Drs. 13 / 4899, S. 94; Palandt (58. Aufl.) – *Diederichsen* § 1672 Rn. 15; Staudinger – *Coester* § 1672 Rn. 18; a.A.: *Büdenbender* in AcP (1997) 197, 197 (213).

bb. Kritik an § 1626b III BGB

Dennoch wurde Abs. 3 schon vor Inkrafttreten des KindRG als unnötige Einschränkung der elterlichen Autonomie missbilligt: Hinter der Regelung des § 1626b III BGB scheine die eher pessimistische Einschätzung zu stehen, dass Eltern, die einmal mit der gemeinsamen elterlichen Verantwortung nicht fertig geworden seien und das Familiengericht angerufen hätten, auch künftig regelmäßig nicht mehr imstande seien, ihre Elternverantwortung im Einklang mit den Interessen des Kindes auszuüben. Für diese Annahme fehlten nicht nur die erforderlichen sozialwissenschaftlichen Daten, sondern sie lasse vor allem die durch empirische Untersuchungen abgesicherte Erfahrung außer Acht, dass Eltern ungeachtet gerichtlicher Entscheidungen letztlich doch das verwirklichten, was sie für richtig hielten.[559] § 1626b III BGB sei Ausdruck eines „etatistisch-formalistischen" Denkens, das sachlich nicht gerechtfertigt sei und vom Gesetz auch nicht durchgehalten werde. Letzteres zeige sich z.B. an § 52a IV 3 FGG, wonach eine gerichtliche Umgangsregelung durch einen elterlichen, gerichtlich nur protokollierten Vergleich abgeändert werden könne.[560] Es sollte folglich auch in diesen Fällen die Möglichkeit bestehen, durch die Abgabe übereinstimmender Sorgeerklärungen ein gemeinsames Sorgerecht zu begründen.

cc. Stellungnahme

Diese Einwände gegen § 1626b III BGB überzeugen nicht. So weist *Huber* zu Recht darauf hin, dass es nicht der Sinn und Zweck des Abs. 3 sei, einem generellen Misstrauen gegenüber nichtehelichen Eltern Ausdruck zu verleihen, sondern vielmehr das Interesse des Kindes an einer kontinuierlichen Sorgebeziehung zu schützen.[561] Wenn in diesem Zusammenhang darauf hingewiesen wird, dass die Eltern tatsächlich doch das verwirklichen, was sie – ungeachtet einer gerichtlichen Entscheidung – für richtig halten, so unterstreicht dies gerade die Notwendigkeit der Regelung des § 1626b III BGB, weil eine private Missachtung der kindlichen Interessen gerade nicht noch zusätzlich durch fehlende gesetzliche Schutzmechanismen unterstützt werden darf. Hierdurch entstünde ein Widerspruch zu dem aus Art. 6 II 2 GG abzuleitenden staatlichen Wächteramt. Dem Kontinuitätsinteresse des Kindes würde nämlich nicht durch die im Zuge der Beurkundung der Sorgeerklärungen vorgesehene Beratung der Eltern oder durch Einführung eines Anhörungsrechts des Kindes in ausreichendem Maße

---

[559] *DTFG* in FamRZ 97, 337 (339); FamRefK – *Rogner* § 1626b Rn. 8; Palandt (59. Aufl.) – *Diederichsen* § 1626b Rn. 7 ff.; Bamberger / Roth – *Veit* § 1626b Rn. 5; Staudinger – *Coester* § 1626b Rn. 13;

[560] *Coester* in DEuFamR 99, 3 (13 Fn. 149); Bamberger / Roth – *Veit* § 1626b Rn. 5.

[561] MüKom – *Huber* § 1626b Rn. 19.

Rechnung getragen.[562] Denn die beratenden Stellen haben gerade nicht die Kompetenz zur Überprüfung des Kindeswohls. Unabhängig von den grundsätzlichen Einwänden gegen eine Beteiligung des Kindes[563] ist zudem fraglich, ob hierdurch tatsächlich eine ausreichende Berücksichtigung seines Kontinuitätsinteresses wahrscheinlich würde. So spielen die insofern vergleichbaren Kindeswidersprüche nach § 1671 II Nr. 1 BGB in der Praxis kaum eine Rolle.[564] Wenn somit der Schluss nahe liegt, dass sich Kinder eher selten gegen den Willen ihrer Eltern stellen, muss dies erst recht dann gelten, wenn die Eltern ein gemeinsames Sorgerecht planen.

Allein eine objektive gerichtliche Beurteilung kann gewährleisten, dass – bei aller Befürwortung des gemeinsamen Sorgerechts – auch das Interesse des Kindes an einer kontinuierlichen Erziehung und einer stabilen Lebenssituation ausreichend berücksichtigt wird. Dabei ist zu betonen, dass der Einschnitt in die elterliche Autonomie im Verhältnis zu dem durch das ständige „Hin und Her" der Eltern gebeutelten Kontinuitätsinteresse gering ist, da dem elterlichen Konsens im Rahmen des § 1696 I BGB eine Indizwirkung zugebilligt wird[565] und sich in den übrigen Fällen schon das Gesetz auf eine bloße Negativkontrolle beschränkt.

Darüber hinaus darf nicht außer Acht gelassen werden, welche gerichtlichen Entscheidungen durch die Sorgeerklärungen der Eltern privatautonom abgeändert würden: Den vorangegangenen Entscheidungen liegen mitunter triftige, das Wohl des Kindes nachhaltig berührende Gründe zugrunde oder sie dienten mit der Begründung der Alleinsorge des nichtehelichen Vaters dem Wohl des Kindes. Es handelt sich somit keinesfalls um inhaltsleere Bestätigungsakte, die allein Ausdruck eines überholten obrigkeitsorientierten Denkens sind. Das Gericht trifft vielmehr wichtige Entscheidungen in Angelegenheiten des Kindes, die in seinem Interesse verbindlich sein müssen und daher nicht ohne weiteres durch Sorgeerklärungen privatautonom wieder aufgehoben werden dürfen.[566] Soll also die Autorität und Verbindlichkeit einer gerichtlichen Entscheidung nicht in Frage gestellt werden, rechtfertigt die Verantwortung des Gerichts für die vorangegangene Entscheidung nicht nur eine weitere Beteiligung im Änderungsverfahren, sondern sie macht sie sogar erforderlich.

---

[562] So aber *DTFG* in FamRZ 97, 337 (339).

[563] Vgl. oben 4. Kapitel S. 149.

[564] Vgl. diesbezüglich Staudinger – *Coester* § 1671 Rn. 88. Im Rahmen des § 1671 sichert aber noch zusätzlich die Beteiligung des Gerichts die Interessen des Kindes.

[565] Widersprüchlich ist insoweit *Coester*, der sich aber einerseits den Forderungen des *DFGT* anschließt und eine unreglementierte Durchsetzung des Elternkonsenses fordert (DEuFamRZ 99, 3 (13, Fn. 148), andererseits aber im Rahmen des § 1696 BGB einem eher vorsichtigeren Ansatz folgt und kein „Durchwirken" des Elternkonsenses befürwortet (vgl. DEuFamRZ 99, 3 (14).

[566] So auch *Büdenbender* in AcP (1997) 197, 197 (210); *Lipp* in FamRZ 98, 65 (71); Lipp / Wagenitz § 1626b Rn. 3.

Schließlich ist auch der Hinweis auf die Inkonsequenz des Gesetzgebers in Bezug auf Umgangsregelungen nicht überzeugend. Wird in dem auf Antrag eines Elternteils eingeleiteten Umgangsvermittlungsverfahren nach § 52a I, IV FGG ein Einvernehmen zwischen den Eltern erzielt, so prüft das Gericht ebenfalls dann, wenn die Eltern zu einer von der gerichtlichen Regelung abweichenden Vereinbarung gelangen, ob die neue Regelung dem Kindeswohl nicht widerspricht und versagt gegebenenfalls die erforderliche Protokollierung.[567] Nur dann, wenn die Einigung periphere Fragen der Durchführung betrifft, bleibt es bei einer bloßen gerichtlichen Protokollierung. Der Hinweis, der elterliche Konsens verdränge trotz einer gerichtlichen Negativkontrolle die frühere Gerichtsentscheidung unmittelbar,[568] überzeugt daher nicht. Sowohl im Umgangs- als auch im Sorgerecht bedürfen substanzielle Änderungen einer gerichtlichen Entscheidung immer einer (erneuten) gerichtlichen Überprüfung. Ein elterlicher Konsens setzt sich also nicht ohne weiteres „unmittelbar“ durch.

Die Regelung des § 1626b III BGB und die Tatsache, dass insoweit keine Sorgeerklärungen abgegeben werden können, ist folglich nicht zu beanstanden.

2. Höchstpersönlichkeit und beschränkte Geschäftsfähigkeit, § 1626c BGB

a. Höchstpersönlichkeit der Sorgeerklärungen, § 1626c I BGB

Wegen des höchstpersönlichen Charakters und der erheblichen Bedeutung der Sorgeerklärungen für Eltern und Kind sieht § 1626c I BGB die höchstpersönliche Abgabe der Erklärungen durch die Eltern vor. Dies schließt eine Stellvertretung ebenso aus wie eine Übermittlung durch einen Boten oder eine Ersetzung durch das Familiengericht nach § 1666 III BGB.[569]

b. Sorgeerklärung eines beschränkt geschäftsfähigen Elternteils, § 1626c II BGB

aa. Erforderlichkeit einer wirksamen Zustimmung

Nach Abs. 2 S. 1 bedarf die Sorgeerklärung eines Minderjährigen der Zustimmung seines gesetzlichen Vertreters. Zur Begründung dieser Regelung verweist der Gesetzgeber auf eine Parallelwertung zu § 3 EheG (nunmehr: § 1303 BGB), wonach die minderjährige Mutter zur Eheschließung mit dem leiblichen Vater des Kindes, wodurch dieser nach § 1626a II Nr. 2 BGB ebenso Mitinhaber der gemeinsamen Sorge würde, ebenfalls der Einwilligung ihres gesetzlichen Ver-

---

[567] Staudinger – *Rauscher* § 1684 Rn. 253 ff.
[568] vgl. *Coester* in DEuFamR 99, 3 (13 Fn. 149).
[569] *BGH* in FamRZ 01, 907 (908); BT-Drs. 13 / 4899, S. 94;.

treters bedürfe.[570] Die Regelung bezieht sich gleichermaßen auf die minderjährige nach §§ 1626a II, 1673 II BGB bereits sorgeberechtigte Mutter wie auf die Erklärung eines bis dahin noch nicht sorgeberechtigten minderjährigen Vaters. Anders als eine Heirat der Eltern (vgl. § 1303 II BGB) setzt der Erwerb der gemeinsamen Sorge durch Sorgeerklärungen nicht die Volljährigkeit wenigstens eines Elternteils voraus. Gegebenenfalls sind also beide Sorgeerklärungen zustimmungsbedürftig.[571]

Mit dem Begriff der Zustimmung hat der Gesetzgeber einen allgemeinen Begriff gewählt. Der gesetzliche Vertreter kann sich also zeitlich vor der Abgabe der Sorgeerklärungen in Form einer Einwilligung oder aber danach in Form einer Genehmigung erklären (§§ 183, 184 BGB).[572] Die Zustimmung folgt den Wirksamkeitsvoraussetzungen der Sorgeerklärung eines volljährigen Elternteils. Sie ist daher höchstpersönlich (Abs. 2 S. 2), bedingungs- und befristungsfeindlich (§§ 1626c II 2 Hs. 2, 1626b I BGB). Wie die Sorgeerklärung kann sie vor der Geburt des Kindes erklärt werden (§§ 1626c II 2 Hs. 2, 1626b II BGB) und bedarf stets der öffentlichen Beurkundung nach § 1626d BGB.

bb. Ersetzung der Zustimmung, § 1626c II 3 BGB

Verweigert der gesetzliche Vertreter seine Zustimmung, so hat nach S. 3 das Familiengericht auf Antrag des minderjährigen Elternteils die Zustimmung zu ersetzen, wenn die Sorgeerklärung dem Wohl dieses Elternteils nicht widerspricht.

Die *Amtliche Begründung* verweist als Beurteilungsmaßstab wiederum auf § 3 EheG (§ 1303 BGB), also darauf, ob die Zustimmung zur Sorgeerklärung „ohne triftige Gründe" verweigert wurde.[573] Da die Verweigerung der Zustimmung Ausdruck der Personensorge gegenüber dem minderjährigen Elternteil ist, ist eine Verweigerung nur dann durch „triftige Gründe" gerechtfertigt, wenn sie im Interesse und zum Wohl des minderjährigen Elternteils erfolgte. Im Vordergrund stehen persönliche Eigenschaften des minderjährigen Elternteils, die Aufschluss darüber geben, ob dieser fähig, reif und geeignet ist, die elterli-

---

[570] BT-Drs. 13 / 4899, S. 95; kritisch hierzu Staudinger – *Coester* § 1626c Rn. 4; Lipp / Wagenitz § 1626c Rn. 3, wollen auf das Erfordernis der Zustimmung angesichts der Regelung des § 1673 II BGB gänzlich verzichten.

[571] Vgl. Staudinger – *Coester* § 1626c Rn. 6.

[572] So zu Recht Staudinger – *Coester* § 1626c Rn. 8; a.A.: MüKom – *Huber* § 1626c Rn.10: nur Einwilligung. Eine Beschränkung auf die bloße Einwilligung ist allerdings überflüssig, da die fragliche Sorgeerklärung ohnehin erst mit Vorliegen der Zustimmung wirksam wird und dem Minderjährigen somit kein Schaden entsteht. Überdies hat sich der Gesetzgeber sprachlich von § 3 EheG distanziert, indem er in § 1626c BGB von „Zustimmung" und nicht etwa wie in § 3 EheG von „Einwilligung" spricht.

[573] Vgl. BT-Drs. 13 / 4899, S. 95.

che Verantwortung zu tragen. Weil es sich bei der Begründung der gemeinsamen Sorge nicht zwangsläufig um eine Familiengründung handelt, nehmen wirtschaftliche Gesichtspunkte einen geringeren Stellenwert ein.[574]

Im Hinblick auf die Frage, ob nur solche triftigen Gründe in Betracht kommen, die in der Person des minderjährigen Elternteils liegen, oder auch solche, die in der Person des anderen Elternteils begründet sind, wird überwiegend eine weite Auslegung in Anlehnung an die herrschende Meinung zu § 3 III EheG auch bei § 1626c II 3 BGB befürwortet.[575] Dem ist insoweit zuzustimmen, als triftige Gründe in der Person des anderen Elternteils in Frage kommen, die Auswirkungen auf das Wohl des minderjährigen Elternteils haben.[576]

Antragsberechtigt hinsichtlich des Ersetzungsverfahrens ist nur der beschränkt geschäftsfähige Elternteil, nicht auch der andere Elternteil.[577] Sachlich zuständig ist das Familiengericht (§§ 23b I S. 2 Nr. 2 GVG, 621 I Nr.1 ZPO i.V.m. § 1626c II 3 BGB); es entscheidet der Richter (§ 14 I Nr. 9 RPflG), nachdem er beide Eltern sowie den gesetzlichen Vertreter des minderjährigen Elternteils gehört hat.[578]

cc. Ausübung der mit Zustimmung begründeten gemeinsamen Sorge

Liegt eine Zustimmung nach § 1626c II 1, 3 BGB vor, verhilft sie den Eltern nur zur Inhaberschaft der gemeinsamen Sorge. Sie hat dagegen keinen Einfluss auf die Frage der Ausübung der elterlichen Sorge.

Ist nur die Mutter minderjährig, ändert sich ihre Rechtsposition mit dem Eintritt des gemeinsamen Sorgerechts nur geringfügig: Die tatsächliche Personensorge übt sie nunmehr gemeinsam mit dem Vater aus (§§ 1673 II 2, 1627 BGB). Das übrige Sorgerecht einschließlich des Vertretungsrechts steht ihr der Substanz nach zu, ihre Ausübungsberechtigung ruht allerdings für die Zeit ihrer Minderjährigkeit (§§ 1673 II 1, 1675 BGB). Der volljährige Vater erwirbt das gesamte Sorgerecht (§ 1678 I BGB); eine bestehende Vormundschaft wird verdrängt (§ 1882 i.V.m. § 1773 BGB).

Ist umgekehrt allein der Vater minderjährig, erwirbt er ein gemeinsames Sorgerecht mit der in § 1673 II BGB vorgesehenen Beschränkung. Die Alleinsorge der Mutter verwandelt sich in ein gemeinsames Sorgerecht (§ 1678 I BGB), wobei eine Gemeinschaftsbindung im Sinne des § 1627 BGB nur für den Bereich der tatsächlichen Personensorge eintritt. Im Übrigen nimmt sie die Sorge allein wahr.

---

[574] FamRefK – *Rogner* § 1626c Rn. 11; MüKom – *Huber* § 1626c Rn. 12.
[575] FamRefK – *Rogner* § 1626c Rn. 11; Palandt – *Diederichsen* § 1626c Rn. 4; Bamberger / Roth- *Veit* § 1626c Rn. 3.
[576] MüKom – *Huber* § 1626c Rn. 13; Staudinger – *Coester* § 1626c Rn. 10.
[577] FamRefK – *Rogner* § 1626c Rn. 10.
[578] Palandt (58. Aufl.) – *Diederichsen* § 1626c Rn. 9.

Sind beide Eltern minderjährig, ruht ihr erworbenes gemeinsames Sorgerecht gemäß § 1673 II BGB. Ein Vormund des Kindes übernimmt die gesetzliche Vertretung und die Ausübung der Vermögenssorge. Bei Meinungsverschiedenheiten der minderjährigen Eltern mit dem Vormund geht die Meinung der Eltern der des Vormundes vor (§ 1673 II 3 Hs. 1 BGB).

3. Formbedürftigkeit der Sorgeerklärungen, § 1626d I BGB

Personenstandsbezogene Erklärungen zeichnen sich aufgrund ihrer weitreichenden persönlichen Folgen und ihrer Bedeutung für den Rechtsverkehr vor allem durch eine Formalisierung ihrer Anfangs- und Endpunkte aus. Auch die Wirksamkeit der Sorgeerklärungen setzt daher nach § 1626d I BGB die öffentliche Beurkundung der Erklärungen und der gegebenenfalls erforderlichen Zustimmungen voraus.

a. Sinn und Zweck der öffentlichen Beurkundung

aa. Belehrungs- und Beratungsfunktion

Entscheidender Grund für die Erforderlichkeit der Beurkundung ist nach der *Amtlichen Begründung* die vorausgehende Beratung und Belehrung.[579] Nach § 17 I BeurkG hat die Urkundsperson über die rechtliche Tragweite des Geschäfts zu belehren. Dabei erfordert Unerfahrenheit und Ungewandtheit der Beteiligten gemäß § 17 I 2 BeurkG eine eingehende Belehrung.

In diesem Sinne sind die Eltern zunächst darüber aufzuklären, welche Bedeutung die Abgabe übereinstimmender Sorgeerklärungen für sie hat, nämlich dass diese – abgesehen von der Möglichkeit einer späteren Heirat – für sie die einzige Möglichkeit ist, die gemeinsame Sorge für ihr Kind eigenständig zu begründen und auf diesem Weg auch den Vater am Sorgerecht zu beteiligen. Weiterhin sind die Wirksamkeitsvoraussetzungen zu erörtern. Hierzu gehört die Notwendigkeit der rechtlich etablierten Elternschaft, also insbesondere der Vaterschaftsanerkennung bzw. -feststellung, und gegebenenfalls die Erforderlichkeit der Zustimmung des gesetzlichen Vertreters. Werden die Sorgeerklärungen getrennt voneinander beurkundet, sind die Elternteile jeweils darauf hinzuweisen, dass das gemeinsame Sorgerecht erst und nur dann eintritt, wenn auch die zweite Sorgeerklärung wirksam abgegeben wird.

Von entscheidender Bedeutung ist eine ausführliche Belehrung über die Folgen der Sorgeerklärungen: Die Eltern begründen durch ihre Sorgeerklärungen ein umfassendes Rechte- und Pflichtenverhältnis gegenüber ihrem Kind gemäß der §§ 1626 bis 1629 BGB. Dies verpflichtet sie – was besonders hervorgehoben

---

579 BT-Drs. 13 / 4899, S. 95.

werden sollte – zu einer einvernehmlichen Ausübung der gemeinsamen Sorge. Das Wohl ihres Kindes verlangt also Einigkeit, jedenfalls in allen wichtigen Angelegenheiten. Leben die Eltern getrennt, ist auf § 1687 BGB einzugehen. Anhand von Beispielen sollten die Eltern über das Vorliegen und die Folgen alltäglicher und wichtiger Angelegenheiten informiert sowie auf die Möglichkeiten und Grenzen von Vereinbarungen hingewiesen werden. Das Gleiche gilt im Übrigen auch für § 1627 BGB.

Sofern das Kind bereits geboren ist und einen Namen führt, ist § 1617b I BGB zu erläutern, wonach die Eltern innerhalb von drei Monaten nach Begründung der gemeinsamen Sorge einen neuen Namen für das Kind bestimmen können.

Die gemeinsame Sorge bietet in erster Linie eine positive Entwicklungschance für das Kind; zugleich wird die Mutter, der zuvor die Sorge allein zustand, entlastet, da sie die Verantwortung künftig gemeinsam mit dem Vater trägt. Diese positiven Aspekte sollten im Rahmen des Beratungsgesprächs ausdrücklich festgestellt und betont werden.

Allerdings begründet das gemeinsame Sorgerecht auch einschneidende Folgen, die ebenfalls in angemessener Weise zur Geltung gebracht werden müssen.[580] Dies gilt speziell für die vormals allein sorgeberechtigte Mutter. Konnte sie vorher allein und eigenmächtig entscheiden, muss sie nun auf die Auffassung des Vaters Rücksicht nehmen, sich mit ihm absprechen und auseinandersetzen. Sie ist auch insofern in ihrer persönlichen Freiheit eingeschränkt, als sie z.B. nicht ohne Zustimmung des Vaters mit dem Kind in eine andere Stadt ziehen kann, um sich beruflich zu entfalten, weil auch der Vater im Rahmen des gemeinsamen Aufenthaltsbestimmungsrechts über den Wohnort des Kindes entscheidet. Im Gegensatz zur vorherigen Situation muss sie nun damit rechnen, dass der Vater bei einer nicht zu lösenden Streitigkeit in einer wichtigen Kindesangelegenheit das Familiengericht anruft und in dieser speziellen Angelegenheit das alleinige Entscheidungsrecht zugewiesen bekommt.

Wichtig ist ferner eine Belehrung über das hohe Maß an Bestandskraft der Sorgeerklärungen und über die künftig nur eingeschränkte Möglichkeit der Änderungen der gemeinsamen Sorge. Den Eltern muss klar gemacht werden, dass das gemeinsame Sorgerecht auch nach einer späteren Trennung grundsätzlich fortbesteht, dass solange keine Trennung vorliegt, grundsätzlich keine Änderung des gemeinsamen Sorgerechts möglich ist und dass auch nach einer Trennung das Sorgerecht nicht privatautonom, sondern nur durch eine gerichtliche Ent-

[580] *Coester* in DEuFamR 99, 3 (9): Es soll kein „Abschreckungsszenario" entstehen. Zu einseitig: *Schwab* in DNotZ 98, 437 (453 ff.): „Sorgeerklärung ist ein Weg ohne Wiederkehr"; ihm folgend Sellmer, S. 41; Rauscher § 33 II, Rn. 973 (Fn. 105); Witteborg, S. 217 ff. *Will* in ZfJ 98, 308 (311) übersieht die entscheidende Bedeutung der Belehrung im Grundsätzlichen.

scheidung verändert werden kann. Nach einer Trennung besteht nicht nur das Risiko, dass dem Wunsch eines Elternteils nicht entsprochen wird, das gemeinsame Sorgerecht also weiter fortbesteht oder die Alleinsorge des anderen Elternteils begründet wird, sondern auch die Möglichkeit, dass die Mutter dem Vater gegenüber unterhaltspflichtig nach § 1615l IV 1, II 2 BGB wird. Zwar verweist § 1615l IV 1 BGB nur auf Abs. 2 S. 2, aufgrund des untrennbaren Zusammenhangs der Sätze 2 und 3 und der ansonsten entstehenden Lücke, die entsprechend der Regelungen für die nichteheliche Mutter zu füllen wäre, wäre es jedoch sinnlos, ihn nicht auch auf S. 3 auszudehnen.[581] Damit steht auch dem erziehenden nichtehelichen Vater gegen die Mutter gegebenenfalls ein langjähriger Betreuungsunterhalt zu. In diesem Zusammenhang sind die Eltern darauf hinzuweisen, dass sie gemäß § 1713 I 1, 2 BGB[582] zur Unterstützung der Unterhaltsverfolgung eine Beistandschaft des Jugendamts für das Kind beantragen können.

Schließlich sind die Eltern darüber zu belehren, welche Folgen es hat, wenn das Alleinsorgerecht der Mutter zuvor auf einen Teilbereich beschränkt war, wenn einer von ihnen stirbt, geschäftsunfähig wird oder tatsächlich verhindert ist.

bb. Beweisfunktion

Neben der Belehrung und Beratung dient die Beurkundung der Sorgeerklärungen auch der Rechtssicherheit. So wird eine Änderung der Sorgerechtsverhältnisse nicht nur publik gemacht, sondern es wird auch der Beweis gesichert, dass die Eltern tatsächlich die Sorge für ihr Kind gemeinsam übernehmen wollen. Dass die Beurkundung hierbei zugleich als Appell an die Eltern fungiert, keine unüberlegten Erklärungen abzugeben,[583] sollte nicht nur ein Nebeneffekt, sondern das Ziel der Beurkundung sein. Der weitreichenden Folgen ihrer Sorgeerklärungen müssen sich die Eltern vor der Abgabe ihrer Erklärungen bewusst sein.

Alles in allem tragen die beurkundenden Stellen also eine große Verantwortung. Dass sie ihre Aufgabe in der Tat sehr ernst nehmen, zeigen erste statistische Erhebungen: Um ihrer Verantwortung auch nachweislich gerecht zu wer-

---

581 Vgl. *Büdenbender* in FamRZ 98, 129 (133).

582 Da § 1713 I BGB zunächst nur die Beistandschaft eines alleinsorgeberechtigten Elternteils vorsah und dies auf Kritik stieß (vgl. *Schwab/Wagenitz* in FamRZ 97, 1378 (1380): „Der Staat, so lässt sich die Beschränkung deuten, gewährt seine Hilfe nicht dem Normalfall.“; *Knittel* in ZfJ 00, 140 (141) m.w.N.) fügte der Gesetzgeber durch das KindRVerbG vom 9. 4. 2002 S. 2 ein, der eine Beistandschaft nun auch im Falle des gemeinsamen Sorgerechts ermöglicht.

583 Vgl. *Büdenbender* in AcP (1997) 197, 197 (212); Staudinger – *Coester* § 1626d Rn. 3: „Seriositätssicherung“.

den, gehen die beurkundenden Stellen zum Teil dazu über, obwohl dies gesetzlich nicht vorgeschrieben ist, den Inhalt der Belehrung schriftlich zu fixieren, von allen Beteiligten unterschreiben zu lassen und den Eltern die schriftliche Belehrung als Merkblatt mitzugeben.[584]

Im Hinblick auf die Frage, ob und inwieweit die Urkundsperson die Kenntnis von einem Sorgerechtsentzug gegenüber der Mutter berücksichtigen darf, ist auf §§ 1 II, 4 BeurkG zu verweisen. Danach darf (und muss) eine Urkundsperson eine Beurkundung unter anderem dann ablehnen, wenn die beabsichtigte Beurkundung von vornherein und ersichtlich unwirksam bleiben müsste. Da § 1626a I Nr. 1 BGB die Alleinsorge der Mutter voraussetzt, ist diese Voraussetzung im Falle eines Sorgerechtsentzuges nach § 1666 BGB erfüllt. Abgesehen davon könnte auch der Zweck (wenigstens) der von dem Entzug betroffenen Mutter, die gerichtliche Entscheidung zu unterlaufen, ein unredlicher sein, was ebenfalls den Ausschluss nach § 1 II 4 BeurkG begründen würde. Schließlich ist der Umstand zu berücksichtigen, dass eine Beurkundung der mütterlichen Sorgeerklärung in Kenntnis des Rechtsmangels und eine kommentarlose Übersendung an das für die Mitteilung zuständige Jugendamt (§ 1626d II BGB) bei Vorliegen auch der zweiten Sorgeerklärung stets die Mitteilung zur Folge haben würde, es seien Sorgeerklärungen abgegeben worden. Das Registrieren einer unerkannt unwirksamen Sorgeerklärung wäre demnach geeignet, zur Verwirrung des Rechtsverkehrs beizutragen. Die Urkundsperson hat daher bei Kenntnis des wirklichen Sachverhalts die verlangte Beurkundung der Sorgeerklärung abzulehnen.[585]

b. Zuständigkeit

Zuständig für die Beurkundung von Sorgeerklärungen und Zustimmungen nach § 1626c II 1 BGB ist zum einen der Notar (20 I 1 BNotO) und zum anderen der Urkundsbeamte jedes Jugendamts, unabhängig vom tatsächlichen Aufenthalt von Eltern und Kind (§§ 59 I Nr. 8, 87e SGB VIII). Die Beurkundungsbefugnis des Jugendamtes begründete der Gesetzgeber mit der Erwägung, es könne davon ausgegangen werden, dass auch die Bediensteten des Jugendamts über die Bedeutung von Sorgeerklärungen hinreichend belehren können.[586]

Nach dem KindRG enthielt § 59 I 1 Nr. 8 SGB VIII zunächst nur die Befugnis des Jugendamts Sorgeerklärungen zu beurkunden, während die Zustimmung nach § 1626c II BGB nicht erwähnt wurde. Dieses redaktionelle Verse-

---

[584] Vgl. *Fleischer / Kalnbach* in DAVorm 98, 771 (771).

[585] *DIJuF-Rechtsgutachten* in JAmt 01, 231 (232).

[586] BT-Drs. 13 / 4899, S. 95; *Wegmann* in MittBayNot 98, 308 (310) äußert diesbezüglich Vorbehalte.

hen, auf das vielfach aufmerksam gemacht wurde,[587] korrigierte der Gesetzgeber im Rahmen des KindRVerbG vom 9. April 2002.

Eine Beurkundung kann des weiteren im Rahmen eines gerichtlichen Vergleichs, etwa in einem Verfahren auf Feststellung der Vaterschaft nach § 1600d BGB oder zur Regelung des Umgangsrechts nach § 1684 BGB, protokolliert werden. Hierdurch wird gemäß § 127a BGB das Formerfordernis der öffentlichen Beurkundung ebenfalls erfüllt.

Eine Beurkundung durch den Standesbeamten hat der Gesetzgeber hingegen abgelehnt. Anders als bei der Vaterschaftsanerkennung (§ 29a PStG), deren Folgen auch schon einem Laien geläufig seien, könne der Standesbeamte die Bedeutung und Tragweite der Sorgeerklärung nicht hinreichend kompetent vermitteln.[588] Diese Schlussfolgerung erscheint nicht zwingend[589] und fordert zudem von den Eltern noch mehr Behördengänge als notwendig. Dies trägt nicht zur Attraktivitätssteigerung der Sorgeerklärungen bei. Der Gesetzgeber sollte daher entsprechende Gesetzesänderungen vornehmen.

4. Abgabe der Sorgeerklärungen

Wird der Wille, die Sorge für das Kind künftig gemeinsam mit dem anderen Elternteil ausüben zu wollen, beurkundet, und entsprechen die Sorgeerklärungen auch im Übrigen den vorstehenden Voraussetzungen, werden sie allein mit ihrer Beurkundung, d.h. nach ihrer Abgabe wirksam.

Nach ihrer formalrechtlichen Konzeption sind die Sorgeerklärungen nicht empfangsbedürftig.[590] Die Wirksamkeit der Sorgeerklärung hängt also weder von einem Zugang bei dem anderen Elternteil oder dem Kind noch von einem Zugang bei der beurkundende Stelle ab. Es gibt keinen Erklärungsempfänger.

Die Eltern müssen ihre Sorgeerklärungen auch nicht bei gleichzeitiger Anwesenheit des anderen Elternteils abgeben.[591] Sie sind vielmehr vollkommen unabhängig voneinander, können ihre Erklärungen daher zu unterschiedlichen Zeitpunkten, vor verschiedenen Urkundspersonen, an verschiedenen Orten und ohne Absprache über die Begründung eines gemeinsamen Sorgerechts abgeben. Sie sind innerhalb des Zeitraumes von der Zeugung des Kindes bis zu seinem 18.

---

[587] MüKom – *Huber* § 1626d Rn. 4; FamRefK – *Rogner* § 1626d Rn. 3; Palandt (58. Aufl.) – *Diederichsen* § 1626d Rn. 4, die für die Übergangszeit eine analoge Anwendung vorschlugen. A.A. wohl nur *Knittel* in ZfJ 00, 140 (141).

[588] BT-Drs. 13 / 4899, S. 95.

[589] Erman – *Michalski* § 1626d Rn. 2; *Sturm / Sturm* in StAZ 98, 305 (307): „echte Torheit des Gesetzgebers"; *Oelkers* in FuR 02, 106 (107).

[590] Vgl. Staudinger – *Coester* § 1626a Rn. 53; Bamberger / Roth – *Veit* § 1626a Rn. 5.

[591] Vgl. *Schwab / Wagenitz* in FamRZ 97, 1378 (1379); *Knittel* in ZfJ 00, 140 (140).

Geburtstag an keine Frist gebunden, müssen also nicht befürchten, dass eine einzelne Sorgeerklärung nach einer bestimmten Zeit verfällt.

IV. Mitteilung an das zuständige Jugendamt, § 1626d II BGB

Die Stelle, die Sorgeerklärungen und Zustimmungen beurkundet, hat davon eine Mitteilung an das Jugendamt zu übermitteln, das für den Geburtsort des Kindes zuständig ist (§§ 1626d II BGB, 87c VI 2 SGB VIII). Eine Mitteilung auch an den anderen Elternteil erfolgt hingegen nicht.[592]

Die Mitteilung muss unverzüglich, d.h. ohne schuldhaftes Zögern i.S.d. § 121 I 1 BGB erfolgen. Ist dies nicht der Fall oder unterbleibt die Mitteilung, so berührt dies die Wirksamkeit der Sorgeerklärungen oder der Zustimmungen allerdings nicht, weil es sich bei § 1626d II BGB lediglich um eine Ordnungsvorschrift handelt.[593]

1. Inhalt der Mitteilung

Die Mitteilung hat die Abgabe von Sorgeerklärungen und Zustimmungen, den Geburtsort des Kindes sowie den bei der Geburtsbeurkundung geführten Namen des Kindes zu enthalten. Durch die Angabe des Namens, den das Kind bei der Beurkundung seiner Geburt geführt hat, soll im Falle eines späteren Namenswechsels die Zuordnung der Sorgeerklärungen zu dem Kind ermöglicht werden.[594] Schwierigkeiten entstehen aber regelmäßig dann, wenn sich der Name des Kindes mehrfach geändert hat. Um Zweifel über die Zugehörigkeit des Kindes zu vermeiden, entsprach es schon seit Inkrafttreten des KindRG der gängigen Praxis der beurkundenden Jugendämter, die vorgesehene Benachrichtigung durch Übersenden einer Abschrift der jeweils beurkundeten Sorgeerklärung vorzunehmen. Die Tatsache, dass sich aus der Abschrift regelmäßig auch Name, Anschrift, Geburtsdatum, Staatsangehörigkeit und Personalausweisnummer des betreffenden Elternteils ergaben, wurde im Hinblick auf die fehlende datenschutzrechtliche Befugnisnorm als problematisch angesehen.[595] Mit Inkrafttreten des Gesetzes zur Umsetzung familienrechtlicher Entscheidungen des BVerfG[596] am 31. Dezember 2003 ist dieses Problem aber insofern gelöst worden, als durch eine Änderung des § 1626d II BGB nunmehr auch eine Mitteilung über das Ge-

---

[592] Staudinger – *Coester* § 1626d Rn. 8.
[593] FamRefK – *Rogner* § 1626d Rn. 7; Palandt – *Diederichsen* § 1626d Rn. 3; MüKom – *Huber* § 1626d Rn. 10.
[594] BT-Drs. 13 / 4899, S. 95.
[595] Vgl. zum Ganzen *Knittel* in ZfJ 00, 140 (142).
[596] Erforderlich nach dem Urteil des *BVerfG* vom 29. 1. 2003 (FamRZ 03, 285 ff.).

burtsdatum des Kindes zu erfolgen hat.[597] Eines Rückgriffs auf die Daten der Eltern bedarf es also nicht mehr. Problematisch ist die Erfüllung der Mitteilungspflicht auch bei vorgeburtlichen Sorgeerklärungen. Hier steht weder der Geburtsort noch das Geburtsdatum noch der Name des Kindes fest. Da die Sorgeerklärungen aber ohnehin vor der Geburt des Kindes keine Wirkungen entfalten und die Mitteilung auch nicht konstitutiv für ihre Wirksamkeit ist, ist die Mitteilungspflicht der Urkundsperson aufzuschieben, bis ihr von einem Elternteil die entsprechenden Informationen mitgeteilt werden.[598]

2. Verwaltung der Mitteilungen in Sorgeregistern

Durch die Mitteilung an das zuständige Jugendamt wird die Information über die – wo auch immer – abgegebenen Sorgeerklärungen für ein Kind an einer Stelle gesammelt. Obwohl das KindRG die Eintragung der Mitteilung in das Geburtenbuch oder ein anderes zentrales Register nicht vorsah,[599] hielten es die Jugendämter seit Inkrafttreten der Reform für notwendig, Sorgeregister zu führen.[600] Die entsprechende Befugnisnorm enthielt bislang § 67c I SGB X, wonach das Speichern, Verändern oder Nutzen von Sozialdaten durch eine in § 35 SGB I genannte Stelle zulässig ist, „wenn es zur Erfüllung der in der Zuständigkeit der speichernden Stelle liegenden gesetzlichen Aufgaben nach diesem Gesetz erforderlich ist und es für die Zwecke erfolgt, für die die Daten erhoben worden sind." Dies ist bei der Registrierung von Sorgeerklärungen zum Zwecke eines Negativattestes[601] der Fall.[602] Durch das Gesetz zur Umsetzung familienrechtlicher Entscheidungen des BVerfG sind die zuständigen Jugendämter nunmehr nach § 58a II SGB VIII zur Führung eines Registers über die abgegebenen und ersetzten Sorgeerklärungen verpflichtet.[603]

Die gesetzliche Verpflichtung zur Führung eines Sorgerechtsregisters ändert jedoch nichts daran, dass Sorgerechtsregister keinen öffentlichen Glauben genießen. Zwar sind unwirksame Sorgeerklärungen nicht einzutragen, dies kann

---

[597] Vgl. BT-Drs. 14 / 163, S. 16, 19; BGBl. Jhrg. 2003 Teil I Nr. 61, S. 2547 f.

[598] Staudinger – *Coester* § 1626d Rn. 10; die Ansicht von *Wiesner* in ZfJ 98, 269 (274), der eine Mitteilung an das Jugendamt Berlin erwägt, ist angesichts des hohen Verwaltungsaufwandes abzulehnen.

[599] *Schwab* in DNotZ 98, 437 (452). *Stellungnahme des Bundesrates* in BT- Drs. 13 / 4899, S. 164 und *DFGT* in FamRZ 97, 337 (339): „Sorgeregister als kostenintensiver Zuwachs an Bürokratie" .

[600] *Fleischer / Kalnbach* in DAVorm 98, 771 (773).

[601] Soweit keine Sorgeerklärungen vorliegen und daher noch die Alleinsorge der Mutter nach § 1626a II BGB besteht, kann die Mutter vom zuständigen Jugendamt hierüber eine Erklärung verlangen.

[602] *DIV-Gutachten* in ZfJ 98, 118 (118).

[603] BT-Drs. 14 / 163, S. 17; BGBl. Jhrg. 2003 Teil I Nr. 61, S. 2547 f.

allerdings nur für eindeutige Fälle der Unwirksamkeit gelten. Bei einer zweifelhaften Rechtslage ist es nicht Aufgabe des registerführenden Jugendamtes, über die Wirksamkeit einer Sorgeerklärung zu entscheiden.[604]

3. Notwendigkeit der Mitteilung wegen des Auskunftsanspruchs der Mutter nach § 58a SGB VIII

Neben der Dokumentation der Sorgeerklärungen will der Gesetzgeber mit § 1626d II BGB auch die Nachweismöglichkeit über die Sorgeverhältnisse eines nichtehelichen Kindes sicherstellen.[605] Die Vorschrift steht somit in engem Zusammenhang mit § 58a SGB VIII. Danach kann die Mutter, wenn keine Sorgeerklärungen nach § 1626a I Nr. 1 BGB abgegeben wurden und ihr somit die Alleinsorge nach § 1626a II BGB zusteht, darüber vom Jugendamt ihres gewöhnlichen, hilfsweise ihres tatsächlichen, Aufenthaltsortes (§ 87c VI 1, I 1, 3 SGB VIII)[606] eine schriftliche Auskunft, einen sogenannten Negativattest verlangen.

Nach der *Amtlichen Begründung* könne die Alleinsorge der Mutter künftig nicht mehr ohne weiteres unterstellt werden, da angesichts der Vielzahl nichtehelicher Lebensgemeinschaften anzunehmen sei, dass es in einem nicht unbeträchtlichen Teil der Fälle zur gemeinsamen Sorge kommen werde. Auch wenn in der Praxis der Nachweis der Alleinsorge aller Voraussicht nach nur bei einem vergleichsweise geringen Teil der Vertretungsgeschäfte erforderlich sein werde, z.B. wenn Zweifel an der Vertretungsbefugnis beim Abschluss notarieller Verträge bestünden, müsse der Mutter die Möglichkeit eröffnet werden, den in diesen Fällen erforderlichen Nachweis zu führen.[607]

Da das Negativattest im Rechtsverkehr die originäre Alleinsorge der Mutter belegen soll, ist es auch dann zu erteilen, wenn nur die Sorgeerklärung eines Elternteils vorliegt. Liegen hingegen zwei übereinstimmende Sorgeerklärungen vor, so darf das Attest erst bei offenkundigen Mängeln an der Sorgeerklärung erteilt werden. Bei bloßen Zweifeln ist es zu versagen.[608]

---

[604] *Knittel* in ZfJ 00, 140 (142).

[605] BT-Drs. 13 / 4899, S. 95.

[606] Wenn das für die Auskunft zuständige JAmt nicht mit demjenigen am Geburtsort des Kindes identisch ist, sind entsprechende Rückfrage notwendig, vgl. BT-Drs. 13 / 4899, S. 60. Kritisch *Schwab* in DNotZ 98, 437 (452 Fn. 35).

[607] BT-Drs. 13 / 4899, S. 60; *Fleischer / Kalnbach* in DAVorm 98, 771 (773): Grund für das Negativattest ist in 95 % der untersuchten Fälle die Ausstellung eines Kinderausweises zur Vorlage bei der Meldebehörde. Nach Ansicht des *Deutschen Vereins für öffentliche und private Fürsorge* in NDV 03, 249 (250) steht der Nutzen der Auskunft in keinem Verhältnis zum Aufwand, sodass die Auskunft abzuschaffen sei. Eine solch alternativlose Forderung stellt aber eine nicht hinnehmbare Gefährdung der Rechtssicherheit dar und ist deshalb abzulehnen.

[608] Dies entspricht der Handhabung bei der Eintragung in das Sorgeregister, vgl. 4. Kapitel, S. 174 Fn. 604; so auch Staudinger – *Coester* § 1626d Rn. 14.

a. Kritik an §§ 1626d II BGB, 58a SGB VIII

Das gesetzliche Konzept zum Nachweis der originären Alleinsorge der Mutter stößt in der Literatur verbreitet auf Kritik. Es handele sich bei dem Begehren der Mutter der Sache nach um die Forderung einer „Bestätigung“. Ein „Auskunftsanspruch“ sei mithin schon sprachlich missglückt, weil die Mutter selbst wisse, ob sie eine Sorgeerklärung abgegeben habe oder nicht.[609] Da mit dem Legitimierungszwang der nichtehelichen Mutter das gesetzliche Regel-Ausnahme-Verhältnis, wonach die Alleinsorge der Mutter nach § 1626a II BGB vom gesetzgeberischen Ansatz her der Regelfall sei, umgekehrt werde, seien die §§ 1626d II BGB, 58a SGB VIII zudem schon im Ansatz verquer und drückten ein generelles Misstrauen gegenüber nichtehelichen Müttern aus.[610] Schließlich löse der Auskunftsnachweis auch nicht das Problem der Rechtssicherheit: Die Auskunft beziehe sich nur auf den Zeitpunkt ihrer Einholung; kurz darauf könne sich die Sorgerechtslage aber wieder geändert haben, so dass sich die Legitimierungskraft binnen weniger Tage verflüchtige.[611] Auch könne der Mutter die Alleinsorge durch Gerichtsentscheidung entzogen sein, ohne dass die Auskunft hierüber etwas erkennen ließe.[612]

b. Stellungnahme

Richtig ist zunächst, dass die Mutter, wenn sie die gemeinsame Sorge ablehnt und selbst keine Sorgeerklärung abgegeben hat, nur eine „Bestätigung“ ihrer eigenen, sicheren Kenntnis erwartet. Hat sie dagegen ihre Sorgeerklärung in der Erwartung abgegeben, der (weit entfernt wohnende) Vater werde es ihr (vielleicht, irgendwann) gleichtun, trifft dies allerdings nicht mehr zu. Ob die gemeinsame Sorge tatsächlich eingetreten ist, erfährt sie, vor allem dann, wenn der Kontakt zum Vater eher spärlich ist oder z.B. die Erforderlichkeit einer Zustimmung im Vorfeld Probleme bereite, erst durch eine „Auskunft“. Der Begriff der „Bestätigung“ ist also gegebenenfalls genauso irreführend wie derjenige der „Auskunft“. Möglicherweise spricht aber für eine „Auskunft“, dass sie begrifflich weiter als eine „Bestätigung“ reicht. Um jede Kritik auszuschließen, hätte der Gesetzgeber sicherlich den neutralen Begriff der „Erklärung“ oder des „Nachweises“ wählen sollen.

Weiterhin überzeugt das Argument, die §§ 1626d II BGB, 58a SGB VIII kehrten das gesetzlich vorgesehene Regel-Ausnahme-Verhältnis um, nicht. Da

---

[609] *Schwab* in DNotZ 98, 437 (452); Staudinger – *Coester* § 1626d Rn. 11.

[610] *Schwab* in DNotZ 98, 437 (452); *DTFG* in FamRZ 97, 337 (339); Staudinger – *Coester* § 1626d Rn. 12; Bamberger / Roth – *Veit* § 1626d Rn. 3; Palandt – *Diederichsen* § 1626d Rn. 1.

[611] *Schwab* in DNotZ 98, 437 (452); MüKom – *Huber* § 1626d Rn. 11; Staudinger – *Coester* § 1626d Rn. 12.

[612] *Stellungnahme des Bundesrates* in BT-Drs. 13 / 4899, S. 164.

sich der Blick allein auf nichteheliche Kinder beschränkt, ist auch der Ansatz, die Alleinsorge der Mutter nach § 1626a II BGB auch für die §§ 1626d II BGB, 58a SGB VIII als einzig maßgebliche gesetzliche Regel zu begreifen, verfehlt. Ebenso wie der Gesetzgeber geht nämlich auch ein durchschnittlicher Rechtsverkehrsteilnehmer nach wie vor davon aus, dass die Eltern eines Kindes miteinander verheiratet sind und dass deshalb ein gemeinsames Sorgerecht besteht. Im Verhältnis dazu ist die Nichtehelichkeit des Kindes die – nachweisbedürftige – Ausnahme. Während vor der Reform die elterliche Sorge bei einem nichtehelichen Kind allein der Mutter zustand (§ 1705 BGB a.F.) und der Rechtsverkehr daher nach Angabe der Nichtehelichkeit in der Regel keines weiteren Nachweises bedurfte, lässt die Nichtehelichkeit des Kindes nunmehr angesichts der Alternativen des § 1626a BGB keinen vergleichbaren Rückschluss zu. Zur Sicherheit des Rechtsverkehrs ist folglich eine Klärung der Sorgerechtsverhältnisse erforderlich; d.h. sowohl die durch Sorgeerklärungen gemeinsam sorgeberechtigten Eltern müssen ihr Sorgerecht durch eine Ausfertigung der entsprechenden Urkunden belegen als auch die originär alleinsorgeberechtigte Mutter durch ein Negativattest. Da die Nachweispflicht beide Sorgerechtsalternativen betrifft, ist sie also keinesfalls einseitig und aufgrund ihrer Zweckgebundenheit auch kein Ausdruck eines generellen Misstrauens gegenüber nichtehelichen Müttern.

Überdies hatte der Gesetzgeber bei der Ausgestaltung des Sorgerechts nichtehelicher Kinder zwei Faktoren zu berücksichtigen: Zum einen die vielfältigen, durch unterschiedlichste Beteiligung des nichtehelichen Vaters gekennzeichneten Familienformen, in denen nichteheliche Kinder aufwuchsen, und zum anderen die starke Verbreitung nichtehelicher Lebensgemeinschaften. Während der erste Faktor die Regelung des § 1626a II BGB zum Schutz des Kindes erforderlich machte, rechtfertigt der zweite Faktor nicht nur die Notwendigkeit der Reform, sondern vor allem auch den Schutz des Rechtsverkehrs. Denn in Anbetracht der Vielzahl nichtehelicher Lebensgemeinschaften durfte der Gesetzgeber von der positiven Erwartung ausgehen, es werde in einem nicht unbeträchtlichen Teil der Fälle zur gemeinsamen Sorge kommen. Er durfte daher auch davon ausgehen, dass die gemeinsame Sorge im Verhältnis der nichtehelichen Kinder untereinander nicht die Ausnahme bleiben wird. Hätte der Gesetzgeber nun allerdings einseitig von den nach § 1626a I Nr. 1 BGB gemeinsam sorgeberechtigten Eltern eine Legitimierung verlangt, hätte er seine eigenen Erwartungen Lügen gestraft. Er hätte zugleich die gemeinsame Sorge nach § 1626a I Nr. 1 BGB zum alleinigen Ausnahmefall erklärt und dabei außer Acht gelassen, dass auch die Alleinsorge der Mutter von der gesetzlichen Regel abweicht. Es läge folglich eine ungerechtfertigte Benachteiligung der nach § 1626a I Nr. 1 BGB Sorgeberechtigten gegenüber der originär alleinsorgeberechtigten Mutter vor.

Der Nutzen von schriftlichen Auskünften über die Nichtabgabe von Sorgeerklärung wird auch nicht durch die Möglichkeit in Frage gestellt, dass kurze

Zeit nach Erteilung der Auskunft das gemeinsame Sorgerecht nach § 1626a I Nr. 1 BGB eintritt. Einerseits wird der Rechtsverkehr in diesem Fall durch die Vorschrift des § 1629 BGB geschützt, der ein gemeinschaftliches Handeln der Eltern fordert. Andererseits ist es wenig wahrscheinlich, dass die Mutter schon in der ersten Zeit nach Begründung der gemeinsamen Sorge Handlungen vornimmt, die der gemeinsamen Sorge zuwiderlaufen.[613] Die Auffassung, dass diese Gefahr das schlagende Argument gegen die Legitimierungsbedürftigkeit der nichtehelichen Mutter sei, indiziert vielmehr ein generelles Misstrauen gegenüber nichtehelichen Müttern, da der Ausnahmefall des „venire contra factum proprium" zur Regel erhoben wird.

Im Übrigen ist zu bedenken, dass sich ein Verkehrsteilnehmer vor dieser Gefahr ausreichend schützen kann, indem er eine aktuelle Auskunft verlangt. Dabei bezeugen andere behördliche Auskünfte wie beispielsweise das polizeiliche Führungszeugnis die gleiche Handhabung. Auch hier wird in Kauf genommen, dass das Führungszeugnis kurze Zeit nach seiner Erteilung nicht mehr aktuell ist.

Schließlich kann auch die Möglichkeit einer ändernden Gerichtsentscheidung (§§ 1672 I, 1678 II, 1680 III BGB) nicht das gesetzliche Nachweiskonzept in Frage stellen. Dem Jugendamt sind nämlich alle ändernden Entscheidungen wenigstens bekannt zu geben und es ist im Falle des Sorgerechtsentzuges sogar zu hören (§ 49 I Nr. 5 FGG). Das Jugendamt hat also von der tatsächlichen Rechtslage Kenntnis und darf dann nicht sehenden Auges eine irreführende Bescheinigung ausstellen.[614] Tut es dies dennoch, kann der auf den Nachweis vertrauende Dritte einen Amtshaftungsanspruch nach § 839 BGB gegen die Behörde geltend machen. Den im Rechtsverkehr erforderlichen Nachweis der ihr verbliebenen Alleinsorge kann die Mutter durch den ändernden Gerichtsbeschluss bescheinigen.

V. Zwischenergebnis

Das gesetzliche Regelungskonzept der formalen Voraussetzungen ist also insgesamt recht stimmig, die Vorwürfe seitens der Literatur im Großteil unberechtigt. Um die Begründung der gemeinsamen Sorge nach § 1626a I Nr. 1 BGB aber einfacher und damit auch attraktiver zu machen, sollten auch die Standesämter die Befugnis zur Beurkundung der Sorgeerklärungen haben.

Hervorzuheben ist, dass das formalrechtliche Defizit der Beteiligung des Kindes durch die materiellen Voraussetzungen der Sorgerechtsausübung ausgeglichen wird.

---

[613] Vgl. BT-Drs. 13 / 4899, S. 173.

[614] BT-Drs. 13 / 4899, S. 173; so auch *Sturm / Sturm* in StAZ 98, 305 (309); Staudinger – *Coester* § 1626d Rn. 14.

C. Formalrechtlicher Inhalt der Sorgeerklärungen

I. Parallele Bekundung des Willens zur gemeinsamen Sorge

§ 1626a I Nr. 1 BGB legt den formalrechtlich erforderlichen Inhalt der Sorgeerklärungen in einer Legaldefinition wie folgt fest: Die Eltern müssen erklären, dass sie die Sorge gemeinsam übernehmen wollen. Der genaue Wortlaut der Vorschrift muss nicht wiedergegeben werden. Entscheidend für die Wirksamkeit der Sorgeerklärungen ist allein, dass die Eltern jeweils ihren Willen zur Übernahme der gemeinsamen Sorge klar zum Ausdruck bringen.[615]

Damit stehen die Anforderungen an den Inhalt der Sorgeerklärungen zunächst in einem merkwürdigen Gegensatz zu den förmlichen Anforderungen. Während in den §§ 1626b – 1626d I BGB ausführlich die Bedingungs- und Befristungsfeindlichkeit, die Höchstpersönlichkeit und die Förmlichkeiten erörtert werden, begnügt sich der Gesetzgeber bei dem Inhalt der Sorgeerklärungen mit bloßen Absichtserklärungen. Wörtlich führt er aus: „Sorgeerklärungen bringen den Willen der Eltern zum Ausdruck, die elterliche Sorge künftig gemeinsam ausüben zu wollen".[616]

Damit aber noch nicht genug. Wie bereits angeklungen, müssen die Erklärungen nicht gemeinsam abgegeben werden. Nach der *Amtlichen Begründung* bezieht sich die Gemeinsamkeit der Erklärungen lediglich darauf, dass sie inhaltlich gleichlautend sein müssen.[617] Bei den Sorgeerklärungen handelt es sich also um sogenannte „parallel laufende Erklärungen",[618] die in formeller Hinsicht mit Ausnahme der übereinstimmend erstrebten Wirkung keinerlei Zusammenhang mehr miteinander aufweisen müssen. Allein bei Vorliegen beider Erklärungen tritt die gemeinsame Sorge ein. Dies sucht im Bürgerlichen Recht seines Gleichen, da die Erklärungen darüber hinaus noch nicht einmal einen Adressaten haben.[619] Durch diese Besonderheit unterscheiden sich die Sorgeerklärungen auch eklatant von Eheschließungen. Das Ungewöhnliche daran ist, dass auch die Eheschließung gemäß § 1626a I Nr. 2 BGB zum gemeinsamen Sorgerecht bereits vorhandener oder künftiger Kinder führt.[620] Zwar erklären die Eheleute nicht ausdrücklich, die Sorge für ihre Kinder gemeinsam ausüben zu wollen – ein entsprechender Wille wird vielmehr vermutet –, allerdings sind die Erklä-

---

[615] FamRefK – *Rogner* § 1626a Rn. 6; ungenau: *Will* in ZfJ 98, 308 (309) die von der Sorgeerklärung des Vaters und der Zustimmung der Mutter ausgeht.

[616] BT-Drs. 13 / 4899, S. 93; kritisch diesbezüglich *Diederichsen* in NJW 98, 1977 (1983).

[617] Vgl. 4. Kapitel, S. 171 und BT-Drs. 13 / 4899, S. 93.

[618] *Schwab* in FS Medicus, 587 (601); ähnlich Staudinger – *Coester* § 1626a Rn. 53: „isolierte Teil- Tatbestände".

[619] Bei den §§ 351, 1355 II, III, 1617 BGB haben die parallelen, inhaltlich übereinstimmenden Erklärungen wenigstens einen gemeinsamen Adressaten, nämlich entweder den Vertragspartner (§ 349) oder den Standesbeamten (§ 1355 II, 1617 I BGB).

[620] So auch *Schwab* in FS Medicus, 587 (601).

rungen der Eheleute aufs Engste miteinander verknüpft: Sie müssen vor einem Standesbeamten bei persönlicher und gleichzeitiger Anwesenheit erklären, die Ehe miteinander eingehen zu wollen (§ 1310 ff. BGB).

Die vollständige Loslösung beider Sorgeerklärungen äußert sich schließlich auch nach deren Abgabe, da der ersterklärende Elternteil keine Mitteilung über die Abgabe der noch ausstehenden Sorgeerklärung erhält. Der Gesetzgeber hat auf eine dem § 1597 II BGB entsprechende Regelung verzichtet. Nach Ansicht von *Coester* habe er damit in Kauf genommen, dass für den ersterklärenden Elternteil der Zeitpunkt, wann das gemeinsame Sorgerecht tatsächlich eintritt, zunächst unklar bleibt. Dies lasse eine Gefährdung der Rechtssicherheit befürchten.[621]

Eine solche Gefahr besteht allerdings nur dann, wenn die §§ 1626 ff. BGB keine entsprechenden Schutzmechanismen enthielten. Diesbezüglich könnte an eine Vorwirkung des § 1627 BGB gedacht werden. Hierfür spricht Folgendes:

Wenn die Eltern ihre Sorgeerklärungen abgeben, wollen sie den bisherigen sorgerechtlichen Zustand verändern und ein gemeinsames Sorgerecht herbeiführen. Dieses verpflichtet sie im Interesse und zum Wohle des Kindes zu einem gemeinschaftlichen Handeln (§ 1627 BGB). Um den reibungslosen Ablauf der gemeinsamen Sorgerechtsausübung aber von Anfang an sicherzustellen, genügt es nicht, wenn § 1627 BGB erst nach der Entstehung des gemeinsamen Sorgerechts Wirkungen entfaltet. In diesem Fall hinge die Umsetzung des § 1627 BGB mehr oder weniger vom Zufall ab. Es ist daher vielmehr erforderlich, dass die Pflicht zum gemeinschaftlichen Handeln schon vor dem fraglichen Rechtseintritt besteht. § 1627 BGB muss also schon vor der Entstehung des gemeinsamen Sorgerechts Wirkungen entfalten, aufgrund derer die Information der Eltern gewährleistet wird. Da die gemeinsame Sorgerechtsausübung allein zu dem zukünftigen Rechts- und Pflichtenkreis der Eltern zählt, kann es nicht Aufgabe einer Behörde, sondern nur Aufgabe der Eltern selbst sein, die Information über den Eintritt des beiderseits gewünschten Rechtseintrittes zu garantieren. Wenn es aber nach der Abgabe der Sorgeerklärungen zu den Pflichten beider Eltern gehört, den jeweils anderen Elternteil entsprechend zu informieren, so muss es sich bei den Sorgeerklärungen um empfangsbedürftige Erklärungen handeln. Das Erfordernis der Empfangsbedürftigkeit kann allerdings nur in materieller Hinsicht bestehen. D.h., wenn die Eltern ihrer Informationspflicht nicht nachkommen, kann dies zwar nicht die formelle Wirksamkeit der Erklärungen in Frage stellen, wohl aber das Funktionieren der gemeinsamen Sorgerechtsausübung. Denn einerseits hängt die formelle Wirksamkeit der Sorgeerklärungen gemäß § 1626e BGB allein von den in den §§ 1626a bis 1626d I BGB genannten Voraussetzungen ab, zu denen die Empfangsbedürftigkeit der Erklärungen

[621] Staudinger – *Coester* § 1626a Rn. 54; ähnlich Schwab, FamR., Rn. 532.

gerade nicht zählt, und andererseits betrifft die Frage der gemeinsamen Sorgerechtsausübung die spätere Umsetzung des gemeinsamen Sorgerechts und damit die materiellrechtliche Seite der Sorgeerklärungen. Ohne das Erfordernis der materiellen Empfangsbedürftigkeit könnte nämlich die Pflicht zum gemeinschaftlichen Handeln bewusst oder unbewusst unterlaufen werden, wodurch aber nicht nur die Sicherheit des Rechtsverkehrs, sondern vor allem auch das Wohl des Kindes gefährdet würde. Da eine solche Gefahr bei verheirateten Eltern nicht entstehen kann, ist die materielle Empfangsbedürftigkeit der Sorgeerklärungen darüber hinaus aus Gründen der Schlüssigkeit des gemeinsamen Sorgerechts bei nichtehelichen Eltern geboten. Die fehlende Unterrichtung des erst-erklärenden Elternteils und die befürchtete Gefährdung des Rechtsverkehrs setzt somit einen Pflichtverstoß der Eltern voraus und dürfte damit auf Ausnahmefälle beschränkt bleiben.

Angesichts dieser Vorwirkungen des § 1627 BGB unterscheidet sich die Situation schließlich grundlegend von derjenigen der Vaterschaftsanerkennung, die das Sorgerecht der Mutter nicht berührt. Die hier fehlende Verpflichtung aus § 1627 BGB macht ein Übersenden der Abschriften gemäß § 1597 II BGB erforderlich, um die Information der Beteiligten zu gewährleisten.

Das gesetzliche Konzept der fehlenden formellen Empfangsbedürftigkeit der Sorgeerklärungen ist folglich gerechtfertigt, weil der materielle Regelungsinhalt des gemeinsamen Sorgerechts dieses formelle Defizit ausgleicht.

Gleichwohl bleibt die Frage offen, warum der Gesetzgeber die vorstehenden Bedenken in Kauf genommen hat, obwohl er sie doch mit einer gemeinsamen Anwesenheit der Eltern bei der Beurkundung so leicht hätte vermeiden können.[622] Sicherlich war es das vordringlichste und im Übrigen auch verständliche Anliegen des Gesetzgebers, die Begründung des gemeinsamen Sorgerechts für nichteheliche Eltern so unkompliziert wie möglich zu gestalten. Insbesondere im Hinblick auf getrennt lebende Eltern bestand möglicherweise die Befürchtung, die Begründung der gemeinsamen Sorge könne an Streitigkeiten über die Wahl der beurkundenden Stelle scheitern, oder die Eltern könnten durch eine gemeinsame Anwesenheitspflicht bei der Beurkundung abgeschreckt werden, weil sie dies an einen Eheschluss erinnern könnte.

Vor dem Hintergrund der einschneidenden Wirkungen der Sorgeerklärungen für die Eltern und das Kind können diese Gründe aber ebenso wenig überzeugen wie das Konzept der parallel laufenden Erklärungen überhaupt. Sobald nämlich beide Erklärungen vorliegen, wird die Alleinsorge der Mutter entweder beendet oder an ihrem Entstehen gehindert. Es tritt ohne weiteres das gemeinsame Sorgerecht der Eltern ein. Noch gravierender sind die Folgen für das Kind.

---

[622] So auch *Schwab* in DNotZ 98, 437 (452).

Dessen Wohlergehen hängt nunmehr von der gemeinsamen Zuständigkeit beider Eltern ab. Diese Aufgabe können sie nur dann meistern, wenn zwischen ihnen jedenfalls in Bezug auf die Belange des Kindes ein hohes Maß an Gemeinsamkeit, Übereinstimmung und Kooperationsbereitschaft besteht. In diesem Sinne verpflichtet sie das Gesetz, in grundsätzlich allen – ausnahmslos aber in allen wichtigen Angelegenheiten des Kindes – durch gemeinsame Beratungen zu gemeinsamen Entscheidungen zu gelangen und somit effektiv zusammen zu arbeiten. Angesichts dessen ist es aber völlig unverständlich, warum nicht schon die Begründung der gemeinsamen Sorge über eine bloße Absichtserklärung hinaus, durch ein nach außen und vor allem für das Kind sichtbares Zeichen der Kooperation – die gemeinsame Beurkundung der Sorgeerklärungen – gekennzeichnet ist. In ihrer derzeitigen Form bleiben die Sorgeerklärungen bis zu ihrer Ausführung bloße Worthülsen, so dass die Selbständigkeit der Erklärungen in einem krassen Gegensatz zu dem Ziel der Erklärungen steht. Dies trägt nicht zur Glaubwürdigkeit des Erklärten bei.

Demgegenüber spricht für eine gemeinsame Beurkundung, dass hier die Kernaussage der Absichtserklärung, die Gemeinsamkeit, bereits in die Tat umgesetzt wird. Das Bedürfnis sichtbarer Gemeinsamkeit besteht auch gerade deshalb, weil es auch ansonsten an sichtbarer Gemeinsamkeit fehlen kann: Die Eltern müssen weder eine Lebensgemeinschaft miteinander führen oder dies wenigstens in der Vergangenheit einmal getan haben, noch müssen sie aktuell zusammenleben oder dies in Zukunft planen; sogar die nichteheliche oder eheliche Lebenspartnerschaft mit einem Dritten als deutlichstes Zeichen einer endgültigen Paartrennung steht der Begründung des gemeinsamen Sorgerechts nicht im Wege. Alles in allem wird die gemeinsame Beurkundung der Sorgeerklärungen daher der Bedeutung ihres Inhaltes eher gerecht, als dies bei völlig losgelösten Erklärungen der Fall ist. Abgesehen davon können durch eine gemeinsame Beurkundung auch die oben dargestellten Schwierigkeiten hinsichtlich des Negativattestes umgangen werden. Auf diesem Weg würde die Konstruktion des § 1626a I, II BGB also in der Tat unkomplizierter.

Dem Einwand, durch eine gemeinsame Beurkundung könne ein generelles Misstrauen gegenüber nichtehelichen Eltern zum Ausdruck gebracht werden, sei entgegnet, dass die gemeinsame Beurkundung, ebenso wie die gleichzeitige Anwesenheit der Eheleute vor dem Standesbeamten, allein dem Zweck dient, die besondere Bedeutung der Erklärungen für den zukünftigen Lebensweg, hier der gemeinsamen Sorgerechtsausübung, zu verdeutlichen. Sollte die gemeinsame Abgabe der Sorgeerklärungen an Streitigkeiten über den Ort der Beurkundung scheitern, ist die Kooperationsfähigkeit der Eltern ohnehin zu bezweifeln. Erst recht können Bedenken, die gemeinsame Beurkundung könne die nichtehelichen Eltern wegen einer vermeintlichen Nähe zum Eheschluss von der Abgabe ihrer Sorgeerklärungen abhalten, nicht durchgreifen. Denn wenn die Eltern eine Intensivierung ihrer Beziehung fürchten, sollte ihnen klar sein, dass es zum einen nicht um eine Verrechtlichung ihrer Paarbeziehung geht, sondern um ihr Kind, und dass zum anderen die Intensivierung ihrer Elternbeziehung Mittel zum Zweck ist. Sollten sie dies scheuen, ist es im Sinne des Kindes, die Erklärungen nicht abzugeben.

1. Partielle Sorgeerklärungen

Gerade dann, wenn die Eltern Schwierigkeiten in der gemeinsamen Sorgerechtsausübung befürchten, stellt sich die Frage, ob sie bereits mit Hilfe partieller Sorgeerklärungen die gemeinsame Sorge von Anfang an auf einzelne Teilbereiche bei im Übrigen weiterbestehender Alleinsorge der Mutter nach § 1626a II BGB beschränken können.

Nach dem Wortlaut des § 1626a I Nr. 1 BGB begründen die Eltern „die elterliche Sorge". Die Vorschrift nimmt damit inhaltlich Bezug auf die in § 1626 BGB geregelte elterliche Sorge eines Ehepaares und ist wie diese grundsätzlich – eine Ausnahme besteht bei der Minderjährigkeit eines Elternteils – uneingeschränkt. In den §§ 1671 ff. BGB sieht das Gesetz daneben die Möglichkeit einer beschränkten gemeinsamen Sorge vor und fordert hierfür eine Beteiligung des Gerichts. Die Zulässigkeit partieller Sorgeerklärungen ist damit ausgeschlossen und kann, da der Regelungskomplex der elterlichen Sorge keine entsprechende Lücke aufweist und die speziellen Voraussetzungen der §§ 1671 ff. BGB nicht unterlaufen werden dürfen, auch nicht im Wege einer analogen Anwendung des § 1626a I Nr. 1 BGB erreicht werden.[623]

Gleichwohl halten Teile der Literatur §§ 1626a ff. BGB insoweit für reformbedürftig.[624] Zur Begründung wird auf die Regelungen der §§ 1671, 1672 BGB verwiesen, nach denen die Eltern über einen Umweg doch zu einer teilweisen gemeinsamen Sorge kämen: Entweder die Eltern begründen nach § 1626a I Nr. 1 BGB zunächst ein gemeinsames Sorgerecht und nehmen dann einvernehmlich eine Teilübertragung auf die Mutter nach § 1671 II Nr. 1 BGB vor oder sie übertragen Teile der elterlichen Sorge nach § 1672 I BGB auf den Vater und geben dann hinsichtlich der nach § 1626a II BGB der Mutter verblie-

---

[623] Vgl. *Lipp* in FamRZ 98, 65 (72); *Schwab* in DNotZ 98, 437 (450); *Sturm / Sturm* in StAZ 98, 305 (307); *Wegmann* in MittBayNot 98, 308 (309); Bamberger / Roth – *Veit* § 1626a Rn. 6; Erman – *Michalski* § 1626a Rn. 3; MüKom – *Huber* § 1626a Rn. 6; Palandt – *Diederichsen* § 1626a Rn. 7; FamRefK – *Rogner* § 1626a Rn. 12.
Unter Verstoß gegen den Typenzwang des Familienrechts und gegen den eindeutigen Wortlaut wohl nur *Zimmermann* in DNotZ 98, 404 (418) und Staudinger – *Coester* § 1626a Rn. 60 (in Abkehr von seiner in DEuFamRZ 99, 3 (8f.) geäußerten Meinung).

[624] Vgl. *DAV* in FamRZ 96, 1401(1402); *Coester* in FamRZ 96, 1181 (1185f.); *DTFG* in FamRZ 98, 337 (338); *Lipp* 98, 65 (72 f.); *Coester* in DEuFamR 99, 3 (8 f.); Bamberger / Roth – *Veit* § 1626a Rn. 6; Sellmer, S. 42, 122 f.; Witteborg, S. 215 f.; *Heumann* in FuR 03, 293 (295).

benen Sorge Sorgeerklärungen nach §§ 1626a I Nr. 1, 1626b III BGB ab. Dieser Umweg sei überflüssig und eine originäre Begründung einer nur teilweisen gemeinsamen Sorge schon aufgrund der elterlichen Autonomie geboten.[625] Bei der „Schwarz-Weiß-Lösung" des § 1626a I Nr. 1 BGB bestünde zudem die Gefahr, dass Mütter zu häufig eine gemeinsame Sorgeerklärung ablehnen, obwohl sie den Vater an einigen, möglicherweise sogar grundlegenden Erziehungsentscheidungen beteiligen möchten. Das könne weder im Interesse der betreffenden Väter liegen noch in dem jener Mütter, die bei Wahrung ihrer persönlichen Unabhängigkeit alles tun möchten, um Väter, die eher zur Flucht aus der Verantwortung bereit wären, in die gemeinsame Elternverantwortung mit einzubinden.[626]

Bei der Bewertung dieser Reformbestrebung erscheint zunächst zweifelhaft, ob partielle Sorgeerklärungen im Hinblick auf den Gleichheitssatz einer Überprüfung standhielten, da verheirateten Eltern eine partielle Begründung ihrer elterlichen Sorge verwehrt bliebe.[627] Als Rechtfertigungsgrund für diese Ungleichbehandlung wird angeführt, dass bei unverheirateten Eltern die Wahrscheinlichkeit des Getrenntlebens und daher das Bedürfnis nach flexibleren Lösungen größer sei als bei verheirateten.[628]

Eine solche Argumentation setzt jedoch voraus, dass das derzeitige Regelwerk dem Getrenntleben unverheirateter Eltern und dem damit ohne Zweifel verbundenen Bedürfnis nach einer flexiblen Anpassung der Sorgerechtslage an die tatsächlichen Verhältnisse nicht ausreichend Rechnung trägt.

Nach den §§ 1671, 1672 BGB kann allerdings eine bereits bestehende Sorgerechtslage rechtsverbindlich an das Getrenntleben angepasst werden. Da die Bedeutung der elterlichen Sorge eine völlig freie und eigenständige Disposition der Eltern über die Substanz ihres Sorgerechts verbietet, ist die Beteiligung des Gerichts zum Schutze des Kindeswohls und der Rechtssicherheit erforderlich. Gleichwohl hat das Gericht die Bedeutung eines übereinstimmenden Elternwillens bei seiner Entscheidung zu berücksichtigen, wenn es nicht sogar, wie im Fall des § 1671 II Nr. 1 BGB, an den elterlichen Willen gebunden ist.

In tatsächlicher Hinsicht kommt den Eltern § 1687 BGB mit einem System abgestufter Kompetenzen entgegen. Lebten sie schon bei der Begründung des gemeinsamen Sorgerechts dauerhaft voneinander getrennt, hat ihr Sorgerecht im Vergleich zu demjenigen zusammenlebender Eltern von Anfang an eine andere Qualität: Der betreuende Elternteil hat quasi ein „kleines Alleinsorgerecht". Dabei darf nicht übersehen werden, dass dem übereinstimmenden Elternwillen diesbezüglich eine konstitutive Bedeutung zukommt. Indem § 1687

[625] Vgl. *DTFG* in FamRZ 97, 337 (338); *Lipp* in FamRZ 98, 65 (73); *Coester* in DEuFamR 99, 3 (8 f.); Bamberger / Roth – *Veit* § 1626a Rn. 6.
[626] Vgl. *DAV* in FamRZ 96, 1401 (1402); *DTFG* in FamRZ 97, 337 (338).
[627] So auch FamRefK – *Rogner* § 1626a Rn. 12; MüKom – *Huber* § 1626a Rn. 9.
[628] So *DTFG* in FamRZ 97, 337 (338).

BGB nämlich eine Einigung der Eltern über den dauerhaften Aufenthaltsort des Kindes voraussetzt, hat der Gesetzgeber eine richtungsweisende Entscheidung für die tatsächliche Reichweite der gemeinsamen elterlichen Sorge bei Getrenntleben der freien Disposition der Eltern überlassen und damit die Bedeutung der elterlichen Autonomie in angemessener Weise berücksichtigt.[629]

Das gesetzliche Regelwerk trägt demnach dem Getrenntleben der nichtehelichen Eltern sehr wohl Rechnung, so dass die entstehende Benachteiligung verheirateter Eltern nicht gerechtfertigt werden könnte.

Darüber hinaus ist zu bezweifeln, ob überhaupt ein Bedürfnis nach partiellen Sorgeerklärungen besteht. Denn wenn das Misstrauen und die Vorbehalte der Mutter gegenüber dem Vater trotz der Regelung des § 1687 BGB so weit reichen sollten, dass sie eine umfassende Beteiligung des Vaters am Sorgerecht als störend empfindet, wird sie es in diesem Fall ohnehin bei ihrer Alleinsorge nach § 1626a II BGB belassen. Leben die Eltern mit ihrem Kind dagegen in einer familienähnlichen Gemeinschaft zusammen, ist davon auszugehen, dass in der Regel die Basis eines gemeinsamen Sorgerechts gegeben ist.[630] Auch hier besteht somit keine Notwendigkeit für eine differenzierte Gestaltung im Sinne partieller Sorgeerklärungen, zumal die Eltern durch begleitende Vereinbarungen – dazu sogleich – die Möglichkeit haben, die Sorgerechtswahrnehmung umfassend vorab zu regeln.

Schließlich ist die „Schwarz-Weiß-Lösung“ des § 1626a I Nr. 1 BGB auch gerade deshalb vorzugswürdig, weil sie von den Eltern verlangt, sich über die Tragweite ihrer Verantwortung für das Kind im Klaren zu werden. Ein „bisschen“ gemeinsame Verantwortung ist weder im Sinne des Gesetzgebers[631] noch im Interesse des Kindes, zu dessen Lasten sich ein (fauler) Kompromiss, um den Vater in die Verantwortung mit einzubinden oder um der Mutter wenigstens einen Teil ihrer Alleinsorge zu entlocken, auswirkt. Diesbezüglich muss auch bezweifelt werden, ob die Möglichkeit partieller Sorgeerklärungen überhaupt im Einklang mit Art. 6 V GG stünde.[632]

Sollten die Eltern Zweifel an der Richtigkeit ihrer Entscheidung haben, sollten sie entweder ganz auf eine Sorgerechtsbeteiligung des Vaters verzichten oder aber die Beratung und Entscheidung des Gerichts nach § 1671 II Nr. 1 BGB bzw. §§ 1672 I, 1626a I Nr. 1, 1626b III BGB in Anspruch nehmen. An der bisherigen Systematik des Familienrechts, wonach allein die originäre Begründung des umfassenden gemeinsamen Sorgerechts zur Disposition der Eltern steht und stehen darf, substanzielle Veränderungen gesetzlicher oder gerichtli-

[629] Vgl. 3. Kapitel, S. 130.
[630] So auch FamRefK – *Rogner* § 1626a Rn. 12; *Wegmann* in MittBayNot 98, 308 (309).
[631] Ähnlich Rauscher, § 33 II Rn. 972.
[632] So auch FamRefK – *Rogner* § 1626a Rn. 12; Rauscher, § 33 II Rn. 972.

cher Sorgerechtsregelungen hingegen stets der Mitwirkung des Gerichts bedürfen, ist folglich festzuhalten. Für eine Ausnahme in Form von partiellen Sorgeerklärungen, die angesichts der Möglichkeit eines umfassenden gemeinsamen Sorgerechts letztlich einen verdeckten Verzicht auf Teile der elterlichen Sorge beinhalten, besteht kein Rechtfertigungsgrund.

2. Begleitende Vereinbarungen

Im Zusammenhang mit § 1626a I Nr. 1 BGB sind aber gerade bei getrennt lebenden Eltern Vereinbarungen denkbar, die die Reichweite des gemeinsamen Sorgerechts zumindest bei seiner Begründung nicht berühren. Fraglich ist, inwieweit diese sogenannten begleitenden Vereinbarungen zulässig sind und welche Verbindlichkeit sie im Innen- und im Außenverhältnis erzeugen.

a. Vereinbarungen über Abgabe oder Nichtabgabe von Sorgeerklärung

Als Erstes kommen Vereinbarungen in Betracht, die unmittelbar die Abgabe der Sorgeerklärungen betreffen. So wird insbesondere der nichteheliche Vater ein Interesse daran haben, die Mutter zur Abgabe einer Sorgeerklärung zu verpflichten, um ihre starke Stellung aus § 1626a II BGB zu entkräften. Möchte die Mutter dagegen ihr Sorgerecht ungestört allein ausüben, wird sie mit dem Vater eine Vereinbarung treffen wollen, keine Sorgeerklärungen abzugeben.

Bei der Beurteilung derartiger Vereinbarungen ist zu berücksichtigen, dass das Recht mittels Sorgeerklärungen ein gemeinsames Sorgerecht zu begründen, unmittelbar aus Art. 6 II GG fließt und angesichts der Pflichtenbindung dem Wohl des Kindes dient. Vereinbarungen, von diesem Recht keinen Gebrauch zu machen, stellen daher einen unzulässigen Verzicht auf die aus Art. 6 II 1 GG folgende Grundpflicht zur Pflege und Erziehung dar und sind deshalb nach § 134 BGB unwirksam. Eine positive Verpflichtung zur Abgabe einer Sorgeerklärung ist zwar wirksam, jedoch frei widerruflich. Andernfalls bestünde ein Widerspruch zu der aus Art. 6 II 1 GG fließenden, höchstpersönlichen Grundentscheidung, die zum Wohl des Kindes von einem aktuellen und freien Willen jedes Elternteils getragen sein muss.[633]

Während eine zwangsweise Durchsetzung einer Sorgeerklärung also nicht möglich ist, ist demgegenüber eine abredewidrig abgegebene Sorgeerklärung wirksam. Es liegt dann allerdings in der Natur der Sache, dass die Erklärung des anderen Elternteils fehlen wird. Eine abredewidrig abgegebene Sorgeerklärung wird also rein praktisch keine Wirkungen erzeugen.

---

[633] Vgl. auch Staudinger – *Coester* § 1626a Rn. 74.

b. Vereinbarungen über Änderungsanträge im Anschluss an § 1626a I Nr. 1 BGB

Insbesondere dann, wenn die Eltern von vornherein nur in Teilbereichen ein gemeinsames Sorgerecht begründen wollen, werden bereits im Vorfeld des § 1626a I Nr. 1 BGB Vereinbarungen über Änderungsanträge relevant. So kann etwa die Mutter eine Vereinbarung dahingehend wünschen, dass der Vater nach der Begründung des gemeinsamen Sorgerechts ihrem Antrag auf teilweise Übertragung der Alleinsorge nach § 1671 II Nr. 1 BGB zustimmt. Eine solche Vereinbarung werden die Eltern aber auch dann treffen, wenn sie für den Fall einer späteren Trennung Vorsorge schaffen möchten. Zwar handelt es sich bei diesen Vereinbarungen um Verzichtserklärungen eines Elternteils, da die Eltern allerdings eine Beteiligung des Gerichts nach § 1671 II Nr. 1 BGB in Anspruch nehmen wollen, kann ihre Vereinbarung durch den Beschluss des Gerichts wirksam werden.

Im Rahmen des § 1671 II Nr. 1 BGB wird dieser elterliche Konsens dann rechtstechnisch in den Sorgerechtsantrag eines Elternteils und die Zustimmung hierzu durch den anderen Elternteil aufgeteilt. Auch wenn eine wechselbezügliche, vertragliche Einigung der Eltern nicht Voraussetzung für § 1671 II Nr. 1 BGB ist, es vielmehr ausreicht, wenn sich Antrag und Zustimmung erstmals in ihrem jeweiligen Zugang bei Gericht zu einem elterlichen Konsens zusammenfügen,[634] sind die Erklärungen der Eltern im Einzelfall als Willenserklärungen und ihre Einigung als Rechtsgeschäft zu qualifizieren.[635]

Ein noch im Zeitpunkt der letzten mündlichen Verhandlung bestehender Konsens bindet das Gericht, ohne dass eine weitere inhaltliche Kontrolle im Lichte des Kindeswohls zulässig ist, es sei denn, das Wohl des Kindes würde gefährdet (§§ 1671 III, 1666 BGB).[636] Gleichwohl ist die Zustimmung und die damit verbundene Einigung bis zur letzten mündlichen Verhandlung im Innen- wie im Außenverhältnis frei widerruflich.[637] Eine andere Position stünde im Widerspruch zu der unverzichtbaren Eigenverantwortung der Eltern aus Art. 6 II 1 GG.[638] Für das Gericht ist somit allein entscheidend, ob in diesem maßgeblichen Zeitpunkt die erforderliche Übereinstimmung vorliegt oder nicht. Eine interne Zustimmung gegenüber dem anderen Elternteil oder dessen Anwalt oder eine

---

634 Vgl. Staudinger – *Coester* § 1671 Rn. 71.

635 Vgl. 3. Kapitel, S. 112 ff., 129.

636 MüKom – *Finger* § 1671 Rn. 62; Staudinger – *Coester* § 1671 Rn. 65.

637 Vgl. *Schwab* in FamRZ 98, 457 (461); Johannsen / Henrich – *Jaeger* § 1671 Rn. 25; MüKom – *Finger* § 1671 Rn. 63; Palandt – *Diederichsen* § 1671 Rn. 14; Staudinger – *Coester* § 1671 Rn. 82 ff., § 1626a Rn. 75.

638 A.A.: *Zimmermann* in DNotZ 98, 404 (423); *Schwab* in DNotZ 98, 437 (445f, insb. 447) im Widerspruch zu FamRZ 98, 457 (461); Sellmer, S. 121 f.; vgl. hiergegen auch schon 3. Kapitel, S. 119 ff., 130 ff.

Berufung auf dieselbe gegenüber dem Gericht löst die gerichtliche Bindungswirkung ebenso wenig aus wie der Zusammenhang der Vereinbarung mit der Abgabe einer Sorgeerklärung.[639] Das Gericht entscheidet dann nach § 1671 II Nr. 2 BGB. Im Rahmen dieser Entscheidung würdigt es sowohl die vom Antragsgegner vorgebrachten Gründe für den Widerruf als auch den Inhalt und die Gründe der vormals im Zusammenhang mit der Sorgeerklärung getroffenen Vereinbarung.[640]

c. Vereinbarungen über die Ausgestaltung des gemeinsamen Sorgerechts

Wenn die Eltern getrennt voneinander leben oder z.B. der nichteheliche Vater erstmals sein Verantwortungsbewusstsein für sein Kind zu erkennen gibt, wird vor allem auf Seiten der Mutter ein großes praktisches Bedürfnis bestehen, die Einzelheiten der gemeinsamen Sorgerechtswahrnehmung vorab zu regeln. Denkbar sind Vereinbarungen, die festlegen, bei welchem Elternteil das Kind leben soll oder im Falle einer Trennung leben wird oder etwa wie der Umgang und die Grundfragen der Erziehung ausgestaltet sein sollen.[641]

Von den Ausübungsvereinbarungen, die bereits im dritten Kapitel erörtert wurden, unterscheiden sich diese Vereinbarungen durch ihren direkten zeitlichen Zusammenhang mit der Abgabe der Sorgeerklärungen. Aus diesem zeitlichen Zusammenhang darf aber nicht geschlossen werden, dass die Vereinbarungen zugleich Bestandteil der Sorgeerklärungen selbst werden. Die enge inhaltliche Begrenzung der Sorgeerklärungen ergibt sich bereits aus der Legaldefinition des § 1626a I Nr. 1 BGB.[642] In Betracht kommen also nur Vereinbarungen neben den eigentlichen Sorgeerklärungen. Dabei müssen die Eltern die Bedingungsfeindlichkeit der Sorgeerklärungen nach § 1626b I BGB beachten. Erklären sie den Abschluss oder die Einhaltung der begleitenden Vereinbarung zur Wirksamkeitsbedingung für den Sorgerechtseintritt nach § 1626a I Nr. 1 BGB, sind ihre Sorgeerklärungen im Ganzen unwirksam. Um etwaige Zweifel über das Eingreifen des Bedingungsverbotes auszuräumen, sollten die Eltern daher ausdrücklich in der Vereinbarung feststellen, dass die Wirksamkeit der Sorgeerklärungen weder vom Abschluss noch von der Einhaltung der zusätzlichen Vereinbarung abhängen soll.[643]

---

[639] Staudinger – *Coester* § 1626a Rn. 75, § 1671 Rn. 75; *Schwab* in FamRZ 98, 457 (461); MüKom – *Finger* § 1671 Rn. 63; a.A.: *Schwab* in DNotZ 98, 437 (455) - dagegen schon 3. Kapitel S. 130 ff.

[640] vgl. Staudinger – *Coester* § 1671 Rn. 86; Johannsen / Henrich – *Jaeger* § 1671 Rn. 26; *Zimmermann* in DNotZ 98, 404 (418).

[641] Vgl. *Schwab* in DNotZ 98, 437 (454 f.).

[642] Vgl. BT-Drs. 13 / 4899, S. 93; kritisch: *Diederichsen* in NJW 98, 1977 (1983).

[643] Vgl. *Schwab* in DNotZ 98, 437 (455).

Umgekehrt steht es den Eltern frei, die Wirksamkeit der begleitenden Vereinbarung von der Wirksamkeit der Sorgeerklärungen abhängig zu machen. Das Bedingungsverbot des § 1626b I BGB greift nicht ein. Allerdings wird die Vereinbarung im Falle des Bedingungsausfalls ohnehin hinfällig sein.[644]

Unter Beachtung dieser Grundsätze sind Ausübungsvereinbarungen wie bei bereits gemeinsam sorgeberechtigten Eltern nicht nur zulässig und sinnvoll, sondern bei getrennt lebenden Eltern sogar das Ziel jugendhilferechtlicher Unterstützung, § 17 II SGB VIII.[645]

Sofern es sich bei den Ausübungsvereinbarungen – und hierfür spricht angesichts der außergewöhnlichen Umstände ihres Zustandekommens viel –, um rechtsgeschäftliche Vereinbarungen handelt, sind die Vereinbarungen grundsätzlich sowohl im Innen- wie auch im Außenverhältnis verbindlich.[646] Allerdings fließt aus der in Art. 6 II 1 GG verankerten unverzichtbaren Eigenverantwortung das Recht eines jeden Elternteils, die Vereinbarung grundsätzlich jederzeit frei widerrufen zu können. Insofern kann nichts anderes gelten als bei „normalen" Ausübungsvereinbarungen.[647] Beruft sich also ein Elternteil im Rahmen einer gerichtlichen Auseinandersetzung nach §§ 1628, 1671 oder 1696 BGB auf eine vormals bestehende, nun aber von dem anderen Elternteil widerrufene Einigung, ist auch das Gericht nicht mehr an die Vereinbarung gebunden.[648] Gleichwohl hat es sowohl den Anlass und den Inhalt der vormaligen Vereinbarung als auch die Gründe des Widerrufs bei seiner Entscheidung zu berücksichtigen.

Fraglich ist, ob sich bei einem Widerruf, der vor der Begründung des gemeinsamen Sorgerechts erfolgt, die erneute Einigungsbedürftigkeit der Angelegenheit möglicherweise aus einer Vorwirkung § 1627 BGB ergibt oder ob die nach § 1626a II BGB alleinsorgeberechtigte Mutter in der fraglichen Angelegenheit alleine entscheiden darf.

---

[644] Vgl. *Schwab* in DNotZ 98, 437 (455).

[645] Vgl. *Zimmermann* in DNotZ 98, 404 (418); *Schwab* in DNotZ 98, 437 (455).

[646] Vgl. oben 3. Kapitel, S. 112 ff., 129 ff.

[647] So auch *Knittel* in ZfJ 98, 140 (140); Staudinger – *Coester* § 1626a Rn. 76; a.A.: *Zimmermann* in DNotZ 98, 404 (423); *Schwab* in DNotZ 98, 437 (455); Sellmer, S. 123; vgl. hiergegen schon 3. Kapitel, S. 119 ff., 130 ff.

[648] Zu § 1628 BGB: Die fehlende Bindungswirkung einer widerrufenen Vereinbarung ergibt sich bei § 1628 BGB schon aus der Überlegung, dass die gerichtliche Entscheidung nur ein Surrogat für § 1627 BGB ist. Wenn die Vereinbarung aber schon im Rahmen des § 1627 BGB widerrufen werden kann (da es sich um eine wichtige Kindesangelegenheit handelt – ist dies unstreitig möglich, vgl. 3. Kapitel S. 119 ff.; 130 ff.), muss dieser Widerruf erst recht im Rahmen des § 1628 BGB beachtlich sein. I.E. so auch *Wegmann* in MittBayNot 98, 308 (311); a.A.: MüKom – *Huber* § 1628 Rn. 17 im Widerspruch zu § 1627 Rn. 10. Zu § 1671BGB: vgl. oben 4. Kapitel S. 186 f. Fn. 637. Zu § 1696: vgl. Staudinger – *Coester* § 1696 Rn. 60.

Zu bedenken ist hierbei einerseits, dass die zum Wohle des Kindes gebotene Effektivität seiner sorgerechtlichen Betreuung sichergestellt werden muss und andererseits dass dem gemeinsamen Sorgerecht aber auch kein Verhalten der Mutter vorausgehen darf, das sich als ein „venire contra factum proprium" erweisen würde.

Die Lösung dieser Frage liegt in der Differenzierung: Zögert sich der Eintritt des gemeinsamen Sorgerechts hinaus, weil eine formale Voraussetzung der jeweils abgegebenen Sorgeerklärungen, z.B. die Zustimmung der Eltern der minderjährigen Mutter, noch aussteht, begründet der Konsens der Eltern zur Begründung des gemeinsamen Sorgerechts eine Vorwirkung des § 1627 BGB. Hieraus folgt die erneute Einigungsbedürftigkeit der Angelegenheit entweder bei objektiv wichtigen Angelegenheiten aus § 1627 BGB selbst oder aus der verbindlich gewollten Regelung einer subjektiv wichtigen Angelegenheit.[649] Ohne eine entsprechende Vorwirkung des § 1627 BGB würde eine einseitige Rechtsmacht der Mutter im Widerspruch zu dem Ziel der Sorgeerklärungen, eine gleichrangige und gleichberechtigte Sorgerechtsausübung herzustellen, begründen. Damit würde das Funktionieren des gemeinsamen Sorgerechts bereits im Vorfeld seiner Entstehung in Frage gestellt werden, was § 1627 BGB im Wege einer Vorwirkung verhindern muss. Der Grundkonsens der Eltern zur Begründung der gemeinsamen Sorge nimmt der Mutter in materieller Hinsicht das aus § 1626a II BGB folgende Recht, in den von der Vereinbarung betroffenen Bereichen alleine entscheiden zu können. Macht die Mutter also von ihrer formalrechtlich noch bestehenden einseitigen Rechtsmacht Gebrauch, ist ihr Handeln zwar nach außen wirksam, erweist sich aber im Innenverhältnis als ein „venire contra factum proprium" und damit als Pflichtverstoß gegen die in § 1627 BGB verankerte Gleichberechtigung der Eltern. Dieses Ergebnis steht im Übrigen im Einklang mit dem Interesse des Kindes nach einer effektiven Sorgerechtsausübung, das angesichts des Grundkonsenses der Eltern nicht gefährdet wird.

Anders ist die Situation allerdings dann zu beurteilen, wenn der Grundkonsens der Eltern fehlt. Der Eintritt des gemeinsamen Sorgerecht zögert sich also aufgrund einer noch fehlenden Sorgeerklärung heraus, weil z.B. die Mutter unsicher ist, ob die Begründung des gemeinsamen Sorgerechts die richtige Entscheidung sein wird. In diesem Fall könnte der Zwang, sich erneut einigen zu müssen, die freie Entscheidung zur Begründung des gemeinsamen Sorgerechts unterlaufen. Denn die erneute Einigungsbedürftigkeit einer Angelegenheit ist, wie gezeigt, ein Teil des gemeinsamen Sorgerechts, das gerade abgelehnt oder zumindest in Frage gestellt wird. Da kein Grundkonsens der Eltern vorhanden ist, erfordert es das Wohl des Kindes, dass die Mutter die unbeschränkte Rechtsmacht hat, die Entscheidung in der fraglichen Angelegenheit alleine herbeizuführen. Andernfalls würde die zum Wohle des Kindes gebotene Effektivi-

[649] Zur erneuten Einigungsbedürftigkeit vgl. 3. Kapitel, S. 122 und 132.

tät der sorgerechtlichen Betreuung gefährdet. Sobald es allerdings trotz der Zweifel zum Eintritt des gemeinsamen Sorgerechts kommt, begründet § 1627 BGB bzw. die vertragliche Vereinbarung selbst die erneute Einigungspflicht für jede im Vorfeld des gemeinsamen Sorgerechts getroffene Vereinbarung.

Die erneute Einigungsbedürftigkeit einer im Vorfeld des § 1626a I Nr. 1 BGB getroffenen Ausübungsvereinbarung ist damit durch den Grundkonsens der Eltern zum gemeinsamen Sorgerecht bedingt.

3. Zwischenergebnis

Die Sorgeerklärungen zeichnen sich zunächst dadurch aus, dass sie in formeller Hinsicht vollkommen parallel zueinander laufen, d.h. sie sind wortgleich und weisen keine Beziehung zueinander auf. Auch nach der Abgabe werden die Eltern nicht über die Abgabe der jeweils anderen Sorgeerklärung informiert. Dieser letzte Aspekt wird aber durch die materielle Empfangsbedürftigkeit der Sorgeerklärungen ausgeglichen. Um das Funktionieren des gemeinsamen Sorgerechts von Anfang an zu gewährleisten, entfaltet § 1627 BGB eine Vorwirkung, aufgrund derer die Eltern verpflichtet sind, den jeweils anderen von der Abgabe der eigenen Erklärung zu informieren. Die materiellen Voraussetzungen des gemeinsamen Sorgerechts gleichen also auch hier – wie bei der fehlenden Beteiligung des Kindes – ein formalrechtliches Defizit aus.

Gleichwohl ist das gesetzgeberische Konzept zu kritisieren. Denn die Beziehungslosigkeit und der Inhalt der Sorgeerklärungen als bloße Absichtserklärungen stehen in einem krassen Widerspruch zu dem Ziel der Erklärungen, dem gemeinsamen Sorgerecht. Als ein nach außen und vor allem für das Kind sichtbares Zeichen der Kooperation sollte der Gesetzgeber die gemeinsame Beurkundung der Sorgeerklärungen vorsehen. Hierdurch würde die Kernaussage der Absichtserklärungen, die Gemeinsamkeit, bereits in die Tat umgesetzt.

Reformbedarf besteht allerdings nicht im Hinblick auf die Möglichkeit partieller Sorgeerklärungen. Sie würden nicht nur eine halbherzige Entscheidung der Eltern widerspiegeln, sondern sie würden angesichts der Möglichkeit eines umfassenden gemeinsamen Sorgerechts sogar einen verdeckten Verzicht der Eltern auf Teile der elterlichen Sorge beinhalten. Ohne gerichtliche Beteiligung müssen solche Erklärungen daher entsprechend der Systematik des Familienrechts unwirksam bleiben. Zudem könnte die Ungleichbehandlung verheirateter Eltern, denen diese Möglichkeit nicht offen steht, nicht gerechtfertigt werden. Da die Eltern im Übrigen die Möglichkeit haben, die Sorgerechtswahrnehmung umfassend durch begleitende Vereinbarungen vorab zu regeln, erscheinen partielle Sorgeerklärungen letztlich überflüssig.

Diese Vereinbarungen im Vorfeld des § 1626a I Nr. 1 BGB folgen im Wesentlichen den Grundsätzen gewöhnlicher Ausübungsvereinbarungen. Sie müssen also Ausdruck einer freien Entscheidung sein und dürfen keinen vollständigen oder teilweisen Verzicht auf die elterliche Sorge beinhalten. Insbesondere Vereinbarungen über die Ausgestaltung des gemeinsamen Sorgerechts werden an Bedeutung gewinnen, weil sie noch unsicheren Eltern die Befürchtung nehmen können, das gemeinsame Sorgerecht werde misslingen. Obwohl diese Vereinbarungen in unmittelbar zeitlichem Zusammenhang mit den Sorgeerklärungen abgegeben werden, werden sie nicht Teile der Sorgeerklärungen.

Abgesehen davon, dass diese speziellen Ausübungsvereinbarungen die Bedingungsfeindlichkeit der Sorgeerklärungen nicht verletzen dürfen, besteht eine Besonderheit bei der Frage nach der erneuten Einigungsbedürftigkeit. Erfolgt der Widerruf vor dem Eintritt des gemeinsamen Sorgerechts, ist zu differenzieren: Haben beide Eltern ihre Sorgeerklärungen abgegeben und scheiterte der Eintritt des gemeinsamen Sorgerechts bislang an formellen Defiziten, begründet der Konsens der Eltern zur Begründung des gemeinsamen Sorgerechts eine Vorwirkung des § 1627 BGB. Die erneute Einigungsbedürftigkeit der Angelegenheit folgt daher entweder bei objektiv wichtigen Angelegenheiten aus § 1627 BGB selbst oder aus der verbindlich gewollten Regelung einer subjektiv wichtigen Angelegenheit. Scheiterte der Eintritt des gemeinsamen Sorgerechts hingegen an einer noch fehlenden Sorgeerklärung und damit an dem fehlenden Grundkonsens der Eltern, fordert das Interesse des Kindes an einer effektiven Sorgerechtsausübung die Alleinentscheidungsbefugnis der bis dato noch allein sorgeberechtigten Mutter. Die erneute Einigungsbedürftigkeit einer im Vorfeld des § 1626a I Nr. 1 BGB getroffenen Ausübungsvereinbarung ist damit durch den Grundkonsens der Eltern zum gemeinsamen Sorgerecht bedingt.

II. Keine gemeinsame Sorge gegen den Willen eines Elternteils

1. Grundproblem: starke Stellung der nichtehelichen Mutter

Die Erforderlichkeit übereinstimmender Sorgeerklärungen soll gewährleisten, dass ein gemeinsames Sorgerecht nicht gegen den Willen eines Elternteils eintreten kann.[650] Somit steht die gemeinsame Sorge jeweils zur Disposition beider Elternteile: Weigert sich der Vater, eine Sorgeerklärung abzugeben, bleibt es gegen den Willen der Mutter bei ihrer alleinigen Verantwortung; umgekehrt verhindert die Mutter mit ihrer Weigerung den Eintritt eines gemeinsamen Sorgerechts.[651]

Die Stellung der Mutter ist aber dennoch ungleich stärker als diejenige des Vaters. Zunächst kann sie durch Nichtabgabe ihrer Sorgeerklärung den Eintritt

[650] BT-Drs. 13 / 4899, S. 58.
[651] *Büdenbender* in AcP (1997) 197, 197 (214 f.).

des gemeinsamen Sorgerechts verhindern. In diesem Zusammenhang ist auch zu berücksichtigen, dass allein die Mutter über die Möglichkeit eines gemeinsamen Sorgerechts durch das Jugendamt informiert wird (§ 52a I 2 Nr. 5 SGB VIII), dass sie also gegebenenfalls einen Informationsvorsprung gegenüber dem Vater hat. Darüber hinaus kann sie grundsätzlich auch jede andere Sorgerechtsbeteiligung des Vaters verhindern. Ihr Vetorecht setzt sich insbesondere im Rahmen des § 1672 I BGB fort, wonach sie einem Antrag des von ihr getrennt lebenden Vaters auf vollständige oder teilweise Übertragung der Alleinsorge ihre notwendige und nicht ersetzbare Zustimmung verweigern kann. Nur in eng begrenzten Sonderfällen, die jeweils eine gerichtliche Prüfung des Kindeswohls voraussetzen, kann der Vater ohne Zustimmung der Mutter Inhaber des Sorgerechts werden. Dies ist der Fall, wenn die Mutter stirbt (§ 1680 II BGB) oder ihre Sorge dauerhaft ruht (§ 1678 II BGB) oder wenn ihr wegen einer Gefährdung des Kindeswohls das Sorgerecht nach §§ 1666, 1666a BGB entzogen wurde (§ 1680 III, II 2 BGB).

Ob diese starke Stellung der Mutter gerechtfertigt ist oder nicht, soll im Folgenden überprüft werden.

2. Begründung des Gesetzgebers und Verwerfung anderer Alternativen

Der Gesetzgeber begründet die starke Stellung der Mutter mit der Erwägung, eine erzwungene Sorgerechtsgemeinschaft für nichteheliche Kinder würde in einer Vielzahl von Fällen dazu führen, dass die Eltern ihre Streitigkeiten auf dem Rücken des Kindes austragen würden und damit das Kindeswohl beeinträchtigt werden würde.[652]

Im Vorfeld der Reform setzte sich zunächst die *Arbeitsgruppe „Nichtehelichenrecht“* mit einer Vorschrift auseinander, wonach das Familiengericht dem Antrag des Vaters auf Übertragung der Alleinsorge, den dieser binnen eines Jahres nach Feststellung seiner Vaterschaft stellt, stattzugeben habe, wenn dies dem Wohle des Kindes am besten entspreche. Der Regierungsentwurf verwarf diesen Vorschlag aber in Übereinstimmung mit der Arbeitsgruppe, weil es für eine entsprechende Befristung keine hinreichenden Sachgründe gebe. Aus kindespsychiatrischer und kinderpsychologischer Sicht sei darauf hinzuweisen, dass das Kind sehr bald nach der Geburt und nicht erst binnen eines Jahres enge Bindungen zu seiner Mutter entwickele. Auch bei einer kürzeren Frist greife eine gerichtliche Entscheidung gegen den Willen der Mutter in diese Bindungen ein, zumal jegliche Fristen unter dem Gesichtspunkt des Kindeswohls als willkürlich anzusehen seien. Eine unbefristete Regelung hätte zur Folge, dass die Alleinsor-

[652] BT-Drs. 13 / 4899, S. 59.

ge der Mutter bis zur Volljährigkeit des Kindes unter dem Vorbehalt stünde, jederzeit ohne Vorliegen einer Kindeswohlgefährdung auf den Vater übergehen zu können, sobald sich dieser nur als der „bessere" Elternteil erweise. Diese Unsicherheit und vorprogrammierte Instabilität der mütterlichen Sorge würde letztlich auch das Verhältnis zwischen Mutter und Kind belasten. Das Kindeswohl wäre zudem deshalb gefährdet, weil eine derart verunsicherte Mutter möglicherweise die Feststellung der Vaterschaft nicht betreiben oder aber den Umgang des Kindes mit dem Vater boykottieren würde, um einen Sorgerechtsverlust an den Vater zu verhindern.[653]

Im Rahmen der Beratungen des federführenden Rechtsausschusses wurde die Frage nach dem gemeinsamen Sorgerecht gegen den Willen eines Elternteils erneut erörtert. Zur Diskussion standen Fälle, in denen das Kind über einen längeren Zeitraum mit beiden Eltern zusammengelebt hat, die Mutter aber gleichwohl die Begründung der gemeinsamen Sorge ohne weitere Begründung ablehnt. Die bessere sorgerechtliche Stellung der Mutter sei in dieser Konstellation vor allem dann problematisch, wenn das Kind gleichermaßen Beziehungen zu beiden Elternteilen aufgebaut habe und keine Gründe vorlägen, die aus der Sicht des Kindes gegen die Begründung des gemeinsamen Sorgerechts sprächen.[654] Da sich allerdings der Streit der Eltern über die Begründung der gemeinsamen Sorge auf die Sorgerechtsausübung verlagern würde, würde das erzwungene gemeinsame Sorgerecht nach Ansicht des Rechtsausschusses für das Kind regelmäßig mit mehr Nachteilen als Vorteilen verbunden sein. Streitigkeiten würden nämlich letztlich auf seinem Rücken ausgetragen, was ihm mehr schaden als nützen würde.[655]

3. Kritik

Während einige Stimmen in Literatur und Rechtsprechung die Ansicht des Gesetzgebers teilen und die gesetzliche Lösung des § 1626a BGB für gerechtfertigt halten,[656] ist die fehlende einzelfallbezogene Korrekturmöglichkeit der generellen Sorgezuweisung an die Mutter überwiegend auf heftige Kritik gestoßen. § 1626a BGB hat sich deswegen zu einem der umstrittensten Paragraphen des KindRG entwickelt.

---

[653] BT-Drs. 13 / 4899, S. 59.

[654] BT-Drs. 13 / 8511, S. 66.

[655] BT-Drs. 13 / 8511, S. 66.

[656] *Büdenbender* in AcP (1997) 197, 197 (214 f.); *Zimmermann* in DNotZ 98, 404 (416); *Ewers* in FamRZ 00, 787 (787); *Sturm / Sturm* in StAZ 98, 305 (307); *BGH* in FamRZ 01, 907 ff.; *Oelkers* in FuR 02, 106 (107); Sellmer, S. 45; Witteborg, S. 220.

a. Nach Ansicht der Literatur Verstoß gegen Verfassungs- und Völkerrecht

Nach überwiegender Ansicht in der Literatur verstoße die Möglichkeit der Mutter, eine Sorgerechtsbeteiligung des Vaters bis an die Grenze des § 1666 BGB zu vereiteln, nicht nur gegen das Elternrecht des nichtehelichen Vaters aus Art. 6 II 1 GG, sondern auch gegen den Gleichstellungsanspruch des Kindes aus Art. 6 V GG. Auch sei das Recht des Kindes auf gleichmäßige Beziehungen zu beiden Elternteilen aus Art. 6 II 1 GG verletzt, da die Aussagekraft des Art. 6 II 1 GG in Bezug auf das Kind (entgegen der überwiegend vertretenen Auffassung) über eine bloße Reflexwirkung hinausgehe. Zudem läge eine nicht gerechtfertigte Ungleichbehandlung sowohl von Mann und Frau als auch von Vätern nichtehelicher Kinder gegenüber Väter ehelicher Kinder vor. Dies tangiere Art. 3 II GG.[657] Nach Ansicht einiger Autoren liege auch ein Verstoß gegen den Familienachtungsanspruch aus Art. 8 I EMRK, gegen das Diskriminierungsverbot aus Art. 14 EMRK sowie gegen das in Art. 18 I KRK verbürgte Recht des Kindes auf Pflege und Erziehung durch beide Eltern vor.[658]

Da das KindRG somit reformbedürftig sei, werden zugleich Lösungsvorschläge präsentiert. Am weitesten geht wohl *Finger*.[659] Nach seiner Ansicht soll die gemeinsame Sorge für nichteheliche Kinder ebenso wie bei ehelichen Kindern mit der Geburt entstehen. Die Mutter solle aber die Befugnis haben, auf einen besonderen Antrag hin und nach Entscheidung des Familiengerichts, die alleinige Sorge für sich zu beanspruchen. Dem Antrag sei stattzugeben, wenn die Mutter mit dem Vater zu keiner Zeit zusammengelebt habe und bisher mit der Betreuung und Versorgung des Kindes allein geblieben sei, der Vater dem Kind fern stehe und sich um nichts kümmere, so dass seine Beteiligung an der elterlichen Sorge auch für die Zukunft nicht einzusehen sei. Um weitere Auseinandersetzungen zu vermeiden, könne der desinteressierte Vater von vornherein sein Einverständnis in die alleinige Ausübung der elterlichen Sorge durch die Mutter erklären.

---

[657] *Coester* in FamRZ 95, 1245 (1247 f.); *DTFG* in FamRZ 97, 337 (340); *Willutzki* in Rpfleger 97, 336 (337); *Dickmeis* in ZfJ 98, 41 (48); *Diederichsen* in NJW 98, 1977 (1983); *Lipp* in FamRZ 98, 65 (70); *Rauscher* in FamRZ 98, 329 (335 Fn. 74); *Coester* in DEuFamR 99, 3 (7); *Grziwotz* in FamRZ 99, 413 (420); Mükom – *Huber* § 1626a Rn. 39 ff.; Palandt (v.a. 60.Aufl.) – *Diederichsen* § 1626a Rn. 11; *Finger* in ZfJ 00, 183 ff.; *ders.* in FamRZ 00, 1204 (1206 f.); *Schumann* in FamRZ 00, 389 (394); *Luthin* in FamRZ 01, 911 (912); *Motzer* in FamRZ 01, 1035 (1038); *Niemeyer* in FuR 01, 491 (492); Bamberger / Roth – *Veit* § 1626a Rn. 17; Staudinger – *Coester* § 1626a Rn. 37; Rauscher, § 33 II, Rn. 973; *Schumann* in FuR 02, 59 (62 ff.).

[658] *DFGT* in FamRZ 97, 337 und Vorbemerkung; *Brötel* in ZfJ 98, 447 (448); *Dickmeis* in ZfJ 98, 41 (52 f.).

[659] *Finger* in ZfJ 00, 183 (185).

Überwiegend wird ein automatisch mit der Geburt des nichtehelichen Kindes eintretendes gemeinsames Sorgerecht aber auch weiterhin abgelehnt. Statt dessen solle bei einer einseitigen Sorgeerklärung des Vaters eine familiengerichtliche Prüfung vorgenommen werden; entsprechende Thesen wurden bereits auf dem *59. Deutschen Juristentag* erarbeitet.[660] Nach der Ansicht von *Coester* soll das Familiengericht die Zustimmung der Mutter aber nicht bereits dann ersetzen, wenn es im Rahmen einer offenen Abwägung zu dem Ergebnis gelange, dass die gemeinsame Sorge dem Wohl des Kindes diene, sondern nur dann, wenn die Begründung der gemeinsamen Sorge aus triftigen, das Wohl des Kindes nachhaltig berührenden Gründen angezeigt sei. Hierdurch würde einerseits der vom Gesetzgeber befürchteten Verunsicherung der Mutter-Kind-Beziehung Rechnung getragen und andererseits dem Vater die Chance eröffnet, wenigstens eine Abwägung seiner Interessen und der Interessen des Kindes herbeizuführen.[661]

b. Richtervorlagen vor dem BVerfG

Die Rechtsprechung äußerte sich zunächst zurückhaltend. Bei grundsätzlicher Übereinstimmung mit dem gesetzlichen Regelungskonzept seien allein solche Fälle verfassungsrechtlich zweifelhaft, in denen die Mutter willkürlich ihre Zustimmung verweigere.[662] Für eine solche Annahme fehlten den Gerichten aber jeweils die entsprechenden Anhaltspunkte.

Das *AG Korbach* äußerte aber massive verfassungsrechtliche Bedenken, die sich auf das grundsätzliche Regelungskonzept des Gesetzgebers bezogen.[663] Nach Ansicht des Gerichts würden die §§ 1626a, 1672 I BGB gegen Art. 6 II 1 GG verstoßen, da sie das Elternrecht des Vaters ausnahmslos zur Disposition der Mutter stellen würden. Diese schematische, dem Einzelfall nicht gerecht werdende Lösung stelle jedenfalls dann einen nicht gerechtfertigten Eingriff in eine grundrechtlich geschützte Position dar, wenn der Vater aufgrund seines Zusammenlebens mit dem Kind über einen längeren Zeitraum eine faktische Elternstellung eingenommen und auch später die Beziehung zum Kind aufrecht erhalten habe. Darüber hinaus erwachse dem Kind aus der Existenz zweier Elternteile die Chance zweier innerfamiliärer Platzierungsalternativen. Indem dem nichtehelichen Kind aber nicht zwei rechtlich grundsätzlich vollwertige Elternteile zuerkannt würden, seien seine Lebenschancen empfindlich gemindert und seine Rechte aus Art. 6 V GG verletzt. Eine gesetzliche Benachteiligung nichteheli-

---

660 *Beschlüsse des 59. DJT* in FamRZ 92, 1275 (1276).
661 *Coester* in FamRZ 95, 1245 (1248); *Lipp* in FamRZ 98, 65 (70); *Rauscher* in FamRZ 98, 329 (335 Fn. 74); *Coester* in DEuFamR 99, 3 (7 f.); Mükom – *Huber* § 1626a Rn. 43; Staudinger – *Coester* § 1626a Rn. 39.
662 *OLG Düsseldorf* in FamRZ 99, 673; *OLG Stuttgart* in FamRZ 00, 632 ff.
663 *AG Korbach* in FamRZ 00, 629 ff.

cher gegenüber ehelichen Kindern in gleicher Lebenslage rügte auch das *AG Groß-Gerau*, weil es sich durch § 1626a BGB daran gehindert sah, die elterliche Sorge auf beide Eltern zu übertragen und damit auch dem Wunsch des gemeinsamen Kindes zu entsprechen.[664]

Beide Gerichte sahen sich aufgrund ihrer Bedenken zu einer Aussetzung der Verfahren und zu einer Vorlage an das *BVerfG* nach Art. 100 I GG verpflichtet.

Der *BGH* hielt dagegen § 1626a BGB ohne Einschränkung für verfassungskonform und wies die weitere Beschwerde eines nichtehelichen Vaters zurück. Dieser wollte, nachdem er drei Jahre mit Mutter und Kind zusammengelebt hatte und sich vor Inkrafttreten des KindRG von der Mutter seines Kindes getrennt hatte, seine Teilhabe an der elterlichen Sorge in einem familiengerichtlichen Verfahren erstreiten.[665] Bedenken gegen die starke Stellung der Mutter seien nach Ansicht des *BGH* im Einzelfall im Rahmen des § 1666 BGB Rechnung zu tragen. Dabei müsse – bei verfassungskonformer Auslegung der Vorschrift – gewährleistet sein, dass in die Prüfung des Merkmals einer „missbräuchlichen Ausübung der elterlichen Sorge“ durch die Mutter auch die Frage einbezogen werde, ob und inwieweit die Mutter das Elternrecht des Vaters angemessen zur Geltung bringe.[666] Hiergegen erhob der Antragsteller dieses Verfahrens Verfassungsbeschwerde.

4. Entscheidungen des BVerfG

a. Entscheidung vom 29. Januar 2003

In seiner Entscheidung vom 29. Januar 2003 hat das *BVerfG* über diese und über die Richtervorlage des *AG Korbach* gemeinsam verhandelt und entschieden.[667] Im Hinblick auf den Vorlagebeschluss des *AG Korbach* stellt das Gericht fest, dass jedenfalls derzeit keine Gründe für eine Unvereinbarkeit des Regelungskonzepts des § 1626a BGB mit dem Grundgesetz erkennbar seien.

Die primäre Zuordnung des nichtehelich geborenen Kindes nach § 1626a II BGB zur Mutter sei nach Ansicht des *BVerfG* nicht zu beanstanden.[668]

Weiter bringe das Konsenserfordernis des § 1626a I Nr. 1 BGB ebenso wie das Eheversprechen verheirateter Eltern ein Mindestmaß an Übereinstim-

---

[664] *AG Groß-Gerau* in FamRZ 00, 631f.

[665] *BGH* in FamRZ 01, 907 ff.

[666] *BGH* in FamRZ 01, 907 (910).

[667] *BVerfG* in FamRZ 03, 285 ff. Das *BVerfG* hielt § 1672 BGB nicht für entscheidungsrelevant, weil Verfahrensgegenstand jeweils die Begründung der gemeinsamen Sorge und nicht die Übertragung der Alleinsorge war.

[668] Vgl. oben, 4. Kapitel S. 142 f. Zustimmend auch *Di Fabio* in NJW 03, 995 (996). Ablehnend *Spangenberg / Spangenberg* in ZfJ 03, 332 ff.

mung auch der nicht miteinander verheirateten Eltern zum Ausdruck, wodurch eine dem Kindeswohl entsprechende gemeinsame Sorgerechtsausübung durch die Eltern am ehesten gewährleistet werde. Zwar werde zunächst der Mutter die elterliche Sorge für das Kind zugewiesen, der sie sich – anders als der Vater – auch nicht entziehen könne, gleichwohl könne aber auch sie ohne die Bereitschaft des Vaters nicht mit ihm die Sorge für das Kind teilen.[669] Das gemeinsame Sorgerecht stünde also gleichermaßen zur Disposition beider Eltern. Die Tatsache, dass der Zugang des nichtehelichen Vaters zur elterlichen Sorge auch von der Bereitschaft der Mutter abhinge, mit ihm gemeinsam die Sorge zu tragen, verletze daher nicht das väterliche Elternrecht. Das Konsenserfordernis des § 1626a I Nr. 1 BGB sei verfassungsrechtlich folglich nicht zu beanstanden.[670]

In den Fällen, in denen die nichtehelichen Eltern mit dem Kind zusammenleben und beide ihre Kooperationsbereitschaft durch gemeinsame Fürsorge für das Kind zum Ausdruck gebracht haben, dürfe der Gesetzgeber zudem nach Ansicht des *BVerfG* davon ausgehen, dass die Eltern die seit dem KindRG bestehende Möglichkeit der gemeinsamen Sorge in der Regel nutzen und Sorgeerklärungen abgeben werden. Auch dürfe der Gesetzgeber unterstellen, dass sich eine Mutter, gerade wenn eine familiäre Gemeinschaft mit dem Vater bestünde, nur ausnahmsweise und nur dann dem Wunsch des Vaters nach einer gemeinsamen Sorge widersetzen werde, wenn sie dafür schwerwiegende Gründe habe, die von der Wahrung des Kindeswohls getragen würden. Unter der Annahme, dass die Möglichkeit einer Verweigerung der Sorgeerklärung nicht als Machtposition gegenüber dem Vater missbraucht werde, sei es mit Art. 6 II GG vereinbar, dass der Gesetzgeber von der einer gerichtlichen Einzelfallprüfung abgesehen habe.[671]

Das Gericht verpflichtet den Gesetzgeber aber, die tatsächlichen Entwicklungen zu beobachten und seine Annahmen zu überprüfen. Sollte sich insbesondere herausstellen, dass es auch bei einem Zusammenleben der Eltern mit dem Kind überwiegend aus Gründen, die nicht vom Kindeswohl getragen werden, nicht zu einem gemeinsamen Sorgerecht nach § 1626a I Nr. 1 BGB komme, würde sich § 1626a I Nr. 1 BGB nämlich als Verstoß gegen Art. 6 II GG erweisen. In die-

---

[669] *BVerfG* in FamRZ 03, 285 (289).

[670] *BVerfG* in FamRZ 03, 285 (288); zustimmend insoweit auch *Liermann*, der in FamRZ 03, 1523 (1523 ff.) aufgrund der Begründung der primären Sorgezuordnung des Kindes zur Mutter und des Konsenserfordernisses nichtehelicher Eltern auch die Verfassungskonformität des § 1748 IV BGB annimmt und zugleich auf die Möglichkeit des nichtehelichen Vaters verweist, einen Sorgerechtsantrag nach § 1672 I BGB zu stellen, der im Fall des § 1751 I 6 BGB nicht mehr der Zustimmung der Mutter bedarf.

[671] *BVerfG* in FamRZ 03, 285 (290). Trotz dieser Argumentation halten *Grziwotz* in FamRZ 03, 1417 (1423) und *Gimbernat Jonas* in JAmt 03, 332 (333 ff.) das Vetorecht der Mutter nach wie vor für verfassungsrechtlich bedenklich.

sem Fall müsste der Gesetzgeber für eine Korrektur sorgen, die das Elternrecht des nichtehelichen Vaters angemessen zur Geltung bringe.[672]

Im Hinblick auf die Verfassungsbeschwerde gegen das Urteil des *BGH* sieht das *BVerfG* dagegen einen unmittelbaren Handlungsbedarf des Gesetzgebers. § 1626a BGB sei insoweit nicht mit Art. 6 II, V GG vereinbar, als eine Übergangsregelung für die Zeit vor dem Inkrafttreten des KindRG am 1. Juni 1998 fehle. Den Eltern, insbesondere den Vätern sei die Möglichkeit einzuräumen, gerichtlich überprüfen zu lassen, ob trotz entgegenstehenden Willens des anderen Elternteils unter Berücksichtigung des Kindeswohls ein gemeinsames Sorgerecht begründet werden könne. Dies sei deshalb erforderlich, weil es nahe liege, dass eine Mutter, der während ihrer intakten Beziehung mit dem Vater die Möglichkeit eines gemeinsamen Sorgerechts verschlossen geblieben sei, in der Regel gerade dann nicht zur Abgabe einer Sorgeerklärung bereit sei, wenn sie und der Vater sich inzwischen getrennt hätten und ihnen erst nach der Trennung die Möglichkeit zur gemeinsamen Sorge eröffnet worden sei.

Das *BVerfG* verpflichtet den Gesetzgeber, diese Rechtslage bis zum 31. Dezember 2003 mit dem Grundgesetz in Einklang zu bringen. Ein Verfahren nach § 1666 BGB könne die Elternrechte des Vaters nicht in angemessener Weise zur Geltung bringen. Zum einen ziele diese Vorschrift nämlich nicht auf einen Ausgleich der Rechte der Eltern untereinander ab und zum anderen könne allein in der Weigerung der Mutter, eine Sorgeerklärung abzugeben, keine missbräuchliche Ausübung ihrer Elternverantwortung gesehen werden.[673]

Abgesehen von diesen „Altfällen", verstoße aber der Umstand, dass das Sorgerecht für nichteheliche Kinder anders ausgestaltet sei als für eheliche Kinder, nicht gegen die aus Art. 6 V GG folgenden Grundsätze. Die Annahme des Gesetzgebers, die mangelnde Bereitschaft zusammenlebender Eltern zur gemeinsamen Sorgetragung lege bei einem erzwungenen gemeinsamen Sorgerecht den Rückschluss auf kindeswohlgefährdende Konflikte zwischen den Eltern nahe, sei nachvollziehbar und derzeit nicht widerlegbar.[674]

Im Hinblick auf Art. 3 I GG vergleicht das *BVerfG* die rechtliche Lage ehelicher

---

[672] *BVerfG* in FamRZ 03, 285 (290 f.).

[673] *BVerfG* in FamRZ 03, 285 (291 f.).

[674] *BVerfG* in FamRZ 03, 285 (292); a.A. : *Gimbernat Jonas* in JAmt 03, 332 (335), der eine Benachteiligung des nichtehelichen Kindes annimmt, weil dieses nach der Trennung der Eltern nicht den Schutz einer gerichtlichen Instanz in Anspruch nehmen könne. *Gimbernat Jonas* verkennt aber das auch das eheliche Kind nach Trennung der Eltern kein eigenes Antragsrecht nach § 1671 BGB hat und damit ebenso „schutzlos" ist, wenn die Eltern das gemeinsame Sorgerecht beibehalten.

und nichtehelicher Väter. Eine Ungleichbehandlung liege nicht vor, weil sowohl bei dem ehelichen als auch bei dem nichtehelichen Vater die gemeinsame Sorgetragung an die Zustimmung der Mutter gebunden sei: einmal durch das mit der Eheschließung implizit erklärte Einverständnis zur gemeinsamen Sorgerechtsausübung und das andere Mal durch die explizite gemeinsame Sorgeerklärung.[675]

b. Entscheidung vom 23. April 2003

In seinem Urteil vom 23. April 2003 versagte das *BVerfG* der Verfassungsbeschwerde eines nichtehelichen Vaters gegen die auf den §§ 1626a, 1672 I BGB beruhenden Entscheidungen bereits die Annahme. Der Sache fehle wegen des Urteilsspruches vom 29. Januar schon die verfassungsrechtliche Bedeutung im Sinne des § 93a IIa BVerfGG und überdies lägen auch nicht die Voraussetzungen des § 93a IIb BVerfGG vor, die Sache habe also auch keine Aussicht auf Erfolg.[676] Das Gericht ergänzt seine Entscheidung vom 29. Januar aber insofern, als es auch § 1672 I 1 BGB für verfassungskonform erklärt, und erteilt damit den nach wie vor bestehenden verfassungsrechtlichen Bedenken in der Literatur[677] eine Abfuhr. Ein Sorgerechtswechsel könne, anders als die gemeinsame Sorge beider Eltern, nicht zur Verfestigung der Beziehungen des Kindes zu beiden Elternteilen beitragen, sondern ersetze die bisherige Sorgetragung eines Elternteils durch die des anderen. Wenn der Gesetzgeber eine solche Änderung nach § 1672 I 1 BGB nicht nur an die Zustimmung der Mutter, sondern auch an die Kindeswohldienlichkeit der Übertragung knüpfe und sie im Übrigen gemäß § 1666 BGB von einer Kindeswohlgefährdung abhängig mache, sei dies verfassungsrechtlich nicht zu beanstanden.

5. Stellungnahme

Die Urteile des *BVerfG* sind zu begrüßen. In seiner Entscheidung vom 29. Januar stellt es das Wohl des Kindes konsequent in den Mittelpunkt seiner Betrachtung. Dieses verlangt, unabhängig davon, ob die Eltern verheiratet sind oder nicht, zur Begründung des gemeinsamen Sorgerechts eine grundsätzliche Übereinstimmung zwischen den Eltern. Bei nicht miteinander verheirateten Eltern kann diese Übereinstimmung aus der Sicht des Kindes einzig durch übereinstimmende Erklärungen zuverlässig bestimmt werden, so dass die auch nach dem Urteil des *BVerfG* von *Heumann*, *Finger* sowie von *B.* und *E. Spangenberg* aufgestellte bzw. weiterhin vertretene Forderung nach einem automatisch eintre-

---

[675] *BVerfG* in FamRZ 03, 285 (292).
[676] *BVerfG* in FamRZ 03, 1447 (1448).
[677] Vgl. nur Palandt – *Diederichsen* § 1672 Rn. 3; *Henrich* in FamRZ 03, 358.

tenden gemeinsamen Sorgerecht,[678] abzulehnen ist. Das gleiche gilt für die Ansicht von *Henrich*, *Humphrey*, *Gimbernat Jonas* und *Schumacher*, die trotz des Urteilsspruchs eine gerichtliche Überprüfung in Ausnahmenfällen für notwendig halten.[679] Diese Ansichten setzen das Kind der Gefahr ständiger Streitigkeiten zwischen den Eltern aus, weil die Kooperationsbasis eines gemeinsamen Sorgerechts erklärtermaßen nicht besteht bzw. nicht vermutet werden kann. Angesichts des Umfangs der erforderlichen Entscheidungen im Rahmen der Sorgerechtsausübung darf die praktische Relevanz dieses Arguments nicht unterschätzt werden. Die zugunsten des nichtehelichen Vaters angestrebten Gesetzesänderungen würden somit auf Kosten des Kindeswohls verwirklicht, zumal eine – gegebenenfalls auch nur in Ausnahmefällen – vorzunehmende gerichtliche Überprüfung im Falle einer einseitigen Sorgeerklärung des Vaters ein generelles Misstrauen gegenüber nichtehelichen Müttern zum Ausdruck bringen und überdies ein stabiles Sorgerechtsverhältnis zwischen Mutter und Kind gefährden würde. Zwar beschränkt sich der Gesetzgeber mit dem Konzept der Sorgeerklärungen auf die Signalisierung des kleinsten gemeinsamen Nenners der Eltern und bietet insofern Anlass für Kritik,[680] der verfassungsrechtliche Rahmen wurde allerdings nicht überschritten. Dies nicht zuletzt deshaib, weil die Eltern ihre Übereinstimmung bereits vor der Geburt des Kindes durch vorgeburtliche Sorgeerklärungen erkennen lassen können. Das nichteheliche Kind und seine Eltern erfahren daher weder rechtliche noch praktische Nachteile gegenüber einer ehelichen Familie.

Im Hinblick auf eine mögliche Weigerungshaltung der nichtehelichen Mutter wird die Betonung des Kindeswohls fortgeführt: Solange in der überwiegenden Zahl der Fälle die Weigerung der Mutter durch das Kindeswohl motiviert sei, sei die Verfassungsmäßigkeit des § 1626a I Nr. 1 BGB nicht zu beanstanden. An diese Feststellung knüpft sich die zentrale Aussage des Urteils: Das *BVerfG* verpflichtet den Gesetzgeber, die tatsächlichen Entwicklungen zu beobachten und dahingehend zu überprüfen, ob die Annahmen, dass zum einen das gemeinsame Sorgerecht in der Regel von zusammenlebenden Eltern genutzt wird und dass zum anderen der Grund für ein Nichtzustandekommen des gemeinsamen Sorgerechts in der Regel nicht in einem Machtdenken der Mutter liegt, vor der Wirklichkeit Bestand haben. Diese typisierende gesetzliche Gestaltung ist somit (bislang) nicht zu beanstanden.

---

[678] *Finger* in StAZ 03, 225 (229); *Heumann* in FuR 03, 293 (295) nehmen ein teilweise verordnetes gemeinsames Sorgerecht bei alleinigem Aufenthaltsbestimmungsrecht der Mutter an. *Spangenberg/Spangenberg* in ZfJ 03, 332 (333) befürworten einen automatischen Sorgerechtseintritt nur dann, wenn die Eltern seit der Geburt sechs Monate ohne Unterbrechung in Gemeinschaft mit dem Kind gelebt haben.

[679] *Henrich* in FamRZ 03, 358; *Humphrey* in FPR 03, 578 (585); *Schumacher* in FamPra.ch 03, 558 (571); *Gimbernat Jonas* in JAmt 03, 332 (336).

[680] Vgl. 4. Kapitel S. 178 ff.

Die entscheidende Aufgabe des Gesetzgebers dürfte jedoch nicht allein in der statistischen Überprüfung dieser Annahmen liegen,[681] sondern vor allem in der Aufklärung der Bevölkerung. Auch nach fünfjähriger Bewährungszeit handelt es sich bei den Sorgeerklärungen noch immer um ein neues Rechtsinstitut, das, wie auch das *BVerfG* betont,[682] zu seiner gesellschaftlichen Verankerung der verbreiteten Kenntnisnahme und der verstärkten Information bedarf. Ob die derzeitige Praxis diesen Anforderungen in angemessener Weise Rechnung trägt, erscheint höchst zweifelhaft. Zu kritisieren ist insbesondere, dass allein die Mutter eines nichtehelichen Kindes von amtlicher Seite über die Möglichkeit eines gemeinsamen Sorgerechts aufgeklärt und beraten wird (§ 52a SGB VIII).

Richtig ist zwar, dass einerseits eine vom gemeinsamen Sorgerecht überzeugte Mutter den Vater ohnehin informieren wird und dass andererseits ohne die mütterliche Sorgeerklärung keine Sorgerechtsbeteiligung des Vaters möglich ist, eine Unterrichtung des Vaters also gegebenenfalls sinnlos ist; allerdings sollte die durch § 1626a II BGB geschaffene rechtliche Vorrangstellung der Mutter nicht noch durch einen Informations- und Wissensvorsprung ausgebaut werden. Dem Vater sollte wenigstens die Möglichkeit eröffnet werden, sich im Falle einer Weigerungshaltung der Mutter mit ihr über die Begründung des gemeinsamen Sorgerechts auseinander setzen zu können. Denn es ist nicht auszuschließen, dass eine von einem Machtanspruch auf das Kind geprägte Mutter, die den Vater erst gar nicht über die Möglichkeit des § 1626a I Nr. 1 BGB informiert, im Rahmen einer Diskussion mit dem Vater eines Besseren belehrt wird. Nutznießer eines solchen Gesprächsverlaufs wäre das Kind. Im Übrigen spricht auch Art. 3 II GG für eine solche Gleichstellung. Um die Information des Vaters somit nicht nur dem Zufall bzw. der Mutter zu überlassen, sollte sich das Beratungsangebot des Jugendamtes nach § 52a SGB VIII somit auch an den Vater richten. Zur Kontaktaufnahme wäre eine Verknüpfung mit der Vaterschaftsanerkennung sinnvoll, d.h. die Stellen, die eine Beurkundung der Vaterschaftsanerkennung vornehmen, müssten den Vater dann auf das entsprechende Beratungsangebot des Jugendamtes hinweisen.

Auch in Bezug auf § 1672 I BGB ist den Ausführungen des *BVerfG* zuzustimmen. Die Familiengerichte haben weder im Rahmen des § 1666 BGB noch im Rahmen des § 1672 I BGB die Aufgabe, unterhalb der Grenze der Kindeswohl-

---

[681] Erste statistische Erhebungen bezeugen, dass Sorgeerklärungen verbreitet sind, und somit der Schluss auf eine gute Zusammenarbeit und Verständigung der nichtehelichen Eltern nahe liegt. Als Beweggründe einer Weigerungshaltung der nichtehelichen Mutter wurden bekannt: andere Nationalität des Vaters, keine Zugeständnisse des Vaters z.B. beim Unterhalt, befürchtete Auseinandersetzungen mit dem Vater, Angst vor Sorgerechtsverlust (vgl. *Finger* in StAZ 03, 225 (227, 228 Fn. 25). Aufgrund der räumlichen Begrenzung dieser Erhebung reicht die Aussagekraft dieser Erhebung aber keinesfalls über eine bloße Indizwirkung hinaus.

[682] *BVerfG* in FamRZ 03, 285 (290 f.).

gefährdung die beste Erziehung des Kindes (hier also möglicherweise durch den nichtehelichen Vater) zu gewährleisten. Dürfte das Familiengericht auch ohne die Zustimmung der Mutter über einen Antrag des Vaters entscheiden, läge ein unverhältnismäßiger Eingriff in das Elternrecht der nichtehelichen Mutter vor, zumal sie das Sorgerecht auch nur unter den strengen Voraussetzungen des § 1696 I BGB wiedererlangen könnte. Ebenso wie im Rahmen des § 1626a II Nr. 1 BGB kann auch bei § 1672 I BGB vermutet werden, dass die Weigerung der Mutter kindeswohlorientiert ist, z.B. weil der Vater jahrelang überhaupt kein Interesse an seinem Kind gezeigt hat. Schließlich würde das Mutter-Kind-Verhältnis verunsichert und dem Misstrauen der Mutter gegenüber dem nichtehelichen Vater Vorschub geleistet. Dies würde dem Wohl des Kindes schaden und sein Interesse an einer kontinuierlichen Erziehung ohne Not in Frage stellen. Sollte allerdings die dem Gesetzgeber auferlegte Prüfung der tatsächlichen Begebenheiten im Rahmen des § 1626a I Nr.1 BGB einen Verstoß gegen die väterlichen Rechte belegen, weil sich die Mütter gerade nicht überwiegend zum Wohl des Kindes gegen ein gemeinsames Sorgerecht sperren, sollte der Gesetzgeber auch über den Charakter der mütterlichen Zustimmung als Zulassungsvoraussetzung eines Antrages nach § 1672 I BGB neu nachdenken.

Schließlich hat sich das *BVerfG* in beiden Entscheidungen nicht mit dem Völkerrecht auseinandergesetzt. Hierüber kann dann hinweggesehen werden, wenn die derzeitige Gesetzesbegründung der §§ 1626a, 1672 I BGB bereits im Einklang mit den völkerrechtlichen Vorgaben steht.

Eingriffe in Art. 8 I, 14 EMRK und Art. 18 KRK durch eine abweichende rechtliche Gestaltung der familiären Beziehungen eines nichtehelichen Kindes gegenüber denjenigen eines ehelichen Kindes sind nach Art. 8 II EMRK und Art. 3 II KRK dann gerechtfertigt, wenn dies gesetzlich vorgesehen ist, durch sachliche Gründe zur Wahrung des Kindeswohls erforderlich und in einer demokratischen Gesellschaft notwendig ist. Dabei stellt der *EuGHMR* in ständiger Rechtsprechung fest, dass den Staaten bei der Gestaltung der elterlichen Rechte und Pflichten ein weiter Beurteilungsspielraum zusteht.[683] Im Hinblick auf die Vereinbarkeit des § 1626a BGB mit der EMRK kann auf die Ausführungen des Gesetzgebers, des *BGH*[684] und des *BVerfG* zur Rechtfertigung des Eingriffs in Art. 6 II, V GG verwiesen werden: Indem zum Wohle des Kindes ein Mindestmaß an Übereinstimmung zur Begründung der gemeinsamen Sorge in Form von Sorgeerklärungen gefordert wird, liegt ein objektiv vertretbarer, am Wohl des Kindes orientierter Grund vor. Das gleiche gilt, wenn im Rahmen des § 1672 I BGB auf das Kindeswohl als Rechtfertigungsgrund für die hohen Übertragungsvoraussetzungen verwiesen wird. Die Regelungen halten sich somit im Rahmen der Gestaltungsfreiheit des nationalen Gesetzgebers, da nicht zuletzt auch das

[683] Vgl. 1. Kapitel, S. 38 f.
[684] *BGH* in FamRZ 01, 907 (911).

Umgangsrecht des nichtehelichen Vaters, das im Einzelfall sehr umfangreich sein kann, eine Ausübung des tatsächlichen Familienlebens ermöglicht.[685]

Die starke Stellung der Mutter ist also jedenfalls bislang für Neufälle nicht zu beanstanden. Die Frage ist nunmehr, wie die sogenannten „Altfälle“ zu bewerten sind.

6. Einführung einer Übergangsregelung für die sogenannten „Altfälle“

Im Hinblick auf die derzeit fehlende Übergangsregelung stellt das *BVerfG* zutreffend fest, dass regelmäßig die Weigerung einer Mutter, die erst nach der Trennung von dem Vater die Möglichkeit erhält, ein gemeinsames Sorgerecht zu begründen, von anderen Gründen als dem des Kindeswohls geleitet sein wird.[686]

Das *BVerfG* hat dem Gesetzgeber hinsichtlich der verfahrensrechtlichen Ausgestaltung ausdrücklich einen Gestaltungsspielraum eröffnet. So schlägt es als Lösungsweg entweder ein Antragsrecht auf gerichtliche Überprüfung der Kindeswohldienlichkeit eines gemeinsamen Sorgerechts oder die Möglichkeit, die mangelnde Zustimmung des anderen Elternteils gerichtlich am Maßstab des Kindeswohls zu überprüfen und gegebenenfalls ersetzen zu lassen, vor.[687] Jedenfalls habe der Gesetzgeber aber zu beachten, dass in den fraglichen Fällen nicht vermutet werden dürfe, dass die gemeinsame Sorge der Eltern in der Regel dem Kindeswohl diene.[688]

Der Gesetzgeber hat sich nunmehr für den zweiten Lösungsvorschlag des *BVerfG* entschieden und in dem Gesetz zur Umsetzung familienrechtlicher Entscheidungen des BVerfG[689] Art. 224 § 2 EGBGB durch die Einführung des Absatzes 3 wie folgt geändert:

---

[685] Die Anerkennung des KindRG hinsichtlich des Umgangsrechts bestätigte der *EuGHMR* zuletzt indirekt in FamRZ 02, 381 (384).

[686] Diese unterschiedliche Ausgangslage verkennt *Finger* in FuR 03, 341 (342), der auch weiterhin eine Benachteiligung für diejenigen nichtehelichen Väter annimmt, die nicht unter die Übergangsregelung fallen.

[687] *BVerfG* in FamRZ 03, 285 (292).

[688] *BVerfG* in FamRZ 03, 285 (291).

[689] Verkündet am 18. 12. 2003, in Kraft getreten am 31. 12. 2003. Der Diskussionsentwurf trug die Überschrift „Entwurf eines Gesetzes zur Einführung einer Übergangsregelung zum Kindschaftsrechtsreformgesetz für nicht miteinander verheiratete Eltern“. Der Bundesrat sprach sich aber in seiner Stellungnahme (BT-Drs. 15 / 1552) für die Integration einer Regelung zum Eheverbot bei bestehender Lebenspartnerschaft aus und schlug den jetzigen Titel des Gesetzes vor. Diesen Vorschlag stimmte die Bundesregierung zu. Die geplante Regelung zum Eheverbot entfiel jedoch. Statt dessen wurde der Entwurf entsprechend einem Änderungsantrag der Fraktionen der SPD und Bündnis 90/Die Grünen um eine Änderung von § 20 des Bundeskindergeldgesetzes erweitert. Ausführlich zum Gesetzgebungsverfahren: *Höfelmann* in FamRZ 04, 65 (67 f.).

„Haben die nicht miteinander verheirateten Eltern längere Zeit in häuslicher Gemeinschaft gemeinsam die elterliche Verantwortung für ihr Kind getragen und sich vor dem 1. Juli 1998 getrennt, hat das Familiengericht auf Antrag eines Elternteils die Sorgeerklärung des anderen Elternteils nach § 1626a I Nr. 1 BGB zu ersetzen, wenn die gemeinsame elterliche Sorge dem Kindeswohl dient. Ein gemeinsames Tragen der elterlichen Verantwortung über längere Zeit liegt in der Regel vor, wenn die Eltern mindestens sechs Monate ohne Unterbrechung mit dem Kind zusammengelebt haben."

Ergänzend sind in den §§ 98 II, 99 VIa SGB VIII die Grundlagen für die vom *BVerfG* geforderten statistischen Datenerhebungen zur Entwicklung der gemeinsamen elterlichen Sorge geschaffen worden.

a. Voraussetzungen der Ersetzung, Art. 224 § 2 III EGBGB

In Anlehnung an andere Ersetzungsverfahren, wie z.B. im Bereich der Adoption (§§ 1746 III, 1748 BGB) wird von einem reinen Antragsverfahren zur Übertragung der elterlichen Sorge (wie etwa nach § 1671 BGB) abgesehen, weil sich die Ersetzung in das in § 1626a BGB gewählte System rechtstechnisch folgerichtig einfügt.[690]

Unerlässliche Zulassungsvoraussetzung des Ersetzungsverfahren ist nach der *Amtlichen Begründung*, dass der Antragssteller (Mutter oder Vater)[691] bereits eine eigene wirksame Sorgeerklärung abgeben hat (Art. 224 § 2 IV EGBGB). Hierdurch solle einerseits dem anderen Elternteil, dessen Ablehnung das Rechtsschutzbedürfnis für den Antrag auf Ersetzung auslöst, das Interesse an einer gemeinsamen elterlichen Sorge bekundet werden und andererseits werde so nach der gerichtlichen Ersetzung ein Schwebezustand vermieden.[692]

Im Übrigen knüpft das Gesetz die Ersetzung an Voraussetzungen, die zum einen im Wege der Rückschau und zum anderen durch eine Zukunftsprognose zur ermitteln sind.

---

[690] BT-Drs. 14 / 163, S. 11f.

[691] Das Antragsrecht der Mutter wird zum Teil als zu weitgehend empfunden, vgl. *Deutscher Anwaltsverein* in www.deutscheranwaltsverein.de/stellgn.Nr.20/2003, ist aber aufgrund der gleichen elterlichen Rechte und Pflichten erforderlich und gerechtfertigt.

[692] BT-Drs. 14 / 163, S. 12. Zustimmend *Bundesrechtsanwaltskammer* vgl. www.brak.de/stn.uebergangsregelungennichtverh.Eltern.pdf.

aa. Vergangenheitsbezogene, objektive Merkmale

(1) Zusammenleben von Eltern und Kind in häuslicher Gemeinschaft

Vergangenheitsbezogenes, objektives Merkmal ist zunächst das Zusammenleben der in nichtehelicher Lebensgemeinschaft verbundenen Eltern mit dem Kind in häuslicher Gemeinschaft. Dieses Merkmal ergebe sich nach Ansicht des Gesetzgebers bereits – wenn auch zum Teil nur mittelbar – aus dem Urteil des *BVerfG*.[693]

(2) Gemeinsames Tragen der Verantwortung für das Kind

Da das *BVerfG* ausdrücklich betont hat, das bloße Zusammenleben von Eltern und Kind sei als einzige Voraussetzung einer gemeinsamen Sorge unzureichend,[694] hat der Gesetzgeber das Zusammenleben von Eltern und Kind durch „eine gemeinsame Wahrnehmung der gemeinsamen elterlichen Verantwortung über längere Zeit" ergänzt. Wenn das *BVerfG* zudem davon ausgehe, ein übereinstimmender Sorgewille zeige sich vor allem darin, dass die Eltern bereit und in der Lage seien, die „Elternverantwortung zu übernehmen", und zwar in „Kooperationsbereitschaft", so dass von einer gemeinsamen tatsächlichen Sorge für das Kind gesprochen werden könne,[695] stehe die gefundene Lösung nach Ansicht des Gesetzgebers im Einklang mit der Systematik des § 1626a I Nr. 1 BGB.[696] Die Eltern müssen somit im Alltag – wie im Rahmen des § 1627 BGB – die Pflege und Erziehung des Kindes gemeinsam übernommen und sich grundsätzlich bei allen Entscheidungen, die das Kind betrafen, ausgetauscht und abgesprochen haben.

Nach Art. 224 § 2 III 2 EGBGB liegt ein gemeinsames Tragen der Verantwortung über eine längere Zeit in der Regel vor, wenn die Eltern mindestens sechs Monate ohne Unterbrechung mit dem Kind zusammengelebt haben. Diese zeitliche Mindestanforderung ist eine Reaktion des Gesetzgebers auf die Kritik aus der gerichtlichen Praxis: Die Begriffe „längere Zeit in häuslicher Gemeinschaft" und „gemeinsam die elterliche Verantwortung ... getragen" seien nämlich Merkmale, die angesichts der Tatsache, dass eine Lebenssituation vor dem 1. Juli 1998 ermittelt werden müsse und die elterliche Beziehung nunmehr von Konflikten beherrscht sei, langwierige und unergiebige Beweisaufnahmen be-

---

[693] *BVerfG* in FamRZ 03, 285 (287 f.): „... dass diese (Eltern und Kinder) in häuslicher Gemeinschaft leben ..." und insbesondere S. 291, 292 „... dass diese (Eltern und Kinder) in häuslicher Gemeinschaft zusammengelebt ... haben ...". Nach Ansicht des *Deutschen Anwaltsvereins* in www.deutscheranwaltsverein.de /stellgn.Nr.20 / 2003, sei das Tatbestandsmerkmal „in häuslicher Gemeinschaft" dagegen vor allem im Vergleich zu den „Neufällen" zu eng.

[694] *BVerfG* in FamRZ 03, 285 (288).

[695] Vgl. *BVerfG* in FamRZ 03, 285 (288, 289 f., 291).

[696] Vgl. BT-Drs. 14 / 163, S. 14.

fürchten ließen.[697] Die Regelmindestzeit ist mithin als objektive Orientierungs- und Entscheidungshilfe für die Gerichte zu verstehen, die Abweichungen im Einzelfall zulässt. Aus der Perspektive des Vaters ist zu ermitteln, wie dieser seine Beziehungen zum Kind in der Vergangenheit ausgestaltet hat und in welchem Umfang Bindungen zum Kind entstanden sind.[698]

(3) Trennung der Eltern vor dem 1. Juli 1998

Schließlich müssen sich die Eltern, um als sogenannter Altfall anerkannt zu werden, bereits vor dem Inkrafttreten des KindRG am 1. Juli 1998 getrennt haben. Für die Trennung ist auf die § 1567 BGB abzustellen.

bb. Gerichtliche Prognose hinsichtlich der Kindeswohldienlichkeit der gemeinsamen elterlichen Sorge

Die Sorgeerklärung des sich weigernden Elternteils kann das Familiengericht nur dann ersetzen, wenn es im Rahmen einer Prognose zu dem Ergebnis kommt, dass die gemeinsame Sorge dem Wohl des Kindes dient. Indem der Gesetzgeber auf das Kindeswohl abstellt, legt er das entscheidungslegitimierende Merkmal jeder gerichtlichen Entscheidung zugrunde (Art. 6 II 2 GG). Aus der Entscheidung des *BVerfG* und aus der Diskussion im Vorfeld des Gesetzes lassen sich unterschiedliche Formulierungsvorschläge entnehmen.[699] Die vom Gesetz gewählte Lösung stellt einen Mittelweg dar, der sich in Terminologie und Wertung an den in der Praxis bereits bekannten Maßstab der §§ 1672 I 2, 1680 II 1 BGB anschließt. In diesem Sinne hat das Gericht bei seiner Entscheidung neben dem Willen des Kindes und seinen Bindungen zu den Eltern insbesondere zu berücksichtigen, dass die gemeinsame Sorge gegen den Willen eines Elternteils eintritt und damit die Sorgerechtsausübung von vornherein mit einem besonderen Konfliktpotential belastet sein wird. Daher muss das Gericht bei seiner Prognose besonderen Wert auf die Feststellung legen, ob die Eltern in Zukunft bereit und in der Lage sind, kooperativ miteinander zum Wohle des Kindes zusammenzuarbeiten. Ebenso muss es dem Umstand Rechnung tragen, dass die Alleinsorge der Mutter bzw. des Vaters, der die Alleinsorge im Wege der Ehelicherklärung er-

---

[697] vgl. BT-Drs. 14 / 163, S. 10 und BT-Drs. 15 / 1807, S. 12 f. Zur Kritik *Deutscher Richterbund* vgl. www.drb.de/pages/html/stellung/st-kindschaftsreformgesetz.html.

[698] BT-Drs. 14 / 163, S. 15.

[699] Vgl. Nachweise in BT-Drs. 14 / 163, S. 10, 15: die Vorschläge reichen von „dem Wohl des Kindes entspricht" (vglb. mit § 1671 BGB) einerseits bis zu „dem Kindeswohl nicht entgegensteht / nicht widerspricht", „es sei denn, dass triftige, das Wohl des Kindes nachhaltig berührende Gründe entgegenstehen" (*Bundesrechtsanwaltskammer* vgl. www.brak.de/stn.uebergangsregelungennichtverh. Eltern.pdf.) andererseits.

langt hat,[700] schon geraume Zeit (jedenfalls fünf Jahre) besteht, der Gesichtspunkt der Kontinuität also grundsätzlich für die Beibehaltung der bisherigen Rechtslage spricht. Umgekehrt darf das Gericht nicht außer Acht lassen, dass der sich weigernde Elternteil, in der Regel der Vater, im schlimmsten Fall überhaupt kein Interesse an dem Kind haben kann. Das Interesse der Mutter, den Vater durch eine gerichtliche Lösung an seine Verantwortung zu erinnern, mag zwar verständlich sein, kann aber gegebenenfalls dazu führen, dass das väterliche Sorgerecht eine leere Hülle bleibt. Dies würde dem Kindeswohl eher schaden als helfen.

b. Mitteilung an das Jugendamt, Art. 224 § 2 V EGBGB

Art. 224 § 2 V EGBGB verpflichtet das Familiengericht, die rechtskräftige Ersetzung einer Sorgeerklärung dem Jugendamt mitzuteilen, damit dieses seiner Auskunftspflicht nach dem geänderten § 58a SGB VIII umfassend nachkommen kann. Auch § 1626d II BGB wird entsprechend angepasst.[701] Nach § 58a II SGB VIII ist das zuständige Jugendamt nunmehr gesetzlich zur Führung eines Registers über abgegebene und ersetzte Sorgeerklärungen verpflichtet.[702]

c. Stellungnahme

Mit dem Gesetz zur Umsetzung familienrechtlicher Entscheidungen des BVerfG hat der Gesetzgeber die Vorgaben des *BVerfG* in vertretbarer Form umgesetzt. Dabei ist insbesondere der vom Gesetzgeber gewählte Maßstab der Kindeswohldienlichkeit der gemeinsamen Sorge zu begrüßen. Die konfliktträchtige Situation der Eltern rechtfertigt keinesfalls ein grundsätzliches Eintreten der gemeinsamen Sorge. Gleichwohl ist die Schwelle zum gemeinsamen Sorgerecht nicht so hoch, dass dem Begehren nur in Ausnahmefällen stattgegeben werden könnte. Wenn die Gerichte den Umständen des konkreten Einzelfalles Rechnung tragen können und müssen, ist dies jedoch nicht nur eine Chance der Beteiligten, sondern auch eine Herausforderung für die Gerichte. In diesem Zusammenhang verdient die Forderung, die Übergangsregelung zu befristen, wie dies auch im Eherecht bereits mehrfach praktiziert wurde,[703] Zustimmung. Andernfalls dürfte es kaum möglich sein, schon lange zurückliegende Sachverhalte in angemesse-

---

[700] Für die Anwendbarkeit der Übergangsregelung auch für den als verfassungswidrig aufgehobenen § 1723 i.V.m. § 1738 I BGB, für den keine Übergangsregelung geschaffen wurde, ebenso *Deutscher Juristinnenbund* in www.djb.de/content.php/pmsn- 121.html-8k-9.Nov.2003.

[701] BT-Drs. 14 / 163, S. 16, 19; vgl. oben 4. Kapitel, S. 172 f.

[702] BT-Drs. 14 / 163, S. 17.

[703] *Deutscher Juristinnenbund* vgl. www.djb.de/content.php/pmsn-121.html-8k-9.Nov.2003.

ner Weise zu berücksichtigen. Der Gesetzgeber hat zudem darauf verzichtet, den Familiengerichten eine weitere Gestaltungsmöglichkeit, wie z.B. durch die Begründung einer teilweisen gemeinsamen Sorge einzuräumen. Da die gerichtliche Entscheidung aber nur der Ersetzung einer Sorgeerklärung dient, ist die gerichtliche Entscheidung schon gegenständlich an die Systematik der §§ 1626a ff. BGB gebunden, die eine solche Möglichkeit ebenfalls nicht vorsehen. Angesichts dessen ist die Entscheidung des Gesetzgebers konsequent, zumal auch das *BVerfG* keinen Anlass für eine solche Gestaltungsbefugnis gesehen hat. Schließlich ist zu bedenken, dass es den Eltern freisteht im Anschluss an das Ersetzungsverfahren ein Verfahren nach § 1671 BGB einzuleiten oder von vornherein nur den Weg über § 1672 I BGB zu wählen. Die Systematik der §§ 1626a ff. BGB widersetzt sich auch Bestrebungen, dem Kind ein eigenes Antragsrecht einzuräumen.[704] Zum einen sieht nämlich auch § 1626a I Nr. 1 BGB eine solche Kompetenz nicht vor und zum anderen liegen keine besonderen Gründe vor, die eine gegenteilige Handhabung bei der Lösung der Übergangsfälle rechtfertigen würden.

Erfreulich ist, dass der Gesetzgeber das Gesetz zur Verbesserung praktischer Defizite im Rahmen des § 1626d II BGB bei der Identifizierung des Kindes durch die für die Auskunft zuständigen Jugendämter genutzt hat.

Dies ist bedauerlicherweise im Rahmen des § 52a SGB VIII nicht der Fall.[705] Obwohl nunmehr ein gemeinsames Sorgerecht allein auf die Initiative des nichtehelichen Vaters zustande kommen kann, bleibt die entsprechende Information auch weiterhin allein der Mutter vorbehalten. Es besteht damit nach wie vor ein Handlungsbedarf für den Gesetzgeber. Im Übrigen wäre es wünschenswert, wenn neben § 58a SGB VIII weitere statistische Erhebungen zu den vielzitierten „vielfältigen Familienkonstellationen" nichtehelicher Kinder vorgenommen würden. Inwieweit die Erhebungen geeignet sein werden, die Motive einer Weigerungshaltung der Mutter auszuloten, bleibt abzuwarten.

D. Rechtsnatur der Sorgeerklärungen

Vor dem Hintergrund der Erkenntnisse über die formalen Voraussetzungen und des formalrechtlichen Inhaltes der Sorgeerklärungen mündet die Untersuchung nun in die Frage nach der Rechtsnatur der Erklärungen. Dabei kann das Verfahren der Altfälle nach Art. 224 § 2 EGBGB außer Betracht bleiben, weil die gerichtliche Entscheidung nur ein Surrogat für eine verweigerte Sorgeerklärung darstellt. Die formalen Voraussetzungen der Sorgeerklärungen bleiben unbe-

---

[704] So aber *Deutscher Verein für öffentliche und private Fürsorge* in NDV 03, 249 (215); *Deutscher Juristinnenbund* vgl. www.djb.de/content.php/pmsn-121.html-8k-9.Nov.2003.

[705] Vgl. hierzu 4. Kapitel, S. 201.

rührt, insbesondere ist die freiwillig abgegebene Sorgeerklärung, die nunmehr Zulassungsvoraussetzung eines Ersetzungsverfahrens ist, nach wie vor nicht empfangsbedürftig.

I. Berücksichtigung der Ergebnisse aus den Untersuchungen der formellen und materiellen Voraussetzungen

Fraglich ist zunächst, welche Ergebnisse der formalrechtlichen und inhaltlichen Untersuchungen der §§ 1626a ff. BGB für die rechtliche Qualifizierung der Sorgeerklärungen relevant sind.

Von Bedeutung ist erstens, dass weder der Zugang bei dem anderen Elternteil noch bei der beurkundenden Stelle ein formelles Wirksamkeitserfordernis der Sorgeerklärungen ist. Um das Funktionieren der gemeinsamen Sorge aber von Anfang an sicherzustellen, entfaltet § 1627 BGB eine Vorwirkung, aufgrund derer die Erklärungen in materieller Hinsicht empfangsbedürftig sind.

Da die Erklärungen auch im Übrigen in formeller Hinsicht vollkommen unabhängig voneinander sind, also weder zeitlich und örtlich gemeinsam von den Eltern abgegeben werden, noch aufeinander Bezug nehmen müssen oder aber eine offizielle Benachrichtigung der Eltern über die Abgabe einer Sorgeerklärung stattfindet, handelt es sich zweitens um sogenannte „parallel laufende“ Erklärungen.

Die Erklärungen verbindet allerdings drittens, dass sie gleichlautend sind und dass sie viertens vor allem das gleiche Ziel, die Entstehung der gemeinsamen elterlichen Sorge, verfolgen. Relevant ist fünftens, dass das gemeinsame Sorgerecht ohne weiteres eintritt, sobald beide Sorgeerklärungen vorliegen.

Durch den Eintritt des gemeinsamen Sorgerechts gestalten die Eltern ihr Eltern-Kind-Verhältnis: Werden die Sorgeerklärungen nach der Geburt des Kindes abgegeben, lösen sie die bislang bestehende Alleinsorge der Mutter zugunsten eines gemeinsamen Sorgerechts ab; liegen sie hingegen schon vor der Geburt vor, verhindern sie das Entstehen der Alleinsorge der Mutter. Folglich handelt es sich sechstens um personenstandsbezogene Erklärungen.

II. Vergleich mit anderen personenstandsbezogenen Erklärungen

Dieser letzte Aspekt wirft die Frage auf, inwieweit das Rechtsinstitut der Sorgeerklärungen einem Vergleich mit anderen personenstandsbezogenen Erklärungen zugänglich ist. Schwerpunktmäßig soll dabei untersucht werden, ob die einzelnen Rechtsinstitute den Sorgeerklärungen hinsichtlich ihrer Rechtswirkungen so ähnlich sind, dass sich aus der rechtlichen Qualifizierung der maßgeblichen Erklärungen Rückschlüsse für die Rechtsnatur der Sorgeerklärungen ableiten lassen.

1. Vergleich der Sorgeerklärungen mit der Vaterschaftsanerkennung, §§ 1594 ff. BGB

Die Klärung der verwandtschaftlichen Beziehungen, des Personenstandes zwischen Eltern und Kind, ist formalisierten Feststellungsverfahren vorbehalten, durch die das Kind den Eltern jeweils zugeordnet wird. Da eine der Mutterschaft vergleichbare evidente natürliche Zuordnung des Kindes zum Vater fehlt, knüpft die rechtliche Zuordnung zum Vater im Interesse klarer Personenstandsverhältnisse an Tatbestände an, die eindeutig erkennbar sind und eine Abstammung wahrscheinlich machen.[706] Dies ist bei einem Kind, dessen Eltern bei seiner Geburt nicht miteinander verheiratet sind, insbesondere die Vaterschaftsanerkennung gemäß §§ 1592 Nr. 2, 1594 ff. BGB.

a. Vergleich der formellen Voraussetzungen

Als jeweils personenstandsbezogene Akte weisen Sorge- und Anerkennungserklärung große Ähnlichkeiten hinsichtlich ihrer formellen Voraussetzungen auf. So muss die Anerkennung ebenso wie die Sorgeerklärungen öffentlich beurkundet werden, ist bedingungs- und befristungsfeindlich und kann als höchstpersönliche Erklärung grundsätzlich nicht durch einen Bevollmächtigten erklärt werden (§§ 1594 - 1597 BGB). Wie die Sorgeerklärungen ist die Anerkennung ist weder zeitlich gebunden, d.h. auch sie kann vor der Geburt des Kindes (§ 1594 IV BGB) abgegeben werden, noch ist sie empfangsbedürftig.

Die für die Wirksamkeit der Anerkennung erforderliche Erklärung der Mutter nach § 1595 I BGB (bzw. die Erklärung des Kindes, die nur ausnahmsweise erforderlich ist, wenn die Mutter nicht sorgeberechtigt ist, § 1595 II BGB) folgt den gleichen personenstandsbezogenen Besonderheiten wie die Anerkennung und ist ebenfalls nicht empfangsbedürftig.[707]

Das gemeinsame Sorgerecht und die Vaterschaft des anerkennenden Mannes tritt schließlich jeweils ohne weiteres durch bloße Abgabe der notwendigen, übereinstimmenden Erklärungen ein. Hierin liegt eine hervorzuhebende Gemeinsamkeit der zu vergleichenden Rechtsinstitute.[708]

---

[706] Vgl. Lüderitz, Rn. 630.

[707] Staudinger – *Rauscher* § 1595 Rn. 11; Rauscher, § 29 IV, Rn. 786, 796; Palandt – *Diederichsen* § 1597 Rn. 4.

[708] In die gleiche Richtung auch *Dickerhof-Borello* in FuR 98, 70 (70); *Zimmermann* in

b. Vergleich der Rechtstechnik zur Formulierung zweier gleichgerichteter Willen

Bislang weisen die Sorgeerklärungen und die Vaterschaftsanerkennung somit große Ähnlichkeiten auf und sind durchaus miteinander vergleichbar. Es besteht jedoch ein entscheidender Unterschied in der Art und Weise, wie jeweils ein gleichgerichteter mütterlicher und väterlicher Wille zum Ausdruck gebracht wird. Nach § 1626a I Nr. 1 BGB entsteht das gemeinsame Sorgerecht nämlich, wenn Mutter und Vater jeweils eine Sorgeerklärung abgegeben haben. Ein gleichgerichteter Wille wird also durch gleichlautende Erklärungen formuliert. Bei der Anerkennung hat sich der Gesetzgeber dagegen eines anderen Modells bedient. Hier steht die Anerkennungserklärung des Vaters im Vordergrund, während der (gleichgerichtete) Wille der Mutter in Form einer Zustimmung erklärt wird. Diese Zustimmung ist im Verhältnis zur Anerkennungserklärung des Vaters zwar als eigenständiges, gestaltendes Rechtsgeschäft zu begreifen, sie ergänzt den primär angesteuerten Rechtsakt der Anerkennung allerdings nur als Rechtsbedingung seiner Wirksamkeit.[709] Die formelle Gleichwertigkeit der Sorgeerklärungen widerspricht dagegen einem ergänzenden Charakter einer Erklärung, was angesichts der zukünftigen gemeinsamen und gleichberechtigten Sorgerechtsausübung (§ 1627 BGB) auch nur konsequent ist. Die Frage, ob eine der Sorgeerklärungen in materieller Hinsicht einen ergänzenden Charakter hat, kann an dieser Stelle noch dahinstehen, da hier allein die formellen Strukturen der Rechtsinstitute verglichen werden sollen.

Abgesehen von diesem strukturellen Unterschied weisen beide Rechtsinstitute wiederum Gemeinsamkeiten auf, wenn es um die Verbindung der jeweiligen Erklärungen geht. So fehlt zwischen der Anerkennung und der Zustimmung – wie bei den Sorgeerklärungen – über den gemeinsam verfolgten Zweck hinaus jede weitere sichtbare Gemeinsamkeit; insbesondere ist keine gemeinsame Abgabe erforderlich. Beide Erklärungen können vielmehr zeitlich und örtlich vollkommen unabhängig voneinander abgeben werden.[710] Anerkennung und Zustimmung stehen damit in einem ähnlich losen Verhältnis zueinander wie die väterliche und mütterliche Sorgeerklärung.

Im Unterschied zu den Sorgeerklärungen werden beide Erklärungen allerdings durch eine (nicht konstitutiv wirkende) Benachrichtigung im Sinne des § 1597 II BGB wieder miteinander verbunden. Die Sicherstellung der Kenntnisnahme ist bei der Vaterschaftsanerkennung deshalb erforderlich, weil durch die

---

DNotZ 98, 404 (416).

[709] *Schwab* in FS Medicus, 587 (593 ff.). Die Zustimmung zielt darauf ab, entweder die Wirksamkeit eines künftigen oder im Falle der Genehmigung, eines schwebend unwirksamen Geschäfts oder die endgültige Unwirksamkeit des Geschäfts bei Verweigerung der Genehmigung herbeizuführen (vgl. Larenz / Wolf § 51 Rn. 10).

[710] *Schwab* in FS Medicus, 587 (596).

Zuordnung des Kindes zum Vater die bisherige Sorgestellung der Mutter nicht verändert wird und die Eltern somit auch weiterhin getrennter Wege gehen können. Im Rahmen der §§ 1626a ff. BGB wurde hingegen von einer Benachrichtigung abgesehen. Die Sorgeerklärungen laufen vielmehr vollkommen parallel, weil allein der gemeinsam verfolgte Zweck, die Herstellung der gemeinsamen Sorge, die Kenntnisnahme von Mutter und Vater gewährleistet.[711]

Die Zusammenführung der jeweiligen Erklärungen wird damit bei beiden Rechtsinstituten gewährleistet, allerdings jeweils auf unterschiedliche Art und Weise.

c. Rückschlüsse in Bezug auf die Rechtsnatur der Sorgeerklärungen

Fraglich ist, welche Rückschlüsse sich aus der Konstruktion der Vaterschaftsanerkennung für die Rechtsnatur der Sorgeerklärungen ergeben.

Die Sorgeerklärungen haben mit der Vaterschaftsanerkennung ihren Personenstandsbezug gemein. Dieser wird jedoch jeweils aus einem anderen Blickwinkel beleuchtet: Während bei der Vaterschaftsanerkennung eine Rechtsbeziehung zwischen Vater und Kind erst festgestellt bzw. in den Ausnahmefällen, in denen biologische Wahrheit und Vaterschaft im Rechtssinn auseinanderfallen, begründet wird,[712] setzen die Sorgeerklärungen eine bestehende Vater-Kind-Beziehung im Sinne des § 1592 BGB voraus und gestalten diese durch das Entstehen eines gemeinsamen Sorgerechts näher aus. Die Vaterschaftsanerkennung stellt somit nur fest, „dass" eine Rechtsbeziehung zwischen Vater und Kind besteht – die Sorgeerklärungen betreffen hingegen die Frage, „wie" diese Rechtsbeziehung in Zukunft aussehen wird.

Überdies wird durch § 1626a I Nr. 1 BGB nicht nur die Vater-Kind-Beziehung ausgestaltet, sondern auch die Mutter-Kind-Beziehung. Da diese nämlich bereits in § 1626a II BGB geregelt ist, verändern die Sorgeerklärungen sogar eine schon bestehende oder zumindest zukünftig festgelegte Ausgestaltung. Schließlich gestaltet das durch die Sorgeerklärungen eintretende gemeinsame Sorgerecht auch das Verhältnis der Eltern zueinander durch die Regelung des § 1627 BGB näher aus. Demgegenüber betrifft die Vaterschaftsanerkennung primär die Rechtsbeziehung Vater – Kind. Sie berührt die Rechte der Mutter nur mittelbar, vor allem in Gestalt des nun bestehenden Umgangsrechts des nichtehelichen Vaters. Die sorgerechtlichen Befugnisse der Mutter bleiben in jedem Fall unangetastet.

---

[711] Vgl. 4. Kapitel, S. 179 f.

[712] Ganz h.L.: MüKom (3. Aufl.) – *Mutschler* vor § 1600a Rn. 3; Staudinger – *Rauscher* § 1592 Rn. 34; *Gaul* in FamRZ 97, 1441 (1449); Gernhuber / Coester-Waltjen § 52 II 1, S. 800 f.; Soergel – *Gaul* § 1600a Rn. 1.

In Bezug auf die Rechtsnatur der Sorgeerklärungen kann somit nur festgestellt werden, dass die Sorgeerklärungen keinen feststellenden, sondern einen ausgestaltenden Charakter haben. Aufgrund der unterschiedlichen Zielsetzungen beider Erklärungen sind darüber hinausgehende Rückschlüsse nicht möglich.

2. Vergleich der Sorgeerklärungen mit der Adoption, §§ 1741 ff. BGB

a. Vergleich der formellen Voraussetzungen

Möglicherweise lassen aber die Zielsetzungen der für die Adoption erforderlichen gemeinschaftlichen Annahmeerklärung der Annehmenden entsprechende Rückschlüsse zu.

Schon die Bezeichnung der Adoption als „Annahme als Kind" signalisiert das Ziel, bevorzugt zwischen einem Ehepaar (im folgenden Annehmenden) und dem Kind ein Eltern-Kind-Verhältnis zu begründen.[713] Diese personenrechtliche Zuordnung erfolgt durch Rechtsakt. Seit 1976 gilt diesbezüglich das sogenannte Dekretsystem, die Adoption wird also durch einen gerichtlichen Beschluss vollzogen. Die vor dem AdoptG auf einen Vertrag gerichteten Willenserklärungen der Annehmenden und des Kindes werden nun als Antrag der Annehmenden auf Ausspruch der Adoption (§ 1752 BGB) und Einwilligung des Kindes in die Annahme (§ 1746 BGB) qualifiziert. Darüber hinaus sind die Einwilligungen der Eltern und gegebenenfalls auch die Einwilligung des Ehegatten des Anzunehmenden (§§ 1747, 1749 BGB) erforderlich.

Durch diese formalrechtliche Struktur unterscheiden sich die Annahmeerklärungen evident von den Sorgeerklärungen, die in formeller Hinsicht weder einer gerichtlichen Beteiligung noch einer Einwilligung anderer Beteiligter, insbesondere des Kindes bedürfen. Gleichwohl müssen sowohl die Annahmeerklärungen als auch die Einwilligungserklärungen, obwohl sie keinen unmittelbaren Personenstandsbezug aufweisen, den gleichen formellen Voraussetzungen genügen wie die Sorgeerklärungen. Sie sind also formbedürftig, bedingungs- und befristungsfeindlich und lassen keine rechtsgeschäftliche Vertretung zu (vgl. §§ 1750, 1752 II BGB). Zwar ist die Wirksamkeit der Annahmeerklärungen im Gegensatz zu den Sorgeerklärungen von einem Zugang bei Gericht abhängig (§§ 1750 I 3, 1752 BGB), allerdings ergibt sich wiederum eine Gemeinsamkeit, wenn das Verhältnis der Annahmeerklärungen zu den übrigen für die Adoption erforderlichen Erklärungen betrachtet wird. Wie die Sorgeerklärungen weisen Annahme- und Einwilligungserklärungen nämlich bis auf den notwendigen Bezug der Einwilligungen auf den Antrag keine Verbindung zueinander auf und erfordern insbesondere keine gemeinsame Abgabe.

[713] Rauscher, § 37 I, Rn. 1147.

b. Rückschlüsse in Bezug auf die Rechtsnatur der Sorgeerklärungen

Die Sorge- und die Annahmeerklärungen verbindet in materieller Hinsicht die erstrebte Zuordnung im Eltern-Kind-Verhältnis. Da das Kind mit der Annahme die Stellung eines gemeinschaftlichen Kindes der Annehmenden erlangt, wächst ihnen die elterliche Sorge nach § 1626 I BGB zu, was § 1754 III BGB noch einmal ausdrücklich betont. In beiden Fällen wird somit die gemeinsame Sorge begründet, so dass die Ausgestaltung des Personenstandsverhältnisses jeweils ähnlich ist. Gerade der Gedanke der Zuordnung offenbart aber einen entscheidenden materiellrechtlichen Unterschied der Erklärungen: Die Sorgeerklärungen führen nämlich, sobald sie vorliegen, ohne weiteres zum Eintritt des gemeinsamen Sorgerechts. Anders bei den Annahmeerklärungen. Hier begründet erst das richterliche Dekret das Annahmeverhältnis konstitutiv. Das Vormundschaftsgericht hat vorab die in der Regel durchzuführende Pflegeprobezeit der Annehmenden abzuwarten (§ 1744 BGB) und darf die Annahme zudem erst dann aussprechen, wenn diese dem Wohl des Kindes dient, das Altererfordernis des § 1743 BGB erfüllt ist und im Übrigen zu erwarten ist, dass zwischen den Annehmenden und dem Kind ein Eltern-Kind-Verhältnis entsteht (§§ 1752 I, 1741 I BGB). Die Annahmeerklärungen der Eltern bilden mit der Einwilligung des Kindes allein den inneren Grund, der das Adoptionsverfahren initiiert[714] und haben somit keine mit den Sorgeerklärungen zu vergleichende Durchsetzungskraft.

Abgesehen davon unterscheiden sich die erforderlichen Erklärungen in den Subjekten der Zuordnung. Während die Sorgeerklärungen der genetischen und rechtlich anerkannten Elternschaft der nichtehelichen Eltern folgen, soll mit den Annahmeerklärungen grundsätzlich allein die soziale Elternschaft verheirateter Personen begründen werden. Da folglich schon im Hinblick auf Art. 6 II GG die rechtliche Ausgangslage der Antragssteller[715] nicht mit derjenigen der Erklärenden nach § 1626a I Nr. 1 BGB übereinstimmt, scheiden die Annahmeerklärungen der Annehmenden, unbesehen einer differenzierten Auseinandersetzung mit ihrer Rechtsnatur, für Rückschlüsse in Bezug auf die rechtliche Qualität der Sorgeerklärungen aus.

Möglicherweise ist dies aber bei den leiblichen Eltern, die zuvor nach § 1626a I Nr. 1 BGB sorgeberechtigt waren und eine wirksame Einwilligungserklärung abgegeben haben, anders. Da ihr Sorgerecht durch die Adoption erlischt, könnte sich hier ein Rückschluss im Sinne der aus dem Verwaltungsrecht bekannten „actus contrarius – Theorie" anbieten. Wäre nämlich der Akt des Erlöschens nur

[714] Gernhuber / Coester-Waltjen § 68 II, S. 1096.

[715] Pflegeeltern fallen nicht und Adoptiveltern erst „durch die Adoption", also nach dem Adoptionsbeschluss, in den Schutzbereich des Art. 6 II GG (vgl. BVerfGE 79, 51 (60) und 24, 119 (150).

das Spiegelbild zum Akt der Begründung, könnte die rechtliche Qualität der Einwilligungserklärung als (einseitiges) Rechtsgeschäft[716] einen entscheidenden Hinweis auf die Rechtsnatur der Sorgeerklärungen liefern.

Der Gedanke des spiegelbildlichen Begründungs- und Erlöschensaktes scheitert aber schon an den bereits aufgezeigten formalrechtlichen Unterschieden beider Rechtsinstitute insgesamt. Es bedarf eben nicht nur, wie bei den Sorgeerklärungen, einer Erklärung der Eltern, sondern es sind darüber hinaus – neben einer Beteiligung des Gerichts – die entsprechenden Annahmeerklärungen der Annehmenden und die Einwilligungserklärung des Kindes erforderlich.

Dieser Unterschied setzt sich auch in materieller Hinsicht fort, denn allein die Einwilligungserklärungen der Eltern ziehen unmittelbar nur den Eintritt des Ruhens der elterlichen Sorge nach sich (§ 1751 I 1 BGB), während das Erlöschen der gemeinsamen Sorge erst durch den konstitutiv wirkenden Gerichtsbeschluss eintritt. Zudem führen die Einwilligungen in eine Adoption gerade nicht nur zum Erlöschen des gemeinsamen Sorgerechts der Eltern, sondern mit Vorliegen des Gerichtsbeschlusses auch zum Erlöschen der Verwandtschaft und aller Rechtsbeziehungen des Kindes zu den leiblichen Eltern und deren Verwandten gemäß § 1755 I 1 BGB. Angesichts der (mittelbar) viel weitreichenderen Rechtsfolgen der Einwilligungen in eine Adoption sind diese somit nicht spiegelbildlich mit den Sorgeerklärungen gleichzusetzen. Rückschlüsse in Bezug auf die Rechtsnatur der Sorgeerklärungen scheiden folglich aus.

3. Vergleich der Sorgeerklärungen mit dem einvernehmlichen Sorgerechtsantrag nach § 1671 II Nr. 1 BGB

Der Gedanke des „actus contrarius“ ist möglicherweise im Hinblick auf den einvernehmlichen Sorgerechtsantrag der Eltern nach § 1671 II Nr. 1 BGB erfolgsversprechender. Hier waren die Eltern bislang gemeinsam sorgeberechtigt und kommen nun nach ihrer Trennung überein, einem von ihnen das Sorgerecht ganz oder teilweise zu übertragen.

Gegen diesen Vergleich spricht aber, dass sich der Gesetzgeber zur Formulierung eines übereinstimmenden Elternwillens im Rahmen des § 1671 II Nr. 1 BGB ebenfalls des Zustimmungsmodells bedient hat. Im Unterschied zu den Sorgeerklärungen steht damit in formeller Hinsicht eine elterliche Erklärung, der Antrag, im Vordergrund, während die Erklärung des anderen Elternteils, die Zustimmung, nur einen ergänzenden Charakter hat. Zudem ist auch im Rahmen des § 1671 II Nr. 1 BGB eine gerichtliche Beteiligung vorgesehen. Hieraus folgen entscheidende Unterschiede in formeller und materieller Hinsicht: Im Gegensatz zu den §§ 1626a ff. BGB müssen sowohl der Antrag als auch die Zustimmung

---

[716] Vgl. Gernhuber / Coester-Waltjen § 68 VI 4., S. 1112.

dem Gericht zugehen,[717] wobei die Erklärungen keiner besonderen Form bedürfen. Ferner kann sich der Antrag auch nur auf die Übertragung eines Teils des Sorgerechts beschränken, oder aber die Sorgeberechtigung befristen. Beides ist bei den Sorgeerklärungen nicht möglich. In materieller Hinsicht ist zu berücksichtigen, dass im Rahmen des § 1626a I Nr. 1 BGB die Elterneinigung ohne weiteres zum Eintritt des gemeinsamen Sorgerechts führt, während die maßgebliche personenstandsändernde Gestaltungswirkung im Rahmen des § 1671 II Nr. 1 BGB erst durch die gerichtliche Entscheidung erzielt wird.[718]

Allerdings bindet der einvernehmliche Sorgerechtsantrag der Eltern das Gericht grundsätzlich. Dies gilt vor allem auch für die Reichweite der Sorgerechtsübertragung, die die Eltern selbst festlegen. Zum einen kommt der gerichtlichen Gestaltungswirkung also rein faktisch eine eher zweitrangige Bedeutung zu, auf der anderen Seite entfaltet der einvernehmliche Sorgerechtsantrag wegen seiner Bindungswirkung zumindest eine mittelbare Gestaltungswirkung. § 1671 II Nr. 1 BGB ist daher trotz der gerichtlichen Mitwirkung für die Rechtsnatur der Sorgeerklärungen nach wie vor interessant.

Fraglich ist daher, wie der einvernehmliche Sorgerechtsantrag, bestehend aus Antrag und Zustimmung, rechtlich qualifiziert wird.

Entsprechend der Zwitterstellung der § 1671 II Nr. 1 BGB zugrunde liegenden Einigung zwischen Bindung des Gerichts einerseits und fehlender rechtlicher Gestaltungskraft andererseits weist der Antrag eine Doppelnatur auf: Er ist zunächst die konstitutive Voraussetzung der gerichtlichen Regelungsmöglichkeit und damit eine echte Verfahrenshandlung. Daneben ist er aber ein Sachantrag, dem – ähnlich wie bei § 1626a I Nr. 1 BGB – die materiell-rechtliche Erklärung zugrunde liegt, für das Kind die Alleinsorge übernehmen zu wollen. Aus dem Charakter als Sachantrag folgt neben der Bindung des Gerichts entsprechend § 308 ZPO auch die Notwendigkeit einer Begründung, die die Übertragungsvoraussetzungen des Abs. 2 darzulegen hat.[719] Die Zustimmung wird in materieller Hinsicht als eine Disposition über das elterliche Mitsorgerecht und in formeller Hinsicht als eine empfangsbedürftige Willenserklärung des Antragsgegners gegenüber dem Familiengericht eingestuft.[720]

---

[717] Die Erklärungen stehen jedoch bis zur ihrer Bündelung vor Gericht in einem ähnlich losen Verhältnis zueinander stehen wie bei § 1626a I Nr. 1 BGB, denn es genügt, wenn sich beide Erklärungen erstmals in ihrem jeweiligen Zugang bei Gericht zu einem elterlichen Konsens zusammenfügen.

[718] MüKom – *Finger* § 1671 Rn. 21.

[719] Staudinger – *Coester* § 1671 Rn. 44, 75; Palandt (59. Aufl.) – *Diederichsen* § 1671 Rn. 11; Erman – *Michalski* § 1671 Rn. 29; Bamberger / Roth – *Veit* § 1671 Rn. 10.

[720] Staudinger – *Coester* § 1671 Rn. 75.

Im Hinblick auf die Rechtsnatur der Sorgeerklärungen kann zunächst festgestellt werden, dass die Sorgeerklärungen in Ermangelung eines gerichtlichen Verfahrens keine entsprechende Doppelnatur aufweisen. Da sich die Stellungnahmen zu § 1671 II Nr. 1 im Übrigen auf die Feststellung der Doppelnatur beschränken und weitergehende Erläuterungen zu der Frage, welche Rechtsnatur die Erklärungen aufgrund ihres materiell-rechtlichen Gehaltes aufweisen, nicht ersichtlich sind, scheiden weiterführende Hinweise auf die Rechtsnatur der Sorgeerklärungen aus.

Ebenfalls nicht erfolgsversprechend ist ein Vergleich mit den übereinstimmenden Erklärungen nach § 1671 BGB a.F., die allein als materiell-rechtliche Erklärungen entweder als Willenserklärungen[721] oder als geschäftsähnliche Handlung[722] charakterisiert wurden. Im Vergleich zur jetzigen Fassung entfaltete der Sorgerechtsvorschlag der Eltern nämlich nur eine beschränkte Bindungswirkung, von der das Gericht dann abweichen konnte, wenn dies zum Wohle des Kindes erforderlich war. § 1671 BGB a.F. ist somit – abgesehen von den formellen Unterschieden – in materieller Hinsicht noch weiter von § 1626a I Nr. 1 BGB entfernt, als die jetzige Fassung. Zudem sind auch hier keine näheren Erläuterungen dahingehend ersichtlich, warum es sich um Willenserklärungen bzw. geschäftsähnliche Handlungen handeln sollte, so dass Hinweise auch aus diesem Grunde ausscheiden.

4. Vergleich der Sorgeerklärungen mit den einvernehmlichen Sorgerechtsanträgen nach § 1672 I, II BGB

Weiterhin kommt ein Vergleich mit § 1672 BGB in Betracht. Im Hinblick auf die Rechtsnatur der Sorgeerklärungen können hier Erkenntnisse über die rechtliche Qualifizierung der elterlichen Übereinstimmung vor allem deshalb relevant sein, weil sie zu einer erstmaligen Sorgerechtsbeteiligung des nichtehelichen Vaters führen.

Allerdings werden die nach § 1672 I, II BGB erforderlichen Anträge und Zustimmungen hinsichtlich ihrer Rechtsnatur genauso qualifiziert wie im Rahmen des § 1671 II Nr. 1 BGB.[723] Daneben ist die Zustimmung in den jeweiligen Verfahren bereits Zulassungsvoraussetzung für den fraglichen Sorgerechtsantrag.[724] Aussagen, die sich auf die Rechtsnatur der Antragserklärung oder der Zustimmung in ihrem jeweiligen materiell-rechtlichen Gehalt beziehen, sind

---

[721] *OLG Düsseldorf* in FamRZ 83, 293 (294); wohl auch Erman (9.Aufl.)– *Michalski* § 1671 Rn. 30.

[722] MüKom (3.Aufl.) – *Hinz* § 1671 Rn. 53; Gernhuber / Coester-Waltjen § 65 IV, S. 1045.

[723] Staudinger – *Coester* § 1672 Rn. 7, 8, 20; Erman – *Michalski* § 1672 Rn. 7, 8; Bamberger / Roth – *Veit* § 1672 Rn. 4.

[724] BT-Drs. 13 / 4899, S. 100.

auch hier nicht zu finden. Folglich führt die Untersuchung im Verhältnis zu § 1671 II Nr. 1 BGB zu keinen neuen Erkenntnissen. Darüber hinaus nimmt das Gericht im Rahmen des § 1672 BGB die beantragte Sorgerechtsübertragung erst dann vor, wenn es im Rahmen einer Prüfung feststellt, dass die Übertragung dem Wohl des Kindes dient (Abs. 1) bzw. dem Kindeswohl nicht widerspricht (Abs. 2). Zwar hat der übereinstimmende Elternwille auch bei § 1672 BGB eine starke Indizwirkung,[725] allerdings entfällt aufgrund dessen nicht die gerichtliche Überprüfung des Kindeswohls. Der übereinstimmende Elternwille setzt sich somit nicht in einer mit § 1626a I Nr. 1 oder § 1671 II Nr. 1 BGB vergleichbaren Art und Weise durch. Hinweise für die Rechtsnatur der Sorgeerklärungen scheiden folglich schon wegen der fehlenden Vergleichbarkeit der Regelungen aus.

5. Vergleich der Sorgeerklärungen mit der Ehelicherklärung nach §§ 1723 ff. BGB a.F.

Schließlich kommt ein Vergleich mit der Ehelicherklärung nach §§ 1723 ff. BGB a.F. in Betracht. Deren Funktion bestand darin, einen Ausgleich für das Unvermögen des bis dahin geltenden Rechts zu schaffen, der nichtehelichen Vaterschaft Rechtsfolgen zuzuordnen. Ehelicherklärung bedeutete daher Einrücken des nichtehelichen Kindes in die sachliche und personenrechtliche Rechtsstellung eines ehelichen Kindes im Verhältnis zum Vater.[726] Rechte und Pflichten, die sich aus dem Verwandtschaftsverhältnis zu den mütterlichen Verwandten ergaben, blieben zwar grundsätzlich unberührt, allerdings verlor die Mutter jede Teilhabe an der elterlichen Sorge.[727]

In Bezug auf eine mögliche Vergleichbarkeit mit den §§ 1626a ff. BGB ist zu berücksichtigen, dass die Statusänderung und die damit verbundene Sorgerechtsänderung nach § 1723 BGB a.F. nur durch einen konstitutiv wirkenden Beschluss des Vormundschaftsgerichts erfolgen konnte. Weil darüber hinaus der privatrechtliche Teil der Ehelicherklärung[728] nicht wie bei den vorangegangenen Untersuchungen aus einer Willensübereinstimmung der Eltern, sondern aus einer Willensübereinstimmung zwischen Vater und Kind bestand, die keinerlei Bindung für das Gericht erzeugte, sondern dieses die gewünschte Ehelicherklärung erst dann vornahm, wenn diese dem Wohl des Kindes entsprach und ihr keine schwerwiegenden Gründe entgegenstanden, ist die Konstruktion der Ehelicherklärung schon hinsichtlich ihrer Grundzüge und Ziele nicht mit dem Rechtsinstitut der Sorgeerklärungen vergleichbar.

---

725 Vgl. 4. Kapitel S. 158.
726 Gernhuber / Coester-Waltjen § 67 III 2., S. 1078.
727 Gernhuber / Coester-Waltjen § 67 III 14., S. 1086.
728 Vgl. Gernhuber / Coester-Waltjen § 67 III 6., S. 1081.

Hinweise auf die Rechtsnatur der Sorgeerklärungen könnten daher allenfalls aus der Untersuchung des väterlichen Antrages nach § 1723 BGB a.F. gewonnen werden. Da jedoch das Elternrecht des nichtehelichen Vaters bis zur Entscheidung des *BVerfG* im Jahr 1981 noch nicht einmal dann anerkannt wurde, wenn dieser mit Mutter und Kind in einer familienähnlichen Gemeinschaft zusammenlebte, dem Institut der Ehelicherklärung somit eine andere rechtliche Ausgangslage zugrunde lag als den Sorgeerklärungen heute, kann auch von einer diesbezüglichen Untersuchung abgesehen werden.

6. Zwischenergebnis

Aus dem Rechtsvergleich mit anderen personenstandsbezogenen Rechtsinstituten bzw. deren tragender Erklärungen können keine weiterführenden Erkenntnisse für die Rechtsnatur der Sorgeerklärungen gewonnen werden. Zwar ist auch anderen personenstandsbezogenen Rechtsinstituten die Beziehungslosigkeit zwischen den einzelnen Erklärungen eigentümlich, allerdings werden die Erklärungen entweder durch die (Amts-) Empfangsbedürftigkeit der Erklärungen oder durch eine Benachrichtigung der Beteiligten wieder miteinander verbunden. Dies ist bei den Sorgeerklärungen gerade nicht der Fall. In formeller Hinsicht laufen sie vielmehr auch über den gewünschten Rechtseintritt hinaus vollkommen parallel zueinander weiter. Zudem gibt es kein anderes Rechtsinstitut, das zugleich die personenrechtlichen Beziehungen zwischen Vater und Kind erstmals ausgestaltetet und die bestehenden oder bereits zukünftig festgelegten personenrechtlichen Beziehungen zwischen Mutter und Kind verändert, ohne dass es hierfür einer staatlichen Beteiligung bedarf. In Ermangelung dessen zeichnen sich die Sorgeerklärungen zumindest nicht durch eine Doppelnatur im Sinne eines verfahrenseinleitenden Charakters einerseits und eines materiell-rechtlichen Charakters andererseits aus.

Der Rechtsvergleich hat somit gezeigt, dass das Institut der Sorgeerklärungen ein in seinen Voraussetzungen und Wirkungen einzigartiges familienrechtliches Rechtsinstitut ist.

III. Meinungsstand zur dogmatischen Einordnung der Sorgeerklärungen

Ebenso wenig wie der Systematik des Gesetzes lassen sich auch den Ausführungen des Gesetzgebers etwaige Hinweise auf die Rechtsnatur der Sorgeerklärungen entnehmen. Entsprechend uneinheitlich ist der Meinungsstand in der Literatur. Denn obwohl die Sorgeerklärungen ganz überwiegend als Willenserklärungen qualifiziert werden, gehen die Ansichten sowohl hinsichtlich der Begründung für diese Qualifikation als auch hinsichtlich der spezifischen Qualität der Erklärungen auseinander.

1. Willenserklärungen

Zunächst sind solche Autoren zu nennen, die die Sorgeerklärungen schlicht als Willenserklärungen bezeichnen und auch im Übrigen keine weitere Qualifizierung vornehmen. In diesem Sinne äußern sich *Bündenbender* und *Veit*. Es handele es sich um einfache Willenserklärungen, weil die Sorgeerklärungen auf die Wahrnehmung der gemeinsamen elterlichen Sorge zielten und die Folge mit Abgabe der wirksamen Erklärungen eintrete.[729]
Auch das *Deutsche Institut für Jugendhilfe und Familienrecht* trifft in einem Rechtsgutachten die schlichte Feststellung, die einzelne Sorgeerklärung sei eine Willenserklärung, die zum Ausdruck bringe, dass die Eltern „die Sorge gemeinsam übernehmen wollen".[730]

Dickerhof-Borello definiert die Willenserklärung als eine Bestätigung des auf die Hervorbringung rechtlicher Wirkungen gerichteten Willens. Diese Voraussetzungen erfüllten die Sorgeerklärungen deshalb, weil sich durch die Äußerungen der Eltern, künftig gemeinsam für das Kind sorgen zu wollen, die rechtliche Zuordnung des Kindes ändere. Da sich die Autorin hinsichtlich ihrer Definition aber auf die Motive beruft und feststellt, dass dort von „Rechtsgeschäft" die Rede sei und dieser Begriff aber nach Ansicht der Redaktoren mit demjenigen der Willenserklärung deckungsgleich sei,[731] bleibt unklar, ob die Autorin beide Erklärungen jeweils als ein einseitiges Rechtsgeschäft oder beide Sorgeerklärungen zusammen als ein einseitiges oder zweiseitiges Rechtsgeschäft qualifiziert.

2. Einseitige (rechtsgestaltende) Willenserklärungen

Diederichsen qualifiziert die Sorgeerklärungen weitergehend dahin, dass es sich jeweils um einseitige Rechtsgeschäfte handele, deren rechtsgeschäftlicher Charakter sich aus den von ihnen herbeigeführten Rechtsfolgen ergebe. Sie bewirkten nämlich, ohne dass es einer Entscheidung des Familiengerichts bedürfe, unmittelbar, dass den Eltern die elterliche Sorge gemeinsam zustehe.[732] *Witteborg* schließt sich zwar *Diederichsen* an, führt aber aus, es handele sich jeweils um Willenserklärungen eines einseitigen Rechtsgeschäfts,[733] so dass auch hier unklar bleibt, ob es sich insgesamt um ein einseitiges Rechtsgeschäft oder aber um zwei einseitige Rechtsgeschäfte handeln soll.

---

[729] *Büdenbender* in AcP (1997) 197, 197 (214); Bamberger / Roth – *Veit* § 1626a Rn. 5.
[730] *DIJuF-Rechtsgutachten* in JAmt 01, 412 (412).
[731] *Dickerhof-Borello* in FuR 98, 70 (70 und Fn. 7), hiergegen Palandt – *Heinrichs* vor § 104 Rn. 2.
[732] Palandt – *Diederichsen* § 1626a Rn. 4.
[733] Witteborg, S. 211.

Aufgrund der Tatsache, dass das gemeinsame Sorgerecht ohne weiteres durch die bloße Abgabe der jeweiligen Sorgeerklärungen beider Elternteile begründet wird, nimmt *Zimmermann* an, es handele sich bei den Sorgeerklärungen um rechtsgestaltende Willenserklärungen.[734] Seiner Ansicht nach sind Sorgeerklärungen also eine besondere Art des einseitigen Rechtsgeschäftes, nämlich jeweils Verfügungen.

Dem schließen sich auch *Huber* und *Schwab* an, wobei *Schwab* ergänzt, dass in dem Zeitpunkt, in dem beide Eltern ihre Erklärungen abgegeben hätten, das Sorgerechtsverhältnis für die Zukunft verändert werde.[735] In einer späteren Abhandlung ergänzt *Schwab* seine vorangegangene Äußerung insoweit, als es sich bei den Sorgeerklärungen jeweils um eigenständige Rechtsgeschäfte handele, welche die Eigenart aufwiesen, dass erst dann, wenn sie sämtlich vorlägen, die übereinstimmend erstrebte Rechtswirkung eintreten könne.[736]

3. Beschluss

Anderer Ansicht ist wiederum *Berger*. Ohne dies näher zu begründen, geht er davon aus, Sorgeerklärungen seien übereinstimmende Willenserklärungen, die Ähnlichkeit mit einem Beschluss hätten.[737]

4. Rechtsgeschäftsähnliche Willenserklärungen

Coester wendet sich gegen die Qualifizierung der Sorgeerklärungen als rechtsgeschäftliche Willenserklärungen. Er betont, das gemeinsame Sorgerecht gemäß § 1626a I Nr. 1 BGB beruhe nicht auf einer privatautonomen Disposition. Die Eltern setzten mit ihren beiderseitigen Erklärungen vielmehr nur einen Tatbestand, der den ex-lege-Erwerb des gemeinsamen Sorgerechts zur Folge habe. Es handele sich daher weder im engeren Sinne des Begriffes um rechtsgestaltende noch um rechtsgeschäftliche, sondern nur um rechtsgeschäftsähnliche Willenserklärungen[738]. Dem entspreche, dass das so erworbene gemeinsame Sorgerecht auch künftig nicht zur Disposition der Eltern stünde, sondern nur ex lege oder

---

[734] *Zimmermann* in DNotZ 98, 404 (416).

[735] *Schwab* in DNotZ 98, 437 (453); MüKom – *Huber* § 1626a Rn. 12.

[736] *Schwab* in FS Medicus 99, 587 (603).

[737] Jauernig – *Berger* §§ 1626a – 1626e Rn. 3.

[738] Dogmatisch sauberer und eindeutiger wäre wohl die Bezeichnung als rechtsgeschäftsähnliche Handlung. Möglicherweise will *Coester* aber auch deutlich machen, dass zwar ein Rechtsbindungswille erforderlich ist, die Rechtsfolge aber ex lege und nicht privatautonom eintrete. Während letztes für „rechtsgeschäftsähnlich" spricht, könnte ersteres für „Willenserklärung" sprechen. In jedem Fall müsste es sich aber dann Rechtsform eigener Art handeln, da eine rechtsgeschäftsähnliche Handlung einen Rechtsbindungswillen gerade nicht voraussetzt.

durch Staatsakt verändert oder aufgehoben werden könne. Umgekehrt gehöre zur Konzeption des Abs. 1 Nr. 1 aber auch die unmittelbare Verknüpfung von Tatbestandserfüllung, also der formgerechten Abgabe der Sorgeerklärungen mit gesetzlicher Rechtsfolge, dem gemeinsamen Sorgerecht, während eine gerichtliche oder behördliche Kontrolle nicht dazwischengeschaltet sei.[739]

5. Rechtsform sui generis

Von den vorangegangenen Qualifizierungen grenzen sich solche Stellungnahmen ab, nach denen eine dogmatische Einordnung der Sorgeerklärungen in bekannte Rechtsinstitute nicht möglich ist. In diesem Sinne äußerte sich *Ramm* bereits vor dem Inkrafttreten des KindRG: Da Vater und Mutter des nichtehelichen Kindes in einer Sorgeerklärung die gemeinsame Übernahme der Sorge erklärten, begründe „ein Familienrechtsgeschäft die Rechtsstellung über das Kind, d.h. die Elternschaft".[740]

Weil das gemeinsame Sorgerecht nicht automatisch, sondern nur nach entsprechenden Sorgeerklärungen eintritt, vertritt *Lipp* die Ansicht, dass sich das neue Recht zum sogenannten Antragsprinzip bekenne. Zugleich hebt er hervor, dass die Eltern nach § 1626a I Nr. 1 BGB zwar „frei" in der Begründung gemeinsamer Sorgezuständigkeit seien, dass sich hierin aber gleichwohl keine originäre rechtsgeschäftliche Autonomie widerspiegele, die im Konsens gestaltend wirke. Vielmehr seien Sorgeerklärungen nur deshalb gerechtfertigt, weil die Situation der nichtverheirateten Eltern ihnen eine Manifestation ihres gemeinschaftlichen Sorgewillens abfordere, ohne die sich die (latente) Rechtsposition des Art. 6 II GG nicht entfalten könne. Aus dieser statuskonkretisierenden Funktion der Sorgeerklärungen folge ihre dogmatische Einordnung als jeweils einseitige Bereitschaftserklärungen, dem Elternrecht durch die gemeinsame Sorge gerecht werden zu wollen. Es seien daher inhaltlich übereinstimmende Willenserklärungen eigener Art, die das bereits vorhandene Elternrecht seinem Bestande nach aktualisierten und daher kein Recht schafften, sondern die Ausübung und Wahrnehmung von Rechtspositionen modifizierten.[741]

---

[739] Staudinger – *Coester* § 1626a Rn. 31.

[740] *Ramm* in JZ 96, 987 (989).

[741] *Lipp* in FamRZ 98, 65 (69, 70 und v.a. 71). Auch *Schwab* / *Wagenitz* in FamRZ 97, 1379 (1380) trafen die Aussage, dass die Eltern nach § 1626a I Nr. 1 BGB die Bereitschaft zur gemeinsamen Sorge erklärten. Ob hiermit allerdings tatsächlich eine dogmatische Einordnung und nicht nur eine Beschreibung des sinngemäßen Inhalts der Sorgeerklärungen vorgenommen werden sollte, bleibt unklar.

G. und *F. Sturm* schließen sich der Auffassung von *Lipp* an, indem nach ihrer Ansicht die Sorgeerklärungen nur als Mittel eingesetzt würden, um das in der Eltern-Kind-Beziehung latent vorhandene Elternrecht zu aktualisieren.[742]

Unklar ist, ob sich auch *Knittel* dem Standpunkt von *Lipp* anschließt. Er bezeichnet die Sorgeerklärungen nämlich einerseits als einseitige, formgebundene, nicht empfangsbedürftige Willenserklärungen, führt aber an anderer Stelle aus, es gehe bei den Sorgeerklärungen nur um die Dokumentation der elterlichen Sorgebereitschaft und daher nicht um eine spezifische rechtsgeschäftliche Erklärung.[743] Das gleiche gilt für *Rauscher*. Seiner Ansicht nach wird zwar „durch beide Tatbestände des § 1626a I Nr. 1 BGB die in dem Elternrecht des nichtehelichen Vaters wurzelnde elterliche Sorge aktualisiert," allerdings qualifiziert er die Sorgeerklärungen ohne weitere Einschränkungen als einseitige Willenserklärungen und bezieht sich diesbezüglich auf *Knittel*.[744]

Rogner vertritt schließlich einen Standpunkt, der eine Mischung aus der Auffassung von *Lipp* und *Ramm* darstellt. In diesem Sinne stuft er die Sorgeerklärungen als parallele Willenserklärungen besonderen Charakters ein, die zusammen ein Familienrechtsgeschäft bildeten.[745]

Insbesondere die Ansicht von *Lipp* hat in der Literatur für nachhaltige Diskussion gesorgt. So sei die Annahme eines Antragsprinzips verfehlt, weil das gemeinsame Sorgerecht ohne weiteres eintrete, sobald beide Sorgeerklärungen vorlägen. Die Sorgeerklärungen seien also gerade nicht, woran aber ein „Antragsprinzip" erinnere, Grundlage einer familiengerichtlichen Entscheidung, im Rahmen derer das gemeinsame Sorgerecht auf die Eltern übertragen werde.[746]

Daneben wird auch die Qualifizierung der Sorgeerklärungen als „statuskonkretisierende Bereitschaftserklärungen" kritisiert. *Diederichsen* vertrat diesbezüglich zunächst die Ansicht, eine solche Charakterisierung scheitere schon deshalb, weil die nichteheliche Lebensgemeinschaft nach geltendem Recht kein Status sei und abgesehen davon auch Eltern, die nicht in einer nichtehelichen Lebensgemeinschaft lebten, die gemeinsame Sorge für ihre Kinder übernehmen könnten.[747] Später änderte er seine Argumentation dahingehend, dass Sorgeerklärungen ohne weiteres zum Eintritt des gemeinsamen Sorgerechts

[742] *Sturm / Sturm* in StAZ 98, 305 (307 Fn. 40). Kritisch hierzu Staudinger – *Coester* § 1626a Rn. 29, der anmerkt, es werde nur das latent im Elternrecht vorhandene Sorgerecht aktualisiert.

[743] *Knittel* in ZfJ 00, 140 (140 und 141). Ähnlich auch Keller, S. 43 und Witteborg, S. 211, die die Sorgeerklärungen als Willenserklärungen bezeichnen, sich dabei aber auf *Lipp* in FamRZ 98, 65 (70) beziehen.

[744] Rauscher § 33 II, Rn. 972, 974.

[745] FamRefK – *Rogner* § 1626a Rn. 8.

[746] *Zimmermann* in DNotZ 98, 404 (416 Fn. 46); Palandt (58. / 59. Aufl.) – *Diederichsen* § 1626a Rn. 6; Jauernig – *Berger* § 1626a – 1626e Rn. 3; Staudinger – *Coester* § 1626a Rn. 31; vgl. oben 4. Kapitel S. 150 f.

[747] Palandt (58. / 59. Aufl.) – *Diederichsen* § 1626a Rn. 6.

klärungen ohne weiteres zum Eintritt des gemeinsamen Sorgerechts führten, woraus sich ihr rechtsgeschäftlicher Charakter ergebe. Da diese Rechtswirkungen ex lege einträten, seien die Sorgeerklärungen auch mehr als nur bloße Bereitschaftserklärungen.[748]

Auch *Zimmermann* lehnt die Ansicht von *Lipp* ab. Die „statusfestigende“ Wirkung der Erklärung könne seiner Ansicht nach allenfalls auf das latent vorhandene allgemeine Elternrecht und nicht aber auf das Sorgerecht selbst bezogen werden.[749]

Eingehend hat sich schließlich *Coester* mit der Einstufung als statuskonkretisierende Bereitschaftserklärung auseinandergesetzt. Da mit den Sorgeerklärungen das Elternrecht auch des Vaters um die sorgerechtliche Kompetenz komplettiert werde, komme den Sorgeerklärungen in Bezug auf den Vater eine „statusaktivierende“ Bedeutung zu. Diese Qualifikation der Sorgeerklärungen verweise auf ihre Verwurzelung im Elternrecht des Art. 6 II 1 GG. Aufgrund der Tatsache, dass zumindest für den nichtehelichen (noch nicht sorgeberechtigten) Vater die Sorgeerklärung nicht als Akt der elterlichen Sorge gelten könne, erscheine es generell zutreffender, die Sorgeerklärungen beider Eltern als eine der eigentlichen Sorgewahrnehmung vorgelagerte Grundentscheidung über die Inhaberschaft des Sorgerechts zu verstehen, welche die verfassungsrechtliche Verantwortungsgemeinschaft aktualisierten und auf ihre Erstreckung ins Familienrecht zielten.[750]

IV. Stellungnahme

Der Meinungsstand in der Literatur bezeugt, dass es sich bei den Sorgeerklärungen um ein Rechtsinstitut handelt, das hinsichtlich seiner Wirkung und Reichweite noch viele Fragen aufwirft. Dabei beschränkt sich die Problematik nicht allein auf das Zivilrecht, sondern zieht ihre Kreise bis ins Verfassungsrecht. Die Stellungnahme soll daher mit einer Erörterung der für die Rechtsnatur relevanten Grundprobleme und Fragen eingeleitet werden.

Was die Sorgeerklärungen von Anfang an in einem besonderen Licht erscheinen lässt, ist ihre Funktion: sie dienen der Begründung des gemeinsamen Sorgerechts. Hierbei handelt es sich um ein familienrechtliches Institut, das mit seiner jeweils bestehenden Kombination aus Rechten und Pflichten der Eltern, die durch Ausübungsbindungen aneinander gebunden sind, und seinem alles beherr-

[748] Palandt (ab 60. Aufl.) – *Diederichsen* § 1626a Rn. 4.
[749] *Zimmermann* in DNotZ 98, 404 (416 Fn. 46).
[750] Staudinger – *Coester* § 1626a Rn. 29, 30.

schenden Prinzips des Kindeswohls im Bürgerlichem Recht einzigartig ist. Die elterliche Sorge ist daher eine Rechtsform sui generis. Diese Feststellung lässt zwar nicht ohne weiteres auf eine entsprechende Charakterisierung der Sorgeerklärungen schließen, gleichwohl müssen Rechtsformen, die vornehmlich dem Allgemeinen Teil entnommen werden und Ausdruck eines am Vermögensrecht orientierten privatautonomen Handelns sind, genauestens auf ihre Übertragbarkeit ins Familienrecht überprüft werden. Es besteht somit ein Grundproblem, das im Übrigen jedem anderen familienrechtlichen Rechtsinstitut eigen ist.

Speziell im Zusammenhang mit der Abgabe der Sorgeerklärungen stellen sich Fragen, die richtungsweisend für die Rechtsnatur der Erklärungen sind. Hier rückt zunächst das Verhältnis von Elternrecht und elterlicher Sorge in den Mittelpunkt der Betrachtung. Von zentraler Bedeutung für die Rechtsnatur der Sorgeerklärungen ist nämlich die bislang wenig diskutierte Frage, ob die elterliche Sorge im Zeitpunkt der Entstehung des Elternrechts bereits mitentsteht, oder ob die elterliche Sorge originär und damit unabhängig vom Beginn des Elternrechts entsteht. In dem ersten Fall hätten die Sorgeerklärungen einen aktivierenden und in dem zweiten Fall einen begründenden Charakter.

Ein weiteres Problem ist die unterschiedliche rechtliche Ausgangslage von Mutter und Vater. Zwar sind Mutter und Vater jeweils Inhaber eines identischen Elternrechts aus Art. 6 II 1 GG, allerdings ist die Mutter bereits kraft Gesetz Inhaberin einer zivilrechtlichen Sorgestellung nach § 1626a II BGB, die sie entweder bereits ausübt oder die ihr vor der Geburt sicher zusteht. Der Vater ist hingegen weder aktuell Inhaber eines Sorgerechts noch hat er vor der Geburt des Kindes oder später die sichere Aussicht auf eine Sorgerechtszuteilung. Angesichts dessen könnten der Entstehung des gemeinsamen Sorgerechts nach § 1626a I Nr. 1 BGB drei unterschiedliche Modelle zugrunde liegen: Erstens es entsteht weder bei der Mutter noch beim Vater etwas, weil das gemeinsame Sorgerecht als Teil ihres Elternrechts bereits besteht und nur aktiviert werden muss, zweitens mit dem Eintritt des gemeinsamen Sorgerechts wird bei beiden Elternteilen gleichermaßen ein Recht begründet oder drittens ein Rechtserwerb findet nur beim Vater statt.

In einem zweiten Schritt ist die Konstruktion der parallel laufenden Erklärungen zu untersuchen. Unterstellt, das gemeinsame Sorgerecht sei in seiner Entstehung unabhängig von der Entstehung des Elternrechts, wäre weiter fraglich, ob die Rechtsfolge des § 1626a I Nr. 1 BGB willensgesteuert oder kraft Gesetz eintritt. Den Sorgeerklärungen wäre jeweils eine andere Rechtsnatur, einmal als rechtsgeschäftlich, einmal als rechtsgeschäftsähnlich zuzuweisen. Schließlich ist der Umstand zu bewerten, dass die Sorgeerklärungen zwar vollkommen beziehungslos nebeneinander laufen, das Ziel der Erklärungen aber nur dann eintritt, wenn und sobald beide Erklärungen vorliegen. Es ist daher zu untersuchen, ob die Erklärungen trotz ihrer Eigenständigkeit auch in einem Verbund zu qualifizieren sind.

1. Der Eintritt des gemeinsamen Sorgerechts nach § 1626a I Nr. 1 BGB als Ausdruck des Spannungsverhältnisses zwischen Zivil- und Verfassungsrecht

a. Keine „statuskonkretisierende" Bedeutung

Im Mittelpunkt der Auseinandersetzung muss zunächst die Auffassung von *Lipp* stehen. Er qualifiziert die Sorgeerklärungen als „statuskonkretisierende Bereitschaftserklärungen", weil seiner Ansicht nach mit dem Eintritt des gemeinsamen Sorgerechts kein neues Recht geschaffen wird, sondern nur bereits vorhandenes Elternrecht in seiner Ausübung und Wahrnehmung aktualisiert wird.

Für die bloße Aktualisierung bereits vorhandenen Elternrechts durch den Eintritt des gemeinsamen Sorgerechts könnte zunächst sprechen, dass zum einen Elternrecht und elterlicher Sorge im gleichen Zeitpunkt, mit Vollendung der Geburt des Kindes, entstehen, und dass zum anderen beide Teile der elterlichen Sorge, Personen- und Vermögenssorge, gleichermaßen vom sachlichen Schutzbereich des Art. 6 II GG umfasst werden.[751]

Gleichwohl ist dieser Ansicht entgegenzuhalten, dass der Gesetzgeber mit der elterlichen Sorge zwar primär Impulse von Art. 6 II GG umsetzt, aber eben nicht ausschließlich. Die elterliche Sorge spiegelt vielmehr auch die spezifischen Aussagen anderer Grundrechte wider, wie z.B. von Art. 2 I i.V.m. 1 I, 3 II, 6 I, IV und V GG. Da Art. 6 II GG aber nicht den Charakter eines übergeordneten Grundrechts oder eines Auffangrechtes hat, enthält das Elternrecht gerade nicht die spezifischen Aussagen der genannten Grundrechte. Andernfalls wären diese Grundrechte, hier vor allem die unterschiedlichen Gewährleistungsinhalte von Art. 6 GG, im Verhältnis zu Art. 6 II GG bedeutungslos, wogegen aber neben der Systematik des Grundgesetzes nicht zuletzt auch die umfassenden Prüfungen des *BVerfG* sprechen.[752]

Lipps Aussage, die elterliche Sorge beruhe allein auf dem Elternrecht (Art. 6 II GG), ist folglich schon insoweit angreifbar, als sie ungenau ist. Wenn aber zudem der Anwendungsbereich der elterlichen Sorge weiter ist als derjenige des Elternrechts, so ist dies bereits ein Argument für eine eigenständige Entstehung des einfachen Rechts. Selbst wenn seine Aussage entsprechend erweitert und das „Elternrecht" nur als ein Oberbegriff angesehen würde, ist zweifelhaft, ob die Zusammenführung der einzelnen verfassungsrechtlichen Teilaussa-

[751] Vgl. 2. Kapitel, S. 67, 82 ff.
[752] Vgl. 1. Kapitel, S. 41 f.; 2. Kapitel, S. 88 f.; 4. Kapitel, S. 196 ff.

gen zu einer einzigen zivilrechtlichen Position nicht ebenfalls für einen eigenständigen Entstehungsakt des einfachen Rechts spricht.

Der Aussage von *Lipp* liegt zudem eine grundsätzliche Position zugrunde, die das Verhältnis von Elternrecht und elterlicher Sorge betrifft. Während sich bereits das zweite Kapitel im Grundsätzlichen mit diesem Themengebiet beschäftigte, wird es mit der Frage nach der Rechtsnatur der Sorgeerklärungen um die bereits mehrfach angeklungene Frage bereichert, ob die elterliche Sorge im Zeitpunkt ihrer Entstehung tatsächlich unselbständig ist oder aber – entgegen der Ansicht von *Lipp* – originär und damit vollkommen unabhängig vom Elternrecht aus Art. 6 II 1 GG entsteht.

Die Abhängigkeit des § 1626a I Nr. 1 BGB von den verfassungsrechtlichen Vorgaben ist unverkennbar, wurde doch unter Berufung auf Art. 6 II 1 GG die Möglichkeit eines gemeinsamen Sorgerechts nicht miteinander verheirateter Eltern gerade erst erstritten. Allerdings wird das Verhältnis von Verfassungsrecht einerseits und Zivilrecht andererseits durch den Grundsatz des Vorrangs der Verfassung beherrscht, der auf Distanz und Selbständigkeit der Rechtsgebiete angelegt ist. Die zivilrechtliche Ausgestaltung ist deshalb jeweils nur eine der möglichen Ausgestaltungen, die den von der Verfassung vorgegebenen Rahmen ausfüllt.[753] Die These, Sorgeerklärungen schafften kein neues Recht, sondern modifizierten Ausübung und Wahrnehmung von latent vorhandenen Rechtspositionen, verwischt dagegen die klare Grenze zwischen beiden Rechtsgebieten und deklassiert das Recht der elterlichen Sorge als unselbständig. Denn dieser Ansicht nach ist die gemeinsame elterliche Sorge im Zeitpunkt der Entstehung des Elternrechts mit diesem identisch und bleibt es auch solange, bis sie durch Mittel des Zivilrechts aus der verfassungsrechtlichen Verankerung herausgelöst, „einfachgesetzlich wahrnehmbar" gemacht wird. Und auch dann wäre die gemeinsame elterliche Sorge nicht Ausdruck eines eigenständigen Rechts, sondern als Aktualisierung des Elternrechts allein konkretisiertes Verfassungsrecht. Indes ist Art. 6 II GG nur zu grundlegenden Aussagen fähig, nicht aber zur Wiedergabe der einfachgesetzlichen Detailregelung.[754] Die Frage, wie die konkreten Detailregelungen der gemeinsamen elterlichen Sorge aussehen, muss folglich Ausdruck eines eigenständigen Schaffensaktes sein. Darüber hinaus müsste die elterliche Sorge als konkretisiertes Verfassungsrecht mit dem sachlichen und personellen Geltungsbereich übereinstimmen und dem Elternrecht auch in der Art und Weise seiner Wirkung entsprechen. Dies ist aber nicht der Fall.[755]

Die Tatsache, dass Elternrecht und elterliche Sorge im gleichen Zeitpunkt zur Entstehung gelangen, zwingt zu keiner anderer Schlussfolgerung. Denn im Zeitpunkt der Geburt geht es um die Entstehung der elterlichen Sorge „an sich", die auf jeden Fall wenigstens der Mutter zusteht, während es bei den Sorgeerklä-

[753] Vgl. 2. Kapitel, S. 77 ff., insb. S. 79 f.
[754] Vgl. 2. Kapitel, S. 87, 4. Kapitel S. 144 f.
[755] Vgl. 2. Kapitel, S. 78 ff., 86 ff.

rungen um die Entstehung der „gemeinsamen Sorge" im Speziellen geht. Spricht also schon die Ausgestaltung des Elternrechts durch die elterliche Sorge für einen eigenständigen Entstehungsakt, so wird dies durch die im Verhältnis zu § 1626a II BGB losgelöste Entstehung des gemeinsamen Sorgerechts noch unterstrichen.

Durch die Qualifizierung der Sorgeerklärungen als „statusaktivierende Bereitschaftserklärungen" wird somit dem zivilrechtlichen Rechtsinstitut keinerlei eigenständige Rechtssubstanz zugebilligt. Hierdurch wird nicht nur der Vorrang der Verfassung überspannt, indem die Abhängigkeit der zivilrechtlichen Ausgestaltung von den verfassungsrechtlichen Vorgaben einseitig betont wird, sondern es wird auch die eigenständige Gestaltungsmacht des Gesetzgebers verkannt. Die Ansicht von *Lipp* ist daher abzulehnen. Durch die Sorgeerklärungen wird ein eigenständiges Recht begründet.

b. Auseinandersetzung mit der Qualifizierung der Sorgeerklärungen als „statusaktivierend" bzw. „statusfestigend"

Ähnlich problematisch ist die Qualifizierung von *Coester*, wenn er den Sorgeerklärungen in Bezug auf den Vater eine „statusaktivierende" Bedeutung beimisst. Auch eine solche Qualifikation legt die Schlussfolgerung nahe, das gemeinsame Sorgerecht entstehe nicht eigenständig, sondern sei bereits vollentwickelt im Elternrecht enthalten. Hiergegen sprechen aber die gleichen Argumente wie gegen die Charakterisierung der Sorgeerklärungen als „statuskonkretisierende Bereitschaftserklärungen".

Wenn *Zimmermann* den Erklärungen allenfalls eine „statusfestigende" Wirkung in Bezug auf das latent vorhandene Elternrecht zuschreibt, so übersieht er, dass die Sorgeerklärungen gar nicht das geeignete Mittel sind, um den „Status des Elternrechts" rechtlich zu festigen. Denn nachdem das Elternrecht mit der Geburt des Kindes entsteht, wird es allein durch die Feststellung der rechtlichen Elternschaft in rechtlicher Hinsicht gefestigt, indem das natürliche Recht der Eltern um die dazugehörigen Rechte und Pflichten komplettiert wird. Wenn nun durch die Sorgeerklärungen das gemeinsame Sorgerecht eintritt, wird zwar ein Aspekt des Elternrechts Wirklichkeit, weil er eine einfachgesetzliche Ausgestaltung erfährt, dies verändert allerdings nicht den rechtlichen Gehalt des Elternrechts selbst. Durch die Sorgeerklärungen kann das Elternrecht folglich nicht mehr in rechtlicher, sondern nur noch in faktischer Hinsicht gefestigt werden.

Abgesehen davon ist der Begriff des „Status" ohnehin nicht ganz frei von Kritik. Er ist jedoch nicht im Sinne der zunächst von *Diederichsen* vertretenen Ansicht abzulehnen, weil die nichteheliche Lebensgemeinschaft nach geltendem Recht kein Status ist. Das Ziel der Sorgeerklärungen besteht nämlich nicht in einer rechtlichen Anerkennung der nichtehelichen Lebensgemeinschaft, sondern in der Ausgestaltung des Elternrechts. Hierfür spielt die rechtliche Verbindung der Eltern aber gerade keine Rolle mehr. Der Begriff des „Status" ist vielmehr deshalb abzulehnen, weil er aus einer Zeit stammt, in welcher der „Status der Ehelichkeit" durch legitimierende Akte erlangt wurde und das nichteheliche Kind vor Diskriminierung und Benachteiligung bewahrte. Dieser Zweck wohnt den Sorgeerklärungen nicht inne. Der Begriff ist folglich negativ besetzt, weshalb für die Sorgeerklärungen der neutrale Begriff der „personenstandsbezogenen" Erklärungen vorzuziehen ist.

c. Sorgeerklärungen als personenstandsausgestaltende Erklärungen

Hierfür spricht, dass die Funktion der Sorgeerklärungen darin besteht, den verfassungsrechtlich geschützten Personenstand des Eltern-Kind-Verhältnisses durch die Begründung des gemeinsamen Sorgerechts auszugestalten. Daneben betont der Begriff der „Ausgestaltung" nicht nur, dass sich § 1626a I Nr. 1 BGB innerhalb des von Art. 6 II GG vorgegebenen verfassungsrechtlichen Rahmens bewegt, sondern er verdeutlicht mehr als alle anderen Charakterisierungen, dass die elterliche Sorge im Verhältnis zum Elternrecht einen eigenständigen Rang hat, der sich auch, und das ist für die Rechtsnatur der Sorgeerklärungen entscheidend, in einer vom Elternrecht vollkommen unabhängigen Entstehung der gemeinsamen Sorge nach § 1626a I Nr. 1 BGB manifestiert.

2. Rechtsnatur der einzelnen Sorgeerklärungen

a. Willenserklärungen

Im Sinne eines rechtsbegründenden Aktes liegt auch fast allen oben zitierten Ansichten die Vorstellung zugrunde, es handle sich bei den Sorgeerklärungen um (normale) Willenserklärungen.[756] Dies würde voraussetzen, dass die Rechtsfolgen, entgegen der Ansicht von *Coester*, eintreten, weil sie erklärtermaßen gewollt sind und nicht weil sie wie bei rechtsgeschäftsähnlichen Handlungen kraft Gesetz eintreten.

Die Problematik knüpft an die Unterscheidung zwischen Rechtshandlung und Rechtsgeschäft. Bei beiden Begriffen handelt es sich um Abstraktionsbegriffe, mit denen Tatbestände erfasst werden, die durch die Rechtsordnung geschaffen wurden. Für die Unterscheidung ist daher der Charakter entscheidend, den der jeweilige Tatbestand aufweist: Handelt es sich nach der Ausgestaltung

[756] Gleichwohl ist denjenigen Autoren, die einerseits der Ansicht von *Lipp* folgen, andererseits aber die Sorgeerklärungen ohne Einschränkungen als Willenserklärungen bezeichnen, der Vorwurf der Widersprüchlichkeit zu machen. Denn sofern der Ansicht von *Lipp* gefolgt wird, kann es sich nur um eine Willenserklärung eigener Art handeln, da wie er selbst sagt, kein neues Recht geschaffen wird und damit ein wesentlicher Bestandteil der Willenserklärung gerade nicht vorliegt.

der Rechtsordnung um einen Akt der schöpferischen Gestaltung von Rechtsverhältnissen, also um eine rechtliche Regelung, liegt der Tatbestand des Rechtsgeschäfts vor; bestimmt die Rechtsordnung dagegen die Rechtsfolgen für einen Tatbestand, bei dem das Handeln nicht final auf den Eintritt der Rechtsfolgen bezogen ist und damit gerade keine rechtliche Regelung beabsichtigt ist, liegt eine Rechtshandlung vor.[757]

Das Ziel und der notwendige Inhalt beider Sorgeerklärungen ist die Begründung des gemeinsamen Sorgerechts. Die Eltern erklären also, ihr Rechtsverhältnis zu ihrem gemeinschaftlichen Kind ausgestalten zu wollen und beabsichtigen damit eine rechtliche Regelung ihres Eltern-Kind-Verhältnisses. Da somit gerade keine Rechtsfolgen eintreten, auf die sich der Wille der Eltern nicht richtet oder nicht richten muss, sind beide Sorgeerklärungen als Willenserklärungen zu qualifizieren.

Daran ändert auch die Tatsache, dass sich die beabsichtigte Rechtsfolge aus dem Gesetz ergibt und genau geregelt ist, was die Eltern erklären müssen, damit das gemeinsame Sorgerecht eintritt, nichts. Denn in vergleichbarer Weise ergibt sich auch bei der Annahme und Ausschlagung einer durch gesetzliche Erbfolge eintretenden Erbschaft die beabsichtigte Rechtsfolge aus dem Gesetz (§§ 1943 ff. i.V.m. §§ 1922 ff. BGB). Gleichwohl ist sowohl die Annahme als auch die Ausschlagung als Willenserklärungen zu qualifizieren.[758] Ebenso wie bei den Sorgeerklärungen ist auch hier, und das ist entscheidend, die Ausgangsbasis der Erklärungen eine gesetzlich geregelte Rechtsstellung, die durch die Äußerung eines rechtlich relevanten Willens ausgestaltet wird.

Nun könnte die Regelung des Eltern-Kind-Verhältnisses durch rechtsgeschäftliche Erklärungen aber als anstößig empfunden werden, weil der Begriff des Rechtsgeschäfts zum einen vornehmlich mit dem Vermögensrecht in Verbindung zu bringen ist und zum anderen in einem gewissen Widerspruch zu den zwischenmenschlichen Beziehungen innerhalb der Familie steht.

Der Begriff des Rechtsgeschäfts meint aber allein die Regelung eines – wie auch immer gearteten – Rechtsverhältnisses. Zwischen Eltern und Kind besteht ein Rechtsverhältnis, das durch das Recht der elterlichen Sorge näher ausgestaltet wird. Als familienrechtliches Rechtsverhältnis widersetzt es sich zwar zum Schutz des Kindeswohls und zur Sicherheit des Rechtsverkehrs in der Tat weitgehend der privatautonomen Disposition über die elterliche Sorge.[759] Die Frage ist aber, welcher Mittel sich das Familienrecht bedient, um dieses Ziel zu erreichen. Das Familienrecht schließt nämlich privatautonomes Handeln nicht per se aus, sondern schränkt die Privatautonomie durch Typenzwang und Typenfixierung nur sehr stark ein.

---

[757] Flume, § 9 1, S. 106.
[758] Allgemeine Ansicht, vgl. nur Staudinger – *Otte* § 1943 Rn. 2 und § 1945 Rn. 1.
[759] Vgl. 3. Kapitel, S. 102.

Dies trifft auch auf die Regelung des gemeinsamen Sorgerechts nichtehelicher Eltern zu. Denn der Gesetzgeber hat den Katalog der Familienverhältnisse durch die §§ 1626a ff. BGB erweitert und die Begründung des Rechts von zwingenden Form- und Inhaltsvorschriften abhängig gemacht, wodurch die Begründung und der Umfang des gemeinsamen Sorgerechts nach § 1626a I Nr. 1 BGB fixiert wird. Typenzwang und Typenfixierung schränken also auch bei den Sorgeerklärungen die Privatautonomie ein. Allerdings ist der verbleibende Raum, die Frage des „Ob" des gemeinsamen Sorgerechts, weiterhin Ausfluss uneingeschränkter Privatautonomie, weil dieser Bereich gerade nicht z.B. durch eine Beteiligung des Familiengerichts reglementiert wurde. Zum Schutze des Kindeswohls ist eine Verdrängung der Privatautonomie hier auch gar nicht notwendig, da die einvernehmliche Begründung des gemeinsamen Sorgerechts dem Wohl des Kindes gerade entspricht.

Die Eltern entscheiden mit der Abgabe ihrer Sorgeerklärungen also privatautonom über den Eintritt des gemeinsamen Sorgerechts. Umgekehrt fließt aus dem Recht der privatautonomen Begründung üblicherweise auch das Recht, das Rechtsverhältnis wieder zu verändern und aufzuheben. Im Falle der Begründung der elterlichen Sorge wird dieses Recht aber durch die übergeordneten Grundsätze des Familienrechts weitestgehend überlagert und verdrängt. Am deutlichsten zeigt jedoch die Regelung des § 1671 II Nr. 1 BGB, dass auch in diesem Bereich grundsätzlich Privatautonomie besteht. So ist das Gericht an die privatautonom getroffene Sorgerechtsregelung gebunden und muss dem einvernehmlichen Sorgerechtsantrag der Eltern, dessen Reichweite und Inhalt die Eltern bestimmen, ohne weitere Kindeswohlprüfung stattgeben, sofern nicht das bereits 14-jährige Kind dem Antrag widerspricht. Überlagert wird die privatautonome Gestaltungsmacht der Eltern nur insoweit, als zum Schutz des Kindes das Familiengericht überhaupt beteiligt ist und die Sorgerechtsregelung zum Schutzes des Rechtsverkehrs erst durch den Publizitätsakt des Gerichtsbeschlusses Wirksamkeit erlangt.

Mit dieser Argumentation kann aber nicht nur eine rechtsgeschäftsähnliche Handlung abgelehnt werden, sondern auch die Annahme eines Familienrechtsgeschäftes. Abgesehen davon, dass die Begründung, es handele sich bei § 1626a I Nr. 1 BGB um ein Familienrechtsgeschäft, weil die Elternschaft für das Kind begründet wird, angesichts der bereits bestehenden zivilrechtlichen Elternschaft der Erklärenden nach §§ 1592 ff. BGB schon im Ansatz verfehlt ist, steht dieser Qualifikation als Rechtsform sui generis aber schon die Möglichkeit, die Sorgeerklärungen, wie gezeigt, anhand bekannter Rechtsinstrumentarien qualifizieren zu können, entgegen.

Die Absicht beider Sorgeerklärungen, das gemeinsame Sorgerecht zu begründen, qualifiziert somit beide Erklärungen als Willenserklärungen.

b. Konsequenzen der unterschiedlichen zivilrechtlichen Ausgangslage von Mutter und Vater

Zweifelhaft ist nur, ob dieses Ziel bei Mutter und Vater in Anbetracht ihrer unterschiedlichen zivilrechtlichen Ausgangslage jeweils durch den gleichen Rechtserfolg realisiert wird.

Vor dem Eintritt des gemeinsamen Sorgerechts ist der nichteheliche Vater in keiner Weise an der elterlichen Sorge beteiligt. Der Eintritt des gemeinsamen Sorgerechts stellt bei ihm daher einen Rechtserwerb dar.

Bei der nichtehelichen Mutter ist demgegenüber zu berücksichtigen, dass sie entweder bereits kraft Gesetz alleinige Inhaberin des Sorgerechts ist oder dass ihr diese Position jedenfalls mit der Geburt des Kindes zugewiesen wird, falls sie den Vater des Kindes nicht vorher heiratet oder mit ihm entsprechende Sorgeerklärungen abgibt (§ 1626a II BGB). Das gemeinsame Sorgerecht nach § 1626a I Nr. 1 BGB löst bei ihr also eine bis dato originär bestehende Rechtsposition ab.

Im Gegensatz zum Vater kann die Mutter hierdurch allerdings keinen Zuwachs an sorgerechtlichen Befugnissen verbuchen. Vielmehr ändert sich an der Substanz ihres bisherigen (Allein-) Sorgerechts nichts, denn auch im Rahmen des gemeinsamen Sorgerechts sind die Eltern jeweils aufs Ganze gegenüber ihrem Kind berechtigt und verpflichtet.[760] Die mütterlichen Rechte und Pflichten sind also im Rahmen der Alleinsorge identisch mit denjenigen, die sie im Rahmen des gemeinsamen Sorgerechts wahrnimmt.

Hinsichtlich ihrer bisherigen Ausübungsbefugnisse nimmt sie hingegen eine Rechtsverkürzung in Kauf. Während sie nämlich bislang ihre sorgerechtlichen Befugnisse allein und selbständig ausüben konnte, ist sie nun verpflichtet, sich über grundsätzlich alle das Kind betreffenden Fragen im Vorfeld mit dem Vater zu einigen. Bei gleichbleibender Substanz ihrer Rechte und Pflichten werden ihre sorgerechtlichen Ausübungsbefugnisse also zugunsten des Vaters verkürzt. Folglich entsteht mit Eintritt des gemeinsamen Sorgerechts bei der Mutter kein „neues" Recht, sondern das bestehende Recht wird nur seiner Ausübung nach verändert.

Im Hinblick auf die Mutter ist das gemeinsame Sorgerecht also bereits als ein „Weniger" in ihrem bisherigen Alleinsorgerecht enthalten.

Fraglich ist nunmehr, wie das Spannungsverhältnis zwischen Sorgerechtserwerb des Vaters einerseits und Verkürzung der Ausübungsbefugnisse bei der Mutter andererseits hinsichtlich des materiellrechtlichen Inhaltes der Erklärungen aufzulösen ist und inwiefern die oben getroffene Qualifikation der Sorgeerklärun-

---

[760] Vgl. 2. Kapitel, S. 76.

gen als Willenserklärungen zu spezifizieren ist. Hierzu werden zwei Thesen aufgestellt:

1. Es gibt kein gemeinsames Sorgerecht der Substanz, sondern nur der Ausübung nach.
2. Das gemeinsame Sorgerecht entsteht durch einen zweiteiligen Rechtsakt, wobei die Sorgeerklärungen aber eine Rechtsnatur dreifachen Inhalts haben.

Im Folgenden wird dargelegt, inwieweit die besondere Struktur des gemeinsamen Sorgerechts diese Thesen rechtfertigt.

aa. Konstitutive Wirkung der Sorgeerklärungen hinsichtlich der Begründung des väterlichen Sorgerechts

Zunächst folgt aus der Tatsache, dass die Eltern im Rahmen des gemeinsamen Sorgerechts jeweils die vollen Rechte und Pflichten gegenüber ihrem Kind wahrnehmen, nicht nur, dass die mütterlichen Rechte und Pflichten der Substanz nach unverändert bleiben, sondern auch, dass der Vater diese Rechte und Pflichten folglich nicht von der Mutter erwerben kann.

§ 1626a I Nr. 1 BGB verleiht den Eltern aber die Rechtsmacht zur originären zivilrechtlichen Begründung des väterlichen Sorgerechts. Da hierfür die Mitwirkung beider Elternteile notwendig ist, haben folglich beide Sorgeerklärungen einen konstitutiv wirkenden Inhalt. In diesem Sinne äußert sich auch das *BVerfG*, wenn es ausführt, die Begründung der gemeinsamen Sorge nicht verheirateter Eltern bedürfe eines konstitutiven Aktes, der dem Vater den Zugang zur Sorgetragung für sein Kind mit der Mutter eröffne.[761]

bb. Unter der Rechtsbedingung einer einvernehmlich gewollten Teilung der Sorgerechtsausübung

Die jeweiligen elterlichen Befugnisse müssen aber zukünftig zum Wohle des Kindes über die Ausübungsbindung miteinander verbunden werden. Dies kann nur dann erreicht werden, wenn die Mutter bereit ist, ihren Rechtsüberschuss an Ausübungsbefugnissen zugunsten des Vaters zu verkürzen.

Da diese Rechtsverkürzung freiwillig eintritt, handelt es sich inhaltlich bei der Sorgeerklärung des Vaters im Hinblick auf die Ausübungsbindung zunächst um

---

[761] *BVerfG* in FamRZ 03, 285 (289), vgl. auch S. 288, hier spricht das Gericht von Willenserklärungen.

einen Antrag an die Mutter, die Ausübung der elterlichen Sorge künftig mit ihm zu teilen. Dabei impliziert dieser Antrag die Aussage, die aus dem Sorgerechtserwerb fließenden Ausübungsbefugnisse ebenfalls nur in Form des gemeinsamen Sorgerechts, d.h. als gemeinsame Ausübungsbefugnisse wahrnehmen zu wollen.

Gibt die Mutter ihre Sorgeerklärung ab, handelt es sich inhaltlich zunächst um eine Annahme des väterlichen Antrages. Hat sich der Vater hingegen noch nicht erklärt, kehren sich Angebot und Annahmen um, d.h. die Mutter bietet dem Vater nun ihrerseits eine Teilung der Sorgerechtsausübung an.

Weil nur die gemeinschaftliche Ausübung gleicher Rechte und Pflichten gegenüber dem Kind seinem Wohl entspricht, steht folglich der Sorgerechtserwerb des Vaters und damit die konstitutive Wirkung beider Sorgeerklärungen unter der Rechtsbedingung einer übereinstimmend gewollten Teilung der Sorgerechtsausübung, die eine einvernehmliche Rechtsverkürzung der mütterlichen Ausübungsbefugnisse voraussetzt.

Die Möglichkeit mit einer einverständlichen Kürzung der mütterlichen Ausübungsbefugnisse zugleich über den – erstmaligen – Sorgerechtserwerb des Vaters zu entscheiden, kennzeichnet eine Rechtslage, die allein aus dem originären Alleinsorgerecht der nichtehelichen Mutter folgt.

Das Alleinsorgerecht aus § 1626a II BGB unterscheidet sich daher sowohl von der Alleinsorge des Vaters nach § 1672 I BGB, der mit seinem Zustimmungsrecht nur über einen erneuten Sorgerechtszugang der Mutter befindet (§ 1672 II BGB), als auch von dem gemeinsamen Sorgerecht, das eine solche Rechtslage zwangsläufig ausschließt. Nachdem zuvor erörtert wurde, dass dieser „Rechtsüberschuss" der Mutter grundsätzlich mit der Verfassung in Einklang steht, kann er nunmehr den mütterlichen Ausübungsbefugnissen und damit der Ausübungsebene, die das Verhältnis der Eltern zueinander regelt, als seinem unmittelbaren Ursprungsort zugeordnet werden.

cc. Dreifache Rechtsnatur der Sorgeerklärungen

Das gemeinsame Sorgerecht setzt sich damit aus den jeweiligen in ihrer Ausübung aneinander gebundenen Sorgerechten von Mutter und Vater zusammen. Während also Rechtssubstanz nur das Sorgerecht der Mutter einerseits und das Sorgerecht des Vaters andererseits hat, gibt es kein gemeinsames Sorgerecht der Substanz, sondern nur der Ausübung nach.

Die Trennung zwischen Inhaberschaft und Ausübung der elterlichen Sorge führt folglich zu dieser besonderen Struktur des gemeinsamen Sorgerechts: Sie unterteilt sich in zwei Ebenen, zum einen in diejenige der Rechtsinhaberschaft, die allein die Rechte und Pflichten der Eltern gegenüber ihrem Kind, d.h. die Rechtssubstanz regelt, und zum anderen in diejenige der Rechtsausübung, die das Verhältnis der Eltern untereinander regelt. Obwohl sie in einem gegenseitigen Abhängigkeitsverhältnis zueinander stehen, sind beide Ebenen rechtlich voneinander zu unterscheiden, was beispielsweise an den §§ 1673, 1675 BGB deutlich wird. Da die Konstruktion des § 1626a I Nr. 1 BGB aber beide Ebenen gleichermaßen berührt, folgt hieraus, dass die Erklärungen von Mutter und Vater, obwohl sie in formeller Hinsicht vollkommen gleichlautend sind, in materieller Hinsicht sowohl in den unterschiedlichen Ebenen als auch jeweils im Verhältnis zueinander unterschiedliche Inhalte haben. Dies sei an einem Beispiel verdeutlicht:

Der Vater erklärt: „Ich bitte dich, Mutter, zukünftig mit mir die Ausübung des Sorgerechts für unser Kind K zu teilen und hierzu deine Sorgerechtsbefugnisse zu verkürzen. Gleichzeitig wünsche ich die Entstehung meines Sorgerechts."

Die Mutter erklärt: „Ja, Vater, ich bin bereit, zukünftig mit dir die Ausübung des Sorgerechts für unser Kind K zu teilen und nehme dein Angebot an, indem ich mit der Kürzung meiner Ausübungsbefugnisse einverstanden bin. Auch ich wünsche die Entstehung deines Sorgerechts."

Bei dem Erwerb des gemeinsamen Sorgerechts nach § 1626a I Nr. 1 BGB handelt es sich somit um einen in Ausübungs- und Rechtsinhaberschaftsebene zu unterteilenden Rechtsakt, der Erklärungen dreifachen Inhalts voraussetzt. Dies wirkt sich wiederum auf die Rechtsnatur der Sorgeerklärungen aus.

Gibt der Vater seine Sorgeerklärung ab, so erreicht er sein Ziel, das gemeinsame Sorgerecht mit der Mutter zu begründen und damit erstmalig an der elterlichen Sorge beteiligt zu werden, indem er ihr zunächst konkludent einen Antrag auf Teilung der Sorgerechtsausübung stellt.

In rechtlicher Hinsicht gliedert sich dieser Antrag wie folgt: Er selbst ist zum einen bereit, sich zu einer gemeinsamen Sorgerechtsausübung mit der Mutter zu verpflichten, d.h. die zukünftig aus seinem Sorgerecht fließenden Ausübungsbefugnisse nur in Form des gemeinsamen Sorgerechts wahrzunehmen. Zum anderen bittet er sie, ihre bereits bestehenden Ausübungsbefugnisse zugunsten einer gemeinsamen Sorgerechtsausübung zu verkürzen. Hinter dem Antrag auf Teilung der Sorgerechtsausübung stehen also zwei Willenserklärungen unterschiedlichen Inhalts. Da es sich bei der angestrebten Ausübungsteilung nämlich um eine rechtliche und nicht allein um eine faktische Teilung handelt, besteht an dem notwendigen Rechtsfolgewillen für die diesbezüglich erforderlichen Antragserklärungen des Vaters kein Zweifel.

Gibt die Mutter mit dem gleichen Ziel ihre Sorgeerklärung ab, nimmt sie zunächst den Antrag des Vaters auf Teilung der Sorgerechtsausübung konkludent an. Mit dieser Erklärung bringt sie einerseits den Willen zum Ausdruck, sich zu einer gemeinsamen Sorgerechtsausübung mit dem Vater verpflichten zu wollen und andererseits erklärt sie sich bereit, ihre Alleinentscheidungsbefugnisse zugunsten einer gemeinsamen Sorgerechtsausübung zu verkürzen. Auch hinter ihrer Annahme verbergen sich folglich zwei unterschiedliche Rechtsfolgewillen, so dass auch ihre (jeweiligen) Annahmeerklärungen als Willenserklärungen zu qualifizieren sind. Erfolgt die Annahme, tritt die gegenseitige Ausübungsbindung ein.

Obwohl Mutter und Vater formalrechtlich das gleiche erklären, bringen sie mit ihren Erklärungen also materiellrechtlich auf der Ausübungsebene jeweils etwas inhaltlich anderes zum Ausdruck. Darüber hinaus nehmen Antrag und Annahme jeweils sowohl hinsichtlich der Verpflichtung zur gemeinsamen Sorgerechtsausübung als auch hinsichtlich der Verkürzung der mütterlichen Ausübungsbefugnisse Bezug aufeinander. Inhaltlich unterschiedliche Willenserklärungen, die als Angebot und Annahme aufeinander Bezug nehmen und auf einen einheitlichen Rechtserfolg gerichtet sind, sind aber die klassischen Merkmale eines Vertrages.[762] Folglich kommen auf der Ausübungsebene durch die Erklärungen der Eltern zwei Verträge zustande.

Gegenstand des einen Vertrages ist die gegenseitige Verpflichtung, die Sorgerechtsausübung zukünftig mit dem jeweils anderen gemeinsam ausüben zu wollen; Gegenstand des anderen Vertrages ist eine Verfügung, da auf das Recht der Mutter zur alleinigen Sorgerechtsausübung unmittelbar eingewirkt wird, indem es zugunsten des Vaters und damit zugunsten einer gemeinsamen Sorgerechtsausübung verkürzt wird. Als verpflichtende Willenserklärungen einerseits und verfügende Willenserklärungen andererseits weisen die Sorgeerklärungen folglich auf der Ausübungsebene eine Doppelnatur auf.

Insgesamt ist der Vorgang als ein Gesamtvertrag über die Teilung der Sorgerechtsausübung zu bezeichnen, der sich rechtstechnisch aus einem Verpflichtungs- und aus einem Verfügungsvertrag zusammensetzt.

Für die Annahme eines solchen Gesamt-„Vertrages“ auf der Ausübungsebene spricht im Übrigen zweierlei:

Zum einen schließt sich der Kreis im Hinblick auf die materielle Empfangsbedürftigkeit der Sorgeerklärungen, weil die auf einen Vertrag gerichteten Willenserklärungen stets empfangsbedürftig sind. Zum anderen steht die Annahme dieses speziellen Vertrages nicht nur im Einklang mit § 1627 BGB, sondern ist darüber hinaus auch die logische Schlussfolgerung aus § 1627 BGB.

[762] Hübner, § 31 Rn. 618.

Wenn danach nämlich die Sorgerechtsausübung einvernehmlich zu regeln ist und bei objektiv wichtigen Kindesangelegenheiten regelmäßig ein Rechtsgeschäft zwischen den Eltern geschlossen wird, dann muss dies erst recht für die der tatsächlichen Ausübung unmittelbar vorgelagerte Grundentscheidung der Teilung der Sorgerechtsausübung gelten. Auch in diesem Bereich ist folglich eine Vorwirkung des § 1627 BGB anzunehmen. Es handelt daher insgesamt um eine rechtsgeschäftliche Ausübungsvereinbarung, die insofern spezieller Natur ist, als sie die substanzielle Voraussetzung zukünftiger Ausübungsvereinbarungen regelt und deshalb auch den besonderen formellen Voraussetzungen der §§ 1626a bis 1626d I BGB entsprechen muss. Dabei unterstreicht die Vorwirkung des § 1627 BGB insbesondere die Notwendigkeit des Verpflichtungsgeschäftes, das Verfügungsgeschäft ist darüber hinaus Ausdruck der unterschiedlichen zivilrechtlichen Ausgangslage von Mutter und Vater.

Bei der Konstruktion des gemeinsamen Sorgerechts handelt es sich also auf der Ausübungsebene um einen aus Verpflichtungs- und Verfügungsgeschäft bestehenden Gesamtvertrag über die Teilung der Sorgerechtsausübung. Dieser ist wiederum Rechtsbedingung des väterlichen Sorgerechtserwerbes.

Mit Erfüllung dieser Rechtsbedingung können beide Sorgeerklärungen nun, d.h. nach einer logischen juristischen Sekunde auf der Ebene der Rechtsinhaberschaft ihre konstitutive Wirkung entfalten, wodurch das Sorgerecht des Vaters zur Entstehung gelangt. Beide Erklärungen weisen diesbezüglich den gleichen, konkludent erklärten Inhalt auf und sind beide als konstitutiv wirkende, d.h. rechtsbegründende Willenserklärungen zu qualifizieren. Durch die bestehende gegenseitige Ausübungsbindung ist die Sorgerechtsstellung der Eltern dann in ihrer Gesamtheit als gemeinsames Sorgerecht zu bezeichnen.

§ 1626a I Nr. 1 BGB liegt damit ein in Ausübungs- und Rechtsinhaberschaftsebene zu unterteilender Rechtsakt zugrunde, der entsprechend der zivilrechtlichen Ausgangslage und dem Ziel einer einvernehmlichen Sorgerechtsausübung jeweils eine verpflichtende, eine verfügende und eine rechtsbegründende Willenserklärung von Mutter und Vater voraussetzt. Die Sorgeerklärungen weisen somit jeweils eine Rechtsnatur dreifachen Inhalts auf.

3. Sorgeerklärungen als Teile eines mehrseitigen Rechtsgeschäfts?

Fraglich ist, ob die Sorgeerklärungen darüber hinaus nicht auch je für sich als Teile eines mehrseitigen Rechtsgeschäfts qualifiziert werden können.

Im Hinblick auf die Ausübungsebene wurde soeben ausgeführt, dass es sich um einen aus Verpflichtungs- und Verfügungsgeschäft bestehenden Gesamtvertrag über die Teilung der Sorgerechtsausübung handelt. Jeweils und insgesamt liegt damit ein Vertrag und damit der Hauptanwendungsfall des mehrseitigen Rechtsgeschäfts vor. Auf der Ebene der Rechtsinhaberschaft, wo sich mit dem Sorgerechtserwerb des Vaters, ohne den eine gemeinsame Sorgerechtsausübung nicht möglich ist, das eigentliche „Hauptgeschäft" vollzieht, steht eine solche Qualifizierung hingegen noch aus. Im Gegensatz zur Ausübungsebene weisen die konstitutiv wirkenden Willenserklärungen hier die Besonderheit auf, dass sie formell und materiell vollkommen gleichförmig sind, in keinerlei Bezug zueinander stehen und daher parallel zueinander laufen.

a. Jeweils einseitige (rechtsgestaltende) Rechtsgeschäfte?

Müssten beide Sorgeerklärungen diesbezüglich aber als jeweils einseitige (rechtsgestaltende) Rechtsgeschäfte bezeichnet werden, so würde dies ein Zusammenwirken beider Sorgeerklärungen im Sinne eines mehrseitigen Rechtsgeschäftes ausschließen.

Bei einem einseitigen Rechtsgeschäft kann der rechtsgeschäftliche Tatbestand von einem einzelnen Rechtssubjekt verwirklicht werden.[763] Es reicht aus, dass nur eine Person die angestrebten Rechtsfolgen will und dies nach außen zum Ausdruck bringt. Der Mitwirkung einer anderen Person bedarf es hingegen selbst dann nicht, wenn auf die Rechtsstellung dieser Person eingewirkt wird.[764] Da die Rechtsverhältnisse des Kindes durch die beiderseitigen Sorgeerklärungen der Eltern verändert werden, ohne dass es seiner Mitwirkung bedarf, trifft dieser letzte Aspekt der Fremdbestimmung, der insbesondere den Gestaltungsrechten eigentümlich ist, auch auf die Situation des § 1626a I Nr. 1 BGB zu.

aa. Ähnlichkeit der Erklärungen mit dem Gesamtakt

§ 1626a I Nr.1 BGB weist aber die Besonderheit auf, dass die Erklärungen beider Eltern für den Eintritt des Rechtserfolges notwendig sind. Dies steht einer Qualifizierung als einseitiges Rechtsgeschäft jedoch grundsätzlich nicht entgegen. Vielmehr setzen die Fälle, in denen mehrere gemeinschaftlich berechtigt sind, nur voraus, dass das einseitige Rechtsgeschäft von allen Berechtigten vorgenommen wird. Haben beispielsweise die Eheleute gemeinsam eine Wohnung gemietet, so müssen sie auch gemeinsam kündigen. Kündigt nur einer von ihnen, hat dies keine Auswirkungen auf das Mietverhältnis.[765] Gerade im Zusammenhang mit den Fällen der gemeinschaftlichen Berechtigung taucht immer wieder der Begriff des Gesamtaktes auf. Dieser zeichnet sich in erster Linie durch mehrere gleich gerichtete, inhaltlich übereinstimmende (parallele) Wil-

---

[763] Bork, § 13, Rn. 424.
[764] Larenz / Wolf § 15, Rn. 78 i.V.m. § 23 Rn. 2 f.
[765] Allgemeine Ansicht Palandt – *Weidenkaff* § 542 Rn. 18.

lenserklärungen aus.[766] Diese Charakteristik stimmt mit den konstitutiv wirkenden Willenserklärungen überein, so dass die Sorgeerklärungen zumindest auf dieser Grundlage eine Ähnlichkeit mit dem Gesamtakt aufweisen.

bb. Systematische Einordnung des Gesamtaktes

Gerade das Paradebeispiel der gemeinsamen Kündigung zeigt aber, dass die systematische Einordnung des Gesamtaktes uneinheitlich ist, wird er doch einmal aufgrund der Parallelität der Erklärungen den einseitigen[767] und einmal den mehrseitigen Rechtsgeschäften[768] zugeordnet. Einer dritten Ansicht zufolge, stellt der Gesamtakt hingegen eine eigene Kategorie dar. Er bringe allein die gemeinsame Berechtigung zum Ausdruck, ohne dass aufgrund dessen eine weitergehende Qualifizierung als einseitiges oder mehrseitiges Rechtsgeschäft möglich wäre. Entscheidend für die weitergehende rechtliche Qualifizierung des Gesamtaktes sei vielmehr, ob das fragliche Rechtsgeschäft seiner Art nach auch nur von einer Person vorgenommen werden kann oder nicht.[769]

Dieser letzte Ansatz, der die eigentliche Rechtsnatur des vorzunehmenden Rechtsgeschäfts in den Mittelpunkt der Betrachtung rückt, ist vorzugswürdig. Würde allein die Parallelität der Erklärungen das Argument für ein einseitiges Rechtsgeschäft sein, könnte nämlich nicht erklärt werden, warum der ebenfalls durch parallele Erklärungen zustande kommende Beschluss nach allgemeiner Ansicht[770] den mehrseitigen Rechtsgeschäften zugeordnet wird.

Vorliegend kann aber weder der Sorgerechtserwerb des Vaters noch das gemeinsame Sorgerecht als Gesamtgeschäft (seiner Art nach wie beispielsweise die Kündigung) nur durch eine Sorgeerklärung erzeugt werden. Rechtfertigung und Ziel von § 1626a I Nr. 1 BGB ist gerade das gemeinschaftliche und gleichberechtigte Handeln der Eltern. Ein Verständnis, wonach die Sorgeerklärung der Mutter für den väterlichen Sorgerechtserwerb der Substanz nach völlig bedeutungslos wäre, stünde hierzu in einem grundlegenden Widerspruch. Diese Sichtweise entspricht auch der Systematik des Familienrechts. Danach verlangt der Schutz des Kindes stets eine Kontrollinstanz und damit als legitimierende Voraussetzung jedes personenstandsbezogenen Aktes entweder das gemeinsame Handeln der Eltern oder (zusätzlich) die Beteiligung eines Gerichts.

Bei den konstitutiv wirkenden Willenserklärungen handelt es sich folglich weder um jeweils einseitige Rechtsgeschäfte noch kann der Verbund der Erklärungen als ein einseitiges Rechtsgeschäft bezeichnet werden.

---

[766] Larenz / Wolf § 23 Rn. 6; Hübner § 31 Rn. 619; Brox, § 4 Rn. 101; Flume § 33, 2, S. 603.
[767] Larenz / Wolf § 23 Rn. 2 – 6.
[768] Brox § 4, Rn. 100 f.; Hübner Rn. 619; Palandt – *Heinrichs* vor § 104 Rn. 12; Jauernig – *Jauernig* vor § 104 Rn. 7.
[769] Bork, § 13 Rn. 430.
[770] Vgl. nur Palandt – *Heinrichs* vor § 104 Rn. 12.

b. Kein Vertrag

Für die konstitutiven Willenserklärungen trifft vielmehr die Definition des mehrseitigen Rechtsgeschäftes zu, bei denen mindestens zwei Rechtssubjekte an der Verwirklichung des rechtsgeschäftlichen Tatbestandes mitwirken und auf dieselbe Rechtsfolge gerichtete Willenserklärungen abgeben müssen[771]. Hauptfall des mehrseitigen Rechtsgeschäfts ist, wie gezeigt, der Vertrag, der vorliegt, wenn wenigstens zwei Beteiligte inhaltlich verschiedene, aber einander entsprechende Willenserklärungen abgeben, die auf einen einheitlichen Rechtserfolg gerichtet sind. Angesichts der inhaltlich gleichen, parallelen Erklärungen muss die Konstruktion des Vertrages aber für den Rechtserwerb des Vaters schon aus diesem Grund ausscheiden. Darüber hinaus liegt einem Vertrag stets eine Situation zugrunde, in der einer der Vertragsschließenden den anderen um etwas bittet, das dieser ihm gewährt. Hier entsteht hingegen das Sorgerecht des Vaters originär in seiner Person. Da die mütterlichen Rechte ihrer Substanz nach unangetastet bleiben, kann die Mutter dem Vater die substanziellen Sorgerechte und -pflichten folglich nicht auf seine Bitte hin gewähren. Auch dies spricht gegen einen Vertrag.

c. Beschluss

In Betracht kommt jedoch eine Qualifizierung als Beschluss. Hierbei handelt es sich um ein Rechtsgeschäft eigener Art,[772] das als Spezialfall des mehrseitigen Rechtsgeschäfts seine Wirksamkeit aus der Mehrheit inhaltlich übereinstimmender, parallel laufender Willenserklärungen gewinnt und der kollektiven Willensbildung innerhalb von Verbänden dient. Dieses letzte Merkmal unterscheidet die Beschlüsse von den Gesamtakten. Diese setzen zwar auch inhaltsgleiche, parallele Erklärungen voraus, im Gegensatz zum Beschluss sind sie aber nach außen gerichtet und schaffen gerade keine Regelungen für die Rechtsbeziehung der Beteiligten untereinander.[773]

Erforderlich ist also zunächst das Vorhandensein eines Verbandes als Zurechnungssubjekt sowie eines zur Beschlussfassung berufenen Kollektivorgans.[774] Im Rahmen der Konstruktion des § 1626a I Nr. 1 BGB ist der fragliche „Verband" in der nach den §§ 1591 ff. BGB anerkannten Eltern-(Kind-) Gemeinschaft zu sehen,[775] deren Zweck die Erziehung und Pflege des Kindes ist

[771] Bork, § 13 Rn. 431.

[772] Heute ganz h.M. vgl. nur Schmidt, § 15 I, S. 436.

[773] Vgl. Hübner § 31 Rn. 619; Bork § 13 Rn. 430, 436.

[774] Schmidt § 15, S. 435; Baltzer: § 3, S.17, 44; § 2, S. 34.

[775] Zwar bildet die Eltern-(Kind-)Gemeinschaft keinen rechtlichen Verband im eigentlichen Sinne, allerdings kann über diese Unstimmigkeit hinweggesehen werden, da hier allein entscheidend ist, ob sich der Beschluss als Rechtsfigur auf die Konstruktion des § 1626a I Nr. 1

und zu deren Willensbildung die Eltern berufen sind. Die Beschlussvorlage ist in § 1626a I Nr. 1 BGB gesetzlich vorgegeben, ebenso wie die Förmlichkeiten der Stimmabgabe nach §§ 1626b bis 1626d I BGB.

Ein Beschluss erlangt dann Wirksamkeit, wenn die Mehrheit der Stimmberechtigten diese Regelung befürwortet. Bei den nicht miteinander verheirateten Eltern ist nach § 1626a I Nr. 1 BGB Einstimmigkeit erforderlich, so dass lediglich das Kind, nicht aber ein Elternteil gegen seinen Willen gebunden werden kann.

Liegen sodann inhaltsgleiche, parallel laufende Willenserklärungen beider Elternteile vor, haben die Eltern nicht nur den Sorgerechtserwerb des Vaters, sondern zugleich, aufgrund der bestehenden Ausübungsbindung auch das gemeinsame Sorgerecht beschlossen. Hierdurch haben sie die internen Rechtsbeziehungen aller Beteiligten geregelt. Die Erklärungen richten sich also gerade nicht, wie z.B. bei der gemeinschaftlichen Kündigung, ausschließlich nach außen, sondern schaffen lediglich die Grundlage für entsprechende Erklärungen der Eltern als Vertreter des Kindes Dritten gegenüber.

Im Unterschied zum Beschluss, bei dem die einzelnen Stimmen formell empfangsbedürftig sind, d.h. demjenigen zugehen müssen, der sie zum Zweck der Stimmauswertung sammelt,[776] handelt es sich bei den einzelnen Sorgeerklärungen dagegen nicht um formell, sondern nur um materiell empfangsbedürftige Erklärungen.[777] Dieser Unterschied ist aber insofern nicht gravierend, als der formelle Empfänger bei den Sorgeerklärungen mit dem materiellen Empfänger identisch wäre.

Alles in allem handelt es sich bei der Konstruktion des § 1626a I Nr.1 BGB auf der Ebene der Rechtsinhaberschaft folglich um einen (familienrechtlichen) Beschluss.

4. Ergebnis zur Rechtsnatur der Sorgeerklärungen

Der Erwerb des gemeinsamen Sorgerechts nach § 1626a I Nr. 1 BGB vollzieht sich in materieller Hinsicht durch einen in Ausübungs- und Rechtsinhaberschaftsebene zu unterteilenden Rechtsakt:

Voraussetzung ist zunächst, dass die Mutter einen Antrag des Vaters auf Teilung der Sorgerechtsausübung annimmt. Antrag und Annahme sind jeweils als Willenserklärungen zu qualifizieren, haben in zweifacher Hinsicht einen jeweils unterschiedlichen Inhalt und nehmen jeweils Bezug aufeinander. Zusammen bilden sie zwei Verträge. Gegenstand des einen ist die gegenseitige Verpflichtung, die Sorgerechtsausübung zukünftig mit dem jeweils anderen gemein-

---

BGB übertragen lässt.

[776] Baltzer, § 16, S. 147 f.

[777] Vgl. 4. Kapitel, S. 179 f.

sam ausüben zu wollen; Gegenstand des anderen ist eine Verfügung über die mütterlichen Ausübungsbefugnisse, die zugunsten des Vaters und damit zugunsten einer gemeinsamen Sorgerechtsausübung verkürzt werden. Als zugleich verpflichtende und verfügende Willenserklärungen weisen die Sorgeerklärungen folglich auf der Ausübungsebene eine Doppelnatur auf. Insgesamt handelt es sich um einen aus Verpflichtungs- und Verfügungsvertrag zusammengesetzten Gesamtvertrag über die Teilung der Sorgerechtsausübung. Mit Vertragsschluss liegt auch die Rechtsbedingung für die Entstehung des väterlichen Sorgerechts vor. Die Sorgeerklärungen von Mutter und Vater sind diesbezüglich inhaltsgleich und laufen parallel zueinander. Ihrer Rechtsnatur nach handelt es sich um konstitutiv wirkende Willenserklärungen, die Teil eines Beschlusses sind. Mit Wirksamwerden des Beschlusses haben die Eltern nicht nur das väterliche Sorgerecht beschlossen, sondern zugleich aufgrund der bestehenden Ausübungsbindung auch das gemeinsame Sorgerecht. Hauptgeschäft des Sorgerechtserwerbes nach § 1626a I Nr. 1 BGB ist damit ein konstitutiv wirkender Beschluss, der unter der Rechtsbedingung des Abschlusses eines Gesamtvertrages über die Teilung der Sorgerechtsausübung steht. Obwohl die Eltern somit in formeller Hinsicht jeweils nur eine und jeweils die gleiche Erklärung abgegeben, nehmen sie in materieller Hinsicht konkludent drei unterschiedliche Rechtsgeschäfte vor. Aufgrund der hieraus resultierenden dreifachen Rechtsnatur der Sorgeerklärungen als verpflichtende, verfügende und rechtsbegründende Willenserklärungen, handelt es sich bei dem in § 1626a I Nr. 1 BGB verankerten Rechtsinstitut um arteigenes Familienrecht, das der besonderen Struktur der gemeinsamen elterlichen Sorge Rechnung trägt.

E. Anwendbarkeit der Regeln über Rechtsgeschäfte

I. Unwirksamkeit der Sorgeerklärungen, § 1626e BGB

Da die Sorgeerklärungen nunmehr als rechtsgeschäftliche Erklärungen zu qualifizieren sind, ist weiter fraglich, inwieweit die Regeln über Rechtsgeschäfte auch für die Wirksamkeit der Sorgeerklärungen von Bedeutung sind.

Als personenstandsbezogene Erklärungen zeichnen sich die Sorgeerklärungen nicht nur durch ihre besonderen formellen Wirksamkeitsvoraussetzungen aus, sondern zum Schutz der Rechtssicherheit auch durch ihre besondere Bestandskraft.[778] In diesem Sinne ordnet § 1626e BGB an, dass die Sorgeerklärungen (und Zustimmungen) nur dann unwirksam sind, wenn sie den Erfordernissen der vorstehenden Vorschriften, also den §§ 1626a bis 1626d I BGB, nicht genügen. Als Unwirksamkeitsgründe kommen deshalb allein die fehlende Elterneigenschaft der Erklärenden und die Unbestimmtheit ihrer Erklärungen

[778] Vgl. BT-Drs. 13 / 4899, S. 95; *Schwab* in DNotZ 98, 437 (453): „außerordentliche Bestandskraft".

(§ 1626a I Nr. 1 BGB),[779] die Abgabe unter einer unzulässigen Bedingung oder Befristung (§ 1626b I BGB), die vorherige gerichtliche Regelung im Sinne des § 1626b III BGB, die fehlende persönliche Abgabe (§ 1626c I BGB), die Abgabe durch einen beschränkt geschäftsfähigen Elternteil ohne Zustimmung im Sinne § 1626c II BGB und ein Formverstoß gegen § 1626d BGB in Betracht. Ist auch nur eine der abgegebenen Sorgeerklärungen bzw. eine erforderliche Zustimmung nach den vorstehenden Grundsätzen unwirksam, steht den Eltern kein gemeinsames Sorgerecht zu. Es bleibt bei der alleinigen Sorgeberechtigung der Mutter nach § 1626a II BGB.

Die Unwirksamkeit gilt grundsätzlich ex tunc. Unberührt bleibt die Gültigkeit abgeschlossener Sorgerechtsmaßnahmen wie z.B. die Einwilligung in einen ärztlichen Eingriff, welche die Eltern im Vertrauen auf die Wirksamkeit ihres gemeinsamen Sorgerechts vorgenommen haben.[780] Diese bleiben wirksam, weil sie auch vom Willen der (an sich allein sorgeberechtigten) Mutter getragen wurden. Sorgerechtsmaßnahmen, die noch nicht abgeschlossen sind, kann die Mutter für die Zukunft widerrufen.[781] Nur wenn beide Eltern nach wie vor die Begründung des gemeinsamen Sorgerechts anstreben, ist die Mutter nach dem Widerruf einer Ausübungsvereinbarung zu einer erneuten Einigung mit dem Vater verpflichtet.[782]

1. Ausschluss allgemeiner Unwirksamkeitsgründe

Den genannten Unwirksamkeitsgründen verleiht § 1626e BGB durch die Betonung, dass „nur“ sie die Wirksamkeit der Sorgeerklärungen bzw. der Zustimmung berühren, einen abschließenden Charakter. Ausgeschlossen werden somit allgemeine Unwirksamkeitsgründe wie z.B. §§ 117, 118, 138 BGB[783] und nach

---

[779] Vgl. auch unten zur Geschäftsunfähigkeit, 4. Kapitel, S. 248 ff.

[780] Palandt – *Diederichsen* § 1626e Rn. 2: „Anerkennung der Dynamik des Lebens“; vgl. auch Staudinger – *Coester* § 1626e Rn. 4, nach dessen Ansicht dies nicht für die Namenserteilung nach § 1617b BGB gelten könne, da hier das gemeinsame Sorgerecht eine gesetzliche Voraussetzung sei.

[781] Palandt – *Diederichsen* § 1626e Rn. 2.

[782] Vgl. 4. Kapitel, S. 189 f.

[783] H.M. statt vieler vgl. nur Staudinger – *Coester* § 1626e Rn. 3; a.A.: Witteborg, S. 220 ff., die aber i.H.a. § 138 BGB verkennt, dass sich eine Abwägung bei personenstandsbezogenen Erklärungen immer einseitig zu Lasten der Rechtssicherheit auswirken würde und i.ü. auch im Widerspruch zu §§ 1671ff. BGB stünde. Hinsichtlich § 117 BGB verschlechtert sich die Position des Kindes, das auf die Wirksamkeit der Sorgeerklärungen vertraut, bei Wirksamkeit beider Sorgeerklärungen nicht, denn es gewinnt einen Sorgeberechtigten hinzu. Solange die Voraussetzungen des § 1666 BGB nicht vorliegen, ist ein Eingreifen des Staates nicht gerechtfertigt und der Schein eines gemeinsamen Sorgerechts hinzunehmen. Der Ausschluss der §§ 117, 118, 138 BGB bei der Vaterschaftsanfechtung nach § 1600c II BGB spricht ebenfalls für diese Lösung.

dem ausdrücklichen Willen des Gesetzgebers „insbesondere Willensmängel" im Sinne der §§ 142 I, 119, 123 BGB.[784]

Der pauschale Ausschluss der Anfechtbarkeit wird teilweise als problematisch angesehen. So bezweifelt *Diederichsen*, dass der Ausschluss auch für den Inhaltsirrtum, also etwa für die Fehlvorstellungen eines der deutschen Sprache nicht ganz mächtigen Ausländers über die Rechtsfolgen der Sorgeerklärung gelten solle.[785] *Coester* weist aber zu Recht darauf hin, dass ein Irrtum über die Folgen einer Sorgeerklärung bereits nach allgemeinen Regeln unbeachtlich ist. Seiner Ansicht nach müsse jedoch eine auf Täuschung oder Drohung beruhende Sorgeerklärung anfechtbar sein.[786] Diese Ansicht teilt auch *Witteborg* für den Fall der Drohung.[787]

Huber, *Rogner* und *Michalski* vertreten hingegen die Ansicht, dass sowohl der gesetzgeberische Wille als auch der klare Wortlaut des § 1626e BGB bindend, die Anfechtbarkeit der Sorgeerklärung mithin ausgeschlossen sei.[788]

Diese letztgenannte Ansicht ist vorzugswürdig. Überzeugend ist insbesondere der Einwand, die erst genannte Ansicht weiche den eindeutigen Wortlaut der Vorschrift auf. Denn dies würde der Sicherheit des Rechtsverkehrs ebenso schaden wie die Tatsache, dass eine Anfechtung ohne Beteiligung des Gerichts möglich wäre und damit die Publizität personenstandsbestimmender Akte nicht mehr gewährleistet wäre. Daneben würden die zum Wohle des Kindes bestehenden Änderungsvoraussetzungen der §§ 1671 ff. BGB unterlaufen, so dass die erst genannte Ansicht auch im Widerspruch zum Kindeswohl steht. Weiter ist zu berücksichtigen, dass § 1626d BGB bereits eine hinreichende Barriere für mögliche Willensmängel bietet.[789] Sollte es dennoch zur Abgabe der Sorgeerklärung kommen und sollte der Willensmangel untragbar sein, kann der Erklärende bei Getrenntleben einen Antrag nach § 1671 II Nr. 2 BGB oder andernfalls nach § 1666 I BGB stellen. Im Rahmen dieser Entscheidungen wird der Defekt dann ausreichend Berücksichtigung finden.[790] Einer gesonderten gesetzlichen Vorschrift wie etwa i.S.v. § 1760 BGB bedarf es daher nicht. Abgesehen davon läge eine planwidrige Regelungslücke, die Voraussetzung einer Analogie ist, angesichts des ausdrücklichen Willens des Gesetzgebers nicht vor. Insoweit kann insbesondere auch ein Hinweis auf die Möglichkeit der Anfechtung der Vater-

---

[784] BT-Drs. 13 / 4899, S. 95.

[785] Palandt – *Diederichsen* § 1626e Rn. 1; ihm folgend Rauscher § 33 II Rn. 976.

[786] Staudinger – *Coester* § 1626e Rn. 3.

[787] Witteborg, S.224 ff.

[788] MüKom – *Huber* § 1626de Rn. 21; FamRefK – *Rogner* § 1626e Rn. 2; Erman – *Michalski* § 1626e Rn. 1; so auch *DIJuF-Rechtsgutachten* in JAmt 01, 412 (413).

[789] So auch Witteborg, S. 223 für Inhalts- und Erklärungsirrtümer.

[790] So auch noch *Coester* in DEuFamR 99, 3 (9 Fn. 87). Dies übersieht hingegen *Schwab* in DNotZ 98, 437 (453).

schaftsanerkennung nach § 1600c II BGB nicht weiter führen. Die Anerkennung verfolgt nur das Ziel, die Frage nach der biologisch richtigen Abstammung zu klären, so dass eine Anfechtung wegen Irrtum, Täuschung oder Arglist ausgeschlossen ist. Jedoch ermöglicht die fälschlicherweise bestehende Vaterschaft des Anerkennenden eine Anfechtung der Vaterschaft durch Klage gemäß §§ 1600e I BGB, 640 II Nr. 2 ZPO. Die in § 1600c II BGB genannten Willensmängel beseitigen hierbei allein die Vaterschaftsvermutung des § 1600c I BGB und werden bei der Bestimmung der Anfechtungsfrist berücksichtigt, sie beseitigen hingegen nicht die Anerkennung selbst.[791] Da ein Auseinanderfallen von biologischer und rechtlicher Wahrheit bei § 1626a I Nr. 1 BGB nicht denkbar ist, muss ein Hinweis schon aufgrund der fehlenden Vergleichbarkeit der Rechtsinstitute ins Leere gehen. Im Übrigen steht der Ausnahmecharakter der Vaterschaftsanfechtung einer Analogie entgegen.

Festzuhalten ist daher, dass § 1626e BGB abschließend ist.

2. Sonderstellung der §§ 1666 ff. BGB

Gegenüber den allgemeinen Unwirksamkeitsgründen nehmen die §§ 1666 ff. BGB eine Sonderstellung ein. Sie sind die Zentralvorschriften des zivilrechtlichen Kindesschutzes und setzen das staatliche Wächteramt gemäß Art. 6 II 2 GG unmittelbar um. Da die Abwehr von kindeswohlgefährdenden Dritt- oder Elternverhalten zur unbedingten Verantwortung des Staates zählt, haben die §§ 1666 ff. BGB auch bei Sondertatbeständen, wie etwa den §§ 1671 ff. BGB eine lückenfüllende Auffangfunktion und stellen somit die beherrschenden Generalklauseln des Kindschaftsrechts dar.[792] Der Schutzgedanke der §§ 1666 ff. BGB ist daher jedem Sorgerechtsverhältnis als übergeordnete Wertung immanent, so dass auch die §§ 1626a – 1626e BGB von vornherein dann nicht gelten, „soweit“ (§ 1626b III BGB) der Mutter die elterliche Sorge nach § 1666 BGB entzogen wurde. Es handelt sich allerdings nicht um einen Fall der Unwirksamkeit der Sorgeerklärung – dies stünde im Widerspruch zu dem abschließenden Charakter des § 1626e BGB –, sondern um eine Verdrängung der §§ 1626a – 1626e BGB auf Konkurrenzebene.[793]

---

[791] MüKom – *Wellenhofer-Klein* § 1598 Rn. 26

[792] Staudinger – *Coester* § 1666 Rn. 1.

[793] Vgl. MüKom – *Huber* § 1626e Rn. 5; in diese Richtung auch Staudinger – *Coester* § 1626a Rn. 73, 49. Zur rechtlichen Begründung der Unwirksamkeit der Sorgeerklärungen vgl. unten 4. Kapitel S. 249 Fn. 805.

3. Fehlende Regelung der Sorgeerklärung des Geschäftsunfähigen

Die Konsequenzen der rechtlichen Qualifizierung der Sorgeerklärungen hinsichtlich der Anwendbarkeit der allgemeinen Regeln über Rechtsgeschäfte zeigen sich vor allem an der Diskussion über die Sorgeerklärung des Geschäftsunfähigen. Während das Gesetz bei dem beschränkt geschäftsfähigen Elternteil die Wirksamkeit seiner Sorgeerklärung von der Zustimmung seines gesetzlichen Vertreters abhängig macht (§ 1626c II BGB), fehlt für den geschäftsunfähigen Elternteil eine entsprechende gesetzliche Regelung. Diese Regelungslücke hat in der Literatur zu unterschiedlichen Lösungsvorschlägen geführt.

a. Unterschiedliche Folgerungen in der Literatur

Nach der Ansicht von *Zimmermann*, *Schwab*, *Diederichsen*, *Huber* und *Rauscher* kann ein Geschäftsunfähiger keine wirksame Sorgeerklärung abgeben. *Zimmermann* begründet seine Ablehnung mit einem Wertungswiderspruch zu § 1673 I BGB, der seiner Ansicht nach entstünde, wenn ein Geschäftsunfähiger die Voraussetzung für die Ausübung des Sorgerechts zwar schaffen, dieses jedoch nicht ausüben könnte.[794] *Schwab* nimmt ein Redaktionsversehen des Gesetzgebers an und führt die Unwirksamkeit der Sorgeerklärung auf den Sinn und Zweck des § 1626c II BGB zurück.[795] Nach *Diederichsen*, *Rauscher* und *Huber* sei § 1626e BGB für den Fall des § 105 I BGB teleologisch zu reduzieren. Der in § 1626c I BGB enthaltene Grundsatz der Höchstpersönlichkeit schließe im Übrigen die Abgabe der Sorgeerklärung durch einen gesetzlichen Vertreter aus.[796]

Unter Zugrundelegung dieser Ansicht ist die Begründung des gemeinsamen Sorgerechts ausgeschlossen, wenn ein Elternteil geschäftsunfähig ist. Im Falle der Geschäftsunfähigkeit der Mutter ist eine Sorgerechtsbeteiligung des Vaters von einem erfolgreichen Antrag nach § 1678 II BGB abhängig. Das Familiengericht wird ihm also die Alleinsorge zusprechen, wenn die Übertragung dem Wohl des Kindes dient. Die Mutter verliert in diesem Fall ihr bislang nach §§ 1673 I, 1675 BGB ruhendes Sorgerecht. Ist nur der Vater geschäftsunfähig, bleibt es bei der Alleinsorge der Mutter nach § 1626a II BGB. Die Möglichkeit eines ruhenden Sorgerechts des Vaters besteht nicht.

Den entgegengesetzten Lösungsweg schlagen *Dickerhof-Borello, Michalski, Keller* und *Witteborg* ein. Die Geschäftsunfähigkeit stünde der Wirksamkeit der

---

[794] *Zimmermann* in DNotZ 98, 404 (417f.).

[795] *Schwab* in DNotZ 98, 437 (453); *ders.*, FamR. Rn. 531.

[796] Palandt – *Diederichsen* § 1626c Rn. 2; § 1626e Rn.1; MüKom – *Huber* § 1626e Rn. 7 ff., insb. 18; Rauscher § 33 II Rn. 975.

Sorgeerklärung und damit der Begründung des gemeinsamen Sorgerechts nämlich deshalb nicht entgegen, weil die Anwendung der §§ 104 Nr. 2, 105 I BGB nach § 1626e BGB ausgeschlossen sei. Zur Begründung wird zudem auf die dogmatische Unterscheidung zwischen Innehabung und Ausübung der elterlichen Sorge verwiesen, wonach nur die Ausübung der elterlichen Sorge durch einen Geschäftsunfähigen, nicht aber die Innehabung, wozu auch der Akt der Sorgerechtsbegründung zähle, beschränkt werde. Dies sei schon deshalb gerechtfertigt, weil andernfalls die nichtehelichen Eltern gegenüber denjenigen Eltern benachteiligt würden, die bei der Geburt des Kindes miteinander verheiratet seien. Der Widerspruch, dass der Geschäftsunfähige rechtlich mehr vermögen könne als der beschränkt Geschäftsfähige, löse sich auf, wenn die unterschiedlichen Folgen der Erklärungen betrachtet würden: Während der Geschäftsunfähige zwar Sorgerechtsinhaber würde, dieses Recht aber nicht ausüben könne (§§ 1673 I, 1675 BGB), erhielte der minderjährige Elternteil nach § 1673 II BGB zumindest das tatsächliche Personensorgerecht. Dieses Mehr an Verantwortung müsse durch die Einwilligung des gesetzlichen Vertreters abgesichert sein.[797]

Lipp, *Knittel*, *G.* und *F. Sturm*, *Coester* und *Veit* befürworten eine vermittelnde Lösung. Während *Coester*, der insbesondere der Stärkung des Selbstwertgefühls und der Aktivierung der Restkompetenzen behinderter Menschen eine entscheidende Bedeutung beimisst,[798] sowie *G.* und *F. Sturm* die Wirksamkeit der Sorgeerklärung von der Zustimmung des gesetzlichen Vertreters abhängig machen wollen, hält *Veit* in Anlehnung an § 1596 I 3 BGB eine Sorgeerklärung durch den Betreuer als gesetzlichen Vertreter des Elternteils für möglich, wenn sie unter dem Vorbehalt der Genehmigung des Vormundschaftsgerichts stünde.[799]

Da es sich nach der Ansicht von *Lipp* bei den Sorgeerklärungen nur um statuskonkretisierende Bereitschaftserklärungen handelt, ist er der Meinung, es müsse für die Sorgeerklärungen ein besonderer Maßstab, nämlich die genuine Sorgegeschäftsfähigkeit, gelten, wie er auch für die Eheschließung als besondere Ehegeschäftsfähigkeit anerkannt sei. Entscheidend sei demnach, ob der betreffende Elternteil die nötige Einsichtsfähigkeit besitze, um das Wesen der gemeinsamen elterlichen Sorge zu begreifen und insoweit in der Lage sei, eine freie Willensentscheidung zu treffen.[800] *Knittel* schließt sich der Auffassung von *Lipp* an, fordert aber noch zusätzlich eine Zustimmung i.S.d. § 1626c II BGB.[801]

---

[797] *Dickerhof-Borello* in FuR 98, 160 (163); Erman – *Michalski* § 1626e Rn. 2; Keller, S. 46 ff.; Witteborg, S. 213 f.

[798] Staudinger – *Coester* § 1626c Rn. 19 f.; *Sturm / Sturm* in StAZ 98, 305 (307 Fn. 28).

[799] Bamberger / Roth – *Veit* § 1626c Rn. 5; zunächst auch Palandt (58./59. Aufl.) – *Diederichsen* § 1626a Rn. 7.

[800] *Lipp* in FamRZ 98, 65 (71); Lipp / Wagenitz, § 1626a Rn. 7.

[801] *Knittel* in ZfJ 00, 140 (141).

b. Stellungnahme

Geschäftsunfähig im Sinne des § 104 Nr. 2 BGB ist ein Elternteil, der aufgrund seiner psychischen Erkrankung nicht in der Lage ist, seinen Willen frei und unbeeinflusst von der vorliegenden Geistesstörung zu bilden und nach zutreffend gewonnenen Einsichten zu handeln.[802] Die Willenserklärung eines Geschäftsunfähigen ist nach § 105 I BGB nichtig. Da es sich bei den Sorgeerklärungen entgegen der Ansicht von *Lipp*, *Knittel* und *Coester* um rechtsgeschäftliche Willenserklärungen handelt, die sich durch einen in dreifacher Hinsicht rechtlich relevanten Inhalt auszeichnen, müssten die Erklärungen nach dem Gesagten nichtig sein. Hiergegen könnte allerdings die Vorschrift des § 1626e BGB sprechen, die nach dem Willen des Gesetzgebers die besondere Bestandskraft der Sorgeerklärungen gewährleistet, indem mögliche Unwirksamkeitsgründe auf die in den §§ 1626a bis 1626d I BGB genannten beschränkt und „insbesondere Willensmängel" ausgeschlossen werden.

Damit stellt sich als Erstes die Frage, ob die Geschäftsunfähigkeit ein „Willensmangel" ist. Der „Willensmangel" ist nach allgemeiner Ansicht von dem „Fehlen des Willens" zu unterscheiden und erfasst die Tatbestände der §§ 116 – 123 BGB.[803] Die Geschäftsunfähigkeit nach §§ 104 Nr. 2, 105 I BGB ist jedoch kein „Willensmangel", sondern beschreibt vielmehr einen Zustand, in dem ein rechtlich erheblicher Wille gänzlich fehlt.

Scheidet die Möglichkeit, die Geschäftsunfähigkeit als „Willensmangel" zu bezeichnen, somit aus, könnte das „Fehlen eines Willens" aber unter die vom Gesetzgeber gewählte Formulierung „insbesondere" fallen, welche die Beispielhaftigkeit des Ausschlusses von Willensmängeln verdeutlichen soll. In diesem Fall würde die Geschäftsunfähigkeit eines Elternteils die Wirksamkeit seiner Sorgeerklärung in der Tat nicht berühren.

Gegen diese Alternative spricht aber, dass die Geschäftsunfähigkeit der Neubegründung eines personenstandsbezogenen Geschäfts grundsätzlich – wie etwa bei der Eheschließung und dem Antrag auf Kindesannahme – entgegensteht. Verfahren, die auf die Vernichtung eines bisher bestehenden Personenstandes gerichtet sind, können grundsätzlich nur von dem gesetzlichen Vertreter mit Genehmigung des Vormundschaftsgerichts eingeleitet werden.[804] Eine Ausnahme zu dem erst genannten Grundsatz bildet insoweit die Vaterschaftsanerkennung; hier kann der Geschäftsunfähige aber ebenfalls nicht selbst wirksam anerkennen, sondern es bedarf vielmehr der mit Genehmigung des Vormundschaftsgerichts erfolgenden Anerkennung seines gesetzlichen Vertreters (§ 1596 I 3 BGB).

---

[802] Vgl. Bork, § 23 Rn. 980.
[803] Ennerccerius – Nipperdey § 164 III; Flume, § 19, S. 398.
[804] vgl. *Beitzke* in FS Flume, 317 (326 ff.).

Da die Geschäftsunfähigkeit somit ausnahmslos bei allen personenstandsbezogenen Erklärungen Rechtsfolgen nach sich zieht, würde es einen rechtfertigungsbedürftigen Systembruch bedeuten, wenn die Geschäftsunfähigkeit die Wirksamkeit der Sorgeerklärung gänzlich unberührt ließe.

Der Rechtfertigung einer solchen Ausnahme bedürfte es aber dann nicht, wenn die Frage der Geschäftsunfähigkeit bereits im Rahmen der elterlichen Sorge und speziell in den §§ 1626a – 1626e BGB geregelt wäre. Ausgangspunkt hierfür müssen einerseits die §§ 1673 I, 1675 BGB sein, in denen der Gesetzgeber die Auswirkungen der Geschäftsunfähigkeit eines Elternteils auf die elterliche Sorge abschließend geregelt hat, und andererseits ist auf die Vorschrift des § 1626a I Nr. 1 BGB und damit auf die Sorgeerklärungen selbst abzustellen.

Die Analyse der Rechtsnatur der Sorgeerklärungen hat gezeigt, dass der Frage des Sorgerechtserwerbes eine Auseinandersetzung über die Sorgerechtsausübung vorgeschaltet ist. Folglich kann das Argument, die Geschäftsunfähigkeit berühre nach dem Willen des Gesetzgebers im Rahmen der elterlichen Sorge stets nur die Frage der Ausübung (§§ 1673 I, 1675 BGB) und nicht diejenige der Innehabung, bei den Sorgeerklärungen gerade nicht gelten, da hier Ausübung und Innehabung untrennbar miteinander verbunden sind. Wenn nun aber dem geschäftsunfähigen Elternteil nach §§ 1673 I, 1675 BGB die Ausübungskompetenz fehlt, kann weder der geschäftsunfähige Vater einen wirksamen Antrag auf Teilung der Sorgerechtsausübung stellen, noch die geschäftsunfähige Mutter eine wirksame Annahme erklären. Zwar ist der Antrag des Vaters angesichts der noch fehlenden Sorgerechtsinhaberschaft kein unmittelbarer Akt der Sorgerechtsausübung wie bei der Mutter, allerdings ist sein Antrag aufgrund der Vorwirkung des § 1627 BGB der Sorgerechtsausübung unmittelbar vorgeschaltet und damit ebenfalls dem Bereich der Ausübung zuzuordnen.[805] Auch für den Vater kommen somit die §§ 1673 I, 1675 BGB zur Anwendung.

Da ein übereinstimmender Wille zur Begründung der gemeinsamen Sorgerechtsausübung bei einem Elternpaar, bei dem auch nur ein Teil geschäftsunfähig ist, daher nicht wirksam gebildet werden kann, fehlt somit schon – unabhängig von der Frage, ob sich die Geschäftsunfähigkeit nicht auch auf die konstitutiv wirkenden Willenserklärungen der Rechtsinhaberschaftsebene auswirken müsste – die Rechtsbedingung eines wirksamen Rechtserwerbs des nichteheli-

---

[805] vgl. oben 4. Kapitel, S. 236 f.

Aus dieser Feststellung folgt zum einen ein weiteres Argument gegen die Annahme, die Vorschriften des Sorgerechtsentzuges seien verfassungskonform in einen Entzug nur der Ausübung nach umzudeuten (4. Kapitel, S. 144). Denn selbst wenn dem so wäre, könnten die Sorgeerklärungen wegen der nach § 1666 BGB fehlenden Ausübungskompetenz keine Wirksamkeit im Entzugsbereich entfalten.

Zum anderen kann an dieser Stelle auch die oben (4. Kapitel S. 149) offengelassene Frage nach der Einbindung des Kindes beantwortet werden: Da es sich bei beiden Sorgeerklärungen, einmal direkt und einmal im Wege der Vorwirkung, um Ausübungsmaßnahmen handelt, kann § 1626 II BGB ebenfalls direkt angewendet werden. Einer Analogie bedarf es also nicht.

chen Vaters und damit die notwendige Voraussetzung für den Eintritt des gemeinsamen Sorgerechts nach § 1626a I Nr. 1 BGB.

Dies gilt um so mehr, als die Eltern schon nach dem formalrechtlichen Wortlaut des § 1626a I Nr.1 BGB erklären müssen, das Sorgerecht gemeinsam übernehmen zu wollen. Steht der gemeinsamen Übernahme der elterlichen Sorge jedoch von vornherein ein dauerndes Hindernis dergestalt entgegen, dass eine Gemeinsamkeit infolge der gesetzlichen Kürzung des Sorgerechts eines Geschäftsunfähigen um die Ausübungsbefugnis nicht möglich ist, muss jedenfalls die Sorgeerklärung des geschäftsfähigen Elternteils fehlgehen. Der Sache nach handelt es sich dann nämlich entweder um die Beibehaltung der mütterlichen Alleinsorge oder um die Übertragung der alleinigen Sorge auf den Vater. Die Eltern würden also nicht nur etwas inhaltlich Falsches erklären und damit gegen den Wortlaut des § 1626a I Nr. 1 BGB verstoßen, sondern im Falle der Geschäftsunfähigkeit der Mutter auch die speziellen, zum Schutz des Kindes bestehenden Übertragungsvoraussetzungen des § 1678 II BGB unterlaufen.[806]

Schließlich zeigen neben § 1626a I Nr. 1 BGB auch die Vorschriften der § 1626c I, II BGB und § 1626d BGB, dass die Geschäftsfähigkeit des Erklärenden notwendige Wirksamkeitsvoraussetzung der Sorgeerklärungen ist, denn schließlich wäre eine Belehrung bei einem Geschäftsunfähigen vollkommen sinnlos. Auch das Wohl des Kindes fordert nicht die Begründung einer nur formalrechtlich bestehenden Kooperationsgemeinschaft, sondern steht dem eher entgegen.

Die §§ 1673 ff. BGB fließen demnach als übergeordnete Wertungen des Gesetzgebers in die §§ 1626a ff. BGB mit ein. Die Geschäftsunfähigkeit ist damit – als Wirksamkeitshindernis der Sorgeerklärungen nach § 1626a I Nr. 1 BGB – bereits in den von § 1626e BGB zugelassenen Unwirksamkeitsgründen enthalten und deshalb nicht von der Ausschlusswirkung betroffen. Diese Lösung steht auch mit dem Allgemeinen Teil des Bürgerlichen Rechts im Einklang, wonach die Willenserklärung eines Geschäftsunfähigen nach § 105 I BGB selbst dann unwirksam ist, wenn sie lediglich rechtlich vorteilhaft wäre.

Gegen diese Lösung könnte jedoch eingewendet werden, dass insbesondere der geschäftsunfähige nichteheliche Vater gegenüber dem geschäftsunfähigen verheirateten Vater, der automatisch mit der Geburt des Kindes zumindest Inhaber des der Ausübung entkleideten Sorgerechts wird, benachteiligt wird.

Dieser Vergleich ist aber zunächst schon insofern nicht überzeugend, als jemand, der geschäftsunfähig im Sinne des § 104 Nr. 2 BGB ist, grundsätzlich nicht wirksam die Ehe eingehen (§ 1304 BGB) und damit auch nicht auf diesem Wege Sorgerechtsinhaber nach §§ 1626 ff. BGB werden kann.

---

[806] Sowohl die Übertragungsmöglichkeit nach § 1678 II BGB als auch deren Umgehungsgefahr übersieht Witteborg, S. 214.

Lediglich in den Fällen, in denen sich die Geschäftsunfähigkeit nur auf ein bestimmtes Gebiet erstreckt, kann der Betreffende geschäftsfähig in Bezug auf die Eingehung einer Ehe sein. Parallel zur Testierfähigkeit nach § 2229 IV BGB wurde hierfür in der Praxis die sogenannte Ehegeschäftsfähigkeit entwickelt, die darauf abstellt, ob der Betreffende fähig ist, das Wesen der Ehe und die Freiheit des Willensentschlusses zur Eingehung einer Ehe zu erfassen.[807] Besteht die Geschäftsunfähigkeit also schon bei Eingehung der Ehe, ist davon auszugehen, dass es sich nur um eine partielle Geschäftsunfähigkeit handelt.

Die Vergleichbarkeit eines partiell geschäftsunfähigen verheirateten Vaters mit einem vollkommen geschäftsunfähigen nichtehelichen Vater ist also grundsätzlich in Frage zu stellen. Abgesehen davon besteht auch bei dem nichtehelichen Vater die Möglichkeit einer partiellen Geschäftsunfähigkeit, die der Wirksamkeit der Sorgeerklärung gerade nicht im Wege stünde.[808] Dies ist etwa dann, wenn der Vater unter dem sogenannten „Querulantenwahn“ leidet und nur in Bezug auf Rechtsstreitigkeiten keinen freien Willen mehr bilden kann. Soweit an seiner Fähigkeit zu einer verantwortungsvollen Sorgerechtsausübung keine Zweifel bestehen, greifen die §§ 1673 I, 1675 BGB dann nicht ein.

Die Ausgangslage ist jedoch dann vollständig vergleichbar, wenn die Geschäftsunfähigkeit nach der Heirat eintritt und der Betreffende erst dann Vater wird. Der Vorteil des verheirateten Vaters besteht dann darin, dass er trotz seiner Geschäftsunfähigkeit Inhaber des Sorgerechts der Substanz nach wird und dass dieses mit Wegfall der Geschäftsunfähigkeit automatisch um die Ausübungsbefugnis ergänzt wird. Der nichteheliche Vater kann demgegenüber nach Wegfall der Geschäftsunfähigkeit überhaupt erst Inhaber des Sorgerechts nach § 1626a I Nr. 1 BGB werden. Ob dem verheirateten Vater während der Zeit seiner Geschäftsunfähigkeit darüber hinaus ein Beschwerderecht gegen die Auswahl und Entlassung eines Vormundes zusteht ist, ist zwar zweifelhaft,[809] selbst wenn dem aber so wäre und somit ein weiterer Vorteil gegenüber dem nichtehelichen Vater bestünde, ist jedoch zu fragen, ob der nichteheliche Vater zu Unrecht benachteiligt wird, ob also die Besserstellung des ehelichen Vaters gerechtfertigt werden kann.

Diesbezüglich ist auf das Wesen der Ehe abzustellen. Der übereinstimmende Wille der Eltern zur Eingehung einer Ehe indiziert, wie bereits erörtert, auch die für eine Sorgegemeinschaft notwendige Übereinstimmung der Eltern. Solange der Vater aufgrund seiner Geschäftsunfähigkeit an der Betätigung seines Sorgewillens gehindert ist, rechtfertigt dies die Alleinsorge der Mutter nach

---

[807] *BayObLG* in FamRZ 97, 294; Erman- *Roth* § 1304 Rn. 3.

[808] So auch MüKom – *Huber* § 1626e Rn. 19.

[809] Die von Witteborg (S. 213) in diesem Zusammenhang zitierte Entscheidung des *BayObLG* (FamRZ 65, 283 f.) betraf den Fall, dass die Sorge einer Mutter aus tatsächlichen Gründen, aufgrund einer Gefängnisstrafe, ruhte.

§ 1678 I BGB. Entfällt die Geschäftsunfähigkeit aber wieder, so lebt der übereinstimmende Sorgewille aufgrund der weiterhin bestehenden Ehe wieder auf. Eine Ehe überbrückt somit das Defizit eines Elternteils nicht nur in tatsächlicher Hinsicht aufgrund der häuslichen Gemeinschaft der Eltern, sondern auch in rechtlicher Hinsicht.

Bei nicht miteinander verheirateten Eltern konnte im Zeitpunkt der Geschäftsunfähigkeit des Vaters weder ein rechtlich beachtlicher Sorgewille gebildet werden, noch konnte dieser vermutet werden, da das Bestehen einer festen, das Kindeswohl fördernden partnerschaftlichen Beziehung der Eltern weder Voraussetzung noch regelmäßige und typische Folge eines gemeinsamen Sorgerechts nach § 1626a I Nr. 1 BGB ist. Es kann folglich auch kein defizitärer Sorgewille überbrückt werden, der den automatischen Eintritt eines gemeinsamen Sorgerechts rechtfertigen würde. Die Bevorzugung des verheirateten Vaters ist damit aus Gründen des Kindeswohls gerechtfertigt.

Schließlich könnte gegen die Unwirksamkeit der Sorgeerklärung eines Geschäftsunfähigen vorgebracht werden, sie schwäche das Selbstwertgefühl behinderter Menschen und verhindere durch eine pauschale Entrechtung eine Aktivierung ihrer Restkompetenzen. Hiergegen spricht aber zum einen, dass der Bedeutung des Elternrechts behinderter Eltern[810] durch das Umgangsrecht nach § 1684 I BGB in gleicher Weise Rechnung getragen wird wie dem Elternrecht nicht sorgeberechtigter Eltern. Zum anderen ist es Aufgabe des nicht behinderten Elternteils bzw. des Vormunds oder des Pflegers, den geschäftsunfähigen Elternteil im Rahmen seiner Möglichkeiten an der tatsächlichen Pflege und Erziehung des Kindes teilhaben zu lassen und auf diesem Weg sein Selbstwertgefühl zu stärken. Denn die Bewältigung dieser sozialen Probleme obliegt dem sozialen Umfeld des Betroffenen und nicht dem Gesetzgeber. Im Übrigen handelt es sich um ein Gefühlsproblem, das nicht zu Lasten der Rechtssicherheit gelöst werden darf.

Der Sorgeerklärung eines Geschäftsunfähigen ist damit die Wirksamkeit nach § 1626a I Nr. 1 BGB zu versagen. Ein geschäftsunfähiger Vater kann also nicht an der elterlichen Sorge teilhaben. Da seine tatsächliche Lage aber mit und ohne Sorgerecht im Wesentlichen auf das Umgangsrecht beschränkt bliebe, ist ein rechtlicher Vorteil durch die Inhaberschaft der elterlichen Sorge der Substanz nach praktisch nicht vorhanden. Ist die Mutter hingegen geschäftsunfähig, bleibt dem Vater die Möglichkeit, bei dem Familiengericht nach § 1678 II BGB einen Antrag auf Übertragung der Alleinsorge zu stellen.

[810] Vgl. hierzu *BVerfGE* in NJW 82, 1379 ff.

4. Fehlende Regelung der Sorgeerklärung eines betreuten Elternteils

Auch für die Sorgeerklärung eines Betreuten enthält das Gesetz keine Regelung. Soweit der betreute Elternteil geschäftsunfähig ist, gelten die vorstehenden Ausführungen. Fraglich ist allein, ob die Anordnung eines Einwilligungsvorbehaltes nach § 1903 I BGB auch die Abgabe einer Sorgeerklärung umfasst, wenn der betreute Elternteil geschäftsfähig ist.

Die Lösung dieser Frage ist in der Argumentation des Gesetzgebers zu § 1626c II BGB zu finden. Hier wurde die Notwendigkeit der Zustimmung des gesetzlichen Vertreters mit der Parallelwertung des § 3 EheG (§ 1303 BGB) begründet, wonach zur Eingehung der Ehe mit dem anderen Elternteil ebenfalls die Zustimmung des gesetzlichen Vertreters erforderlich ist und damit auch der Sorgerechtserwerb des Vaters nach § 1626a I Nr. 2 BGB von dessen Zustimmung abhängt.[811] Diese Wertung lässt sich auf die Situation des Betreuten übertragen.[812] Indem der Gesetzgeber im Rahmen des § 1903 II BGB bei Willenserklärungen, die auf die Eingehung einer Ehe gerichtet sind, einen Einwilligungsvorbehalt ausgeschlossen hat, ermöglicht er dem Vater einen Sorgerechtserwerb nach § 1626a I Nr. 2 BGB, ohne dass es hierfür einer Einwilligung seines gesetzlichen Vertreters bedarf. Eine entsprechende Anwendung des § 1903 II BGB schließt folglich ebenfalls einen Einwilligungsvorbehalt bei der Abgabe einer Sorgeerklärung aus.

Dieses Ergebnis steht im Einklang mit dem Grundsatz der Höchstpersönlichkeit der Sorgeerklärungen.[813] § 1596 III BGB, der für die vergleichbar höchstpersönliche Vaterschaftsanerkennung einen Einwilligungsvorbehalt ausdrücklich zulässt, ist als Ausnahme zu verstehen und damit für Rückschlüsse in Bezug auf die Sorgeerklärungen ungeeignet.[814] Im Übrigen hat die Betreuungsanordnung keine negativen Auswirkungen auf die sorgerechtliche Kompetenz des betreffenden Elternteils,[815] so dass auch die rechtliche Konstruktion des § 1626a I Nr. 1 BGB nicht zu einem anderen Ergebnis zwingt.

II. Bindungswirkung der Sorgeerklärungen

1. Widerruf der abgegebenen Sorgeerklärung

Entsprechen die Sorgeerklärungen den Voraussetzungen der §§ 1626a bis 1626d I BGB, werden sie mit ihrer Abgabe wirksam. Es ist aber nicht ausgeschlossen, dass ein Elternteil seinen Entschluss wieder bereut und seine bereits abgegebene Sorgeerklärung widerrufen möchte.

---

811 Vgl. 4. Kapitel S. 164.
812 Lipp / Wagenitz, § 1626a Rn. 5; Staudinger – *Coester* § 1626c Rn. 21.
813 Palandt – *Diederichsen* § 1626c Rn. 2; Rauscher, § 33 II, Rn. 975.
814 Vgl. Rauscher § 33 II, Rn. 975; a.A.: Bamberger / Roth – *Veit* § 1626c Rn. 6.
815 Vgl. Staudinger – *Coester* § 1673 Rn. 8.

Eine ausdrückliche gesetzliche Regelung zu diesem Problemkreis fehlt. Einigkeit besteht aber insoweit, als eine freie Widerrufbarkeit der Sorgeerklärung zumindest dann ausgeschlossen ist, wenn mit Vorliegen der zweiten Sorgeerklärung das gemeinsame Sorgerecht eintritt.[816] Ein Widerruf des gemeinsamen Sorgerechts würde dann einen Verzicht auf die elterliche Sorge bedeuten, der nicht privatautonom, sondern nur unter Mitwirkung des Familiengerichts Wirksamkeit entfalten kann. Für diesen Fall sieht das Gesetz mit § 1671 BGB eine entsprechende Sonderregelung vor.

Ein Widerruf kommt folglich nur in Betracht, solange die zweite Sorgeerklärung noch nicht wirksam vorliegt. Da der Widerruf kein Fall der Unwirksamkeit i.S.d. § 1626e BGB sei, wird diese Möglichkeit ganz überwiegend (ohne nähere Begründung) bejaht.[817] *Rauscher* hält den Widerruf hingegen auch in der Schwebezeit für ausgeschlossen. Eine grundsätzliche Widerrufbarkeit einseitiger nicht empfangsbedürftiger Willenserklärungen sei weder aus der allgemeinen Rechtsgeschäftslehre bekannt, noch entspräche sie dem Zusammenspiel der beiden Sorgeerklärungen. Im Übrigen sei auch bei der Anerkennung der Vaterschaft die grundsätzliche Unwiderrufbarkeit in der Schwebezeit unstrittig, zumal § 1597 III BGB ausdrücklich eine Ausnahme zu diesem Prinzip nach Jahresfrist normiere.[818]

Bei der Frage des Widerrufs muss wiederum berücksichtigt werden, dass die Sorgeerklärungen der Begründung des gemeinsamen Sorgerechts dienen. Da sich hieraus eine Vorwirkungen des § 1627 BGB und damit die sachliche Notwendigkeit der Empfangsbedürftigkeit der Sorgeerklärungen ergibt, könnte dies der Widerrufbarkeit der Sorgeerklärung entgegenstehen. Denn wenn der ersterklärende Elternteil den anderen Elternteil von der Abgabe seiner Sorgeerklärung in Kenntnis setzt, schafft er hierdurch einen Vertrauenstatbestand, so dass seine Erklärung ab diesem Zeitpunkt grundsätzlich unwiderruflich sein müsste (vgl. § 130 I BGB). Das gleiche müsste aber auch dann gelten, wenn die Mutter ihren Auskunftsanspruch nach § 58a SGB VIII geltend macht und auf diesem Wege von der Sorgeerklärung des Vaters erfährt. Da die Sorgeerklärung den „Bereich des Vaters" nämlich gerade mit seinem Willen verlassen hat, also nicht bloß der Schein einer willentlichen Abgabe entsteht, und der Vater auch über die Möglichkeit der Kenntnisnahme der Mutter auf diesem Wege aufgeklärt wird, müsste sich der Vater auch diese Form der Kenntnisnahme zurechnen lassen.

---

[816] *Lipp* in FamRZ 98, 65 (71); *Schwab* in DNotZ 98, 437 (453); *Wegmann* in MittBayNot 98, 308 (311); Palandt – *Diederichsen* § 1626a Rn. 9; Rauscher § 33 II, Rn. 974; *Knittel* in ZfJ 00, 140 (140); MüKom – *Huber* § 1626a Rn. 12; Staudinger – *Coester* § 1626a Rn. 55.

[817] *Wegmann* in MittBayNot 98, 308 (311); Lipp / Wagenitz § 1626a Rn. 10; Palandt – *Diederichsen* § 1626a Rn. 9; *Knittel* in ZfJ 00, 140 (140); MüKom – *Huber* § 1626a Rn. 13; Staudinger – *Coester* § 1626a Rn. 55.

[818] Rauscher § 33 II, Rn. 974.

Andererseits darf nicht übersehen werden, dass durch die Sorgeerklärungen ein übereinstimmender, die Kooperationsfähigkeit der Eltern bezeugender Wille zum Ausdruck gebracht werden soll, der das gemeinsame Sorgerecht bei nichtehelichen Eltern überhaupt erst rechtfertigt. Dem widerspräche es, wenn das gemeinsame Sorgerecht im Zeitpunkt seines Eintretens nicht mehr vom Willen beider Eltern getragen würde. Die zu erwartenden Streitigkeiten würden nicht nur das Wohl des Kindes, sondern auch die Gerichte mit Anträgen nach § 1671 II BGB unnötig belasten. Aus dem Sinn und Zweck des gemeinsamen Sorgerechts ergibt sich somit ein Widerrufsrecht des ersterklärenden Elternteils, das bis zur wirksamen Abgabe der zweiten Sorgeerklärung besteht. Es handelt sich um ein „verstecktes Widerrufsrecht", dass mit der in § 929 S. 1 BGB geregelten Bindung vergleichbar ist: Aus der Voraussetzung des Einigseins im Zeitpunkt der Übergabe wird hier ganz überwiegend die Widerrufbarkeit der Einigung bis zur Übergabe abgeleitet.[819] Entsprechend kann im Rahmen des § 1626a I Nr. 1 BGB von einem „Willen zur gemeinsamen Übernahme der elterlichen Sorge" nur dann gesprochen werden, wenn dieser Wille auch noch im Zeitpunkt der Übernahme aktuell ist.

Im Vergleich zu bloßen Ausübungsvereinbarungen, die formlos geschlossen und widerrufen werden können,[820] ist es hier aber gerechtfertigt und notwendig, dass der Widerruf, wie dies auch ganz überwiegend gefordert wird,[821] den formellen Voraussetzungen der Sorgeerklärungen zu entsprechen hat. Hierfür spricht einerseits, dass es sich auch bei dem Widerruf um eine personenstandsbezogene Erklärung handelt, die insbesondere eine Belehrung des Widerrufenden verlangt. Andererseits ist die Anwendbarkeit der §§ 1626a ff. BGB auch gerade deshalb geboten, weil mit der Eintragung der Sorgeerklärung in das Sorgerechtsregister eine Publizitätswirkung erzeugt wurde, die durch einen formlosen Widerruf nicht beseitigt werden könnte.

Auch an dieser Stelle zeigt sich, dass das formelle Defizit einer fehlenden Widerrufsregelung durch die materiellen Anforderungen des gemeinsamen Sorgerechts ausgeglichen wird.

2. Gerichtliche Änderungsmöglichkeit bei Trennung der Eltern, § 1671 BGB

Ist das gemeinsame Sorgerecht nach § 1626a I Nr. 1 BGB zustande gekommen und auch keinem von beiden Elternteilen nach § 1666 BGB entzogen worden,[822]

---

[819] Vgl. nur Palandt – *Bassenge* § 929 Rn. 6, Medicus, § 23 II. 4., Rn. 306.
[820] Vgl. 3. Kapitel, S. 119 ff., 130 ff.
[821] Vgl. hierzu z.B. MüKom – *Huber* § 1626a Rn. 13 m.w.N.
[822] In diesem Fall hat der andere Elternteil die Alleinsorge nach § 1680 III, I BGB. Will der

kann es nur noch unter den Voraussetzungen des § 1671 BGB abgeändert werden. Danach ist es erforderlich, dass die Eltern nicht nur um vorübergehend getrennt leben (vgl. § 1567 I BGB). Verfahrenserfordernis und materiellrechtliche Voraussetzung ist weiter der Sorgerechtsantrag desjenigen Elternteils,[823] der das Sorgerecht ganz oder teilweise alleine übernehmen will. Wie bei der Begründung der gemeinsamen Sorge ist auch hier ein Antrag des Kindes ausgeschlossen.[824] Stimmt der andere Elternteil dem Antrag zu, bindet dieses Einvernehmen das Gericht nach § 1671 II Nr. 1 BGB. Eine Ausnahme soll nur dann gelten, wenn das Wohl des Kindes gefährdet würde (§§ 1671 III, 1666 ff. BGB)[825] oder das bereits 14-jährige Kind der Übertragung der Alleinsorge auf den Antragsteller widerspricht. Das Gericht hat dann zu prüfen, ob dem Antrag deshalb stattzugeben ist, weil die Voraussetzungen der Nr. 2 vorliegen. Verweigert der andere Elternteil hingegen seine Zustimmung, ist der Antrag ebenfalls nach § 1671 II Nr. 2 BGB zu behandeln. Danach muss zu erwarten sein, dass sowohl die Aufhebung der gemeinsamen Sorge als auch die Übertragung der Sorge auf den Antragsteller dem Wohle des Kindes am besten entspricht.

Die Aufhebung der gemeinsamen Sorge ist dann zum Besten des Kindeswohls, wenn sich ein Elternteil als ungeeignet zur Pflege und Erziehung des Kindes erweist oder wenn die Eltern aufgrund ihrer Streitigkeiten in den das Kind betreffenden Grundfragen (§ 1687 I 1 BGB) nicht mehr vernünftig miteinander kommunizieren können und damit weder aktuell kooperationsfähig und -willig sind noch zukünftig eine andere Prognose rechtfertigen.[826]

Auf der zweiten Prüfungsstufe hat das Gericht zu untersuchen, ob auch die Übertragung der elterlichen Sorge auf den Antragssteller dem Wohl des Kindes am besten entspricht. Dies ist dann der Fall, wenn der Antragssteller nicht nur

---

nicht mehr sorgeberechtigte Elternteil die Trennung zum Anlass nehmen, die Entzugsentscheidung zu ändern, bleibt ihm nur ein Vorgehen nach § 1696 II BGB, da die Trennung seine Rechtsposition nicht verbessern kann, vgl. BT-Drs. 13 / 4899, S. 98.

[823] Ein Sorgerechtsantrag nach § 1671 I BGB kann auch schon vor der Geburt gestellt werden, wenn die Eltern vor der Geburt des Kindes wirksame Sorgeerklärungen abgegeben haben. Ein Widerruf ist nämlich zu diesem Zeitpunkt bereits ausgeschlossen, vgl. *Wegmann* in MittBayNot 98, 308 (311).

[824] BT-Drs. 13 / 4899, S. 98. Kritisch hierzu *Willutzki* in Rpfleger 97, 336 (338); *Kohler* in ZfJ 99, 128 (130).

[825] BT-Drs. 13 / 4899, S. 99 f.; Palandt – *Diederichsen* § 1671Rn. 19: „Stille Verweisung".

[826] *BGH* in FamRZ 99, 1646 (1647 f.); *OLG Frankfurt* in FamRZ 01, 1636 (1637); *OLG Nürnberg* in FamRZ 02, 188 (189); *OLG München* in FamRZ 02, 189; *OLG Dresden* in FamRZ 02, 973 (974); *OLG Hamm* in FamRZ 02, 1208; *OLG Köln* in FamRZ 03, 1036 f. Insgesamt ist darauf hinzuweisen, dass kein Regel-Ausnahme-Verhältnis zugunsten der gemeinsamen Sorge besteht (BT-Drs. 13 / 4899, S. 63; *BGH* in FamRZ 99, 1646 (1647) *OLG Hamm* in FamRZ 01, 183 (Nr. 155); a.A.: *OLG Frankfurt* in FuR 02, 85 (86).

die Einheitlichkeit, Stetigkeit und Stabilität des Erziehungsverhältnisses und seiner äußeren Umstände besser gewährleisten kann als der andere Elternteil,[827] sondern wenn er dem Kind auch die besseren Entwicklungsmöglichkeiten vermitteln kann.[828] Bestandteil der Erziehungsfähigkeit ist im Übrigen die notwendige Bindungstoleranz des Antragsstellers. Er muss vorbehaltlos bereit sein, den persönlichen Umgang des Kindes mit dem anderen Elternteil zuzulassen.[829]

Sind die vorstehenden Voraussetzungen erfüllt, kann dem Antrag stattgegeben werden; andernfalls bleibt es (auch gegen den Willen der Eltern) bei der gemeinsamen Sorge.[830] Dem Gericht verbleibt aber die Möglichkeit, dem Sorgerechtsantrag auch nur teilweise stattzugeben, wenn und soweit dies dem Kindeswohl dient.[831]

F. Zusammenfassung

Die Sorgeerklärungen folgen in formeller Hinsicht den Besonderheiten anderer personenstandsbezogener Erklärungen, zeichnen sich also durch ihre Bedingungs- und Befristungsfeindlichkeit, ihre höchstpersönliche Natur und durch ihre Formbedürftigkeit aus.

Entgegen vielfacher Kritik trägt das gesetzliche Regelungskonzept dabei im Wesentlichen der besonderen Konstellation der nichtehelichen Elternschaft und den Interessen des Kindes Rechnung. Dies gilt insbesondere auch im Hinblick auf § 1626b II BGB, der dem Kontinuitätsinteresse des Kindes den Vorzug gegenüber der Elternautonomie einräumt, und im Hinblick auf § 1626d II BGB, der den Umstand, das die nichteheliche Elternschaft noch immer die Ausnahme darstellt, der Gesetzgeber aber gleichwohl von der regen Inanspruchnahme des § 1626a I Nr. 1 BGB ausgeht, berücksichtigt.

Weiterhin hat der Gesetzgeber zu Recht davon abgesehen, durch partielle Sorgeerklärungen die Begründung eines nur teilweise gemeinsamen Sorgerechts zu ermöglichen. Sie würden nicht nur eine halbherzige Entscheidung der Eltern wi-

---

[827] *OLG Karlsruhe* in FamRZ 01, 1634 (1635); *KG* in FamRZ 01, 185 (Nr. 158).
[828] *Schwab* in FamRZ 98, 457 (464); *OLG Karlsruhe* in FamRZ 01, 1634 ff.; 1636 (Nr. 1193).
[829] *OLG Frankfurt* in FamRZ 01, 638 (639); *OLG Hamm* in FamRZ 01, 183 (Nr. 155); *OLG Dresden* in FamRZ 03, 397 f.
[830] Die Problematik des gemeinsamen Sorgerechts ohne einen übereinstimmenden Elternwillen wird zwar vor dem Hintergrund des § 1687 I BGB entschärft, enthält jedoch auch ein gewisses Gefahrenpotential für das Wohl des Kindes. Daher kann diese Entscheidung nur nach einer umfassenden Würdigung aller Umstände des Einzelfalles getroffen werden, vgl. Staudinger – *Coester* § 1671 Rn. 127 ff.
[831] *OLG Brandenburg* in FamRZ 02, 567 f.

derspiegeln, sondern sie würden, angesichts der Möglichkeit eines umfassenden gemeinsamen Sorgerechts sogar einen verdeckten Verzicht auf Teile der elterlichen Sorge darstellen. Ohne Beteiligung des Gerichts sind derartige Dispositionen über die elterliche Sorge aber entsprechend der Systematik des Familienrechts unzulässig, zumal die Ungleichbehandlung verheirateter Eltern, denen diese Möglichkeit nicht gewährt wird, nicht gerechtfertigt werden könnte. Da im Übrigen die Möglichkeit besteht, die Sorgerechtswahrnehmung umfassend vorab durch begleitende Vereinbarungen zu regeln, erscheinen partielle Sorgeerklärungen ohnehin überflüssig.

Diese im Vorfeld des § 1626a I Nr. 1 BGB geschlossenen Vereinbarungen folgen im Wesentlichen den Grundsätzen gewöhnlicher Ausübungsvereinbarungen. Sie müssen also Ausdruck einer freien Entscheidung sein und dürfen ohne Inanspruchnahme des Familiengerichts keinen vollständigen oder teilweisen Verzicht auf die elterliche Sorge beinhalten. Obwohl begleitende Vereinbarungen in unmittelbarem zeitlichen Zusammenhang mit den Sorgeerklärungen abgegeben werden, werden sie nicht Teil der Sorgeerklärungen.

Abgesehen davon, dass diese speziellen Ausübungsvereinbarungen die Bedingungsfeindlichkeit der Sorgeerklärungen nicht verletzen dürfen, besteht eine Besonderheit bei der Frage nach der erneuten Einigungsbedürftigkeit: Haben beide Eltern ihre Sorgeerklärungen abgegeben und scheiterte der Eintritt des gemeinsamen Sorgerechts bislang an formellen Defiziten, begründet der Konsens der Eltern zur Begründung des gemeinsamen Sorgerechts eine Vorwirkung des § 1627 BGB, aufgrund derer die erneute Einigungsbedürftigkeit der Angelegenheit entweder bei objektiv wichtigen Angelegenheiten aus § 1627 BGB selbst oder aus der verbindlich gewollten Regelung einer subjektiv wichtigen Angelegenheit folgt. Scheiterte der Eintritt des gemeinsamen Sorgerechts hingegen an einer noch fehlenden Sorgeerklärung und damit an dem fehlenden Grundkonsens der Eltern, fordert das Interesse des Kindes an einer effektiven Sorgerechtsausübung die Alleinentscheidungsbefugnis der bis dato noch alleinsorgeberechtigten Mutter.

Lückenhaft ist das gesetzliche Regelungskonzept aber insofern, als zum einen die Beurkundungsbefugnis des Standesbeamten fehlt. Die Begründung des gemeinsamen Sorgerechts verlangt deshalb von den Eltern noch mehr Behördengänge als notwendig, was nicht zur Attraktivitätssteigerung des § 1626a I Nr. 1 BGB beiträgt. Zum anderen fehlt eine ausreichende Information des nichtehelichen Vaters; er wird von keiner offiziellen Stelle auf die Möglichkeit des gemeinsamen Sorgerechts hingewiesen. Hierdurch wird die starke Stellung der Mutter um einen Wissensvorsprung erweitert und dem Vater so die Chance genommen, eine von einem Machtanspruch auf das Kind beseelte Mutter eines Besseren zu belehren. Das Resultat käme dem Kindeswohl zugute. Um die Wissensbasis beider Eltern gleich auszugestalten und damit dem aus Art. 3 II GG folgenden Gleichheitsgebot zu folgen, sollte sich das Beratungsangebot des Jugendamtes also auch an den Vater richten.

Diese Bedenken können allerdings nicht die Verfassungswidrigkeit der starken mütterlichen Stellung begründen. Vor dem Hintergrund, dass die sorgerechtliche Betreuung des Kindes bereits unmittelbar nach seiner Geburt gewährleistet sein muss, ist die Mutter die einzig sichere Bezugsperson, die das Kind nach seiner Geburt vorfindet und zu der es bereits eine Beziehung aufgebaut hat.

Neben der Regelung des § 1626a II BGB rechtfertigen Kindeswohlgesichtspunkte auch das Konsenserfordernis des Abs. 1 Nr. 1. Um die Gefahr ständiger Streitereien zu umgehen, die regelmäßig auf dem Rücken des Kindes ausgetragen würden, muss das gemeinsame Sorgerecht dem ungezwungenen Willen beider Eltern entsprechen. Wenn sich die Mutter weigert, eine Sorgeerklärung abzugeben und hiermit eine Sorgerechtsbeteiligung des Vaters verhindert, wird sie dies nach (bislang zutreffender) Ansicht des Gesetzgebers im Interesse und zum Wohle des Kindes tun. Gleichwohl hat das *BVerfG* dem Gesetzgeber die Pflicht auferlegt, diese Vermutung durch geeignete statistische Erhebungen zu überprüfen und die Rechtslage gegebenenfalls mit Art. 6 II GG in Einklang zu bringen.

Da sich in der Regel eine Mutter, die erst nach der Trennung von dem Vater die Möglichkeit erhält, ein gemeinsames Sorgerecht zu begründen, nicht von dem Kindeswohl leiten lässt, besteht ein akuter Handlungsbedarf für die sogenannten „Altfälle". Das Gesetz zur Umsetzung familienrechtlicher Entscheidungen des BVerfG stellt eine vertretbare Lösung dar, die in Anbetracht ihrer vergangenheits- und zukunftsbezogenen Merkmale zugleich eine große Herausforderung für die Gerichte bedeutet.

Bedauerlich ist, dass der Gesetzgeber dieses Gesetz nicht zum Anlass genommen hat, die beschriebene Informationslücke zu beseitigen und die gemeinsame Beurkundung beider Eltern als ein nach außen sichtbares Zeichen ihrer Gemeinsamkeit vorzuschreiben.

Dieser letzten Erwägung liegt die Feststellung zugrunde, dass die Eltern keinerlei räumliche und partnerschaftliche Gemeinsamkeit aufweisen müssen. Darüber hinaus geben sie in formeller Hinsicht inhaltlich bloße Absichtserklärungen ab. Die fehlende sichtbare Gemeinsamkeit der Eltern und der Inhalt ihrer Erklärungen stehen jedoch in einem krassen Widerspruch zu dem angestrebten Ziel der Eltern, das Sorgerecht gemeinsam ausüben zu wollen. Aufgrund dessen ist eine entsprechende Veränderung des gesetzlichen Konzepts notwendig. Diese Beziehungslosigkeit spiegelt sich im Übrigen auch in den Sorgeerklärungen selbst wider: Während bei anderen personenstandsbezogenen Erklärungen ein Zusammenhang durch eine gemeinsame Abgabe, einen gemeinsamen Adressaten oder wenigstens durch eine Abgabebenachrichtigung gewährleistet wird, fehlen derartige Gemeinsamkeiten bei den Sorgeerklärungen. Sie laufen in formeller Hinsicht vollkommen, d.h. auch inhaltlich parallel. Auch nach der Abgabe werden die Eltern nicht über die Abgabe der jeweils anderen Sorgeerklärung informiert.

Dieser letzte Aspekt wird aber insofern gemildert, als das Ziel der Sorgeerklärungen die Begründung des gemeinsamen Sorgerechts ist. Dieses verpflichtet die Eltern nach § 1627 BGB in grundsätzlich allen Kindesangelegenheiten gemeinschaftlich zu handeln. Um dieser Verpflichtung mit dem Eintritt des gemeinsamen Sorgerechts nachkommen zu können, besteht für beide Eltern die Verpflichtung, den jeweils anderen von der Abgabe der eigenen Erklärung in Kenntnis zu setzen. § 1627 BGB entfaltet insoweit eine Vorwirkung, so dass die Erklärungen in materieller Hinsicht empfangsbedürftig sind. Ein formalrechtliches Defizit wird also durch die materiellen Anforderungen der gemeinsamen Sorge ausgeglichen.

Diese Divergenz zwischen formeller und materieller Ausgestaltung setzt sich bei der rechtlichen Qualifizierung fort.

Hierbei ist zunächst zu beachten, dass aus dem Grundsatz des Vorrangs der Verfassung folgt, dass es sich bei der Begründung der gemeinsamen Sorge im Verhältnis zu Art. 6 II GG um einen eigenständigen Entstehungsakt handeln muss. Weiterhin ist festzustellen, dass sich das gemeinsame Sorgerecht aus den substanziellen, in ihrer Ausübung aneinander gebundenen Sorgerechten von Mutter und Vater zusammensetzt. Es gibt daher kein gemeinsames Sorgerechts der Substanz, sondern nur der Ausübung nach. In diesem Sinne lässt sich die Rechtsnatur der Sorgeerklärungen aber nur dann sinnvoll erfassen, wenn zwischen der Ausübungsebene und der Ebene der Rechtsinhaberschaft differenziert wird. Der Begründung des gemeinsamen Sorgerechts nach § 1626a I Nr. 1 BGB liegt daher ein zweiteiliger Rechtsakt zugrunde, der sowohl der unterschiedlichen rechtlichen Ausgangslage der Eltern als auch dem Ziel der einvernehmlichen Sorgerechtsausübung Rechnung zu tragen hat.

Hieraus ergibt sich, dass der Sorgerechtserwerb des Vaters der Ebene der Rechtsinhaberschaft zuzuordnen ist. Diesbezüglich handelt es sich jeweils um konstitutiv wirkende Willenserklärungen gleichen Inhalts, die in ihrer Gesamtheit einen Beschluss bilden. Da aber allein die durch Ausübungsbindungen miteinander verbundenen Sorgerechtspositionen der Eltern kindeswohlgerecht sind, ist ein erfolgreicher Antrag des Vaters an die Mutter auf Teilung der Sorgerechtsausübung die Rechtsbedingung seines Sorgerechtserwerbes. Nimmt sie seinen Antrag an, kommen auf der Ausübungsebene zwei Verträge zustande. Gegenstand des einen ist die gegenseitige Verpflichtung, die Sorgerechtsausübung zukünftig mit dem jeweils anderen gemeinsam ausüben zu wollen; Gegenstand des anderen ist eine Verfügung über die mütterlichen Ausübungsbefugnisse, die zugunsten des Vaters und damit zugunsten einer gemeinsamen Sorgerechtsausübung verkürzt werden. Folglich weisen die Sorgeerklärungen auf der Ausübungsebene eine Doppelnatur auf. Zusammen bilden Verfügungs- und Verpflichtungsvertrag einen Gesamtvertrag über die Teilung der Sorgerechtsausübung. Liegt dieser Gesamtvertrag vor, kann das Hauptgeschäft – der Beschluss des väterlichen Sorgerechts – seine Wirkung entfalten. Durch die bestehende Ausübungsbindung tritt dann nicht nur das Sorgerecht des nichtehelichen Vaters, sondern auch das gemeinsame Sorgerecht ein.

Die Besonderheit der Konstruktion des § 1626a I Nr. 1 BGB besteht darin, dass die Eltern in formeller Hinsicht jeweils nur eine und jeweils die gleiche Erklärung abgeben und dass diese Erklärungen vollkommen parallel zueinander laufen. Wenn die Eltern in materieller Hinsicht also insgesamt drei unterschiedliche Rechtgeschäfte vornehmen, so geschieht dies konkludent.

Aufgrund der hieraus resultierenden dreifachen Rechtsnatur handelt es sich bei den Sorgeerklärungen nach § 1626a I Nr. 1 BGB um arteigenes Familienrecht, das der besonderen Struktur der gemeinsamen elterlichen Sorge Rechnung trägt.

Da ein Rechtsgeschäft der Ausübungsebene aber Rechtsbedingung des konstitutiv wirkenden Beschlusses ist, kann ein geschäftsunfähiger Elternteil, dem nach §§ 1673 I, 1675 BGB jedwede Kompetenz zur Ausübung der elterlichen Sorge abgesprochen wird, keine wirksame Sorgeerklärung abgeben. Dies gilt sowohl für die geschäftsunfähige Mutter, die bereits Inhaberin des Sorgerechts ist, als auch für den geschäftsunfähigen Vater. Dessen Antrag ist zwar angesichts der noch fehlenden Sorgerechtsinhaberschaft kein unmittelbarer Akt der Sorgerechtsausübung, er ist aber aufgrund der Vorwirkung des § 1627 BGB der Sorgerechtsausübung unmittelbar vorgeschaltet und damit ebenfalls dem Bereich der Ausübung zuzuordnen. Die §§ 1673 ff. BGB, die einmalig und abschließend die Auswirkungen der Geschäftsunfähigkeit im Rahmen der elterlichen Sorge regeln, fließen als übergeordnete Wertungen in die §§ 1626a ff. BGB mit ein. Daher ist die Geschäftsunfähigkeit – als Wirksamkeitshindernis der Sorgeerklärung nach § 1626a I Nr. 1 BGB – bereits in den von § 1626e BGB zugelassenen Unwirksamkeitsgründen enthalten und somit nicht von der Ausschlusswirkung betroffen. Weil es sich bei den Sorgeerklärungen beider Eltern jedenfalls auch um Ausübungsmaßnahmen handelt, sind die Eltern nach § 1626 II BGB dazu angehalten, das Kind in die Frage der Begründung des gemeinsamen Sorgerechts mit einzubeziehen.

Sowohl die fehlende formalrechtliche Beteiligung des Kindes als auch die fehlende Regelung der Sorgeerklärung eines geschäftsunfähigen Elternteils wird also durch die materiellen Anforderungen der elterlichen Sorge ausgeglichen.

Hinsichtlich der Bindungswirkung der Sorgeerklärungen ist hervorzuheben, dass die erste Sorgeerklärung bis zum Vorliegen der zweiten widerrufen werden kann. Der Widerruf unterliegt als personenstandsbezogene Erklärung den gleichen formalrechtlichen Anforderungen wie die Sorgeerklärung selbst. Auch diese Möglichkeit ist formalrechtlich nicht geregelt, folgt aber in materieller Hinsicht aus dem Erfordernis eines noch im Zeitpunkt des Sorgerechtseintritts bestehenden gemeinsamen Sorgewillens und damit aus den materiellen Anforderungen des gemeinsamen Sorgerechts.

Nach dem Eintritt des gemeinsamen Sorgerechts ist eine Veränderung der elterlichen Sorge nur noch unter den Voraussetzungen des § 1671 BGB möglich.

Die dreifache Rechtsnatur der Sorgeerklärungen und der Ausgleich formellrechtlicher Defizite durch die materiellrechtlichen Anforderungen der gemeinsamen Sorge belegen, dass es sich bei der Konstruktion des § 1626a I Nr. 1 BGB insgesamt um arteigenes Familienrecht handelt.

Gesamtergebnis

Die Sorgeerklärung ist in mehrfacher Hinsicht ein außergewöhnliches Rechtsinstitut.

Dies ergibt sich erstens aus ihrer Entstehungsgeschichte. Motiviert durch den vielzitierten „sozialen Wandel“ folgte dem politischen Druck 1991 die Verpflichtung des Gesetzgebers durch das *BVerfG*. Dabei vollzog das Gericht eine ungewöhnliche Kehrtwendung: Lehnte es 1981 ein gemeinsames Sorgerecht der nichtehelichen Eltern noch mit der Folgenlosigkeit ihrer Paartrennung ab, betonte es zehn Jahre später, dass dieser Grund die Ablehnung des gemeinsamen Sorgerechts nicht rechtfertigen könne, sondern im Gegenteil die rechtliche Absicherung des gemeinsamen Sorgerechts gerade fordere.

Die Besonderheit der Sorgeerklärungen folgt zweitens aus ihrer Rechtsfolge, der elterlichen Sorge. Deren Rechtsnatur kennzeichnet vor allem eine im bürgerlichen Recht einzigartige Verschränkung gleichgewichtiger Pflichten und subjektiver Rechte der Eltern zu einer einheitlichen Elternverantwortung, deren verbindender, rechtfertigender und leitender Faktor stets das Kindeswohl ist.

Diese Struktur findet in Art. 6 II GG ihr Pendant. Elterliche Sorge und Elternrecht sind aber trotz ihrer gegenseitigen Abhängigkeit jeweils eigenständige Rechtsinstitute. Entscheidend hierfür ist der Grundsatz des Vorrangs der Verfassung, der auf Distanz und Abgrenzung angelegt ist. Bei der Bewertung der Rechtsnatur der Sorgeerklärungen manifestiert sich dieser eigenständige Rang in einem im Verhältnis zum Elternrecht eigenständigen Entstehungsakt der gemeinsamen elterlichen Sorge.

Durch die Sorgeerklärungen begründen die Eltern die „gemeinsame“ elterliche Sorge. Im Verhältnis der Eltern zueinander bedeutet dies, dass jeweils vom Bestehen einer mütterlichen und einer väterlichen Sorge auszugehen ist. Diese beiden selbständigen Rechtspositionen werden zum Wohle des Kindes durch eine Ausübungsbindung der Eltern aneinander gekoppelt. Folglich gibt es kein gemeinsames Sorgerecht der Substanz, sondern nur der Ausübung nach.

Hieraus folgt drittens die spezielle Struktur der §§ 1626a ff. BGB.

Diese spiegelt sich zunächst in der Rechtsnatur der Sorgeerklärungen wider. Da zwischen der Ausübungs- und Rechtsinhaberschaftsebene zu differenzieren ist, handelt es sich bei der Begründung der gemeinsamen elterlichen Sorge nach § 1626a I Nr. 1 BGB um einen zweiteiligen Rechtsakt, welcher der unterschiedlichen rechtlichen Ausgangslage von Mutter und Vater und dem Ziel einer einvernehmlichen Sorgerechtsausübung Rechnung zu tragen hat.

In diesem Sinne findet der Sorgerechtserwerb des Vaters auf der Ebene der Rechtsinhaberschaft statt. Die Erklärungen der Eltern sind jeweils als konstitutiv wirkende Willenserklärungen gleichen Inhalts zu qualifizieren, die in ihrer Gesamtheit einen Beschluss bilden.

Wegen der erforderlichen Ausübungsbindung der jeweiligen Sorgerechtspositionen steht der väterliche Sorgerechtserwerb aber unter der Rechtsbedingung eines erfolgreichen Antrags des Vaters an die Mutter auf Teilung der Sorgerechtsausübung. Nimmt sie seinen Antrag an, liegen auf der Ausübungsebene zwei Verträge vor. Gegenstand des einen ist die gegenseitige Verpflichtung, die Sorgerechtsausübung zukünftig mit dem jeweils anderen gemeinsam ausüben zu wollen; Gegenstand des anderen ist eine Verfügung über die mütterlichen Ausübungsbefugnisse, die zugunsten des Vaters und damit zugunsten einer gemeinsamen Sorgerechtsausübung verkürzt werden.

Verpflichtungsvertrag einerseits und Verfügungsvertrag andererseits führen dazu, dass die Erklärungen der Eltern auf der Ausübungsebene eine Doppelnatur aufweisen. Beide Verträge bilden zusammen einen Gesamtvertrag über die Teilung der Sorgerechtsausübung.

Kommt also auf der Ausübungsebene der Gesamtvertrag zustande, kann das Hauptgeschäft, der Beschluss des väterlichen Sorgerechts, seine Wirkung entfalten. Durch die bestehende Ausübungsbindung liegt dann das gemeinsame Sorgerecht vor.

Da die Eltern in formeller Hinsicht jeweils nur eine und jeweils die gleiche, parallel zu der Erklärung des anderen Elternteils verlaufende Erklärung abgeben, nehmen sie die in materieller Hinsicht erforderlichen Rechtsgeschäfte konkludent vor. Beide Sorgeerklärungen weisen als verpflichtende, verfügende und zugleich rechtsbegründende Erklärungen eine Rechtsnatur in dreifacher Hinsicht auf.

Das auf der Ausübungsebene zu verortende Vertragsmodell, das als Regelung einer der tatsächlichen Ausübung unmittelbar vorgelagerten Grundentscheidung der Sorgerechtsausübung die logische Schlussfolgerung des § 1627 BGB ist, ist wiederum der Ausgangspunkt für ein ungewöhnliches Zusammenspiel formeller und materieller Anforderungen an die Begründung der gemeinsamen Sorge.

So ergibt sich die Empfangsbedürftigkeit der Sorgeerklärungen nicht aus formellen Gründen, wohl aber aus der materiellrechtlichen Vorwirkung des § 1627 BGB, um den reibungslosen Ablauf des gemeinsamen Sorgerechts von Anfang zu gewährleisten und den hierfür erforderlichen Gesamtvertrag überhaupt zustande zu bringen.

Weiterhin sind die Auswirkungen der Geschäftsunfähigkeit auf die Wirksamkeit der Sorgeerklärungen formalrechtlich nicht unmittelbar in den §§ 1626a – 1626d I BGB geregelt. Da ein (Gesamt-)Rechtsgeschäft der Ausübungsebene aber Rechtsbedingung des konstitutiv wirkenden Beschlusses ist, kann ein geschäftsunfähiger Elternteil, dem nach §§ 1673 I, 1675 BGB jedwede Kompetenz zur Ausübung der elterlichen Sorge abgesprochen wird, keine wirksame Sorgeerklärung abgeben. Dies gilt sowohl für die geschäftsunfähige Mutter als auch für den geschäftsunfähigen Vater. Dessen Antrag ist zwar angesichts der noch fehlenden Sorgerechtsinhaberschaft kein unmittelbarer Akt der Sorgerechtsausübung, er ist aber aufgrund der Vorwirkung des § 1627 BGB der Sorgerechtsausübung unmittelbar vorgeschaltet und damit ebenfalls dem Bereich der Ausübung zuzuordnen. Die §§ 1673 ff. BGB, die einmalig und abschließend die Auswirkungen der Geschäftsunfähigkeit im Rahmen der elterlichen Sorge regeln, fließen als übergeordnete Wertungen in die §§ 1626a ff. BGB mit ein, so dass die Geschäftsunfähigkeit – als Wirksamkeitshindernis der Sorgeerklärungen nach § 1626a I Nr. 1 BGB – bereits in den von § 1626e BGB zugelassenen Unwirksamkeitsgründen enthalten und somit nicht von der Ausschlusswirkung betroffen ist.

Die Tatsache, dass es sich bei beiden Sorgeerklärungen jeweils auch um Ausübungsmaßnahmen handelt, schafft zudem den materiellrechtlichen Ausgleich der fehlenden formalrechtlichen Beteiligung des Kindes. Nach § 1626 II BGB sollen die Eltern die Sorgerechtsausübung nämlich einvernehmlich mit dem Kind regeln.

Hinsichtlich der Bindungswirkung der Sorgeerklärungen ist schließlich hervorzuheben, dass die erste Sorgeerklärung bis zum Vorliegen der zweiten Erklärung unter Beachtung der für die Sorgeerklärungen vorgeschriebenen formellen Voraussetzungen widerrufen werden kann. Auch diese Möglichkeit ist formalrechtlich nicht geregelt, folgt aber aus dem Erfordernis eines noch im Zeitpunkt des Sorgerechtseintritts bestehenden gemeinsamen Sorgewillens und damit ebenfalls aus den materiellen Anforderungen des gemeinsamen Sorgerechts.

Aufgrund der in dreifacher Hinsicht bestehenden Rechtsnatur der Sorgeerklärungen einerseits und des Ausgleichs formalrechtlicher Defizite durch die materiellrechtlichen Anforderungen des gemeinsamen Sorgerechts andererseits trägt die Konstruktion des § 1626a I Nr. 1 BGB dem besonderen Charakter der gemeinsamen elterlichen Sorge Rechnung. Es handelt sich um arteigenes Familienrecht.

Auch die vierte Besonderheit der Sorgeerklärungen ist eine Folge der Ausübungsbindung der Sorgerechtspositionen, gleichwohl eher tatsächlicher Natur. Ungeachtet ihres Getrenntlebens müssen sich die Eltern nämlich grundsätzlich in allen, ausnahmslos aber in allen objektiv wichtigen Kindesangelegenheiten einigen. Angesichts der Fülle wichtiger und unwichtiger Kindesangelegenheiten werden gerade bei getrennt lebenden Eltern Absprachen und Vereinbarungen immer stärker an Bedeutung gewinnen, zumal diese das Vertrauen in das Gelingen der gemeinsamen Sorgerechtsausübung schaffen und damit § 1626a I Nr. 1 BGB oftmals erst ermöglichen. Um so stärker sind deshalb die aus dem Gebot des einvernehmlichen Handelns folgenden Grenzen elterlicher Vereinbarungen zu betonen.

In diesem Sinne dürfen die Eltern zu keinem Zeitpunkt eine Vereinbarung treffen, die einen Verzicht auf die elterliche Sorge beinhaltet. Ohne gerichtlichen Gestaltungsakt sind diese Vereinbarungen ebenso wenig wirksam, wie solche, die die gesetzlich vorgesehenen oder gerichtlich festgelegten Vertretungsregeln verändern und damit die Rechtssicherheit gefährden.

Gerade bei einer Vereinbarung im Vorfeld des § 1626a I Nr. 1 BGB ist zu beachten, dass sie keinen Verstoß gegen die Bedingungsfeindlichkeit der Sorgeerklärungen gemäß § 1626b I BGB enthalten. In diesem Fall sind nicht nur die Vereinbarungen, sondern auch die Sorgeerklärungen im Ganzen unwirksam.

Die Vereinbarungen dürfen auch nicht dem Sinn und Zweck des § 1687 BGB widersprechen. Unzulässig sind demnach Abmachungen, die eine Veränderung der gesetzlich vorgeschriebenen Einigungspflicht, eine pauschale Reduzierung bzw. Erweiterung der Befugnisse aus § 1687 I 2, 4 BGB vorsehen oder die Befugnisse aus S. 4 auch nur punktuell reduzieren. Rechtswirksam werden derartige Vereinbarungen erst dann, wenn die Eltern eine Beteiligung des Familiengerichts nach § 1671 II Nr. 1 oder § 1687 II BGB in Anspruch nehmen.

Schließlich sind auch solche Vereinbarungen unzulässig, die das Widerrufsrecht der Eltern ausschließen. Abgesehen von seltenen Ausnahmesituationen, in denen die Aufhebung einer Maßnahme das Wohl des Kindes beeinträchtigen würde, folgt aus der Eigenverantwortung der Eltern, dass jede Vereinbarung, also beispielsweise auch hinsichtlich eines Änderungsantrages nach § 1671 II Nr. 1 BGB, jederzeit frei widerrufen werden kann. Daran kann auch der unmittelbare zeitliche Zusammenhang mit der Abgabe der Sorgeerklärungen nichts ändern.

Ein Widerruf kommt aber nur dann in Betracht, wenn es sich um eine rechtsgeschäftliche Ausübungsvereinbarung handelt. Dies ist dann der Fall, wenn ein entsprechender Rechtsbindungswille entweder ausdrücklich oder anhand objektiver Kriterien wie beispielsweise aufgrund der objektiven oder subjektiven Wichtigkeit der Angelegenheit bestimmt werden kann. Andernfalls liegt ein Geschäft des rein familiären Bereiches vor, von dem ohne weiteres abgewichen werden kann.

Nach einem Widerruf folgt bei objektiv wichtigen Angelegenheiten die erneute Einigungsbedürftigkeit aus § 1627 S. 1 BGB; bei subjektiv wichtigen Angelegenheiten wird diesbezüglich der festgestellte Rechtsbindungswille relevant. Er ist Ausdruck einer autonomen Kindeswohlkonkretisierung der Eltern und legt damit die erneute Einigungsbedürftigkeit einer Angelegenheit verbindlich fest. Wenn dauernd getrennt lebende Eltern eine punktuelle Veränderung der Befugnisse aus § 1687 I 2, 4 BGB vereinbart haben, greift § 1687 I BGB in seiner ergänzenden Funktion dann ein, wenn ein Elternteil die Vereinbarung widerrufen hat und bislang noch keine neue Einigung erzielt wurde.

Bei Vereinbarungen, die im Vorfeld des § 1626a I Nr. 1 BGB geschlossen, aber noch vor dem Eintritt des gemeinsamen Sorgerechts widerrufen wurden, ist zu beachten, dass die erneute Einigungsbedürftigkeit einer Angelegenheit durch den Konsens zur Begründung des gemeinsamen Sorgerechts bedingt ist. Scheiterte also der Eintritt des gemeinsamen Sorgerechts bislang an formellen Defiziten der jeweils bereits abgegebenen Sorgeerklärungen, begründet der Konsens der Eltern zur Begründung des gemeinsamen Sorgerechts eine Vorwirkung des § 1627 BGB, aufgrund derer die erneute Einigungsbedürftigkeit der Angelegenheit entweder wegen der objektiven Wichtigkeit der Angelegenheit aus § 1627 BGB selbst oder aus der verbindlich gewollten Regelung einer subjektiv wichtigen Angelegenheit folgt. Scheiterte der Eintritt des gemeinsamen Sorgerechts hingegen an einer noch fehlenden Sorgeerklärung und damit an dem fehlenden Grundkonsens der Eltern, fordert das Interesse des Kindes an einer effektiven Sorgerechtsausübung die alleinige Entscheidungsbefugnis der bis dato noch alleinsorgeberechtigten Mutter.

Aus dem Gebot des einvernehmlichen Handelns folgt weiterhin, dass die Begründung des gemeinsamen Sorgerechts nicht erzwungen werden darf. Daher sind etwaige Vereinbarungen, die eine positive Verpflichtung zur Abgabe einer Sorgeerklärung vorsehen, unwirksam.

In diesem Zusammenhang ist vor allem die starke Stellung der nichtehelichen Mutter kritisiert worden. Solange allerdings die Annahme, dass sie sich im Interesse und zum Wohle des Kindes weigert, eine Sorgeerklärung abzugeben, der Wirklichkeit entspricht, ist das Konsenserfordernis nicht zu beanstanden. Da diese Annahme aber in der Regel nicht auf eine Mutter zutrifft, die erst nach der Trennung von dem Vater die Möglichkeit erhält, ein gemeinsames Sorgerecht zu begründen, besteht ein Verstoß gegen Art. 6 II GG und damit ein akuter Handlungsbedarf für die sogenannten „Altfälle“. Die erforderliche Übergangsregelung hat der Gesetzgeber mit dem Gesetz zur Umsetzung familienrechtlicher Entscheidungen des BVerfG in vertretbarer Form umgesetzt.

Bedauerlich ist, dass der Gesetzgeber diese Korrektur nicht zum Anlass genommen hat, eine gemeinsame Beurkundung der Eltern vorzuschreiben. Würde sie Gesetz werden, könnte die Kluft zwischen der Bedeutung der Sorgeerklärungen für Eltern und Kind einerseits und dem formalrechtlichen Inhalt der Sorgeerklärungen als bloße Absichtserklärungen andererseits überbrückt werden. Mit Umsetzung dieser Forderung sollte der Gesetzgeber zugleich eine Beurkundungsbefugnis des Standesbeamten ermöglichen und damit der

dungsbefugnis des Standesbeamten ermöglichen und damit der Attraktivitätssteigerung der Sorgeerklärungen Rechnung tragen.

Zu kritisieren ist schließlich auch, dass der nichteheliche Vater von keiner behördlichen Stelle über die Möglichkeit des gemeinsamen Sorgerechts aufgeklärt wird. Um die Wissensbasis beider Eltern gleich auszugestalten und damit dem aus Art. 3 II GG folgenden Gleichheitsgebot zu folgen, muss sich das Beratungsangebot des Jugendamtes auch an den Vater richten. Zur Kontaktaufnahme wäre eine Verknüpfung mit denen für die Beurkundung der Vaterschaftsanerkennung zuständigen Stellen sinnvoll.

Im Übrigen bedarf das Regelungskonzept der §§ 1626a ff. BGB keiner weiteren Reform. Zu Recht verlangt der Gesetzgeber, dass sich die Eltern vollumfänglich zu ihrer gemeinsamen Verantwortung bekennen müssen und nicht nur eine halbherzige Entscheidung im Sinne partieller Sorgeerklärungen treffen dürfen. Abgesehen davon, dass partielle Sorgeerklärungen dem Gleichheitssatz widersprächen, würde es sich hierbei angesichts der Möglichkeit eines umfassenden gemeinsamen Sorgerechts sogar um verdeckte Verzichtserklärungen auf Teile der elterlichen Sorge handeln, die entsprechend der Systematik des Familienrechts ohne Beteiligung des Gerichts ohnehin unwirksam bleiben müssten. Da die Eltern schließlich die Modalitäten ihrer Sorgerechtswahrnehmung umfassend durch begleitende Ausübungsvereinbarungen regeln können, ist die Notwendigkeit partieller Sorgeerklärungen ohnehin zu bezweifeln.

Als Fazit kann festgehalten werden, dass Entstehungsgeschichte, verfassungsrechtlicher Hintergrund, das besondere Zusammenspiel formell- und materiellrechtlicher Anforderungen sowie die rechtliche Qualifizierung selbst die Außergewöhnlichkeit des Rechtsinstituts der Sorgeerklärungen belegen. Die Anforderungen, die eine gemeinsame Sorgerechtsausübung im Tatsächlichen an ein nichteheliches Elternpaar stellt, machen deutlich, dass das gemeinsame Sorgerecht Chance und Herausforderung gleichermaßen ist. Es bleibt zu hoffen, dass hiervon viele Kinder profitieren werden.

Literaturverzeichnis

Ambrock, Erich
- Ehe und Ehescheidung: Kommentar zu den Vorschriften des materiellen Rechts (BGB, EheG, RVO u.a.) und des Verfahrensrechts (GVG, ZPO, FGG u.a.); Berlin 1977

Arbeitsgemeinschaft für Jugendhilfe
- „Zum Referentenentwurf des Bundesministeriums der Justiz zum Kindschaftsrecht – Juli 1995“ in ZfJ 1996, S. 94 - 98

Baer, Ingrid
- „Neue Lösungen im Kindschaftsrecht – Rechtsvergleichende Betrachtungen und Anregungen zu einer Reform“ in ZRP 1989, S. 344 – 350

Baltzer, Johannes
- Der Beschluss als rechtstechnisches Mittel organschaftlicher Funktion im Privatrecht; Beiträge zum Zivilrecht und Zivilprozeß (Hrsg.: Bruns, Rudolf), 14. Heft, Berlin 1965

Bamberger, Heinz Georg / Roth, Herbert
- Kommentar zum Bürgerlichen Gesetzbuch, Band 3 §§ 1297 – 2385; München 2003

Barbey, Günther
- Bundesverfassungsgericht und einfaches Gesetz; Schriftenreihe der Juristischen Gesellschaft zu Berlin Heft 98; Berlin 1986

Bardenheuer, Christian
- Das Personensorgerecht für den Vater eines nichtehelichen Kindes als Teilaspekt eines neuen Kindschaftsrechts unter Berücksichtigung der schwedischen Rechtslage; Diss. Regensburg 1990

Bauernfeind, Josef
- Zweckgemeinschaften im Bereich ehelicher Lebensgemeinschaft – Haushalt, Wohnung, Kind – auf der Basis einvernehmlicher Entscheidungen der Ehegatten; Diss. Regensburg 1984

Baumgarte, Gisela
- Das Elternrecht im Bonner Grundgesetz; Diss., Köln 1966

Bayer, Ralf-Peter
- Abkehr vom Nichtehelichenrecht und Vorschläge zu einer Neuorientierung; Diss. Göttingen 1992

Bänninger, Martha
- Verträge zwischen Ehegatten über die personenrechtlichen Wirkungen der Ehe; Diss. Zürich 1922

Becker, Walter
- „Uneheliche Kinder – ein kurzer Überblick über die Reform- Arbeit“ in StAZ 1964, S. 17 - 19

Beitzke, Günther
- „Gleichberechtigung und Familienrechtsreform“ in JZ 1952, S. 744 – 746
- „Betrachtungen zum neuen Kindschaftsrecht“ in FamRZ 1958, S. 7 – 12
- „Personenrechtliche Rechtsgeschäfte – Versuch einer kritischen Bestandsaufnahme“ in Festschrift für Werner Flume (Hrsg.: Jakobs, Horst Heinrich / Knobbe-Keuk, Brigitte / Picker, Eduard / Wilhelm, Jan), Köln 1978
- Familienrecht, 25. Aufl. München 1988

Beitzke, Günther / Lüderitz, Alexander
- Familienrecht; 26. Aufl. München 1992

Benda, Ernst
- „Humangenetik und Recht – eine Zwischenbilanz“ in NJW 1985, S. 1730 – 1734

Benjamin, Hilde
- „Die gesellschaftlichen Grundlagen und der Charakter des FGB- Entwurfs“ in NZ 1965, S. 225 – 230

Beschlüsse des 44. Deutschen Juristentages
- Bürgerlich – rechtliche Abteilung, zur Reform des Unehelichenrechtes in FamRZ 1962, S. 401 – 402

Beschlüsse des 59. Deutschen Juristentages
- „Empfiehlt es sich, das Kindschaftsrecht neu zu regeln?“ Auszug in FamRZ 1992, 1275 – 1276

Bethge, Herbert
- „Aktuelle Probleme der Grundrechtsdogmatik“ in Der Staat Bd. 24 (1985), S. 351 - 382

Bienwald, Werner
- „Zur Beteiligung des Mannes bei der Entscheidung über den straffreien Schwangerschaftsabbruch seiner Ehefrau“ in FamRZ 1985, S. 1096 - 1102

Boemke, Burkhard
- „Reform des Ehenamensrechts und Auswirkungen auf die Familie“ in FuR 1991, S. 181 - 190

Bonner Kommentar zum Grundgesetz
- gegründet 1950; Hrsg.: Dolzer, Rudolf / Vogel, Klaus; Stand Lieferung Mai 2001, Heidelberg 2001; Band 2: Art. 6-14; (Zitat: BK- *Bearbeiter*)

Bork, Reinhard
- Allgemeiner Teil des Bürgerlichen Gesetzbuches, Tübingen 2001

Bosch, Friedrich Wilhelm
- Anmerkung zum Beschluss des BVerfG vom 23. 10. 1958 in FamRZ 1958, S. 454 – 455
- Anmerkung zum Beschluss des Amtsgericht Achern vom 13. 5. 1959 in FamRZ 1959, S. 379 - 380
- „Zur Rechtsstellung der mit beiden Eltern zusammenlebenden nichtehelichen Kindern“ in FamRZ 1991, S. 1121 - 1131

Böckenförde, Ernst-Wolfgang
- „Die Methoden der Verfassungsinterpretation – Bestandsaufnahme und Kritik“ in NJW 1976, S. 2089 – 2099
- „Elternrecht – Recht des Kindes – Recht des Staates, Zur Theorie des verfassungsrechtlichen Elternrechts und seiner Auswirkung auf Erziehung und Schule“ in Essener Gespräche Bd. 14 (1980), S. 54 - 98

Böhm, Reglindis
- „Gedanken zu einer Neuregelung des Kindschaftsrechts“ in ZRP 1992,S. 334 – 337

Brox, Hans
- Allgemeiner Teil des BGB; 26. Aufl., Berlin 2002

Brötel, Achim
- „Europäische Impulse für das deutsche Nichtehelichenrecht" in ZfJ 1992, S. 241 – 250
- „Kinderrechte – Staatspflichten; Überlegungen zum Verhältnis von Völkerrecht und innerstaatlichem Recht in der aktuellen Reformdiskussion" in ZfJ 1998, S. 447 - 454

Brüggemann, Dieter
- „Elterliche Sorge – Alte und neue Fragen" in ZblJugR 1980, S. 53 – 69

Bundesministerium für (BJFG)
- „Nichteheliche Lebensgemeinschaften in der Bundesrepublik Deutschland" in der Schriftenreihe des Bundesministers für Jugend, Familie und Gesundheit, Bd. 140, Berlin 1985

Bundesrechtsanwaltskammer
- „Entwurf des Kindschaftsrechtsreformgesetzes" in ZfJ 98, S. 64 - 69
- „Stellungnahme der Bundesrechtsanwaltskammer zu dem Entwurf eines Gesetzes zur Einführung einer Übergangsregelung zum Kindschaftsreformgesetz für nicht verheiratete Eltern" in www.brak.de/stn.uebergangsregelungennichtverh.Eltern.pdf.

Büdenbender, Ulrich
- „Elterliches Entscheidungsautonomie für die elterliche Sorge nach geltendem Recht und nach dem Entwurf eines Kindschaftsrechtsreformgesetzes" in AcP 197 (1997), S. 197 – 225
- „Der Unterhaltsanspruch des Vaters eines nichtehelichen Kindes gegen die Kindesmutter" in FamRZ 1998, S. 129 – 138

Bürgerliches Gesetzbuch mit besonderer Berücksichtigung der Rechtsprechung des Reichsgerichts und des Bundesgerichtshofes
- Kommentar; 10./11.Aufl. Berlin 1964, 12. Aufl. Berlin 1999 (Zitat: RGRK-*Bearbeiter*)

Campenhausen, Axel Freiherr von
- „Verfassungsgarantie und sozialer Wandel – Das Beispiel von Ehe und Familie" in VVDStRL 45 (1987), S. 8 - 47

Children for a better world e.V., München
- „Stehen Kinderrechte nur auf dem Papier? Tagungsteilnehmer verfassen Petition an die Bundesregierung" in ZfJ 1995, S. 60

Coester, Michael
- „Die Bedeutung des Kindes- und Jugendhilfegesetzes (KJHG) für das Familienrecht“ in FamRZ 1991, S. 253 – 263
- „Reform des Kindschaftsrechts“ in JZ 1992, S. 807 – 816; „Elternrecht des nichtehelichen Vaters und Adoption – Zur Entscheidung des Bundesverfassungsgerichts vom 7. 3. 1995“ in FamRZ 1995, S. 1245 – 1251
- „Elternautonomie und Staatsverantwortung bei der Pflege und Erziehung von Kindern“ in FamRZ 1996, S. 1181 – 1187
- „Neues Kindschaftsrecht in Deutschland“ in DEuFamRZ 1999, S. 3 - 15

Coester-Waltjen, Dagmar
- „Der Schwangerschaftsabbruch und die Rolle des künftigen Vaters“ in NJW 1985, S. 2175 - 2177

Dethloff, Nina
- „Reform des Kindschaftsrechts“ in NJW 1992, S. 2200 - 2208

Deutscher Anwaltsverein e.V. (DAV)
- Stellungnahme des Familienrechtsausschusses des Deutschen Anwaltsvereins e.V. zum Entwurf eines Gesetzes zur Reform des Kindschaftsrechts vom 28. 2. 1996 FamRZ 1996, S. 1401 – 1402
- Stellungnahme des Deutschen Anwaltvereins durch den Familienrechtsausschuss zum Entwurf eines Gesetzes zur Einführung einer Übergangsregelung zum Kindschaftsrechtsreformgesetz für nicht verheiratete Eltern; Berlin, im Mai 2003; www.deutscheranwaltsverein.de/stellgn.Nr.20/2003

Deutscher Familiengerichtstag e.V. (DFGT)
- Empfehlungen des 11. Deutschen Familiengerichtstages, FamRZ 1996, S. 337 – 340
- Stellungnahme des Deutschen Familiengerichtstages zu dem Entwurf eines Gesetzes zur Reform des Kindschaftsrechts, FamRZ 1997, S. 337 – 343
- „Empfehlungen des 13. Deutschen Familiengerichtstages“ in FuR 00, 113 - 118

Deutscher Juristinnenbund
- „Thesen des Deutschen Juristinnenbundes zur Neureglung des Kindschaftsrechts“ in FamRZ 1992, S. 912 – 913
- „Stellungnahme zum Entwurf eines Gesetzes zur Einführung einer Übergangsregelung zum Kindschaftsrechtsreformgesetz für nicht verheiratete Eltern“ in www.djb.de/content.php/pmsn- 121.html-8k-9.Nov.2003.

Deutscher Richterbund (DRB)
- „Stellungnahme des Deutschen Richterbundes zu dem Entwurf eines Gesetzes zur Einführung einer Übergangsregelung zum Kindschaftsreformgesetz für nicht verheiratete Eltern“ in www.drb.de/pages/html/stellung/st-kindschaftsreformgesetz.html.

Deutscher Verein für öffentliche und private Fürsorge
- „Stellungsnahme des Deutschen Vereins zum Entwurf eines Gesetzes zur Einführung einer Übergangsregelung zum Kindschaftsrechtsreformgesetz für nicht miteinander verheiratete Eltern“ in NDV 2003, S. 249 – 252

Dickerhof-Borello, Elisabeth
- „Die Sorgeerklärung eines geschäftsunfähigen Elternteils – eine Lücke im Kindschaftsrechtsreformgesetz?“ in FuR 1998, Teil 1 S. 70 – 73 , Teil 2, S. 157 - 164

Dickmeis, Herdecke
- „Strukturen des deutschen Kindschaftsrechts im Kontext zu europäischen Rechtsentwicklung“ in ZfJ 1998, S. 41 – 53

Diederichsen, Uwe
- „Die allgemeinen Ehewirkungen nach dem 1. EheRG und Ehevereinbarungen“ in NJW 1977, S. 217 – 223
- „Zur Reform des Eltern-Kind-Verhältnisses“ in FamRZ 1978, S. 461 – 474
- Referat für den 59. Deutschen Juristentag; München 1992, M 62 – 97
- „Kinderkreuzzug – oder: Abschied vom Hochmittelalter im Kindschaftsrecht?“ in NJW 1998, S. 957 –958
- „Die Reform des Kindschafts- und Beistandschaftsrechts“ in NJW 1998, S. 1977 – 1991

Di Fabio, Udo
- „Der Schutz der Ehe und Familie: Verfassungsentscheidung für die vitale Gesellschaft“ in NJW 2003, S. 995 - 998

DIV-Rechtsgutachten
- „Reform des Kindschaftsrechts: Führung eines Sorgeregisters, Erteilung von schriftlichen Auskünften über die Nichtabgabe von Sorgeerklärungen für ein Kind gemäß § 58a SGB VIII, Zulässigkeit elektronischer Datenspeicherung, auch für Urkundsregister“ in ZfJ 1998, S. 118
- „Vorgeburtliche Sorgeerklärung nach § 1626b II BGB im Fall einer qualifizierten Vaterschaftsanerkennung gemäß § 1599 II BGB“ in DAVorm 2000, S. 320 – 322

DIJuF-Rechtsgutachten
- „Abgabe von Sorgeerklärungen nach § 1626a II Nr. 1 BGB nach gerichtlicher Entscheidung gemäß § 1630 III BGB“ in JAmt 2001, S. 412 – 414
- „Beurkundung von Sorgeerklärungen gemäß § 1626a I Nr.1 BGB, Nichtigkeit einer Sorgeerklärung nach Entzug des Alleinsorgerechts der Mutter“ in JAmt 2001, S. 231 – 233

Dopffel, Peter
- Kindschaftsrecht im Wandel: zwölf Länderberichte mit einer vergleichenden Summe; Studien zum ausländischen und internationalen Privatrecht; Bd. 40; Tübingen 1994

Donau, Helmut
- „Das neue Kindschaftsrecht (II)“ in MDR 1958, S. 6 - 10

Dölle, Hans
- Familienrecht, Darstellung des Deutschen Familienrechts mit rechtsvergleichenden Hinweisen; Bd. I, Karlsruhe 1964; Bd. II, Karlsruhe 1965

Eberhardt, Karl-Heinz
- „Die Novellierung des Familiengesetzbuchs der DDR“ in FamRZ 1990, S. 917 – 922
- „Änderung des Familiengesetzbuches der DDR“ in NZ 1990, S. 401 - 405

Enneccurus, Ludwig / Nipperdey, Hans Carl
- Allgemeiner Teil des Bürgerlichen Rechts; 14. Aufl. Tübingen 1955 (Teil 1) und 1952 (Teil 2)

Erman, Walter
- Handkommentar zum Bürgerlichen Gesetzbuch; 2. Bd; 9. Aufl. Münster 1993; 10. Aufl., Münster 2000

Ewers, Franz-Georg
- „Nachdenken über § 1696 BGB, neu?“ in FamRZ 1999, S. 477 – 480
- „Kindeswohl und Verfassung“ in FamRZ 2000, S. 787

Fahrenhorst, Irene
- Familienrecht und Europäische Menschenrechtskonvention; Paderborn 1994

Familienrechtsreformkommentar
- Bielefeld 1998 (Zitat: FamRefK- *Bearbeiter*)

Fehnemann, Ursula
- „Der grundrechtliche Schutz der Vermögenssorge“ in ZfJ 1986, S. 178 - 183

Finger, Peter
- „Nichteheliche Väter und ihre Kinder – materiell-rechtliche Situation“ in ZfJ 1987, S. 317 – 325
- „Die elterliche Sorge des nichtehelichen Vaters – verfassungswidrige Reform?“ in ZfJ 2000, S. 183 – 188
- „§§ 1626a ff., 1672 BGB – verfassungswidrig?“ in FamRZ 2000, S. 1204 – 1207
- „Gemeinsame elterliche Sorge für nichteheliche Kinder“ in FuR 2003, S. 341 – 342
- „Sorgeerklärungen – eine Umfrage bei hessischen Standes- und Jugendämtern“ in StAZ 2003, S. 225 – 229

Fleisch, Hans
- Die verfassungsrechtliche Stellung des leiblichen Vaters; Baden-Baden, 1987

Fleischer, Otto / Kalnbach, Peter
- „Erste Erfahrungen und statistische Zahlen bei der praktischen Umsetzung der §§ 1626a ff. BGB i.V.m. §§ 58a, 59 und 87c KJHG auf EDV-Basis (Sorgeerklärungen, Sorgeregister, Negativattest) in DAVorm 1998, S. 771 - 776

Flume, Werner
- Allgemeiner Teil des Bürgerlichen Rechts – Zweiter Band: Das Rechtsgeschäft; 4. Aufl., Berlin 1992

Friauf, Karl Heinrich
- „Verfassungsgarantie und sozialer Wandel – am Beispiel von Ehe und Familie“ in NJW 1985, S. 2595 – 2602

Gaul, Hans Friedhelm
- „Die Neuregelung des Abstammungsrechts durch das Kindschaftsrechtsreformgesetz“ in FamRZ 1997, S. 1441 - 1466

Gernhuber, Joachim
- „Elterliche Gewalt heute – eine grundsätzliche Betrachtung“ in FamRZ 1962, S. 89 – 96
- Anmerkung zum Urteil des OLG Schleswig vom 31. 7. 1964 in FamRZ 1965, S. 227 - 228
- „Ehe und Familie als Begriffe des Rechts“ in FamRZ 1981, S. 721 – 727

Gernhuber, Joachim / Coester-Waltjen, Dagmar
- Lehrbuch des Familienrechts; 4. Aufl., München 1994

Gerstein, Hartmut
- Verwirklichung von Kinderrechten nach der UN- Kinderrechtekonvention“ in ZfJ 1995, S. 527 – 531

Gimbernat Jonas, Antonio
- „Typisierung contra Einzelfallgerechtigkeit – Anmerkung zum Urteil des Bundesverfassungsgerichts vom 29. Januar 2003“ in JAmt 2003, S. 332 – 336

Göppinger, Horst
- „Irrungen und Wirrungen im Unehelichenrecht“ in FamRZ 1962,S. 449 – 451

Grandke, Anita
- „Familienrecht“ in: Die Rechtsordnung der DDR – Anspruch und Wirklichkeit, Hrsg.: Heuer, Uwe-Jens; Baden-Baden 1995

Greßmann, Michael / Mühlens, Elisabeth / Kirchmeier, Karl-Heinz
- Das neue Kindschaftsrecht; erläuternde Darstellung des neuen Rechts anhand der Materialien; 1. Aufl., Bonn 1998

Grziwotz, Herbert
- „Rechtsprechung zur nichtehelichen Lebensgemeinschaft“ in FamRZ 1999, S. 413 – 422; „Rechtsprechung zur nichtehelichen Lebensgemeinschaft“ in FamRZ 2003, S. 1417 – 1424

Habscheid, Walther J.
- „Zur Problematik der gesetzlichen Vertretung“ in FamRZ 1957,S. 109 – 113

Hagemeyer, Maria
- Zum Familienrecht in der Sowjetzone – Der „Entwurf des Familiengesetzbuches“ und die „Verordnung über Eheschließung und Eheauflösung“; Bonn 1958

Hahne, Meo-Micaela
- „Überlegungen zur Verbesserung der Rechtsstellung des nichtehelichen Kindes“ in FamRZ 1990, S. 929 – 931

Hahnzog, Klaus
- „Inhaber des Elternrechts aus Art. 6 II GG" in FamRZ 1971, S. 334 – 340

Hamann, Andreas / Lenz, Helmut
- Das Grundgesetzt für die Bundesrepublik Deutschland vom 23. Mai 1949; 3. Aufl. 1959

Hansmann, Klaus
- „Der Elternbegriff des Art. 6 Abs. 2 des Grundgesetzes" in FamRZ 1962, S. 452 – 455

Hedemann, Justus Wilhelm
- „Die Nichtehelichen – zur Reform des Unehelichenrechts" in FamRZ 1955, S. 226 – 231

Heil, Renate Isabel - „Das Personensorgerecht der Eltern nichtehelicher Kinder – Ein Beitrag zur Reform des Personensorgerechts unter Heranziehung der englischen Rechtslage" in Theorie und Forschung Bd. 227, Rechtswissenschaften Bd. 10; Regensburg 1993

Henrich, Dieter
- „Entwicklungslinien des deutschen Kindschaftsrechts im europäischen Kontext" in: Entwicklungslinien des europäischen Kindschaftsrechts, Hrsg.: Schwab, Dieter / Henrich, Dieter; Bielefeld 1994; S. 185 – 199
- Familienrecht; 5. Auflage, Berlin 1995
- Anmerkung zum Urteil des *BVerfG* vom 29. 1. 2003 in FamRZ 2003, S. 358

Hesse, Konrad
- Grundzüge des Verfassungsrechts der Bundesrepublik Deutschland; 20. Aufl., Heidelberg 1995

Heumann, Alexander
- „Eltern ohne Sorgerecht – Gedanken zu `Familie und Recht`" in FuR 2003, S. 293 - 298

Heyde, Wolfgang
- „Verfassungsrechtliche Aspekte der nichtehelichen Lebensgemeinschaft" in: „Familie ohne Ehe", Hrsg.: Limbach, Jutta / Schwenzer, Ingeborg; S. 19 – 20, München 1988

Holzhauer, Heinz
- „Verwandtschaftliche Elternstellung, verfassungsmäßiges Elternrecht und elterliche Sorge“ in FamRZ 1982, S. 109 – 118

Horndasch, Klaus-Peter
- Zum Wohle des Kindes: Möglichkeiten und Grenzen staatlicher Einwirkung auf die Erziehungsverantwortung der Eltern; Diss. Göttingen 1983

Horstmann, Martin
- Zum Problem der personenrechtlichen Beziehungen im außenrechtlichen Eltern – Kind – Verhältnis, Diss. Bielefeld 1967

Höfelmann, Elke
- „Das Gesetz zur Umsetzung einer familienrechtlicher Entscheidungen des Bundesverfassungsgerichts“ in FamRZ 2004, S. 65 - 70

Humphrey, Michael
- „Das Sorgerecht des nichtehelichen Vaters in rechtsvergleichender Kritik“ in FPR 2003, S. 578 – 585

Huber, Peter
- „Die elterliche Sorge zwischen Veränderung und Kontinuität“ in FamRZ 1999, S. 1625 – 1631

Hübner, Heinz
- Allgemeiner Teil des Bürgerlichen Gesetzbuches; 2. Aufl., Berlin 1996

Isensee, Josef / Kirchhof, Paul
- Handbuch des Staatsrechts der Bundesrepublik Deutschland – Band VI Freiheitsrechte; Heidelberg 1989 (Zitat: Isensee / Kirchhof – *Bearbeiter*)

Jansen, Ludwig / Knöpfel, Gottfried
- Das neue Unehelichengesetz – Die Gesetzesvorlage der Bundesregierung, die amtliche Begründung, Erläuterung; Berlin, 1967

Jauernig
- Bürgerliches Gesetzbuch; Hrsg.: Jauernig, Othmar; 10. Aufl., München 2003, (Zitat: Jauernig- *Bearbeiter*)

Johannsen, Kurt H. / Henrich, Dieter
- Eherecht – Scheidung, Trennung, Folgen – Kommentar; 3. Aufl., München 1998 (Zitat: Johannsen / Henrich – *Bearbeiter*)

Jopt, Uwe
- „Anmerkungen zum Referentenentwurf zur Reform des Kindschaftsrechts aus psychologischer Sicht“ in ZfJ 1996, S. 203 – 211

Keller, Tanja
- Das gemeinsame Sorgerecht nach der Kindschaftsrechtsreform – Ein Leitfaden für die Praxis; Köln 1999

Kellmann, Christof
- „Grundprobleme der Willenserklärung“ in JuS 1971, S. 609 - 617

Kemm, Siegmar
- Anmerkung zu dem Beschluss des BVerfG vom 7. 3. 1995 in JZ 1995, S. 1112 - 1114

Kingreen, Thorsten
- „Die verfassungsrechtliche Stellung der nichteheliche Lebensgemeinschaft im Spannungsfeld zwischen Freiheits- und Gleichheitsrechten“ in: Münsterische Beiträge zur Rechtswissenschaft Band 97, Berlin 1995

Knittel, Bernhard
- „Die Beurkundung von Sorgeerklärungen nicht miteinander verheirateter Eltern“ in ZfJ 2000, S. 140 - 143

Knöpfel, Gottfried
- „Faktische Elternschaft, Bedeutung und Grenzen“ in FamRZ 1983, S. 317 – 331
- „Erforderliche Änderungen im Nichtehelichenrecht“ in ZRP 1990, S. 234 – 239

Kohler, Mathias
- „Kindschaftsrechtsreform im Blickwinkel der Kinder“ in ZfJ 1998, S. 128 – 133

Kropholler, Jan
- „Kritische Bestandsaufnahme im Nichtehelichenrecht“ in AcP 185 (1985), S. 244 – 306

Krüger, Hildegard
- „Art. 6 Abs. 5 GG ein Programmsatz?“ in DÖV 1957, S. 356 – 361

Kurr, Jochen
- „Vertragliches Einvernehmen der Ehegatten gemäß § 1356 I 1 BGB?“ in FamRZ 1978, S. 2 – 4

Lange, Heinrich
- „Gesetzgebungswunsch und Lebenswirklichkeit beim Rechte der unehelichen Kinder“ in JuS 1964, S. 253 – 263

Lange, Hermann
- „Die Lücke im Kindschaftsrecht“ in NJW 1961, S. 1889 – 1896
- „Schematische Darstellung des Familienrechts“ in JZ 1965, S. 425 – 434
- „Das neue Nichtehelichenrecht“ in NJW 1970, S. 297 – 306

Larenz, Karl / Wolf, Manfred
- Allgemeiner Teil des Bürgerlichen Rechts; 8. Aufl., München 1997

Lebsanft, Christiane
- Die gemeinsame elterliche Sorge für Kinder in nichtehelichen Lebensgemeinschaften – Hintergründe und Perspektiven im Lichte des sozialen Wandels, des Verfassungsrechts und der EMRK; Diss. Bonn 1993

Lecheler, Helmut
- „Verfassungsgarantie und sozialer Wandel – das Beispiel von Ehe und Familie“ in DVBl. 1986, S. 905 – 911

Leisner, Walter
- „Betrachtungen zur Verfassungsauslegung“ in DÖV 1961, S. 641 – 653; „Von der Verfassungsmäßigkeit der Gesetze zur Gesetzmäßigkeit der Verfassung“ in Recht und Staat Heft 286 / 287, Tübingen 1964

Lempp, Reinhart
- „Das gemeinsame Sorgerecht aus kindespsychiatrischer Sicht“ in ZfJ 1984, S. 305 – 309; Familie im Umbruch; München 1986

Lerche, Peter
- „Das Bundesverfassungsgericht und die Verfassungsdirektiven“ in AöR 90 (1965), S. 341 – 372; „Bemerkungen zu *Häberle, Peter*, Die Wesensgarantie des Art. 19 II Grundgesetz“ in DÖV 1965, S. 212 – 214

Liermann, Stephan
- „Auswirkungen der Rechtsprechung des BVerfG zu § 1626a BGB auf § 1748 IV BGB im Adoptionsrecht“ in FamRZ 2003, S. 1523 - 1525

Limbach, Jutta
- „Kinder in nichtehelichen Lebensgemeinschaften“ in RdJB 1988,S. 170 – 177
- „Die Entwicklung des Familienrechts seit 1949“ in: Wandel und Kontinuität der Familie in der Bundesrepublik Deutschland, Hrsg.: Nave-Herz, Rosemarie; Stuttgart 1988
- „Die Stellung des nichtehelichen Kindes in rechtssoziologischer Perspektive“ in: Das nichteheliche Kind und seine Eltern – rechtliche und sozialwissenschaftliche Aspekte; Hrsg.: Coester, Michael / Zubke, Friedhelm; Berlin 1991, S. 31 – 42

Lipp, Martin
- „Das elterliche Sorgerecht für das nichteheliche Kind nach dem Kindschaftsrechtsreformgesetz“ in FamRZ 1998, S. 65 – 76

Lipp, Martin / Wagenitz, Thomas
- Das neue Kindschaftsrecht; Stuttgart 1999

Luthin, Horst
- Anmerkung zum Urteil des BGH vom 4. 4. 2001 in FamRZ 2000, S. 911 - 912

Lüderitz, Alexander
- „Elterliche Sorge als privates Recht“ in AcP 178 (1978), S. 263 – 297; Familienrecht, 27. Aufl., München 1999

v. Mangoldt, Hermann / Klein, Friedrich / Starck, Christian
- Das Bonner Grundgesetz, Band 1: Präambel, Artikel 1 bis 19; 2. Aufl., Berlin 1957, 4. Aufl., München 1999 (Zitat: v. Mangoldt / Klein / Starck – *Bearbeiter)*

Mansees, Norbert
- Diskussionsbeitrag zur Frage: „Empfiehlt es sich, Fragen der nichtehelichen Lebensgemeinschaft gesetzlich zu regeln?“ in Verhandlungen des 57. Deutschen Juristentages, Band II; Mainz 1988

Maßfeller, Franz
- Das Neue Familienrecht – Gesetzentwurf über die Gleichberechtigung von Mann und Frau; Berlin, 1952

Maunz, Theodor / Dürig, Günter
- Kommentar zum Grundgesetz, Band I, Art. 1 – 11; München 2002 (Zitat: Maunz / Dürig – *Bearbeiter*)

Medicus, Dieter
- Allgemeiner Teil des BGB; 8. Aufl., Heidelberg 2002

Mittelstein, Rainhald
- Bericht über den 44. Deutschen Juristentag" in MDR 1962, S. 872 – 877

Mittenzwei, Ingo
- „Die Rechtsstellung des Vaters zum ungeborenen Kind" in AcP 187 (1987), S. 245 – 284

Motzer, Stefan
- „Die neueste Entwicklung von Gesetzgebung und Rechtsprechung auf dem Gebiet von Sorgerecht und Umgangsrecht" in FamRZ 2001, S. 1034 – 1044

Moritz, Heinz Peter
- „Die (zivil-)rechtliche Stellung der Minderjährigen und Heranwachsenden innerhalb und außerhalb der Familie" in Schriften zum Bürgerlichen Recht Band 115; Berlin 1989

Mugdan, Benno
- Die gesamten Materialien zum Bürgerlichen Gesetzbuch für das Deutsche Reich; Band 4 – Familienrecht, Aalen 1979

Müller-Freienfels, Wolfram
- Die Vertretung beim Rechtsgeschäft; Tübingen 1955

v. Münch, Ingo
- „Verfassungsrecht und nichteheliche Lebensgemeinschaft" in: „Die nichteheliche Lebensgemeinschaft", Hrsg.: Landwehr, Götz; S. 136 – 151, Göttingen 1978

v. Münch, Ingo / Kunig, Philip
- Grundgesetz-Kommentar Band 1 (Präambel bis Art. 19); 4. Aufl., Berlin 1992, 5. Aufl., München 2000 (Zitat: v. Münch / Kunig – *Bearbeiter*)

Münchener Kommentar
- Bürgerliches Gesetzbuch; Band 1, Allgemeiner Teil, §§ 1 – 240; Hrsg.: Rebmann, Kurt / Säcker Franz Jürgen / Rixecker, Roland; 4. Aufl. München 2002;

- Band 8, Familienrecht II, §§ 1589 – 1921; Hrsg.: Rebmann, Kurt / Säcker, Franz Jürgen; 2. Aufl., München 1987, 3. Aufl., München 1992, 4. Aufl., München 2002 (Zitat: MüKom - *Bearbeiter*)

Nave-Herz, Rosemarie
- „Familie ohne legale Eheschließung – eine soziologische Betrachtung“ in: Das nichteheliche Kind und seine Eltern – rechtlich und soziologische Aspekte, Hrsg.: Coester, Michael / Zubke, Friedhelm; Berlin 1991, S. 1 – 12

Nave-Herz, Rosemarie / Matthias-Bleck, Heike / Sander, Dirk
- „Ehe – Triumph oder Tradition” in FuR 1996, S. 1 – 3

Niemeyer, Gisela
- „Entspricht das Vetorecht der nichtehelichen Mutter den verfassungsrechtlichen Vorgaben bei der gesetzlichen Gestaltung des Sorgerechts des nichtehelichen Vaters?“ in FuR 2001, S. 491 – 493

Oberloskamp, Helga
- „Staatliche Rechtsfürsorge, Sorge- und Umgangsrecht beim nichtehelichen Kind“ in ZfJ 1989, S. 118 – 123

Oelkers, Harald
- „Die Entwicklung des Sorgerechts bis Ende 2001“ Teil 1 und 2 in FuR 2002, S. 106 – 112, S. 168 – 174

Ollmann, Rainer
- „Sorgeerklärung der nach § 1666 BGB im Sorgerecht beschränkten Mutter“ in JAmt 2001, S. 515 – 518

Ossenbühl, Fritz
- „Die Interpretation der Grundrechte in der Rechtsprechung des Bundesverfassungsgerichts“ in NJW 1976, S. 2100 – 2107
- Das elterliche Erziehungsrecht im Sinne des Grundgesetzes; Berlin 1981

Palandt
- Kommentar zum Bürgerlichen Gesetzbuch; 58. - 62. Aufl., München 1999 - 2003 (Zitat: Palandt- *Bearbeiter*)

Paulick, Heinz
- „Das Eltern- Kind- Verhältnis gemäß den Bestimmungen des Gleichberechtigungsgesetzes vom 18. Juni 1957“ in FamRZ 1958, S. 1 - 7

Pawlowski, Hans-Martin / Deichfuß, Hermann
- „Gemeinsames Sorgerecht unverheirateter Eltern“ in FuR 1991, S. 205 - 208

Pechstein, Matthias
- Familiengerechtigkeit als Gestaltungsgebot für die staatliche Ordnung; in: Studien und Materialien zur Verfassungsgerichtsbarkeit Band 59, Hrsg.: Starck, Christian; Baden-Baden, 1995

Peschel-Gutzeit, Lore Maria / Jenckel, Anke
- „Gleichstellung von ehelichen und nichtehelichen Kindern – Altfälle“ in FuR 1996, S. 129 - 137

Peuckert, Rüdiger
- Familienformen im sozialen Wandel; Opladen 1991

Planck, Gottlieb
- Familienrecht Teil 2 – Beendigung der Ehe, Recht der Abkömmlinge, Vormundschaftsrecht; Hrsg.: Schubert, Werner, in: Die Vorlagen der Redaktoren für die erste Kommission zur Ausarbeitung des Entwurfs eines Bürgerlichen Gesetzbuches; Berlin 1983

Prinz von Sachsen Gessaphe, Karl August
- „Kindschaftsrecht in Europa“ in FamRZ 1999,S. 1107 - 1115

Ramm, Thilo
- „Grundgesetz und Eherecht“ in Recht und Staat Heft 410 / 411, Tübingen 1972;
- „Kindschaftsreform?“ in JZ 1996, S. 987 - 995

Rassow, Walter
- „Ehelicherklärung – überholt und verfassungswidrig?“ in FamRZ 1986, S. 322 – 326

Rauscher, Thomas
- „Das Umgangsrecht im Kindschaftsrechtsreformgesetz“ in FamRZ 1998, S. 329 – 341; Familienrecht, Lehr- und Handbuch, Heidelberg, 2001

Reuter, Dieter
- Kindesgrundrechte und elterliche Gewalt; Schriften zum öffentlichen Recht Bd. 72; Berlin 1968;
- „Elterliche Sorge und Verfassungsrecht“ in AcP 192 (1992), S. 108 – 152

Rehberg, Jürgen
- „Kindeswohl und Kindschaftsrechtsreformgesetz" in FuR 1998, S. 65 - 69

Rosenberg, Kurt
- „Verträge unter Ehegatten bei bevorstehender Scheidung" in AcP 127 (1927), S. 46 – 77

Roth-Stielow, Klaus
- „Nochmals: Der Schwangerschaftsabbruch und die Rolle des künftigen Vaters" in NJW 1985, S. 2746 – 2747

Röbbelein, Ingeborg
- Zum Problem des Elternrechts – Ein Beitrag aus evangelischer Sicht; Pädagogische Forschungen Bd. 30; Heidelberg 1966

Rummel, Carsten
- „Die Freiheit, die Reform des Kindschaftsrechts und das ‚ganz normale Chaos der Liebe'" in ZfJ 1997, S. 203 – 214

Rupp - von Brünneck, Wiltraut
- „Zur Einführung in das neue Recht der nichtehelichen Kinder" in StAZ 1970, S. 226 – 235

Sachs, Michael
- Grundgesetz – Kommentar; 3. Aufl., München 2003 (Zitat: Sachs – *Bearbeiter*)

Salgo, Ludwig
- „Zur Stellung des Vaters bei der Adoption seines nichtehelichen Kindes durch die Mutter und deren Ehemann" in NJW 1995, S. 2129 – 2134

Schlosser, Peter
- „Welche Anforderungen sind an eine Reform des Rechts des unehelichen Kindes zu stellen?" in FamRZ 1963, S. 14 – 20

Schlüter, Wilfried
- „Die nichteheliche Lebensgemeinschaft" in: Schriftenreihe der Juristischen Gesellschaft e.V. Heft 68, Berlin 1981
- „Elterliches Sorge- und Umgangsrecht bei nichtehelicher Elternschaft – eine ungelöste Aufgabe für den Gesetzgeber" in FuR 1994, S. 341 – 346;
- BGB – Familienrecht, 9. Aufl. Heidelberg 2001

Schmidt, Karsten
- Gesellschaftsrecht, 4. Aufl. München 2002

Schmidt-Aßmann, Ulrike
- Referat zur Frage: „Empfiehlt es sich, die Fragen der nichtehelichen Lebensgemeinschaft gesetzlich zu regeln?“ in Verhandlungen des 57. Deutschen Juristentages, Band II; Mainz 1988

Schubert, Werner
- Die Projekte der Weimarer Republik zur Reform des Nichtehelichen-, des Adoptions- und des Ehescheidungsrechts; München 1986
- Das Familien- und Erbrecht unter dem Nationalsozialismus, ausgewählte Quellen zu den wichtigsten Gesetzen und Projekten aus den Ministerialakten; München 1993

Schulz, Renate
- „Beurkundung von Sorgeerklärungen gemäß § 1626a II Nr. 1 BGB; Nichtigkeit einer Sorgeerklärung nach Entzug des Alleinsorgerechts der Mutter“ in JAmt 2001, S. 411 – 412

Schumacher, Silvia
- „Fünf Jahre Kindschaftsrechtsreform in Deutschland“ in FamPra.ch 2003, S. 558 – 573

Schumann, Eva
- „Das Nichtehelichenrecht: Gesetzeslage und Reformbestrebungen“ in JuS 1996, S. 506 – 509
- Die nichteheliche Familie – Reformvorschläge für das Familienrecht mit einer Darstellung der geschichtlichen Entwicklung und unter Berücksichtigung des Völker- und Verfassungsrechts; Diss., München, 1998
- „Erfüllt das neue Kindschaftsrecht die verfassungsrechtlichen Anforderungen an die Ausgestaltung des nichtehelichen Vater- Kind- Verhältnisses?“ in FamRZ 2000, S. 389 – 396
- „Sorgerecht nicht miteinander verheirateter Eltern – Anmerkung zu der Entscheidung des BGH vom 4. 4. 2001“ in FuR 2002, S. 59 – 67

Schwab, Dieter
- Handbuch des Scheidungsrechts; 3. Aufl., München 1995
- „Kindschaftsrechtsreform und notarielle Vertragsgestaltung“ in DNotZ 1998, S. 437 – 456
- „Elterliche Sorge bei Trennung und Scheidung der Eltern – die Neuregelung des Kindschaftsrechtsreformgesetzes“ in FamRZ 1998, S. 457 – 472

- „Parallel laufende Erklärungen – zugleich ein Beitrag zur Gesetzestechnik der Kindschaftsrechtsreform“ in Festschrift für Dieter Medicus; Hrsg.: Beuthien, Volker / Fuchs, Maximilian / Roth, Herbert / Schiemann, Gottfried / Wacke, Andreas; Berlin 1999
- Familienrecht; 12. Aufl.; München 2003

Schwab, Dieter / Wagenitz, Thomas
- „Einführung in das neue Kindschaftsrecht“ in FamRZ 1997, S. 1375 – 1383

Schwab, Karl Heinz / Prütting Hanns
- Sachenrecht; 29. Aufl., München 2000

Schwenzer, Ingeborg
- „„...Vater sein dagegen sehr!“ – Kritische Anmerkungen zur elterlichen Sorge für nichteheliche Kinder“ in FamRZ 1985, S. 1202 – 1211
- Vom Status zur Realbeziehung – Familienrecht im Wandel; Baden-Baden, 1987
- „Empfiehlt es sich das Kindschaftsrecht neu zu regeln?“ Gutachten A für den 59. Deutschen Juristentag Band I; München 1992
- „Die Rechtsstellung des nichtehelichen Kindes“ in FamRZ 1992, S. 121 - 128

Schwoerer, J.
- „Der Einfluss von Störung in der elterlichen Gewalt des einen Elternteils auf die elterliche Gewalt des anderen Elternteils nach altem Recht, Zwischenrecht und neuem Recht“ in FamRZ 1958, S. 41 – 43

Seibert, Helga
- „Verfassungsrecht und Kindschaftsrecht – Neue Entwicklungen und offene Fragen“ in FamRZ 1995, S. 1458 – 1463

Sellmer, Carmen
- Auseinandersetzungen unter den Eltern im Rahmen des gemeinsamen Sorgerechts; Diss. Regensburg, 2002

Siebert, Wolfgang
- „Elterliche Gewalt und Gleichberechtigung“ in NJW 1955, S. 1 – 6

Soergel - Kommentar zum Bürgerlichen Gesetzbuch mit Einführungsgesetz und Nebengesetzen; Band 2 Allgemeiner Teil 2, 13. Aufl., Berlin 1999; Band 6 Familienrecht (§§ 1297 – 1921); 11. Aufl. Berlin 1981 Band 8 Familienrecht 12. Aufl., Stuttgart 1987, (Zitat: Soergel / *Bearbeiter*)

Spangenberg, Brigitte / Spangenberg, Ernst
- „Den nichtehelichen Müttern das letzte Wort? – Anmerkung zur Entscheidung des Bundesverfassungsgerichts vom 29. 1. 2003“ in ZfJ 2003, S. 332 – 333

Starck, Christian
- „Die künstliche Befruchtung beim Menschen – Zulässigkeit und zivilrechtliche Folgen“, Gutachten A für den 56. Deutschen Juristentag; Band I, München 1986

Staudinger, Julius von
- Kommentar zum Bürgerlichen Gesetzbuch mit Einführungsgesetz und Nebengesetzen, Buch 4, Familienrecht, 10. /11. Aufl., Berlin 1966, 12. Aufl. Berlin 1992, 13. Aufl., Berlin 2002 (Zitat: Staudinger / *Bearbeiter*)

Steiger, Heinhard
- „Verfassungsgarantie und sozialer Wandel – Das Beispiel von Ehe und Familie“ in VVDStRL Heft 45 (1987), S. 55 – 84

Stein-Hilbers, Marlene
- „Männer und Kinder – Reale, ideologische und rechtliche Umstrukturierungen von Geschlechter- und Elternbeziehungen“ in FuR 1991, S. 198 – 205

Stintzing, Heike
- „Nichteheliche Lebensgemeinschaft und rechtliche Regelung – ein Widerspruch?“ in: Schriften zum Internationalem Recht Band 61; Berlin 1992

Sturm, Fritz / Sturm, Gudrun
- „Die gesetzliche Vertretung Minderjähriger nach dem neuen Kindschaftsrecht – national und international“ in StAZ 1998, S. 305 – 315

Strätz, Hans-Wolfgang
- „Rechtsfragen des Konkubinats im Überblick“ in FamRZ 1980, S. 434 – 440

Tauche, Almuth
- „Kindesrechte und Elternvereinbarungen“ in FuR 1996, S. 213 – 222

Vaskovics, Lazlo A. / Rost, Harald / Rupp, Marina
- „Lebenslage nichtehelicher Kinder – Rechtstatsächliche Untersuchung zu Lebenslagen und Entwicklungsverläufen nichtehelicher Kinder im Auftrag des Bundesministeriums für Justiz“ in: Bundesanzeiger Beilagen Nr. 184a – 198a

Wagenitz, Thomas / Barth, Thomas
- „Die Änderung der Familie als Aufgabe für den Gesetzgeber" in FamRZ 1996, S. 577 – 587

Wahl, Rainer
- „Der Vorrang der Verfassung" in Der Staat, Bd. 20 (1981), S. 485 – 516
- „Der Vorrang der Verfassung und die Selbständigkeit des Gesetzesrechts" in NVwZ 1984, S. 401 – 409

Walter, Ute
- „Das Kindschaftsrechtsreformgesetz – Bericht über den Regierungs-Entwurf eines Gesetzes zur Reform des Kindschaftsrechts vom 24. 7. 1995" in FamRZ 1995, S. 1538 – 1545

Waskowiak, Klaus
- Die Einigung der Eltern bei der Ausübung der elterlichen Personensorge; Diss. Marburg 1967

Wegmann, Bernd
- „Auswirkungen des Kindschaftsrechtsreformgesetzes und des Erbrechtsgleichstellungsgesetzes auf die notarielle Tätigkeit" in MittBayNot 1998, S. 308 – 314

Wegner, Jörg
- „Familiennachzug und Ausweisung von nichtehelichen Lebenspartnern" in FamRZ 1996, S. 587 – 595

Wesche, Otto
- „Geplante Reform des Kindschaftsrechts" in Rpfleger 1996, S. 53 – 60

Wichmann, Klaus
- „Die Reform des Kindschaftsrechts in der Diskussion" in FuR 1996, S. 161 – 171

Wiesner, Reinhard
- „Die Reform des Kindschaftsrechts – Auswirkungen für die Praxis der Kinder – und Jugendhilfe" in ZfJ 1998, S. 269 - 285

Will, Annegret
- „Die Stärkung der Rechtsstellung des nichtehelichen Vaters – eine Anmerkung zum Kindschaftsrechtsreformgesetz" in ZfJ 1998, S. 308 – 313

Willutzki, Siegfried
- Referat für den 59. Deutschen Juristentag Band II, München 1992, M 33 – 61; „Die Novellierung des deutschen Kindschaftsrechts – Entwicklungen und Perspektiven“ in Rpfleger 1997, S. 336 - 340

Witteborg, Nika
- Das gemeinsame Sorgerecht nichtverheirateter Eltern; Eine Untersuchung im soziologischen, rechtsgeschichtlichen, verfassungsrechtlichen, rechtsvergleichenden und internationalen Kontext; Diss. Heidelberg 2002

Zeidler, Wolfgang
- „Ehe und Familie“ in Handbuch des Verfassungsrechts der Bundesrepublik Deutschland; Hrsg.: Benda, Ernst / Maihofer, Werner / Vogel, Hans-Jochen; 1. Aufl. Berlin 1983, S. 555 – 607

Zens, Gisela
- „Kindschaftsreform aus sozialwissenschaftlicher Perspektive“ Referat für den 59. Deutschen Juristentag Band II; München 1992, M 9 - 32

Zimmermann, Stefan
- „Das neue Kindschaftsrecht“ in DNotZ 1998, S. 404 – 437

Zippelius, Reinhold
- „Verfassungsgarantie und sozialer Wandel – Das Beispiel von Ehe und Familie“ in DÖV 1986, S. 805 – 810

Zuleeg, Manfred
- „Verfassungsgarantie und sozialer Wandel – das Beispiel von Ehe und Familie“ in NVwZ 1986, S. 800 - 807

Julia Liebthal

Die gemeinsame Sorge geschiedener Eltern nach der Reform des Kindschaftsrechts

Frankfurt am Main, Berlin, Bern, Bruxelles, New York, Oxford, Wien, 2004.
275 S., zahlr. Tab. und Graf.
Europäische Hochschulschriften: Reihe 2, Rechtswissenschaft. Bd. 4051
ISBN 3-631-52848-5 · br. € 51.50*

Durch das Kindschaftsrechtsreformgesetz fand erstmalig die Einsicht Eingang in das BGB, dass Eltern trotz ihrer Scheidung die Sorge für gemeinsame Kinder auch gemeinsam ausüben können. Diese Arbeit untersucht die Veränderungen, die die Reform auf diesem Gebiet gebracht hat. Dabei steht neben der Analyse der rechtlichen Vorgaben und der Auseinandersetzung mit dem gesetzgeberischen Familien- und Scheidungsleitbild vor dem Hintergrund soziologischer und psychologischer Erkenntnisse die Umsetzung der Reform in der Praxis im Vordergrund. Dafür hat die Autorin eine Umfrage an den Schleswig-Holsteinischen Familiengerichten durchgeführt. Die Auswertung der Fragebögen zeigt, dass der Gesetzgeber mit der Reform durchaus den Geist der Zeit getroffen hat.

Aus dem Inhalt: Historische Entwicklung der gemeinsamen Sorge · Überblick über die Gesetzesänderungen · Rechtliche Vorgaben für den Reformgesetzgeber · Familien- und Scheidungsleitbilder · Kindschaftsrechtsreform in der praktischen Anwendung · Auswertung des Fragebogens · Fazit und Ausblick

Kolibri 360 GmbH
Ferdinand-Jühlke-Straße 7
99095 Erfurt, Deutschland
produktsicherheit@kolibri360.de

Druck:
CPI Druckdienstleistungen GmbH
im Auftrag der
Kolibri 360 GmbH
Ferdinand-Jühlke-Str. 7
99095 Erfurt